유니티 2D 플랫포머 게임 개발

유니티 2D 플랫포머 게임 개발
인디 게임 개발의 꽃

매튜 존슨 · 제임스 헨리 지음
문기영 옮김

에이콘

다른 무엇보다도, 제가 이 작업을 하는 데 지원을 아끼지 않은 친구들과 가족에게 큰 감사를 드립니다. 제게 이 책을 시작할 수 있는 동기를 주었고, 이 책을 끝낼 수 있도록 응원해 주셨습니다. 그리고 저의 재능과 자유로운 상상력에 영감과 재미를 불어넣는 방법을 알려주신, 지금은 돌아가신 아버지께,전 언제나 당신의 가장 큰 팬이라는 걸 말씀드리고 싶어요. 끝으로 나의 가장 사랑하는 아내이자 친구인 제시카에게, 당신이 아니었다면 이 책은 그저 나만의 쓸모 없는 아이디어로 남았을 겁니다. 당신의 조언과 지혜와 내가 이 책을 끝낼 수 있다는 믿음을 준 것에 감사를 전하고 싶군요. 항상, 그리고 영원히 사랑합니다.

- 매튜 존슨

나의 최고의 아내에게, 내가 오피스에서 문을 잠그고 이 책을 쓸 때, 언제나 내게 차를 가져다 주고 관대하게 이 상황을 받아들여주었던, 잠시 남편 없이 지낸 아내에게 감사합니다.

- 제임스 헨리

게임 프로그래밍 분야에서 오랜 기간 일하다 보면, 다분히 시장 변화에 예민하게 반응해야 한다는 사실을 느끼게 된다. 몇 년이 채 되지 않는 짧은 기간에 스마트폰의 성공적인 보급으로, 마치 지금은 모바일 게임 개발이 전체 개발 흐름의 대세가 된 것으로 인식되고 있기도 하다. 그것이 사실이건 사실이 아니건, 분명 기존의 개발 패러다임과는 다른 흐름이 최근에 형성되어 가고 있다는 것만큼은 반박의 여지가 없어 보인다. 그와 더불어 눈에 띄는 점이 또 하나 있다.

이는 바로 개발에 관련된 기술과 지식을 얻고자 할 때, 제일 아래 바닥에서부터 만들기 위해 순서대로 공부하던 과정이 변해가고 있다는 사실이다. 모든 개발자들이 기존에 반복적으로 제작했던 작업들이 이제는 어떤 라이브러리로 제공된다든지, 렌더링처럼 표준화가 잘 진행된 분야는 통합 엔진의 한 부분으로 개발자들에게 제공되고 있어, 실제 게임 개발 단계까지 접근하기 비교적 쉬운 환경으로 변하였다. 어디 그뿐인가. 다소 딱딱한 형태로 느껴지던 개발이 이제는 엔진 개발사들의 너도나도 편리하고 친절한 서비스를 넘어서 무료로 손쉽게 예비 개발자들에게 손을 내밀고 있다. 그리고 그 흐름을 주도한 당사자가 바로 유니티라는 사실은 누구도 쉽게 부정할 수 없을 것이다.

유니티에 대한 첫 인상을 한마디로 말하면, 쉽고 편리하다. 이 책에서도 언급되듯, 유니티에선 비록 내부를 깊이 있게 가다 보면 어려운 개념이라 할지라도, 대체로 처음부터 모두 펼쳐놓고 어려운 인상을 강요하는 법이 없다. 이는 유니티가 가지고 있는 보편적인 철학이다.

자동차를 생산하는 데 있어서 연구해야 하는 범위와 생산품의 방향을 정하는 시각은 모두 다르다. 자동차와 연결된 각 부품을 생산하는 공장부터 그 부품을 발주하고 완성시켜야 하는 업체까지 그 입장에 따라 연구해야 하는 방향이 모두 달라진다. 게임을 제작해야 하는 개발자의 입장도 이와 크게 다르지 않다. 기존에 각 부품을 모두 내부에서 개발해야 했던 시절을 지나 이제 각 요소별 기능을 외부에서 적극적으로 이용하고, 각 목적에 맞는 콘텐츠를 위해 어떻게 응용하는지가 핵심이 되었다. 그런 면에서 유니티는 선택 가능한 썩 괜찮은 솔루션이다. 유니티의 그간 행보나 서비스를 보면, 본래부터 개발자와 비개발자 간의 차이 없는 시각으로 개발 시장에 접근해왔다. 유니티가 얼마나 편안하게 사용자들에게 다가왔는지 그 기준을 알 수 있는 대목이다. 그렇다고 유니티의 존재 하나만으로 개발이 물 흐르듯 흐르지는 않을 것이다.

이 책은 그런 먼 항해를 떠나는 여러분에게 개발의 첫걸음으로 유니티를 각 요소별로 안내해준다. 여러분은 아마 게임 개발자를 처음 꿈꾸는 입장에 서 있거나, 기존의 개발 경력을 유니티를 통해 전환하고자 하는 입장에 있는 경우가 많을 것이다. 예제 위주로 구성돼 이론에 치우치지 않아 좀 더 손에 잡히는 느낌을 받으며 공부하고자 하는 사람, 이 책을 읽고 개념과 용어에 친숙해져서 좀 더 깊이 있게 공부하고자 하는 사람에게 첫 선택치고 괜찮을 선택이 될 것이다. 본인을 비롯한 같은 시대를 걸어가는 개발자들을 위해 또 하나의 예제 위주의 실용서가 출판된 것에 작은 기쁨을 표한다.

박정식 (tmomgw@gmail.com)

캡콤 코리아에서 현직 프로그래머로 근무 중이며 캡콤에서 보유한 프렌차이즈 트리플 A 게임 개발에 참여 중, 엑스박스용 게임 〈킹덤 언더파이어 : 크루세이더〉를 시작으로 엑스박스360 N3(Nighty Nine Nights)와 PC 게임으로 〈블레이드앤 소울〉, 〈블레스 프로젝트〉 등 다수의 메이저 타이틀에 참여했다.

지은이 소개

매튜 존슨 Matthew Johnson

플로리다 주의 메리트 섬에 위치한 파이어브랜드 게임즈Firebrand Games의 메인 3D 아티스트다. 국제 디자인 아카데미International Academy of Design에서 미술 학사를 취득했고, 이후 애니메이션 멘토Animation Mentor에서 애니메이션을 공부했다. 지난 7년간 다수의 메이저 레이싱, 예를 들어 〈나스카NASCAR〉, 〈핫 휠즈Hot Wheels〉, 〈니드 포 스피드〉 시리즈 등의 게임 개발에 참여했다. 그리고 PC, 위 유Wii U, iOS, 안드로이드, 스트림Stream 등 거의 모든 플랫폼에서 게임을 개발해 왔다. 여가 시간에 아내와 두 명의 자녀들과 시간 보내기를 좋아하며 취미로 사진 촬영을 즐긴다.

먼저 지금의 기회를 제공해주고 날 압박하기 위해 플로리다로 날아오지 않은 Laura Lewin에게 감사합니다. 분명 마음은 플로리다로 오고 싶었겠지만 그러지 않았다는 것을 나는 알고 있습니다.

안내 겸 전폭적 지원을 아끼지 않은 Olivia basegio에게도 감사의 말을 전합니다. 제가 하는 이 경험을 무척이나 즐겁고 고통스럽지 않게끔 만들어 줬어요.

Songlin, Reshat, Sheetanshu에게도 감사의 말을 전합니다. 이 똑똑한 친구들이 이 책을 더 괜찮은 책으로 만들어 줬어요. 여러분이 제안해준 내용과 피드백은 언제나 이 책에 딱 들어맞았어요. Kenny Vleugels에게도 감사하단 말을 전합니다. 아트워크는 이 책을 좀 더 쉽게 만들어 줬어요. 당신은 세상에 있는 모든 게임 개발자를 위해 하늘에서 내려준 선물과도 같아요. 끝으로 나의 동료이자 친구인 James Henley에게 수천 번 감사의 말을 전합니다. 통찰력과 유머, 일에 대한 열정. 무엇보다도 나를 도와 주기 위해 이 책을 보면서 보여 준 인내와 이해심에 큰 감사를 드립니다. 당신이 도와 주지 않았다면 이 책은 아마 나올 수 없었을 거예요.

제임스 헨리 James A. Henley

10년 넘게 〈매스 이펙트Mass Effect〉, 〈드래곤 에이지Dragon Age〉, 〈스타 워즈(Star Wars)〉, 〈스카이랜더스SkyLanders〉 등 다수의 메이저 프랜차이즈 타이틀에 참여했다. 처음에는 〈네버윈터 나이츠 MODNeverwinter Nights MOD〉 커뮤니티를 운영하면서, 늘 하고 싶어하던 코드도 짜면서 스토리를 제작하다가 그 활동을 계기로 게임 개발 산업에 입문하게 됐다.

바이오웨어BioWare의 캐나다 에드먼튼 스튜디오 3년, 미국 오스틴 스튜디오에서 5년 동안 다양한 게임에 애정을 가지고 참여했으며, 이후 액티비전Activision에서 잠깐 동안 근무하기도 했다. 현재 인디 게임 개발자로 타이틀 명은 아직 미확정인 게임을 개발 중이다. 인터넷 방송에서 좋아하는 게임을 논평하기도 하고, 자신의 게임 디자인 철학을 통해 열정적으로 사람들과 소통한다. 미친 과학자일 수도 아닐 수도 있지만, 아직 결론은 나지 않았다.

무엇보다 먼저 K2에게 진심으로 감사의 말을 전합니다. 그가 아니었다면 나는 오늘처럼 개발자가 되지 못했을 겁니다. 당신과 수년간 나눴던 디자인 철학 토론, 피드백, 조언은 지금의 개발자로 성장하는 데 필수적인 도움을 줬어요. 우리가 가진 지식과 경험을 공유할 수 있는 기회를 제공해준 출판사에도 깊이 감사합니다. 특히, 나의 질문이 아무리 지루해도 기꺼이 시간을 내줬던 Laura와 Olivia에게 감사 드리며, 편집자로서의 열정과 함께 내게 탁월한 제한을 해줬던 Songlin, Reshat, Sheetanshu에게도 감사합니다. 그 밖에 이 책을 쓰면서 이런 저런 불편을 줬음에도 내 곁에 있어 준 주변 분들에게 감사합니다. 끝으로 게임 개발의 꿈을 향해 나가고 있는 있는 독자 여러분들에게 감사의 말을 전합니다.

모두 감사합니다.

옮긴이 소개

문기영 (progc@naver.com)

EA 캐나다에서 인공지능 프로그래머로서 엑스박스_{Xbox}360과 PS3용 〈피파 08〉부터 〈피파 12〉까지 개발에 참여했고, Practice Mode, CPU AI, Referee rule system을 만들었으며, 애니메이션 프로그래머로서 User celebration을 개발했다. EA 캐나다를 그만둔 후에는 한국으로 돌아와 해머 게임 스튜디오를 창업해 iOS용 게임 〈Attack of the Pig〉를 개발했고, PC, iOS, 안드로이드 3대 플랫폼을 모두 지원하는 자체 엔진 'DeadEngine'을 제작했다. 저서로는 『비주얼 베이직 6 게임 만들기』(피씨북, 2000), 『게임 개발 테크닉』(정보문화사, 2002), 『게임 프로그래밍으로 배우는 C#』, 『유니티 2D 모바일 게임 개발』(에이콘출판, 2014)이 있으며, 번역서로 에이콘출판사에서 출간한 『언리얼 게임 엔진 UDK 3』, 『언리얼 UDK 게임 개발』이 있다. 시간이 나면 NDC 및 고등학교에서 강연을 하기도 한다.

이 책은 게임 엔진 유니티를 사용해 2D 플랫포머 게임을 처음부터 끝까지 만드는 방법에 대한 책입니다. 개인적으로도 유니티를 사용해 다양한 장르의 게임을 개발했는데 항상 사용하면서 느끼지만 정말 편리하게 잘 만들었다는 느낌을 받습니다.

유니티는 게임 개발용으로 많이 사용하지만 실제로 게임 개발만 할 수 있는 도구가 아닙니다. 유니티는 건축 VR에도 사용되며 상호 작용 가능한 전자책과 같은 콘텐츠 개발에도 사용됩니다. 심지어는 노래방 기계에 사용되는 프로그램도 개발 가능합니다. 현재 유니티 게임 엔진은 매우 다양한 분야에서 사용되고 있으며 계속해서 사용자 편의성을 추가해 개선되고 있습니다.

이 책에서는 유니티 엔진을 이용해 2D 게임을 개발하는 방법을 다루고 있으며 특히 인디 게임 개발에서 가장 인기 있는 플랫포머라는 장르의 게임을 개발하는 방법을 다루고 있습니다. 플랫포머 장르의 특징은 게임 월드가 존재하고 캐릭터를 움직여 점프나 타격 같은 액션을 취해 지정된 목표 지점이나 적들을 물리치는 것이 일반적입니다. 〈슈퍼 마리오〉, 〈록맨〉, 〈마계촌〉과 같은 게임을 생각하면 플랫포머라는 장르가 어떤 게임인지 짐작할 수 있습니다.

게임에 등장하는 적들의 인공 지능, 타이밍에 맞춰 플레이어에게 도전 거리를 제공하는 시스템, 사운드를 플레이하는 방법, 움직이는 장애물 구현과 같은 플랫포머 게임 개발에 필요한 다양한 방법들을 다루고 있어 따라 해보면서 프로젝트를 진행하면 간단한 수준의 플랫포머 게임을 혼자서 만들어 볼 수 있습니다. 아무쪼록 이 책이 독자 여러분께 도움이 되길 바랍니다.

사랑하는 아내와, 같이 놀아주지 못해서 항상 미안한 딸 채현아, 이제 아빠가 같이 놀아줄게~

추천의 글 6

지은이 소개 8

옮긴이 소개 10

옮긴이의 말 11

들어가며 24

소개 31

    유니티 소개 32

        유니티의 다운로드와 설치 32

    프로젝트 위자드 36

        Open Project 탭 36

        Create New Project 탭 37

        패키지 37

    프로젝트 설정 38

        프로젝트 구조 38

        폴더 구조화 40

        파일 이름 규약 41

1장 유니티 개발 환경 구축 43

    Welcome Screen 43

    유니티 인터페이스 44

        메뉴 45

        툴바 56

        Hierarchy 59

    Inspector 60

    Project 브라우저 61

    Scene 뷰 62

    Game 뷰 63

요약 65

연습 문제 65

2장 **애셋 구축** 67

파일 포맷 68

    3D 포맷 68

    2D 파일 포맷 69

애셋 임포트 69

    유니티 내부 애셋 임포트 70

    이미 제작된 애셋을 파일 브라우저에서 임포트하기 ... 70

    애셋 생성 70

임포트 패키지 72

    유니티 패키지 73

    사용자 패키지 73

게임오브젝트 75

    첫 번째 게임오브젝트 76

    게임오브젝트 생성 77

컴포넌트 80

    컴포넌트 생성 81

    컴포넌트 지정 81

    프리팹 83

요약 84

연습 문제 84

3장 2D 스프라이트 제작 ·· 87

　2D 작업 ·· 88
　　2D 행동 ··· 88
　　2D 작업 공간 ·· 89
　스프라이트 빌드 ·· 90
　　임포트 세팅 ·· 91
　　Pixels To Units ·· 93
　　스프라이트 에디터 ·· 94
　스프라이트 패킹 ·· 97
　　패킹 태그 ··· 98
　　스프라이트 패커 ··· 98
　　추가적인 스프라이트 리소스 패킹 ··· 99
　요약 ··· 100
　연습 문제 ·· 101

4장 게임 월드 제작 ··· 103

　레벨 디자인 101 ··· 103
　　씬 설정 ··· 104
　　로드맵 만들기 ·· 105
　　세부 사항 추가 ··· 107
　씬 둘러보기 ·· 108
　　씬 기즈모 ·· 109
　　원근법과 등거리법의 비교 ·· 109
　　카메라 조작 ··· 110
　유니티에서 오브젝트 조작하기 ··· 112
　　트랜스폼 툴 ··· 112
　　Z-깊이 ··· 114
　　세팅 ·· 117
　첫 번째 레벨 ·· 118
　　게임오브젝트 수동으로 위치시키기 ··· 118
　　게임오브젝트 배치를 위한 스냅 세팅의 사용 ·· 120

그리드 스내핑을 통한 게임오브젝트 위치 잡기 ························· 120

효율적인 레벨 디자인 ····················· 122

정렬 요소 추가 ····················· 123

계속하기 ····················· 125

요약 ····················· 126

연습 문제 ····················· 127

5장 **기본 이동, 플레이어 컨트롤** ····················· 129

유니티3D 코딩 ····················· 130

세 언어 ····················· 130

'올바른' 언어 선택 ····················· 130

플레이어를 '움직이게' 만들기 ····················· 131

이동 처리를 위한 방법 ····················· 131

PlayerController의 생성과 연결 ····················· 134

추적 카메라 세팅 ····················· 144

인풋 매니저 소개 ····················· 145

에러 처리와 디버킹 ····················· 148

예외 처리 ····················· 148

Try-Catch-Finally: 우아한 예외 처리법 ····················· 149

Debug.Log() ····················· 152

브레이크 포인트를 이용한 게임 중단 ····················· 153

요약 ····················· 158

연습 문제 ····················· 158

6장 **씬에 애니메이션 추가** ····················· 161

애니메이션을 위한 몇 가지 룰 ····················· 162

애니메이션 원리 ····················· 162

2D 애니메이션과 3D 애니메이션의 비교 ····················· 163

트랜스폼과 프레임 애니메이션의 비교 ····················· 164

스크립트 애니메이션 ····················· 166

애니메이션 임포트 167

애니메이션 생성 167

애니메이션 컴포넌트 168

애니메이션 클립 169

애니메이션 윈도우 170

애니메이션 이벤트 179

애니메이션 상태 179

애니메이터 컨트롤러 180

애니메이터 컴포넌트 181

Animator 윈도우 182

플레이어 컨트롤러 편집 185

상태 기계 작업하기 189

전이 189

Any State 190

블렌드 트리 190

요약 191

연습 문제 191

7장 플레이어 물리, 충돌체 설정 193

물리의 이해 194

질량 194

중력 194

힘 195

2D와 3D의 차이 195

6DoF 195

Z-깊이 196

회전 196

2D 물리 세팅 197

일반 물리 세팅 198

레이어 컬리전 매트릭스 199

강체 199

충돌체 201

원 충돌체 202

박스 충돌체 202

모서리 충돌체 202

다각형 충돌체 203

피직스 메터리얼 205

콘스트레인트 207

요약 213

연습 문제 213

8장 **게임 플레이 시스템 제작, 적용** 215

유니티의 트리거 볼륨 216

Trigger2D 함수 216

게임오브젝트에 트리거 컴포넌트 추가 217

체크 포인트 만들기 217

Checkpoint 컴포넌트 스크립트 218

체크 포인트 트리거의 크기 조절과 배치 220

리스폰과 함께 체크 포인트 사용하기 222

구덩이 트리거 볼륨 준비 222

Pit Trigger 컴포넌트 스크립트 224

수집품 만들기 227

수집을 위한 공중에 있는 코인 준비 228

CoinPickup 컴포넌트 스크립트 229

수집을 위한 뻥! 터지는 코인 준비 230

코인 박스 프리팹 준비 232

Coin Box 컴포넌트 스크립트 235

CoinSpawner 컴포넌트 스크립트 237

모든 것을 합치기 239

다듬기 240

플레이어 상태 추적 242

요약 244

연습 문제 245

9장 적 만들기와 난이도 조절 247

적 만들기 247
　　슬라임 게임오브젝트 준비 248
　　상속과 EnemyController 컴포넌트 249
　　Enemy Slime 컴포넌트 스크립트 251
　　레벨에 벽 추가 253
　　슬라임들끼리 충돌 처리 255
　　슬라임에 애니메이션 추가 256

데미지 입히기 258
　　PlayerStats 컴포넌트에 데미지 처리 기능 추가 258
　　데미지 트리거 만들기 259
　　플레이어 통과하기 262
　　구덩이에 데미지 기능 추가 263
　　무적 기능 추가 264
　　고전적인 방법으로 무적 표현하기 267

플레이어 죽음 처리 270

플랫포밍의 확장 272
　　움직이는 플랫폼 프리팹 준비 272
　　Flight Point 컴포넌트 스크립트 274

두 번째 적 만들기 277
　　Fly Enemy 게임오브젝트 준비 278
　　Fly Enemy에 애니메이션 추가 279
　　FlyController 컴포넌트 스크립트 281
　　FlightPoints 스크립트 수정 281

적 배치와 유지 283
　　스폰 트리거 준비 284
　　SpawnTrigger 컴포넌트 스크립트 285

도전에 대한 몇 마디 287

요약 289

연습 문제 289

10장 **메뉴 제작과 인터페이스 다루기** 291

UI 디자인 291

다이어제틱 292

비다이어제틱 292

메타 292

스페이셜 293

유니티 네이티브 GUI 293

GUI 스타일 294

GUI 스킨 294

GUI 컨트롤 294

조합 컨트롤 296

GUI 클래스 296

GUI 레이아웃 296

GUI 텍스트 297

GUI 텍스처 298

스플레시 스크린 만들기 298

타이틀 스크린 300

게임 오버 스크린 302

게임 승리 스크린 303

HUD 305

외관 만들기 305

스크립트 만들기 308

요약 315

연습 문제 316

11장 **게임오브젝트에 이펙트 적용** 317

슈리켄 파티클 시스템 도입 318

알아야 할 용어들 318

파티클 시스템 만들기 319

파티클 시스템의 모듈, 속성 320

기본 파티클 시스템 속성 320

그밖의 파티클 시스템 모듈 321

파티클 시스템 커브 322

게임에 파티클 이펙트 추가 323

코인 박스를 위한 파티클 이펙트 만들기 324

코인 박스 파티클 이펙트 사용 327

데미지를 위한 파티클 이펙트 만들기 328

코드로 데미지 파티클 시스템 호출 332

파티클을 가지고 놀아 보자 333

유니티의 오디오 시스템 334

오디오 소스 컴포넌트 335

오디오 리스너 컴포넌트 338

오디오 리버브 존 컴포넌트 338

플레이어에 사운드 추가 339

걷기 애니메이션에 사운드 추가 339

점프 이벤트에 사운드 추가 342

데미지 이벤트에 사운드 추가 343

수집 아이템에 사운드 추가 346

코인 박스에 사운드 추가 346

코인 먹을 때 사운드 추가 347

더 돋보이게 만들기 348

카메라 로직 정리 348

죽음 처리 개선 352

요약 358

연습 문제 358

12장 **프로젝트 구성 최적화** 361

애셋 구성 362

프리팹 구성 363

라벨 364

계층 365

스크립트와 코드 구성 368

스크립트 파일 관리 369

　　　　코드 관리 370

　　최적화 379

　　　　프리팹 380

　　　　물리 380

　　　　드로우 콜 382

　　　　스프라이트 382

　　　　삼각형 개수 384

　　　　배칭 385

　　　　렌더링 통계 윈도우 385

　　요약 387

　　연습 문제 387

13장　모든 것을 합치기 389

　　레벨 묶기 390

　　　　승리 트리거 프리팹 준비 390

　　　　승리 트리거 스크립트 만들기 393

　　　　코인 값 복구하기 396

　　인트로 스크린 사용하기 397

　　승리, 실패: 게임 재시작 400

　　　　게임 오버에서 게임으로 되돌아가기 400

　　　　게임 클리어에서 다시 시작하기 402

　　게임 빌드, 배포하기 404

　　　　웹 플레이어를 위한 빌드 세팅 406

　　　　PC, 맥, 리눅스 스탠드 얼론 빌드 세팅 406

　　　　크로스플랫폼 플레이어 세팅 407

　　　　웹 플레이어의 플레이어 세팅 407

　　　　우리가 설정할 것들 409

　　　　웹 플레이어를 위한 게임 빌드 410

　　　　게임을 웹에 올리기 410

　　　　배포 후 처리 411

　　앞으로 나아가기 411

　　　　고려할 만한 개선점 412

유료화 모델 413

마지막으로 416

14장 UGUI 419

UGUI 컴포넌트 420

예제 인터페이스 만들기 422

    Canvas 컴포넌트 422

    Rect Transform 426

    UI Rect 도구 429

    마스크 추가 430

    이벤트 시스템, 이벤트 트리거 430

요약 431

부록 자바스크립트 코드 예제 433

Player 스크립트 433

Collectible 스크립트 440

Enemy 스크립트 442

게임 시스템 스크립트 444

GUI 스크립트 448

위험 요소 스크립트 454

시스템 스크립트 456

찾아보기 458

들어가며

이 책을 쓴 이유

이미 시중에 유니티 엔진을 이용한 수많은 책이 있음에도 불구하고 '왜 또 유니티 책이지?'라고 의문을 가질 수 있다. 이 물음의 답은 유니티 엔진을 이용해 2D 게임을 개발하는 책을 쓰고 싶었기 때문이라고 답해야겠다. 3D 매시, 월드 표현, 게임 메커니즘을 다룬 유니티 책은 많지만 2D 플랫포머 게임을 개발하는 책은 지금까지 없었다.

또한 게임을 만드는 간단하고 구현하기 쉬운 방법을 제시하고 싶었다. 게임을 만드는 일은 오랜 시간과 노력이 필요한데, 이것은 제작비와 연관되므로 인디 개발자가 피하고 싶은 것이기도 하다. 이 책에서 만드는 게임에 필요한 애셋, 소프트웨어는 모두 무료다!

마지막으로 게임 프로젝트를 최대한 작게 유지하려고 노력했다. 유니티를 처음 접하는 사람이라고 하더라도 애셋, 스크립트를 제작할 수 있도록 배려했고, 예제와 이미지를 최대한 많이 제공하려고 노력했다.

이 책의 대상 독자

이 책은 게임을 처음부터 끝까지 만들어보는 과정을 배우고 싶은 사람들을 위해 쓰여졌다. 가령 초기 게임 아이디어부터 시작해, 계획, 디자인, 게임 제작, 배포하는 과정을 모두 포함하고 있다. 또한 유니티를 처음 사용하거나 유니티의 2D 기능을 배우고자 하는 사람에게 도움이 될 것이다. 스프라이트를 만들고 이를 이용해 스프라이트 아틀라스, 2D 물리, 게임 스크립트, 오디오, 애니메이션 제작에 이르는 모든 과정을 배울 수 있다. 유니티의 거의 모든 부분에 대해 자세히 살펴본다.

왜 유니티 엔진을 사용했나

게임 개발의 핵심은 게임 엔진이다. 게임에서 사용하는 룰, 태스크, 수학 같은 모든 것이 처리돼야 한다. 또한 게이머의 새로운 기술에 대한 요구를 재빠르게 접목시킬 수 있어야 한다.

게임 엔진을 직접 개발하는 것이 가능하다면, 게임 엔진이 하위 레벨 작업을 하고 프로그래머는 게임 콘텐츠 개발에만 집중할 수 있다. 이미 좋은 게임 엔진이 있지만, 그런 엔진이 충족시켜 주지 못하는 것을 유니티는 가능하게 해준다.

좋은 3D 게임 엔진으로 시작한 유니티는 게임을 만드는 개발용 도구로 자라났고, 거의 모든 플랫폼에 출시가 가능하다. 시간이 지남에 따라 2D 게임 개발을 위한 기능이 필요하게 됐고, 유니티는 가장 직관적이고 사용하기 쉬운 2D 기능을 제공한다.

또 다른 이유로 유니티의 접근성이 있다. 유니티 프로에는 팀 작업이나 게임의 모든 면에 신경을 써야 하는 고급 사용자를 위한 기능들이 있다. 우리는 유니티 프로 기능 중 몇 가지를 다룰 것인데 이 책을 배우는 데는 무료 버전으로 충분하다.

준비 사항

게임을 만드는 데 무엇이 필요할까? 이 책을 구입하고 작업할 컴퓨터가 있다면 따로 돈을 지불해야 할 것은 없다. 게임을 만들 때 사용할 모든 애셋은 공짜로 사용이 가능하며, 유니티 역시 무료 버전을 사용한다(어디서 유니티를 다운로드해야 하는지는 나중에 설명한다).

게임에서 사용할 그래픽 리소스(애셋)는 게임 아티스트 Kenney Vleugels가 만들었다. 이 책에서 다루지 않은 멋진 리소스, 게임 애셋은 그의 웹 사이트 www.kenney.nl을 참고하기 바란다. 현재 지속적으로 게임 애셋을 만들고 있으며, 여러분의 요구에 맞게 애셋을 생성하기도 한다.

마지막으로 게임에서 사용될 모든 스크립트는 각 장에서 만든다. 프로젝트뿐만 아니라 완성된 스크립트도 제공하지만, 웬만하면 직접 코드를 작성해서 프로젝트를 완성하길 바란다. 간단한 스크립트라도 완전히 이해해야만 독특하고 창조적인 게임을 만들 수 있다.

이 책의 원서 사이트 http://learningunity.weebly.com/의 Project files 탭에서는 프로젝트 파일, Scripts 탭에서는 소스코드 파일을 내려받을 수 있으며, Tutorials 탭에서는 챕터별 관련 튜토리얼 동영상을 볼 수 있다.

스크립트가 얼마나 필요할까

이 책에서는 적은 양의 간단한 스크립트를 사용했으며, 복잡한 코드를 작성하지 않았다. 프로그래밍 지식을 습득하려면 시간이 오래 걸리고 전문성이 필요하지만, 게임 디자인에 따라 다르기도 하다. 심지어 게임을 테스트하고 디버깅하는 데도 간단한 프로그래밍 지식은 도움이 된다.

이 책의 구성

이 책은 장별로 처음부터 끝까지 읽어 가며 프로젝트를 제작하고 이전 프로젝트에서 배운 지식을 이용해 예제를 작성하거나 게임 디자인 완성을 목표로 삼는다.

하지만 이미 게임 개발 프로세스를 알고 있고 게임 디자인을 위해 게임 엔진이 필요한 경우를 위해 주제별로 장을 나눴다. 특정한 게임 메카닉에 대해 알고 싶다면 해당 장을 참고하거나 이미 알고 있는 장은 생략이 가능하다.

일반적인 지식은 알고 있다고 하더라도 모든 장을 다 읽어보기를 권한다. 유니티의 예전 방식, 새롭게 바뀐 부분까지 모두 설명했고 노트, 팁, 그림을 통해 설명을 보강했다.

각 장의 내용은 다음과 같다.

- **1장, 유니티 개발 환경 구축** 유니티의 인터페이스, 프로젝트 계층 구조, 초기 프로젝트 설정을 다룬다.

- **2장, 애셋 구축** 게임에서 사용할 게임 애셋들을 임포트하고 유니티 엔진이 어떻게 게임오브젝트_{GameObject}를 사용하는지 이해한다. 게임 컴포넌트가 어떻게 동작하는지 기본 개념을 배우고, 복잡한 동작을 위해 어떻게 구성하는지 배운다. 마지막으로 서드파티 애셋, 패키지를 어떻게 임포트해서 게임 환경에 접목시키는지도 배운다.

- **3장, 2D 스프라이트 제작** 2D 게임 플레이 제작을 위한 스프라이트 에디터, 유니티 프로에 있는 기능 몇 가지를 배운다.

- **4장, 게임 월드 제작** 이미 만들어진 프리팹 게임오브젝트를 이용해 게임 플레이어가 돌아다닐 월드를 만들어 본다. 게임오브젝트를 배치하기 위한 트랜스폼 툴을 어떻게 사용하는지 배우며, 스프라이트 정렬을 위한 레이어링과 깊이에 대해서도 알아본다. 마지막으로 씬 뷰와 계층 구조에서 스프라이트들을 쉽게 관리하기 위해 어떻게 부모-자식 관계와 이름 규칙을 사용해야 하는지 배울 것이다.

- **5장, 기본 이동, 플레이어 컨트롤** 스크립트를 만드는 방법과 사용자 입력에 따라 게임오브젝트를 움직이는 함수, 게임에 필요한 메커니즘을 어떻게 스크립트로 제작하는지 배운다. 마지막으로 유니티에서 사용하는 프로그래밍 언어의 장, 단점을 간단히 알아보고 스크립트를 디버깅하는 방법에 대해 배운다.

- **6장, 씬에 애니메이션 추가** 게임오브젝트와 스프라이트를 위해 애니메이션을 어떻게 설정하고 만드는지 배운다. 트랜스폼과 프레임 애니메이션의 차이점을 설명하고 애니메이터 상태 기계를 이용해 2D 스프라이트 행위를 어떻게 만드는지 배운다. 여기서 우리 게임에서 사용될 캐릭터의 메커니즘을 만든다.

- **7장, 플레이어 물리와 충돌체 설정** 2D, 3D 게임오브젝트에 어떻게 물리를 추가하는지 배운다. 게임오브젝트에 충돌체를 설정하고 최고의 퍼포먼스를 내기 위해 어떤 작업을 해야 하는지 배운다. 마지막으로 게임오브젝트에 힘을 반영해 어떻게 동적인 장면을 만들 수 있는지 살펴본다.

- **8장, 게임 플레이 시스템 제작과 적용** 게임 플레이를 위한 요소, 예를 들어 집을 수 있는 아이템, 체크 포인트, 리스폰 같은 것을 어떻게 만드는지 배운다. 유니티의 트리거 시스템 사용방법을 살펴보고, 게임 플레이에 관련된 게임 디자인 이론도 간략하게 알아본다.

- **9장, 적 만들기와 난이도 조절** 기본적인 적 만드는 방법과 어떻게 스크립트를 작성하는지 배운다. 데미지 처리를 위해 데미지 스크립트를 작성하고 스포닝_{Spawning} 로직을 통해 적을 언제 생성하는지 배운다. 마지막으로 게임 플레이에 관련된 난이도 조절에 대한 이론을 배운다.

- **10장, 메뉴 제작과 인터페이스 다루기** 게임에 필요한 가장 기본적인 메뉴와 더불어 게임 내 플레이어 HUD를 어떻게 만드는지 배운다. 메뉴에 따라 사용자 입력을 어떻게 처리하는지도 알아본다.

- **11장, 게임오브젝트에 이펙트 적용** 애니메이션, 이펙트, 오디오와 같은 애셋들을 더 추가해서 어떻게 게임을 더 돋보이게 하는지를 배운다. 유니티 파티클 시스템에 대해 배우고, 오디오 리스너와 이펙트를 어떻게 게임 요소에 추가하는지 배운다.

- **12장, 프로젝트 구성과 최적화** 다양한 플랫폼에 게임을 배포하려면 최적화가 필요한데 이를 위한 최적화 팁과 권고 사항들을 알아본다. 마지막으로 프로젝트를 구성하는 팁과 파일 처리에 대해 알아본다.

- **13장, 모든 것을 합치기** 우리가 만든 게임을 유니티 웹 플레이어, 다른 플랫폼으로 어떻게 배포하는지 배운다. 또한 성공적인 게임 출시와 수익을 위한 모범 사례들을 알아본다. 마지막으로 게임을 웹으로 어떻게 출시하는지 배운다.

- **14장, UGUI** 14장은 보너스 장으로 유니티 4.6에 추가된 UGUI 시스템에 대해 배운다. UGUI 인터페이스와 관련된 컴포넌트, 마지막으로 새로운 Rect 트랜스폼 컴포넌트에 대해 배운다.

이 책의 편집 규약

유니티를 배울 때 모범 사례를 설명하거나, 유용한 정보를 공유할 때 사용하는 몇 가지 편집 규약이 있다.

- **그림**

  그림은 절차를 설명하거나 시각적인 도움을 필요로 할 때 사용했다. 이 책 전반적으로 애셋을 화면에 보이거나 레벨 디자인을 할 때 사용했다.

- **노트**

  본문과 크게 관련은 없지만 유용한 정보는 노트로 표기한다.

- **팁**

  작업 과정이나 일반적으로 알려지지 않은 특정 작업이나 문제 해결에 도움이 될 때 팁으로 표기한다.

- **경고**

  게임이 예상치 못한 동작을 할 수 있는 상황이나 유니티를 사용하면서 지켜야 할 룰의 주의 사항을 의미한다. 이를 통해 게임을 개발하면서 만날 수 있는 잠재적인 위험을 피할 수 있을 것이다.

- **예제**

  코드는 게임 개발에 필수적인 요소인데, 예제는 스크립트의 일부를 나타내거나 통째로 복사해서 프로젝트에 사용할 수 있도록 했다. 이후 장에서 게임 플레이 요소를 업그레이드한다거나 새로운 기능을 넣을 때 예제를 사용했다.

- 연습 문제

  모든 장의 마지막에는 연습 문제가 있는데, 본문을 읽은 후 연습 문제를 통해 해당 본문의 내용을 더 확실하게 이해할 수 있다. 연습 문제는 풀기 쉽게 준비했으나 모두 해결하려면 약간의 노력이 필요할 것이다.[1]

보충 자료

이 책에서 제시하는 프로젝트에 등장하는 스프라이트, 오디오, 스크립트 애셋을 완성시켜 나가다보면 게임 프로젝트가 무엇인지 완벽히 이해하는 데 도움이 될 것이다. 그럼에도 아무런 사전 지식 없이 진행하면 특정 부분에서 문제가 생기거나 혼란스러운 상황이 발생할 수 있다는 점도 분명히 알고 있다. 이러한 이유로 이 책 곳곳에 등장하는 모든 콘텐츠를 웹사이트를 통해 제공한다.

웹사이트를 통해 모든 씬Scene, 패키지, 애셋, 스크립트를 제공한다. 이 책을 따라하거나 도움이 필요할 때 유용할 것이다. 또한 따라 할 수 있는 형태의 러닝 비디오 시리즈도 제공한다. 이 사이트는 유니티 프로젝트뿐만 아니라 우리의 게임 개발 디자인 방법에 대한 오디오 자료도 수록해 놓았다. 비디오는 비록 책에 대한 간략한 내용만 담고 있을지라도 때로는 보면서 설명 듣는 것이 더 나을 때도 있다.

이 책의 원서 사이트 http://learningunity.weebly.com/의 **Project files** 탭에서는 프로젝트 파일, **Scripts** 탭에서는 소스코드 파일을 내려받을 수 있으며, **Tutorials** 탭에서는 챕터별 관련 튜토리얼 동영상을 볼 수 있다.

---

1 이 책의 연습 문제 해답이 필요하신 독자는 에이콘출판사 편집팀(editor@acornpub.co.kr)으로 메일 보내주시기 바란다. - 옮긴이

소개

흥미진진한 유니티의 세계에 온 여러분을 진심으로 환영한다! 여러분이 흥미로운 내용을 발견하고, 인디 게임 분야 개발에 대한 경험을 얻어내길 진심으로 기대한다. 또한 10년 이상의 게임 개발 경력을 통해 얻은 경험과 통찰을 공유하게 되길 바란다.

지금까지 비디오 게임에 대한 열정을 바탕으로 수많은 스토리와 세계관에 매료되어 왔다. 게임 개발에 엄청난 시간과 열정을 쏟는 동안 여러분의 창작물을 플레이하는 사람들을 상상해보기 바란다. 분명 멋진 일이다. 아이디어를 가지고 만들고 싶었던 것을 만드는 자신을 떠올려보라. 그리고 다시 수백 만의 사람과 그 기쁨을 공유하게 되는 순간을 상상해보라. 바로 그것이다!

이 책은 유니티와 작업하는 플랫폼에서 개발의 시작부터 끝까지의 개발 속도 향상을 위해 쓰여졌다.

그러나 우리가 집중하는 2D 개발 플랫폼을 아주 자세히 다루지는 않는다. 다만, 이 책을 읽고 난 뒤에는 개발하고자 하는 게임 개발을 계속 할 수 있을 것이며, 이곳에서 배운 내용을 바탕으로 더 깊게 유니티를 공부할 수 있을 것이다.

유니티 소개

우선 컴퓨터에서 유니티를 실행하기 위해 한발 내디뎌보자. 프로젝트를 위한 파일과 개발 중 필연적으로 따라오는 문제들을 피할 수 있는 기존에 추천된 방법을 살펴본다. 그런 다음 유니티 기본 인터페이스, 파일 메뉴, 내비게이션Navigation까지 설명할 것이다. 더불어 유니티 사용자 인터페이스와 프로젝트 생성을 위한 몇 가지 규칙도 습득하게 되길 바란다. 자 그럼 시작해보자!

유니티의 다운로드와 설치

실제 개발에 다가가기 앞서 유니티 환경을 설정해보고 실제로 실행해보는 것이 필요하다. 가장 최신 버전의 유니티를 웹사이트 http://unity3d.com/unity/download에서 다운로드한다. 이 책을 쓰는 동안 4.5.1 버전을 사용했는데, 책의 구매 시점에 따라 더 새로운 버전을 사용하게 될 수도 있지만 4.5.0 그보다 상위 버전인 이상 계속 사용 가능할 것이다.

유니티 다운로드 페이지에서 머무는 동안 시스템 요구 사항과 라이선스 비교 사항에 대해서도 한번 살펴보라. 시스템 요구 사항 페이지에는 일반적인 윈도우나 OS X 기반의 기기들을 위한 것들이 나열되어 있고, 해당 요구 사항은 다양한 개발 환경에 배포하기 위해 필요하다. 적절히 최근 운영체제, 예를 들어 마이크로 소프트 윈도우 7/8 혹은 애플의 맥 OS X 10.5(Leopard) 혹은 그 상위 버전을 갖고 있다면 문제없을 것이다.

라이선스 비교 페이지에는 유료와 무료 버전에 관한 정보도 있다. 여러분이 개발하는 각각의 플랫폼별 유니티 프로 버전을 위한 애드온 정보도 제공된다. 유니티 프로를 구입하면 게임 개발을 위한 추가적인 구성과 더욱 흥미롭고 쉬운 디버깅 환경이 제공된다.

컴포넌트 설치

유니티를 내려받고 설치를 시작했다면 다음 유니티 설치 화면을 볼 수 있다(그림 I.1 참고). 여기에 나열된 항목을 통해 유니티 엔진 설치 시 추가 리소스와 애드온 중 설치를 원하는 것을 설정할 수 있다. 프로젝트와 게임 개발에 도움이 될만한 것은 모두 설치하길 권장한다.

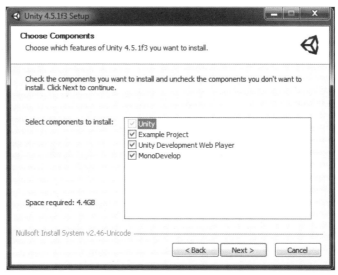

그림 I.1 유니티 컴포넌트 선택 화면

예제 프로젝트

유니티 기술로 개발된 주요 특징적인 프로젝트로 앵그리 봇Angry Bots이 있다. 이 게임이 굉장히 재미있고 매력적인 플레이 경험을 주는 것 이상으로 개발 도구로서도 여러분의 게임에 참고가 될 것이다. 예제에서 모든 애셋과 스크립트, 컴포넌트, 애니메이션 같은 것을 쉽게 확인 가능하다. 그런 내용이 이 책이 담고 있는 범위를 넘어설지라도 이 예제를 깊이 살펴보기를 강력히 추천한다. 특히 3D 게임을 그려보고 있는 중이라면 더욱 그렇다.

> **노트**
>
> 유니티 애셋 스토어에는 위와 같은 오래된 혹은 새로운 예제와 프로젝트가 매우 많이 있다. 이 예제와 프로젝트의 상당수는 유니티 개발사 내부 빌드 테크놀로지 팀에서 개발했다. 그 중에서 '2D platformer'는 강력히 추천되는 프로젝트다. 유니티 애셋 스토어와 프로젝트 다운로드, 패키지, 애셋에 관해서는 2장, '애셋 구축'에서 더 자세히 설명한다.

유니티 개발 웹 플레이어

유니티 개발 웹 플레이어Unity Development Web Player는 우리의 개발 작업 진행에 필수적인 요소다. 이 웹 플레이어는 컴퓨터 하드웨어에서 마치 배포된 게임을 살펴보고 실행해보는 듯하게 해줄 것이다. 앞으로 실제로 동작시켜 보면서 살펴본다. 웹 플레이어는 배포된 우리 게임이 파이어폭스나 크롬 같은 웹 브라우저를 통해 플레이될 수 있는 HTML 코드 배포를 위해서도 쓰인다.

이것은 게임을 플레이하고 테스트하여 소중한 피드백을 줄 수 있는 동료나 지인의 컴퓨터와 기기에서 동작하게 할 때도 유용하다. 13장, '모든 것을 합치기' 과정을 마무리하면서 여러분의 게임에서 웹 플레이어를 위한 HTML과 패키징 빌드 과정도 살펴본다.

모노디벨롭

애셋과 애니메이션만 생각했지만, 이제부터 살펴볼 내용은 게임 플레이 이벤트와 같이 게이머에게 진정한 게임 경험을 주는 핵심적인 부분이 될 것이다. 한 명의 영웅 또 한 명의 악당 캐릭터와 각각에 해당하는 전투 애니메이션을 가질 수 있겠지만 게임 플레이 스크립트가 없다면 움직일 수도, 상호작용할 수도 없다. 그 모든 것을 몇 개의 스크립트를 제작함으로써 가능해진다. 모노디벨롭MonoDevelop은 통합 개발 환경IDE, Integrated Development Environment이자 유니티를 위한 실시간 이벤트와 스크립트를 제작할 수 있는 환경이다. 모노디벨롭은 설치하는 애드온 중에서 가장 중요하다. 유니티나 스크립트를 처음 접한다면 더욱 그렇다. 모노디벨롭을 매우 자세히 살펴볼 것이다. 그렇지만 지금은 안심하고 잠시 다음으로 넘어가보자.

　모든 것이 설치됐다면 바탕 화면에서 유니티 아이콘을 클릭해 유니티를 실행해보자. 지금부터는 유니티 액티베이션Unity Activation 화면을 볼 것이다. 원하는 라이선스를 선택하고 등록 버튼을 누르면 등록 과정이 마무리된다.[1] 이 과정이 끝나면 프로젝트 위자드Project Wizard 화면을 볼 수 있다.

> **노트**
>
> 유니티 등록 과정을 통해 30일 제한 유니티 프로 평가판 버전을 받거나 유니티 관련 각종 뉴스와 업데이트 소식을 받아 볼 수 있는 메일링 리스트 등록도 가능하다. 다시 말하지만 이 책의 과정에서 프로 버전에만 추가된 기능에 대해 그다지 걱정할 필요는 없다. 그렇지만 이 책을 다 읽고 유니티 프로를 깊게 공부하고 싶다면 30일 평가판으로 업데이트하거나 유니티 프로 버전을 구매할 수 있다.

1　계정이 없다면 먼저 계정을 등록하자. - 옮긴이

프로젝트 위자드

마지막(우아한 유니티 에디터를 보기 바로 전!)으로 프로젝트를 생성하는 단계다. 프로젝트를 이해하는 가장 좋은 방법은 마치 집을 짓는다고 생각해보는 것이다.

예를 들어 벽이나 문, 지붕 같은 재료가 체계적인 방식으로 지어지지 않았다면 구조적으로 엉망이 되고 결국 무너지고 만다. 나와 내가 속한 팀의 팀원들 모두가 이해하기 쉽고 간편하게 프로젝트를 유지할 수 있어야 할 것이다.

Open Project 탭

프로젝트 위자드Project Wizard에는 두 개의 탭이 있다. 그 첫 번째가 **Open Project**(프로젝트 열기) 탭이다(그림 I.2 참고). 한 번 열어 본 프로젝트라면 이곳 목록에서 선택이 가능하다. 하나의 게임을 위해 유일하게 하나의 프로젝트를 사용하게 될 것이다.

집 짓기를 예로 든 것처럼 프로젝트는 여러분의 게임을 위해 유일하게 필요한 딱 하나의 집이다. 하지만 지금은 제작한 프로젝트가 없다. 그럼 **Create New Project**(새 프로젝트 만들기) 탭을 클릭해보자.

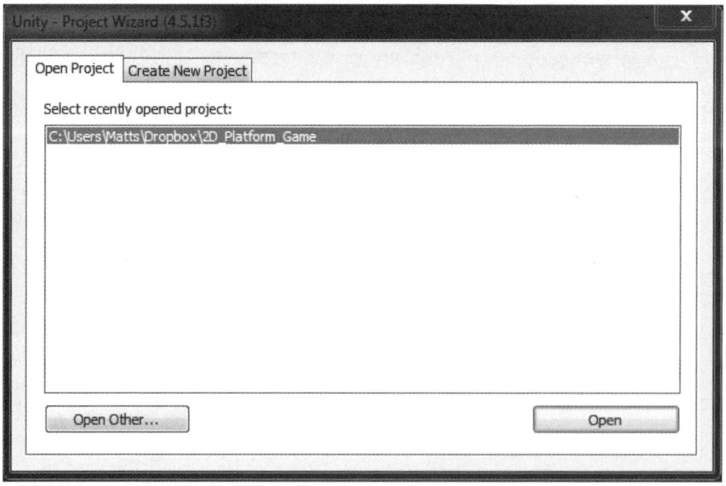

그림 I.2 프로젝트 위자드: Open Project 탭

우리의 작업 스타일은 먼저 샌드박스(sandbox)형 프로젝트[2]를 생성하고, 그다음 프로젝트로 보통 게임 플레이 스크립트를 테스트하는 프로젝트를 생성한다. 그 프로젝트를 통해 테스트 애셋을 테스트하면 애셋이 필요하지 않은 상황이 생겨도 굳이 폐기할 필요가 없다. 임포팅 이후 필요 없어진 애셋을 무심코 남겨 놓는다던가 혹은 더 치명적으로 애셋이나 코드를 삭제하는 과정에서 프로그램에 버그를 남겨 놓을 수 있다. 다시 말하지만 프로젝트를 어수선하지 않게 간결히 유지하는 것은 중요한 사항이다.

Create New Project 탭

Create New Project 탭에서 우리가 만들 게임에서 앞으로 쓰이게 될 프로젝트를 설정한다. Project Location 창에서 프로젝트에서 사용하게 될 이름과 경로를 설정해보자. 기본 값으로 유니티는 프로젝트를 New Unity Project로 이름 지어준다.

프로젝트를 2D_Platform_Game으로 이름 지어보자(그림 I.3 참고).

2D 플랫폼으로 게임을 제작할 것이므로 Setup default for(기본 설정)도 2D로 설정했다. 이 속성도 2D에서 3D로 전환이 가능하지만 유니티는 해당 속성에 맞게 추가 기능을 기본으로 설정해 제공하므로 2D로 유지하자.

패키지

Project Location 창 아래 나열된 패키지는 유니티 인스톨 시 함께 설치된다. 다음 패키지는 유니티가 기본으로 제공하는 애셋과 게임오브젝트의 모음이다. 모두 원하는 프로젝트에서 사용할 수 있다. 패키지Packages를 사용하면 스크립트를 재활용할 수 있고, 그외 어떤 특정한 것을 똑같이 반복해서 만들지 않아도 되므로 매우 유용하다.

---

2 테스트 프로젝트와 분리된 프로젝트이다. - 옮긴이

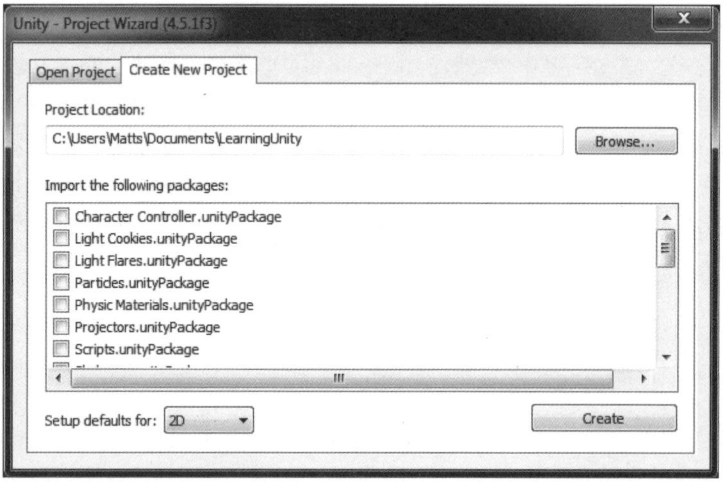

그림 I.3 프로젝트 위자드: Create New Project 탭

패키지 중에서 몇 가지 기능은 유니티 프로 버전이 필요하지만 거의 대부분 무료 버전에서 사용 가능하다. 패키지는 간단한 게임 플레이 아이디어나 특정 기술을 빠르게 테스트하고 싶을 때 큰 도움이 된다. 여기서는 패키지를 선택하지 않고 프로젝트를 시작하지만 패키지는 나중에 언제라도 다시 이용 가능하다. 앞으로 진행되는 2장, '애셋 구축'에서 다시 살펴본다.

프로젝트 설정

애셋의 관리asset management와 프로젝트 구조Project Structure 잡기는 게임을 제작하는 입장에서 가장 중요하게 눈여겨봐야 할 것 중 하나다. 2장, '애셋 구축'에서 애셋 관리에 관해 더 자세히 살펴보고 지금은 프로젝트 구조만 다룬다.

프로젝트 구조

프로젝트 구조는 프로젝트에서 쓰이는 파일의 이름을 어떻게 지었는지 혹은 어떻게 정렬했는지에 대한 계층적인 형태를 의미한다. 어떻게 이름을 짓고 계층을 만들지 확실히 해두면 프로젝트 초기 제작에서부터 멀게는 최적화된 게임의 프레임 레이트frame rate를 갖는 좋은 게임을 만드는 데까지도 도움이 된다. 뿐만 아니라 이 과정을 통해 원하지 않는 파일이나 폴더로 인해 무분별하게 비대해지지 않는 방법도 알 수 있다. 12장, '프로젝트 구성과 최적화'에서 좀 더 자세히 최적화에 대해 살펴보겠지만, 그전에 알아두어야 할 것은 파일 크기가 제한된다는 사실 한 가지다. 각 기기와 퍼블리셔에 따라 모두 다르며 실제로 게임을 그곳에 올리기 전에 가이드라인을 따라야 한다.

프로젝트 구조를 이해하는 가장 쉬운 방법은 앞에서 예로 들었던 집 짓기 비유다. 집에 대한 개념의 첫 번째는 그 용어다. 누구는 집이라 부르기도 하고 '거주지' 혹은 '주거지'라고 부른다. 요점을 말하자면 프로젝트에도 이름을 지어주어야 하는 것처럼 이름이 기본이 된다. **Create New Project** 창을 통해 프로젝트의 이름을 '2D_Platform_Game'이라고 지어준 것처럼 말이다. 2D_Platform_Game이라는 이름은 개발 내내 이곳저곳에서 쓰이게 된다. 따라서 가장 좋은 이름은 어떤 프로젝트인지 알기 쉽게 이름을 통해 잘 나타내 주는 것이다.

유니티 프로젝트는 브라우저의 탐색 창이나 맥의 파인더Finder와 유사한 느낌이 들 수도 있다. 폴더를 만들고 파일을 넣기도 하고 빼기도 하고 파일을 다시 배열하는 등의 작업도 유니티 프로젝트에서 가능하다. 어떤 것이든 프로젝트에 추가하는 그 즉시 업데이트되고 보이며, 역으로 파일 탐색기에서 파일을 추가해도 프로젝트의 파일 관리 창에서 확인이 가능하다. 이 내용을 기억하는 건 매우 중요하다. 앞에서 언급했듯이 파일의 추가와 삭제는 의도치 않았던 혼란을 가져올 수 있다.

노트

언뜻 보기에 파일 삭제나 파일 이름 바꾸기는 별일 아닌 것처럼 보일 수 있지만, 기억할 점은 유니티는 파일을 기반으로 연결돼 돌아가므로 이 행위가 의도치 않은 결과를 초래할 수도 있다는 점이다.

폴더 구조화

첫 번째 프로젝트를 만들었다면 유니티에 의해 미리 만들어진 폴더(Assets, Library, Project Setting, Temp folder)들을 볼 수 있다. 해당 폴더에는 유니티와 애셋 생성에 관련된 파일이 담겨 있으므로 삭제하지 말고 그대로 유지하자.

프로젝트를 개발하면서 앞으로 많은 양의 애셋을 만들게 될 터인데, 예를 들어 모델models, 스크립트scripts, 메터리얼Materials과 같은 것들이다. 폴더를 잘 정돈된 채로 유지해야 프로젝트를 계속해서 키워나가는 과정이 쉬워진다. 지금 아무것도 임포트하지 않은 상태지만, 유니티에 의해 만들어진 폴더 구조 예제 템플릿template을 한번 살펴보자.

```
Assets/
    Materials/
    Meshes/
        Actors/
            GoodGuy
            BadGuy_A
            BadGuy_B
        Props/
            GarbageCan_Clean
            GarbageCan_Dirty
    Plugins/
    Prefabs/
        Actors/
            GoodGuy
            BadGuy_A
            BadGuy_B
    Scenes/
        Chapter_1/
    Scripts/
```

파일 이름 규약

작업을 진행하는 데 있어서 또 다른 훌륭한 도구가 될 수 있는 것으로 네임스페이스Names spaces의 사용법을 익히는 것이다. 네임스페이스는 파일 이름을 간단히 그리고 짧고 읽기 쉽게 유지해줄 뿐만 아니라 시간이 지나 해당 부분을 다시 이해하려고 할 때도 도움을 준다. 이름 규약이 혼란스럽거나 명확하지 않거나 혹은 불필요한 정보가 가득하다면 무언가 필요해서 찾고자 하는 시점에 여러분과 동료들을 어렵게 만들 뿐 아니라 좌절마저 맛보게 한다.

예를 들어, 귀찮다고 스크립트 이름을 script_1, script_2로 한다면? 스크립트가 단 두 개만 존재한다면 어느 정도는 용서되지만 수십 개, 수백 개가 존재한다면 한번 상상해보라. 한밤중에 퇴근해서 다음날 프로젝트를 다시 열었을 때 수백 개 혹은 그 이상의 스크립트가 무엇을 담고 있는지 기억하기는 커녕 대부분 까먹을 것이다. 이름 규칙을 간결하면서도 의미가 잘 전달되는 형태로 유지하는 건 작업 집중도의 유지와 동료와 조직적으로 일하는 데에도 도움이 된다. 이 내용은 2D나 3D 패키지를 가리지 않고 모두 통하는 이야기다.

다음은 유니티 내에서 네임스페이스를 다룰 때 좋은 규칙이 될만한 내용이다.

1. 이름 지을 때 대상에 관한 상세한 내용은 밑줄(_) 다음에 쓰도록 하라. 예를 들어 'alienShip.png'라고 이름 지어진 애셋의 경우 이름이 특별히 나쁘지 않지만 'char_enermy_alienShip.png'라고 이름을 지으면 의미가 더 분명해진다.

2. 폴더 자체가 하드 디스크에서 차지하는 용량은 매우 적다. 필요 시에 원하는 만큼, 예를 들어 'Assets/_meshes/_characters/_enemy/alienShip.fbx.'처럼 개수에 구애받지 말고 세부 폴더를 만들어 내용을 상세히 알 수 있도록 하자.

3. 애셋과 링크된 네임스페이스를 사용하라. 예를 들어 'alienShip.fbx'를 매시mesh 데이터로 사용한다면 스크립트는 'alienShip.cs'로, 애니메이션은 'alienShip_death.anim'으로 지어라. 이름 규칙을 통해서 담고 있는 의미가 더 잘 파악될 것이다.

4. 2장, '애셋 구축'에서 살펴볼 애셋 레이블은 지금 위에서 언급한 내용에 큰 도움
   이 될 것이다. 일종의 내부 파일 관리 시스템으로 이 간단한 툴은 애셋 위치 관
   리를 빠르고 덜 고생스럽게 만들어 줄 것이다.

이제부터 유니티와 2D 플랫폼을 기반으로 한 게임 디자인에 대해 더 깊이 알아
가게 될 것이다. 앞으로 우리가 가야 할 길은 멀지만 누군가 말 했듯이 "이 모든 것
들은 여행의 과정 그 자체를 위한 것이지, 단지 목적지 만을 위한 것이 아니다." 그
럼 이제 1장, '유니티 개발 환경 구축'으로 넘어가보자. 그리고 유니티가 뭘 할 수
있는지 그 힘을 느껴보자.

> **팁**
>
> 유니티 문서와 웹사이트를 통해서 제공된 것들에 대해서도 배워 보자. 유니티는 많은 양의 학습용
> 비디오, 따라 하기 튜토리얼, 팁들을 제공할 뿐 아니라 커뮤니티나 포럼에도 방문하면 많은 도움
> 이 될 것이다. 유니티 메뉴얼은 프로젝트 제작에 있어 가장 훌륭한 재료가 될 것이기에 여러분 곁
> 에 있다는 것을 항상 염두 하자.
>
> 유니티의 내부 Help 메뉴를 통해서, 혹은 다음 링크를 통해 커뮤니티, 포럼, 질문/답변이 있는 페
> 이지에 접근할 수 있다. 다음은 해당 사이트의 링크들이다.
>
> • 유니티 문서: http://unity3d.com/learn/documentation
> • 튜토리얼: http://unity3d.com/learn/tutorials/modules
> • 포럼: http://forum.unity3d.com/
> • 질문/답변 모음: http://answers.unity3d.com/

1

유니티 개발 환경 구축

1장에서는 유니티 개발자들이 사용자들을 위해 얼마나 좋은 인터페이스 제공해주는지 볼 수 있다. 첫 걸음부터 여러분에게 해야 할 많은 명령들을 한꺼번에 보여주지 않는데, 이것이 바로 유니티의 빛나는 점이다. 혼란스럽지 않은 깔끔한 화면을 통해 앞으로 만들 게임의 요소가 무엇인지를 파악해본다. 지금부터 작업 공간이나 레이아웃을 어떻게 제작할지 살펴보고 유니티의 세계로 항해를 시작해보자.

Welcome Screen

유니티를 처음 열면 환영합니다라는 Welcome To Unity 화면을 마주하게 될 것이다 (그림 1.1 참고). 그림 1.1을 보면 무료면서 빠른 시작을 위해 도움이 될만한 무한한 양의 자료, 가령 튜토리얼, 질문/답변들, 포럼 등이 있다. 가이드와 튜토리얼은 유니티를 향한 여러분의 열정에 도움 줄 수 있는 또 하나의 빛나는 자료들이다. 유니티 커뮤니티는 정말 강력하다. 그곳에는 매우 똑똑하며, 서로가 도움을 주고받는 그룹들이 있다. 이들에게는 재미있는 개발 경험을 할 수 있도록, 그 경험을 함께 나누고자 하는 공동의 목표가 있다. 이 책을 읽는 잠시는 그 화면을 접어 두었더라도 절대로 그 곳의 존재를 무시하지는 말자.

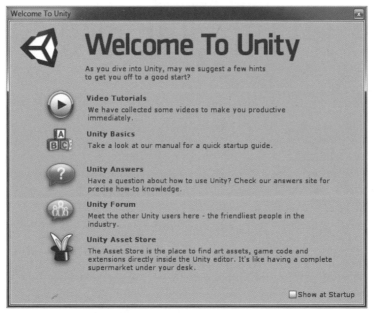

그림 1.1 유니티 시작 화면

유니티 인터페이스

지금까지 유니티를 설치하고 설정하고, 또 몇 가지 규칙을 익히는 시간을 가졌다. 이미 엔진 마스터 과정 속에 있는 것이다. 위에서 본 환영합니다 페이지는 단순하다고 느꼈을지 모르겠지만, 앞으로 보게 될 인터페이스는 좀 더 많은 것을 담고 있다. 그림 1.2는 유니티 기본 인터페이스이다. 무료 버전의 전체적인 색상은 밝은 회색이지만, 유니티 프로 버전을 쓴다면 어두운 회색이 나타난다.

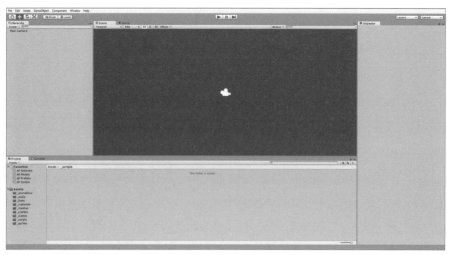

그림 1.2 기본 유니티 인터페이스

메뉴

유니티로 개발은 공통적인 작업과 명령, 예를 들어 오프닝 씬, 게임오브젝트와 컴포넌트 만들기, 다양한 종류의 창과 레이아웃 열기 등이 메뉴를 통해 이뤄진다. 그림 1.3의 메뉴바를 보면 다양한 기능이 있음을 알 수 있다. 우선 메뉴와 서브메뉴를 간략히 살펴보자.

File   Edit   Assets   GameObject   Component   Window   Help

그림 1.3 메뉴바

File 메뉴

File 메뉴는 프로젝트나 유니티 씬scene을 생성, 저장과 관련된 작업을 수행한다. File 메뉴를 통해 여러분이 개발할 다양한 플랫폼의 프로젝트 생성이나 실행이 가능하다. 13장, '모든 것을 합치기'에서 이 부분에 대해 더 깊게 살펴본다.

그림 1.4 File 메뉴

- **New Scene:** 현재 프로젝트에 또 다른 비어 있는 씬을 생성한다.
- **Open Scene:** 파일 브라우저를 통해 씬 파일을 열 수 있다.
- **Save Scene:** 지금 화면에서 보이는 씬을 저장할 수 있다. 아직 파일로 저장되기 이전의 씬이라면 파일 브라우저가 알아서 띄워지며, 경로와 이름을 지정할 수 있다.
- **New Project:** 프로젝트 위자드Project Wizard가 열리며, 이를 통해 완전히 새로운 프로젝트를 생성할 수 있다.
- **Open Project:** 생성한 프로젝트를 열 수 있다.
- **Save Project:** 현재 열린 프로젝트에서 변경된 내용을 저장한다.
- **Build Settings:** 빌드 설정 창을 띄워 프로젝트나 씬의 최종 빌드 전 옵션을 설정할 수 있다.
- **Build & Run:** 미리 설정한 세팅을 바탕으로 빌드와 실행이 동시에 수행된다. 한 번도 빌드에 관해 설정한 적이 없거나, 관련 설정을 한 번도 한 적 없는 씬이라면 Build Settings 창을 먼저 보여줄 것이다.

Edit 메뉴

그림 1.5는 Edit 메뉴를 보여준다. Edit 메뉴는 프로젝트와 씬과 관련된 요소를 편집하는 내용으로 구성된다. 예를 들면 명령 되돌리기(Undo), 복사(Copy)와 같은 기본 명령이 있고, 그래픽 환경 설정과 네트워크 에뮬레이션Network Emulation을 위한 설정이 있다.

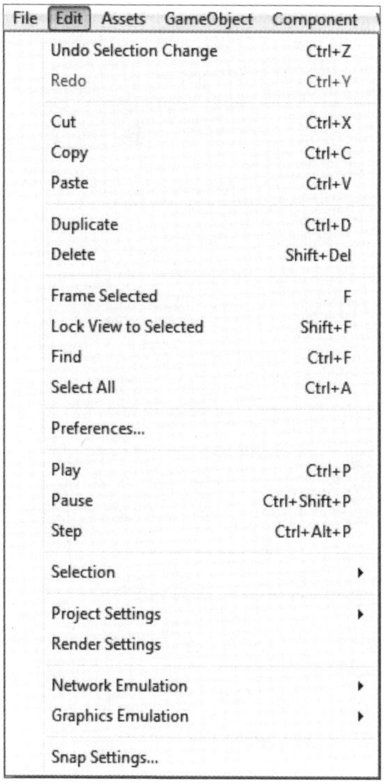

그림 1.5 Edit 메뉴

- Duplicate: 씬이나 프로젝트 브라우저에서 선택된 아이템이 복사된다.[1]
- Delete: 씬이나 프로젝트 브라우저에서 선택된 아이템이 삭제된다.

---

1 Copy와 Duplicate 명령의 차이를 살펴보자. 먼저, Copy는 메모리에만 올려지고, 붙여넣기(Paste)하기 전까지는 아무 일도 일어나지 않는다. 반면에 Duplicate는 실행하자마자 같은 위치에 붙여넣기 과정 없이 다른 이름의 복사본이 생긴다. - 옮긴이

- **Frame Selected:** 씬 뷰에서 카메라를 어디 다른 곳을 보기 위해 이동되어 있더라도, 이미 선택된 오브젝트를 기준으로 중앙 위치로 카메라를 다시 원위치시킨다.

- **Lock View to Selected:** 현재 선택된 오브젝트를 기준으로 카메라의 거리를 유지한다. 가령 이 기능은 어떤 오브젝트가 움직이고 있을 때 이 버튼을 통해 고정시키면 그 오브젝트를 놓치지 않고 계속 볼 수 있다.[2]

- **Find:** 선택된 윈도우에 찾기 기능이 있다면 **Search Field**로 커서를 옮겨 준다. 씬 뷰Scene View나 계층Hierarchy 구조 또는 프로젝트 브라우저에 많은 오브젝트가 있을 때 검색 시 유용하다.

- **Select All:** 현재 선택된 패널에서 모든 애셋을 선택한다.

- **Preferences:** Preferences 창을 띄워주며 에디터Editor, 외부 툴Extenral Tools, 단축 키Hot Key 등을 설정할 수 있다.

- **Play:** 플레이 가능한 형태의 게임 모드로 전환할 수 있고, 실시간으로 게임을 테스트할 수 있다.

- **Pause:** 현재 보여지는 상태로 게임 상태를 멈출 수 있다.

- **Step:** Pause 명령 이후 멈춰진 상태에서 이 명령을 실행하면 다음 브레이크 포인트breakpoint로 상태를 옮길 수 있다.

- **Selection:** 씬 뷰에서 선택한 객체를 선택 세트로 만들어 빠른 선택이 가능하다. 예를 들어 프로젝트에 포인트 라이트처럼 많은 것이 있다면 **Save Selection** 명령으로 하나의 세트로 만들고 **Load Selection** 명령으로 쉽고 빠르게 한꺼번에 선택이 가능하다.

- **Project Setting:** 프로젝트의 주요한 개별 요소와 관련 있는 내용을 설정할 수 있다. 예를 들어 Audio 서브메뉴의 경우 볼륨 등 설정할 수 있다.

- **Render Setting:** 대기 효과atmospheric effects와 관련된 설정을 할 수 있다. 예를 들어 포그Fog, 엠비언트 라이트Ambient lighting, 스카이 박스Skybox 같은 것이다.

---

2 예를 들어 하늘로 날아가는 풍선 오브젝트가 있다면 시간이 지나면 화면에서 사라질 것이다. 추적하며 관찰하고 싶다면 수고스럽게 수동으로 카메라를 움직여 주면서 따라가야 하는데, 이 기능을 사용하면 풍선과 카메라가 같은 거리를 유지한 채 자동으로 함께 움직인다. - 옮긴이

- Network Emulation: 게임이 네트워크상에서 플레이될 때를 가정하여 해당 환경을 테스트해볼 수 있도록 설정을 변경할 수 있다. 개발자가 실제 테스트 환경에서 하나하나 테스트하기 어려운 경우 유리하다.
- Graphics Emulation: 낮은 사양이면서 가장 인기 좋은 그래픽 카드를 테스트하는 것과 같은 상황에서 유용하며, 기기에서 어떻게 동작될지 미리 정확한 측정이 가능하다.
- Snap Settings: 그리드$_{Grid}$상에서 오브젝트를 정렬하고 싶을 때 어느 위치로 정렬될지 단위를 결정할 수 있다.

Assets 메뉴

그림 1.6의 Assets 메뉴는 애셋의 생성과 애셋과 스크립트의 임포팅, 그리고 그것들을 가장 최근의 프로젝트 버전과 함께 맞춰 놓는다.

그림 1.6 Assets 메뉴

- Create: 프로젝트내 각 요소별 리소스를 생성할 수 있다.
- Show in Explorer: 애셋이 위치한 곳으로 파일 탐색기를 연다.
- Open: 파일 확장자와 연결된 프로그램에서 파일을 연다. 예를 들어 내 개발 환경

에서 TIFF 파일에 **Open** 명령을 실행하면 포토샵이 띄워 진다.

- **Delete:** 선택된 프로젝트내 애셋을 삭제하며, 하드 드라이브에서도 같이 삭제된다. 파일 브라우저에서 직접 삭제하는 것보다는 다소 안전하다.

- **Import New Asset:** 파일 선택 창이 열리고, 현재 프로젝트에 추가 가능한 애셋을 선택할 수 있다.

- **Import Package:** 이미 기본으로 가지고 있는 패키지나 다른 사용자에 의해 제작된 패키지Custom Package를 서브메뉴를 통해 선택 가능하다. 패키지는 일종의 다수의 애셋 묶음으로 쉽게 배포가 가능하다.

- **Export Package:** Hierarchy(계층 구조) 또는 프로젝트 브라우저에서 보여지는 선택된 게임오브젝트를 다른 프로젝트에서도 사용할 수 있도록 프로젝트 밖으로 내보낼 수 있다.

- **Find Reference In Scene:** 선택된 애셋이 게임오브젝트 어딘가에서 사용되고 있다면 그 게임오브젝트가 어떤 것인지 알려 준다.

- **Select Dependencies:** 애셋 종류에 따라 애셋 리스트를 보여준다.

- **Refresh:** 외부에서 애셋의 내용을 고치고, 다시 유니티내로 반영하고 싶을 때 사용한다.

- **Reimport:** 선택된 애셋을 처음부터 다시 임포트한다. 버전 컨트롤 시스템으로 리소스를 관리할 때 특히 유용하다.

- **Reimport All:** 열고 있는 프로젝트 전체에 있는 애셋을 모두 다시 임포트한다.

- **Sync MonoDevelop Project:** 모노디벨롭과 여러분의 프로젝트 사이를 현재 데이터에 맞춰 동기화한다.

GameObject 메뉴

GameObject 메뉴(그림 1.7 참고)에서 가장 오랜 시간을 보내게 될 것이다. 게임오브젝트는 모든 기본 오브젝트이자 여러분이 만들고 싶은 모든 것의 집 짓기 재료가 된다. GameObject 메뉴에 대해서는 2장, '애셋 구축'에서 더 자세히 살펴본다.

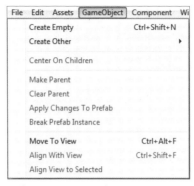

그림 1.7 GameObject 메뉴

- **Create Empty**: 비어 있는 트랜스폼 노드를 생성한다. 트랜스폼 노드는 게임오브젝트를 만들 때 원하는 컴포넌트와 함께 사용된다.

- **Create Other**: 서브메뉴로 미리 만들어진 게임오브젝트, 예를 들어 GUI 요소나 라이팅, 간단한 3D 프리미티브$_{Premitive}$ 등을 선택할 수 있다. 이 리스트 요소는 2장, '애셋 구축'에서 좀 더 살펴본다.

- **Center On Children**: 계층 구조에서 부모에 해당하는 오브젝트를 그 자식들이 배치된 위치에서 가장 중앙에 해당하는 곳으로 옮겨 놓는다.

- **Make Parent**: 현재 선택된 자식 오브젝트를 부모로 만든다.

- **Clear Parent**: 자식 오브젝트에서 부모에서 떼내어 계층에서 가장 상위로 위치시킨다.

- **Apply Changes To Prefab**: 이 명령을 적용하면 씬 위에 실제로 놓인 프리팹$_{Prefab}$에 그것의 마스터 프리팹에 해당하는 내용으로 업데이트시켜 준다. 한번 업데이트시키면 되돌리기 할 수 없다.

- **Break Prefab Instance**: 이 명령이 적용된 프리팹은 마스터 프리팹으로부터 링크 관계를 해제하고 그로부터 업데이트받지 않는다.

- **Move To View**: 선택된 게임오브젝트를 현재 카메라를 통해보고 있는 위치의 중앙으로 이동시켜 준다.

- Align With View: 선택된 오브젝트 위치를 카메라 위치 기준으로 정렬시켜 준다. 이 기능은 라이트 위치를 설정할 때 유용하다.
- Align View To Selected: Align With View와 반대로 카메라 위치를 오브젝트 위치로 옮겨준다.

Component 메뉴

Component는 게임오브젝트 내부의 부속품과 같으며, 각기 고유의 기능을 담고 있다. 컴포넌트 없이는 여러분의 주인공 캐릭터가 움직일 수도 총을 쏠 수도 없다. 2장에서 컴포넌트를 더 심도 있게 배우겠지만, 게임오브젝트 내부에 생명력을 불어넣는 역할을 한다는 것 정도는 미리 알아 놓자. 그림 1.8은 Component 메뉴 화면과 해당 내용이다.

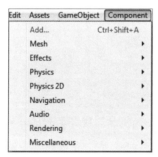

그림 1.8 Component 메뉴

- Add: 컴포넌트 추가는 프로젝트 브라우저, 계층 창 또는 씬 뷰상에서 가능하다. 다만 이 메뉴를 누르면 독립적으로 떠 있는 컴포넌트 추가를 위한 메뉴바 하나가 화면에 나타난다.
- Mesh: 매시가 렌더링되거나 보여지는 부분을 관리하는 컴포넌트다.
- Effect: 실시간으로 생성되는 이펙트, 예를 들어 불 효과, 눈발, 총구에서 나오는 화염 등을 생성할 수 있는 컴포넌트다.
- Physics: 3D 오브젝트의 물리적 동작을 위해 위한 무게, 충돌, 운동에 대한 기능

을 담은 컴포넌트다.

- Physics 2D: Physics 메뉴에 있는 컴포넌트와 유사하나 3D 게임오브젝트가 아닌 2D 게임오브젝트에 물리 법칙을 적용시키는 컴포넌트다. 7장, '플레이어 물리, 충돌체 설정'에서 심도 있게 다룬다.
- Navigation: 인공지능AI, Artificial Intelligence을 위한 컴포넌트로 길찾기와 장애물 찾기를 위한 컴포넌트다.
- Audio: 게임에 사운드나 사운드 이펙트를 넣고 싶을 때 필요하다.
- Rendering: 카메라, 라이팅, 오클루전Occlusion 같이 장면의 렌더링 요소를 다루기 위해 필요하다. 대부분의 2D 컴포넌트도 이곳에서 찾을 수 있다.
- Miscellaneous: 위처럼 분류된 카테고리에 넣지 못하는 가령 Animations 메뉴와 Animator 같은 컴포넌트가 속해 있으며, 관련 내용은 6장, '씬에 애니메이션 추가'에서 더 확장시켜 다룬다.

Window 메뉴

Window 메뉴(그림 1.9 참고)는 어떤 윈도우를 열어 놓을지 레이아웃은 어떻게 잡을지 설정할 수 있다. 2장에서 각 윈도우가 무엇을 하는지 더 자세히 논의한다. 그러나 지금 살펴볼 필요가 있는 부분은 Layouts와 그 서브메뉴다. 미리 정의된 Layouts 메뉴는 인터페이스를 취향대로 배치할 수 있게 해주므로 쾌적한 작업 공간을 설정할 수 있다. 인터페이스 창에 미리 정의된 레이아웃을 적용해보거나 스스로 다시 배치하여 저장해보라.

> **노트**
>
> 그림 1.9에 모든 옵션이 나열되어 있으나 그 화면은 프로 버전의 화면이다. Profiler, Sprite Packer, Navigation windows는 프로 버전에만 있다. 또 협동적으로 개발하기 위한 Asset Store 나 Version Control은 추가 툴이나 플러그인이 필요하다.

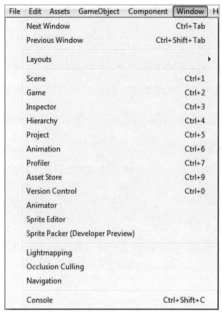

그림 1.9 유니티 프로의 윈도우 메뉴

Help 메뉴

마지막 소개하지만 중요도 면에서는 다른 메뉴에 밀리지 않는 것이 바로 Help 메뉴이다(그림 1.10 참고). Help 메뉴를 통해 다양한 도구와 유니티 관련 가이드를 접할 수 있다. 유니티 메뉴얼, 웹상의 자료 활용, 유니티상에서 버그 발생 시 해당 문제를 리포팅 등을 할 수 있다. 유니티를 처음 열었을 때 봤던 'Welcome Screen' 화면도 이곳에서 다시 확인할 수 있다.

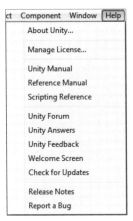

그림 1.10 도움말 메뉴

- About Unity: 여러분이 사용하는 유니티 버전을 확인할 수 있다.
- Manage License: 유니티 무료 버전이나 또는 유니티 프로 평가 버전을 사용 중이라면 완전한 유니티 프로로 업데이트할 수 있다.
- Unity Manual: 방대한 양의 자료를 통해 유니티가 가진 특징과 기능들을 배울 수 있다.
- Reference Manual: 게임오브젝트와 연결이 가능한 모든 컴포넌트 각각의 가이드가 수록되어 있다.
- Scripting Reference: 유니티 API로 게임 플레이 스크립팅할 수 있도록 상세한 문서 설명이 되어 있다. 5장, '기본 이동, 플레이어 컨트롤'에서 해당 부분을 더 자세히 다룬다.
- Unity Forum: 유니티 문서를 읽고 어떤 사안에 해결하고자 할 때 해결되지 않는 경우가 있다. 최상의 방법은 아니지만 꽤나 적절한 제시로 포럼에 가보는 것이다. 애셋을 찾고 있거나 어떤 프로젝트 참여하고자 할 때 살펴본다거나 마음 맞는 개발자를 찾고자 할 때도 유용하다.
- Unity Answer: 어려운 문제에 직면했을 때 더 전문적이고 심도 있는 답변을 얻을 수 있다. 문제에 대해 가장 좋은 답이 무엇인지 찾을 때 답변 투표(votes) 점수를

참고하면 도움이 된다.

- **Unity Feedback:** 유니티 테크로놀지에 피드백을 준다거나 또는 본인이 바라는 기능 추가가 있다면 해당 내용을 미래 업데이트에 반영되길 요청할 수도 있다.

- **Welcome Screen:** 유니티를 처음 열었을 때 나왔던 'Welcome Screen'이다. Tutorial을 제외하고는 화면에 나열된 각 아이템을 이미 설명했다.

- **Check for Updates:** 본인의 컴퓨터에 설치된 유니티보다 최신 버전이 나왔는지 체크해볼 수 있다.

- **Release Notes:** 사용 중인 유니티 버전의 업데이트 내역과 수정 내역을 확인할 수 있다.

- **Report a Bug:** 이 메뉴를 통해 치명적인 버그나 유니티로 개발하면서 나타날 수도 있는 크래시crash에 대해 보고할 수 있다.

툴바

툴바Toolbar는 유니티 상단 메뉴바 바로 아래에 위치해 있다. 개발 중 도처에 폭넓게 쓰이는 기능이며 몇 가지 종류로 이뤄져 있다. 그럼 툴바에 대해 알아보자.

트랜스폼 툴

트랜스폼Transform 툴은 씬 뷰에서 게임오브젝트를 조작할 수 있는 도구다. 씬의 레이아웃을 잡는 것과 아이템을 월드에 배치하거나 크기와 위치를 조절하는 작업은 사용자가 실감나는 경험을 하게 하는 필수 요소일 것이다. 그림 1.11은 트랜스폼 툴이다.

그림 1.11 트랜스폼 툴 아이콘

- Hand tool: 씬 뷰에서 카메라를 움직이기 위해 사용된다.
- Translate tool: 씬 뷰의 2D 또는 3D 공간에서 오브젝트를 이동시키기 위해 사용된다.
- Rotate tool: 오브젝트 축을 기준으로 회전하고자 할 때 사용된다.
- Scale tool: 오브젝트 축을 기준으로 크기를 조절할 때 사용된다.

기즈모 트랜스폼 토글

그림 1.12는 기즈모_{Gizmo} 트랜스폼 토글 툴바를 나타낸다. 이 토글 기능으로 씬 뷰에 보이는 게임오브젝트의 트랜스폼(이동, 회전, 크기 조절)을 미세 조정할 수 있다. 이 기능을 켜거나 끔으로 3D 공간의 오브젝트가 어떻게 트랜스폼될지에 영향을 주게 된다.

그림 1.12 오브젝트 모드상의 트랜스폼 기즈모 토글

- Pivot: 트랜스폼 핸들[3]을 오브젝트가 갖고 있는 피봇 포인트[4]에 위치시킨다.
- Center(pivot toggled) : 트랜스폼 핸들을 선택된 오브젝트의 정가운데로 위치시킨다.
- Local: 선택된 오브젝트를 변형시킬 때 오브젝트가 가진 로컬 좌표축을 기준으로 변형된다.
- World(local toggled): 선택된 오브젝트가 로컬 축이 아닌 월드 축 기준으로 변형된다.

---

3   오브젝트 선택 시 색별로 X,Y,Z축을 나타내는 화살표 – 옮긴이
4   모델이 가지고 있는 로컬 좌표계의 원점 – 옮긴이

게임 뷰 컨트롤

게임 뷰 컨트롤(그림 1.13 참고)을 통해 여러분이 제작하는 게임의 현재 상태 그대로 테스트할 수 있다. Edit 메뉴에서 다룬 적이 있는 기능이지만 툴바를 이용하면 메뉴를 이용하는 것보다 편리하고 빠르게 접근 가능하다.

그림 1.13 플레이, 일시 멈춤, 스텝 아이콘

레이어와 레이아웃의 드롭다운

레이어(Layers) 드롭다운은 프로젝트를 개체들을 조직화하거나 그 관계들을 연결하고 싶을 때 도움이 되는 도구다. 각 게임오브젝트는 배치될 때 각 레이어에 배정되는데, 이를 변경하면 카메라에 어떤 것이 보일지 말지 결정할 수 있다. 이로서 해당 레이어로 분류된 애셋이 보여질지 말지 켜고 끄는 것이 가능해진다. 아마 작업하다 보면 씬 뷰에 보여지는 오브젝트가 너무 많아 어수선해졌을 때 골라서 보고 싶을 때가 생길 것이다. 그림 1.14는 레이어와 레이아웃 드롭다운의 모습이다.

　레이아웃(Layout)에 대해서는 이미 Window 메뉴 부분에서 설명한 바 있지만 툴바의 레이아웃 드롭을 이용하면 메뉴까지 일일이 번거롭게 들어가지 않고 편리하게 전환 가능하다.

그림 1.14 레이어와 레이아웃의 드롭다운

Hierarchy

Hierarchy(**계층 구조**)(그림 1.15 참고)는 현재 씬의 오브젝트간 계층적 관계를 표현한다. 게임오브젝트를 비롯해 프로그래밍 코드상에서 추가한 것이 리스트에 표현된다. 계층은 게임오브젝트의 부모 자식 관계 설정 시 유용하다. 부모 자식 관계가 설정 되면 부모에게 이동, 회전, 크기 조절 등을 적용할 때 자식들도 영향받는다.

예를 들어 맵에 기차를 배치할 때 기차와 승무원실이 나눠져 있다면 기차만 따로 이동시켜도 승무원실이 같이 따라 이동하게 되는 것과 같다. 이 경우 기차는 승무 원실의 부모에 해당한다.

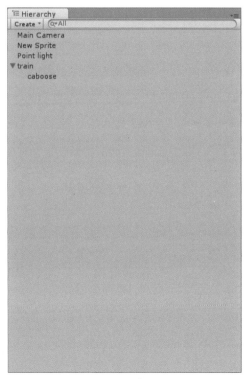

그림 1.15 몇몇 오브젝트간의 계층 관계

Inspector

Inspector는 선택된 게임오브젝트와 관련된 내용을 상세하게 제공한다. 게임오브젝트 안쪽에, 예를 들어 메터리얼이나 스크립트 같은 컴포넌트를 추가하면 Inspector 창에서 볼 수 있다. 이곳에서 게임오브젝트와 게임오브젝트가 가진 컴포넌트의 이동, 회전, 크기 조절의 변경도 가능하다. 2장에서 인스펙터에 대해 좀 더 배운다. 그림 1.16은 인스펙터와 우리의 메인 카메라 프로퍼티를 보여준다.

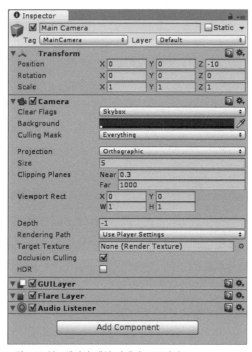

그림 1.16 인스펙터와 메인 카메라 프로퍼티

Project 브라우저

Project 브라우저(그림 1.17 참고)는 가지고 있는 파일을 보여주는 윈도우다. 앞의 '프로젝트 구조' 절에서 나왔던 바와 같이 Project 브라우저는 윈도우 탐색기를 좀 더 확장시킨 모양새다. 프로젝트로 임포트한 모든 애셋을 Project 브라우저를 통해 찾을 수 있다. 효율적으로 분류하고 이름을 지으면 파일 찾기가 쉬워진다.

그림 1.17 Project 브라우저와 Assets 폴더

프로젝트는 필연적으로 덩치가 커지면서 그 안의 서브폴더와 여러 애셋으로 인해 복잡해진다. 그 안에서 특정한 무언가를 찾기가 점점 더 어려워진다. 하지만 다행스럽게도 씬 뷰에 Search 기능이 있다. 프로젝트 브라우저의 Search Bar(그림 1.18 참고)를 통해 애셋을 빠르고 쉽게 찾을 수 있다. Search Bar에 찾고자 하는 애셋의 이름을 입력하면 찾는 결과물을 보여줄 것이며, 'prop_'과 같이 이름에 공통으로 많이 들어갈 법한 키워드로 검색하면 수많은 결과가 보여질 것이다.

그림 1.18 Project 브라우저 검색 창

검색 창 오른쪽 세 아이콘을 통해 Search by Type(타입으로 검색), Search by Label(레이블로 검색), Save Search(검색 저장) 기능이 추가로 제공된다.

- Search by Type: 첫 번째로 스크립트나 메터리얼, 또는 텍스처처럼 특정한 타입을 기준으로 정렬한다.

- Search by Label: 애셋에 지정된 레이블을 기준으로 정렬시킬 수 있다. 예를 들어

'Weapon'을 조건으로 넣었다면 그 레이블이 애셋에 태그돼 있다면, 결과 창에 나타난다. 레이블에 대한 개념은 2장에서 다룬다.

- **Save Search**: 여러분이 지정한 조건대로 검색 옵션을 저장해 매번 일일이 검색 조건을 반복할 필요가 없다. 이 저장된 내용은 프로젝트 브라우저 좌측 Favorites 에 저장되며, 이름을 알아보기 쉽게 만들어 놓도록 하고, 특정 애셋을 빠르게 찾아보기 위해서도 저장해 놓자.

Scene 뷰

Scene 뷰에서 가장 오랜 시간을 보내게 될 것이며, 모든 생성 과정이 이곳에서 일어난다. GameObject 메뉴나 Hierarchy에서 게임오브젝트 생성이 가능하지만 씬 뷰로 드래그앤드롭하여 생성할 수도 있다. 그림 1.19는 씬 뷰와 유니티에서 기본으로 제공하는 큐브cube를 배치시켜 놓은 모습이다.

씬 뷰에서 가장 중요한 것은 씬 뷰 컨트롤 바control bar에 해당하며 컨트롤 바에서 제공하는 유용한 기능은 다음과 같다.

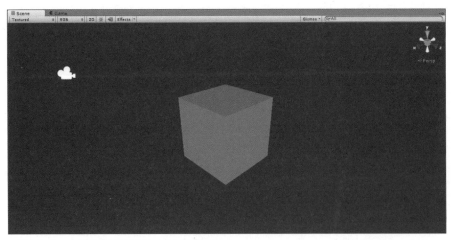

그림 1.19 Scene 뷰와 기본 제공되는 큐브 오브젝트

- **Draw mode**: 드롭다운 메뉴를 통해 선택된 스타일대로 씬 뷰에 어떻게 보일지 지정할 수 있다. 주로 디버깅이나 오브젝트를 선택할 때 도움이 된다.

- **Render mode**: 네 가지 렌더 모드 중 선택할 수 있고 텍스처와 관련된 디버깅에 도움이 된다.

- **2D/3D 토글**: 자유롭게 이동이 가능한 3D 공간과 고정된 2D 공간 중에서 선택 가능하다.

- **Lighting 토글**: 라이팅을 적용시킬지 말지 켜고 끌 수 있다.

- **Audio 토글**: 씬 뷰에서 사운드가 나오게 할지 켜고 끌 수 있다.

- **Effects 드롭다운**: 특정 타입, 예를 들어 Skybox나 Animated Material과 같은 이펙트를 보이게 할지 여부를 결정할 수 있다.

- **Gizmos 드롭다운**: 씬 뷰에서 어떤 기즈모를 보이게 할지 여부를 결정할 수 있다. 예를 들어 배치된 라이트 오브젝트의 기즈모를 끄면, 라이트와 같이 보여지던 아이콘이 사라진다.[5]

Game 뷰

마지막 소개하지만 중요도 면에서는 다른 도구에 뒤쳐지지 않는 것이 Game 뷰(그림 1.20 참고)다. 우리는 게임오브젝트를 만들어 씬에 추가시키고, 씬 안에서 어떻게 보여질지 혹은 플레이상에선 어떻게 나올지 테스트할 수 있다. 그리고 각 카메라들 기준의 렌더링된 대상들을 빠르게 컴파일하고 빌드해서 Game 뷰를 통해 볼 수 있다.

Game 뷰 상단에 컨트롤 바가 보이게 하자. 이곳에서 화면 비율 타입aspect type, 대상이 보여져야 하는지 말아야 하는지, 또는 스탯stats의 표시 여부에 관한 몇 가지 옵션 설정이 가능하다. 신속하게 살펴보자.

---

5 더 최신 유니티, 예를 들면 4.6.1 f1 버전에서는 아이콘의 크기를 조절하는 인터페이스를 따로 제공해 아이콘을 없애는 방식이 약간 변경됐다. 참고로 기즈모는 작업에 도움을 주는 이런저런 시각화의 보조적인 요소로 이해하면 무리가 없을 것이다. – 옮긴이

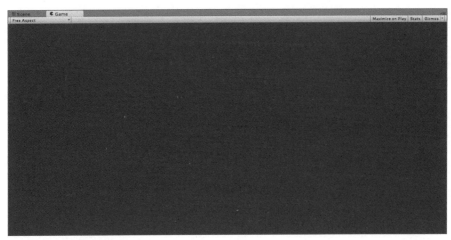

그림 1.20 비어 있는 Game 뷰

- **Aspect(화면 비율) 드롭다운:** Game 뷰에 적용할 수 있는 화면 비율이 몇 가지 나열되어 있고, 그것들을 선택할 수 있다. 화면 비율$_{Aspect\ rate}$은 화면의 가로 세로 비율로서, 4:3처럼 일반적인 비율이나 16:9 같은 와이드 비율 등이 될 수 있다.

- **Maximize on Play(전체 화면 플레이):** Maximize on Play를 선택하면 게임 뷰에서 전체 화면이 됐을 때 어떻게 보이는지 확인할 수 있다. 모니터가 두 개라면 한쪽을 게임 뷰로 놓고 다른 쪽 모니터에서는 다른 작업을 할 수 있으므로 편리하다.

- **Stats:** 게임 플레이 시에 화면에서 실시간으로 스탯을 볼 수가 있다. 디버깅이나 퍼포먼스 체크에 도움이 된다.

- **Gizmo 토글:** 씬 뷰 설명에서 언급된 형태처럼 기즈모를 켜고 끌 수 있다. 이 기능을 활용해 충돌체가 가지고 있는 정보나 라이팅 정보를 좀 더 시각화시켜 확인할 수 있다.

요약

1장에서는 유니티의 소개와 여러 가지 관점에서 유니티를 살펴봤다. 유니티를 처음 열면 '환영합니다' 화면이 나오는데, 그 화면을 통해 각종 도움을 주는 특정 동작과 각종 주제를 찾을 수 있다는 점을 항상 기억하자.

또 메뉴바에 대해 살펴보고, 그 안의 드롭다운 메뉴가 어떻게 구성되어 있는지 살펴봤다. 메뉴는 게임을 빌드하고 실행할 수 있는 명령과 도구로 구성된다.

끝으로 유니티 내부에 있는 다양한 뷰 윈도우에 대해 살펴봤다. 각 뷰는 고유의 목적을 갖고 있으며, 뷰의 고유 목적에 맞게 앞으로는 뷰의 명령들을 살펴보는 대신 실제로 사용할 수 있는 무언가를 생성해본다.

2장에서는 애셋과 패키지를 임포트해볼 것이며, 실제로 게임을 플레이하려면 해야 할 나머지 작업을 할 것이다. 그리고 게임오브젝트에 행동을 부여하고, 2D 환경에서 작업을 시작하기 위한 설정과 리소스를 생성한다.

연습 문제

지금까지 유니티에 관한 몇 가지 지식을 습득했다. 이제 배운 명령을 단계별로 수행해보자. 연습 문제를 모두 풀면 2장, '애셋 구축'으로 넘어가기 위한 준비를 마치게 된다.

1. 새 프로젝트 이름을 '2D_Platform_Game'으로 지어서 생성해보자. 이 시점에서 어떤 패키지를 임포트할 것인지는 고민하지 않아도 된다.

2. 프로젝트 브라우저에서 '_scenes'라는 이름으로 새 폴더를 만들어보자.

3. 새로운 씬을 생성하고 이름을 'Test_Level'로 이름으로 위에서 이미 만들어 놓은 '_scenes' 폴더에 저장하자.

4. Edit > Preferences를 메뉴에서 찾아 열고, General 탭에서 Always Show Project

Wizard 체크를 해제하자. 이곳 메뉴에서 설정하는 옵션은 현재 열린 특정한 프로젝트에만 적용받는 게 아니라, 모든 프로젝트에 공통으로 적용된다.

5. 3장에서 등장할 GUI 요소를 담게 될 새 폴더 '_GUI'를 생성하자.

6. GameObject 메뉴에서 sprite를 생성하자. 그리고 이름을 'Player'로 변경해보자.

7. Player 오브젝트를 선택해 Animator 컴포넌트를 추가해보자. 인스펙터의 Add Component 명령으로 컴포넌트를 추가하거나, Component 메뉴를 통해 컴포넌트를 추가할 수 있다.

8. 인스펙터에서 직접 Transform의 Position을 모두 0으로 설정하자.

9. 씬과 생성한 새 프로젝트를 모두 저장하자.

이제 2장으로 넘어가자!

2

애셋 구축

유니티의 기본적 지식은 쌓았으므로 앞으로는 애셋들을 프로젝트에 합치기 위한 사전 준비를 시작해보자. 애셋 안에는 그래픽 리소스, 스크립트 심지어 플러그인까지 담고 있을 수 있다는 사실을 기억할 것이다. 그리고 그것들을 여러분의 프로젝트로 가져올 수 있다. 캐릭터, 애니메이션, 오디오 파일, 텍스처까지도 모두 애셋의 좋은 예제다. 이 사실은 애셋 생성 시 우리 프로젝트 설정 원칙의 연장선에 있다.

2장에서는 애셋을 임포트하여 우리가 설정한 프로젝트 플랫폼을 비롯해 다양한 플랫폼에서의 최적화 방법을 살펴본다. 그리고 파일 포맷과 압축 형태를 모범적 사례를 통해 살펴본다. 게임오브젝트에 간단한 행동이 담긴 컴포넌트를 추가해볼 것이며, 그로써 첫 번째 스프라이트도 만들어 볼 것이다.

그럼 시작해보자.

파일 포맷

애셋을 실제로 임포트해보기 전에 유니티가 받아들이는 파일 포맷과 그것들이 어떻게 다뤄질지 한번 살펴보자. 유니티에서는 2D 파일 포맷의 경우 포토샵이나 일러스트레이터, 그리고 대표 3D 프로그램인 맥스나 마야에서 지원하는 거의 대부분의 포맷을 지원한다. 이것은 다른 프로그램에 구애받지 않고 작업하는 데 유리하며 디스크의 공간을 아낄 수도 있다. 그리고 유니티에 즉각 반영시키기도 편리하다.

3D 포맷

표 2.1에서 보는 바와 같이 유니티는 인기 있는 3D 포맷을 지원한다. FBX와 OBJ는 가장 넓게 사용되는 포맷으로 다른 패키지로부터 임포트 가능하다. 이 목록은 마야나 맥스 같은 전통적 3D 소프트웨어에 대한 지원을 나타낸다. 그런 종류의 소프트웨어에서 FBX 포맷으로 먼저 익스포트하여 파일을 내보낸 후 유니티에서 임포트할 수 있다.[1]

표 2.1 인기 포맷 지원 현황

프로그램	매시	텍스처	애니메이션	스켈레톤
3ds Max	지원	지원	지원	지원
Blender	지원	지원	지원	지원
Cinema 4D	지원	지원	지원	지원
FBX	지원	지원	지원	지원
Maya	지원	지원	지원	지원
Modo	지원	지원	지원	미지원
OBJ	지원	미지원	미지원	미지원
SketchUp Pro	지원	지원	미지원	미지원

---

1 FBX는 현재 대부분의 3D를 다루는 프로그램에서 높은 호환성으로 활발히 사용되는 포맷이다. – 옮긴이

2D 파일 포맷

유니티는 포토샵의 PSD를 비롯해 인기 있는 2D 파일 포맷을 지원한다. 하지만 아쉽게도 PSD 포맷에서 레이어 부분은 제대로 지원되지 않는다. 이 책에서는 대부분 2D 파일을 사용하게 될 것이며, 애셋 임포트 설정에서 최적화에 도움을 주는 부분도 나중에 살펴본다.

다음은 현재 유니티가 지원하는 대중적인 2D 이미지 포맷이다.

- BMP
- GIF
- JPG
- PNG
- PSD(어도비 포토샵 데이터 파일 포맷)
- TGA
- TIFF

애셋 임포트

다음은 애셋을 임포트하여 프로젝트에 추가할 수 있는 몇 가지 방법이다. 애셋을 임포트하여 프로젝트에 추가시킬 수 있다. 그리고 미리 제작된 애셋이나 유니티 내부에 기본적으로 가지고 있는 애셋도 동일하게 추가 가능하다. 이 내용을 한번 살펴보자.

유니티 내부 애셋 임포트

유니티가 보유한 기본 애셋들을 추가하는 방법은 메뉴를 통해 새로운 애셋을 임포트하는 것만큼이나 간단하다. 그리고 프로젝트 브라우저에 오른쪽 클릭을 통해 임포트하면 여러분이 원하는 폴더 구조나 해당 위치에 추가가 가능하다. 이렇게 하면 매우 많은 애셋을 한꺼번에 임포트해야 할 때도 도움이 된다.

이미 제작된 애셋을 파일 브라우저에서 임포트하기

유니티 프로젝트 브라우저로 파일을 드래그앤드롭하는 것도 애셋을 프로젝트에 추가하는 방법 중 하나다. 또는 파일 탐색기를 통해서 복사해서 직접 넣는 것도 동일한 효과를 낳는다.

> **주의**
> 설명한 대로 프로젝트에 애셋을 추가하는 방식을 따르되 이미 쓰이고 있는 파일을 함부로 지우거나 순서를 뒤죽박죽 섞어 놓지 말자. 유니티는 이 파일들에 대한 정보(메타 데이터)를 갖고 있고 이는 애셋과 게임오브젝트와도 연결돼 있다. 따라서 파일을 직접 손대기보다 유니티 에디터를 통해서 변경하는 것이 훨씬 안전하다.

애셋 생성

유니티에서는 이미 제작된 애셋들의 목록을 Assets 메뉴를 통해 제공한다(그림 2.1 참고).

애셋을 여러분의 프로젝트에서 대부분 사용해볼 것이다. 애셋은 스크립트, 애니메이션, 메터리얼, 애셋 임포트를 사용해 빠르게 생성할 수 있다. 다음을 통해 살펴보자.

그림 2.1 Assets 메뉴의 Create 항목

- Folder: 프로젝트내에 새 폴더를 만든다.

- Javascript/C# Script/Boo Script: 실시간으로 행동을 제어할 수 있는 스크립트 언어를 사용할 수 있다.

- Shader/Compute Shader: 그림자나 라이트의 렌더링을 다뤄볼 수 있는 가벼운 스크립트를 생성한다.

- Prefab: 마스터 오브젝트를 생성하고 그 오브젝트가 변화하면 연결된 복사본에 일괄적으로 변화 내용을 적용할 수 있다. 이 부분은 나중에 더 자세히 다룬다.

- Material: 이 컴포넌트가 게임오브젝트에 추가되면 오브젝트 외형의 대부분을 관리할 수 있다. 예를 들어 색상, 하이라이트, 반사 등이다.

- Cubemap: 주위 환경을 반사시킨다. 현실의 반사를 실시간으로 적용한 것으로 무거운 연산으로 인해 프레임에 영향을 준다.

- Lens Flare: 현실의 카메라 센서를 흉내낸 기법으로 빛이 카메라 안쪽 내부로 들어갔을 때 생기는 현상을 표현 가능하다.
- Render Texture(프로에서 지원): 게임 플레이를 실감나게 하는 매우 값비싼 렌더링 효과다. 예를 들면 실시간 그림자/반사 등과 같은 곳에 사용된다.
- Animator Controller: 하나의 게임오브젝트에 여러 개의 동작을 관리할 때 필요한 상태 기계State Machine를 생성한다. 예를 들면 걷기, 뛰기, 대기 등의 동작에 해당한다.
- Animation: 게임오브젝트에 링크 가능한 하나의 애니메이션을 생성한다.
- Animator Override Controller: Base Animatior Controller에 이미 애니메이션이 지정되었더라도 고유한 애니메이션으로 덮어쓸 수 있는 기능을 제공한다.
- Avatar Mask: 특정 부분의 애니메이션을 컨트롤하고 싶을 때 사용한다. 예를 들어 걷기 동작에서 어떤 아이템을 두 손에 들고 걸어야 하면 두 손은 걷기 애니메이션을 사용하지 않고 고정시킨 모션으로 놓고 싶을 때와 같다.
- Physics Material: 물리 오브젝트가 충돌 시 어떻게 반응할지를 속성 값으로 지정할 수 있다.
- Physics2D Material: 3D와 마찬가지지만 X와 Y로 값을 제한한다. 7장, '플레이어 물리, 충돌체 설정'에서 좀 더 자세히 살펴본다.
- GUI Skin: 게임에 적용될 GUI 스타일을 제어할 수 있다.
- Custom Font: 게임에 적용될 폰트 리소스의 사용자 속성을 생성할 수 있다.

임포트 패키지

유니티 내부에 패키지를 임포트하는 것은 애셋을 임포트하는 또 다른 방법이다. 패키지는 다른 프로젝트에서 사용될 수 있도록 애셋이 한 파일에 묶인 형태로 익스포트된 파일이다.

좋은 예로 총을 들 수 있다. 총을 제작할 때 메터리얼과 텍스처, 애니메이션, 스크립트 등이 필요하다. 그러한 상황에 쉽게 한꺼번에 관련 애셋을 프로젝트에 추가할 수 있다면 편리할 것이다. 패키지 형태로 파일을 만들면 애셋을 유니티 애셋 스토어Asset Store에 올릴 때도 편리하지만 받아올 때도 편리하다.

그림 2.2 Assets 메뉴의 Import Packages 항목

유니티 패키지

유니티는 여러 가지 기본 패키지를 하드 드라이브에 설치한다(그림 2.2 참고). 이것은 프로젝트 시작 시점에 프로그래머가 아티스트가 애셋을 만들 때까지 기다릴 필요 없이 기본 애셋을 사용해 작업할 수 있다는 면에서 유용하다.

사용자 패키지

다른 개발자가 미리 만들어 공개한 애셋을 이용하는 것도 여러분이 선택할 수 있는 방법 중 하나다. 이러한 패키지를 프로젝트로 임포트하여 빠르게 게임 디자인을 증명해보고 기능을 테스트해보고, 심지어 이런 공개 애셋의 품질이 좋다면 게임 출시 때까지도 사용할 수 있다.

다음은 특정 애셋을 임포트하거나 사용자 패키지를 임포트하는 방법들이다. 패키지를 드래그해서 프로젝트 브라우저로 가져다 놓으면 자동으로 패키지를 언패킹하게 되는데, 그 전에 유니티에서 먼저 창을 띄워 애셋을 어디에 위치시키고 싶은지 묻는다. 마찬가지로 메뉴를 통해 Asset > Import Package > Custom Package의 순서로도 가능하며, 또는 프로젝트 브라우저에 오른쪽 클릭해 Custom Package 메뉴를 선택해도 같은 기능을 확인할 수 있다.

이제 미리 만들어진 애셋 패키지를 우리 프로젝트에 추가할 것이다. 이 애셋들은 게임 개발자 겸 아티스트인 케니 프로이겔스Kenny Vleugels에 의해 만들어진 애셋이다. 프로젝트에 추가하기 쉽게 패킹해 놓았다. 그럼 다음과 같이 진행해보자.[2]

1. 먼저 유니티를 띄워 1장, '유니티 개발 환경 구축'에서 생성했던 2D_Platform_ Game이라는 이름의 프로젝트를 연다.

2. 프로젝트 브라우저에 오른쪽 클릭하여 Import Package > Custom Package 메뉴를 선택하자.

3. 이 장의 예제 Chapter2_projectFiles를 찾아서 그 내부에 _packages 폴더를 확인하자.

4. platformerGraphics_KennyV.unitypackage 이름의 패키지를 찾아 연다.[3]

5. 이미 임포트할 대상을 선택하라는 창이 뜰 것이다(그림 2.3 참고). All 버튼을 모두 선택하고 Import 버튼을 눌러 모두 임포트해보자.

6. 임포트가 모두 완료되면 '_sprites'라고 이름 지어진 폴더가 생성되며, 이 폴더에 앞으로 필요하게 될 2D 애셋이 모두 들어 있다.

---

2 예제는 '들어가며'에서 소개한 대로 http://learningunity.weebly.com/project-files.html에서도 받을 수 있다. - 옮긴이
3 사이트 하단에 샘플이 있다. - 옮긴이

7. 무엇이 있는지 살펴보면서 익숙해지자. 스프라이트 생성과 레이어링에 대한 내용은 3장, '2D 스프라이트 제작'에서 좀 더 상세히 다룬다.

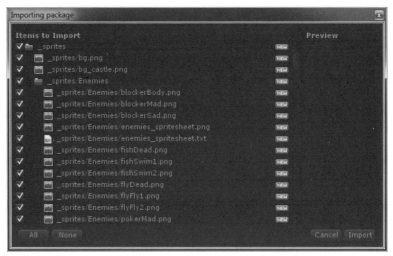

그림 2.3 임포트 패키지 윈도우

게임오브젝트

게임오브젝트_{Game Object}는 애셋에 생명을 불어넣는 기본 개념이다. 게임오브젝트 없이 애셋의 가치는 무의미해진다. 게임오브젝트가 어떤 차의 운전사라고 한번 생각해보자. 강력한 엔진, 가득 찬 연료가 있는 좋은 차라할지라도 운전사 없이는 멀리 가기 어렵다. 이처럼 우리는 애셋을 활용해서 조정하는 운전사, 즉 게임오브젝트가 필요하다.

게임오브젝트가 만들어지면 내부에 다양한 행동을 추가시킬 수 있다. 이 같은 역할을 하는 것이 바로 컴포넌트에 해당한다. 또 다른 비유로 집 짓기를 생각해볼 수 있다. 일단 우리는 터를 닦는다. 그리고 그 위에 벽, 창문, 문들을 세우는 데 이러한 것들을 컴포넌트라고 상상해볼 수 있다.

첫 번째 게임오브젝트

'2D_Platform_Game' 프로젝트를 만들 때 동시에 유니티는 기본적으로 우리의 첫 번째 게임오브젝트라 부를 만한 Main Camera를 만든다. 카메라는 게임을 플레이할 때나 카메라가 바라보는 영역에 있는 애셋들을 렌더링하거나 게임과 상호작용하는 느낌을 가질 수 있게 해주는 요소다. 마치 영화에서 카메라로 배우와 장면을 촬영하는 것처럼, 카메라 오브젝트로 캐릭터와 배경을 촬영하여 보여준다.

이제 씬Scene 뷰를 한번 보자. 그곳엔 옛날에나 봤을 법한 카메라 아이콘이 한쪽 구석에 있다. 씬 뷰에 있는 아이콘을 클릭해보자. 보이지 않는다면 Hierarchy 메뉴에서 Main Camera를 클릭해보자. 씬 뷰에 빨강, 파랑, 녹색이 각각의 좌표축을 의미하는 트랜스폼 기즈모가 나타난다(그림 2.4 참고). 인스펙터를 봐도 선택된 오브젝트와 관련된 정보를 보여주므로 현재 어떤 오브젝트가 선택됐는지 알 수 있다.

인스펙터(그림 2.5 참고)를 보면 메인 카메라 게임오브젝트의 여러 가지 속성을 볼 수 있는데, 트랜스폼Transform 값, 카메라 컴포넌트 관련 설정, 그리고 몇몇 카메라에 특화된 컴포넌트들 GUI Layer나 Audio Listener 같은 것이다. 컴포넌트를 추가하는 방법에 관해서도 금세 익숙해질 것이다.

그림 2.4 메인 카메라와 트랜스폼 기즈모

그림 2.5 인스펙터와 메인 카메라의 속성

게임오브젝트 생성

게임오브젝트를 만드는 방법은 GameObject 메뉴에서 Create Empty 선택하거나 메뉴에서 보이는 유니티에 의해 이미 만들어진 오브젝트 중 하나를 선택하면 된다. Create Empty 메뉴 명령을 통해 생성된 게임오브젝트에는 트랜스폼Transform 컴포넌트만 추가되어 있다. 트랜스폼 컴포넌트는 자동으로 추가되며 필수적인 요소이므로 제거도 불가능하다. 그림 2.6에서 GameObject 메뉴와 그 서브메뉴를 볼 수 있다.

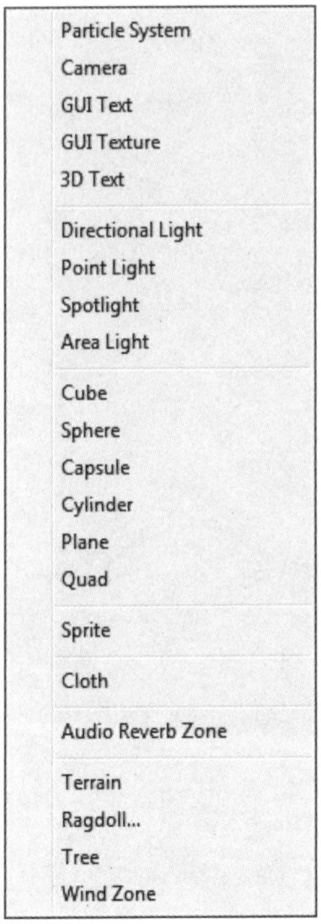

```
Particle System
Camera
GUI Text
GUI Texture
3D Text

Directional Light
Point Light
Spotlight
Area Light

Cube
Sphere
Capsule
Cylinder
Plane
Quad

Sprite

Cloth

Audio Reverb Zone

Terrain
Ragdoll...
Tree
Wind Zone
```

그림 2.6 GameObject 메뉴의 Create Other 서브메뉴

그럼 이제 3장, '2D 스프라이트 제작'에서 사용하게 될 첫 번째 게임오브젝트를 만들어보자.

1. GameObject 메뉴를 클릭하고 Create Empty(또는 단축키 Ctrl + Shift + N)로 비어 있는 게임오브젝트를 씬에 생성한다.

2. Hierarchy에서 방금 만든 게임오브젝트를 선택하고 이름을 'Player'로 변경해 보자.

3. 인스펙터를 보면 Player 이름이 보이는 창 아래 Tag 매니저를 볼 수 있다. Untagged로 되어 있는 것을 Player 태그로 변경해보자. 앞으로 Player 게임오브젝트에 적용시키고 싶은 것들은 태그를 통해 쉽게 적용할 수가 있다.

4. 다음은 디자인과 렌더링에 관련이 깊은 Layer 매니저다. 이뿐 아니라 레이어를 통해 관리하게 되면 특정 오브젝트끼리 관련지어 놓으면 관리하는 데 도움이 된다. Default and Select Add Layer를 클릭해보자(지금 사용하는 유니티보다 상위 버전에는 우측 상단의 Layer > Edit Layerers를 순서대로 누른 이후 Inspector 윈도우를 보자). Tag & Layers 매니저가 나타난다(그림 2.7 참고).

5. 그림에서처럼 User Layer 8에 Player라는 이름으로 레이어 이름을 입력하고 다시 인스펙터로 돌아가보자. 앞에서 Player 오브젝트에 레이어 지정이 가능한 창을 찾아 Player로 레이어를 지정해보자.

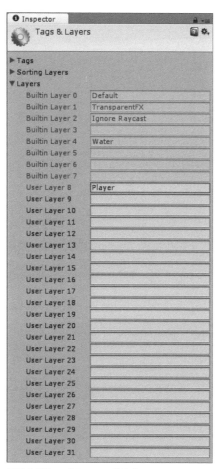

그림 2.7 Tags & Layers 매니저

컴포넌트

컴포넌트Component는 게임오브젝트의 '핵심'이다. 집으로 비유해보면 컴포넌트는 벽, 창문, 대문 같은 집을 이루는 요소다. 이들이 없으면 집은 그저 한낱 콘크리트 덩어리에 부과하다. 컴포넌트를 추가함으로써 외형에 관한 설정과 어떤 동작을 하게 할지 결정할 수 있다.

모든 애셋(프리팹만 제외하고)은 컴포넌트로 사용될 수 있다. 스프라이트, 스크립트, 애니메이션, 이펙트 같은 것들이 컴포넌트화 될 수 있고, 이런 컴포넌트를 게임오브젝트에 추가해야만 게임오브젝트로서 의미가 생긴다.

잠시 그림 2.4로 돌아가보면 Main Camera 오브젝트는 이미 다섯 개의 컴포넌트(Transform, Camera, GUI Layer, Flare Layer, Audio Listener)를 갖고 있다는 걸 확인할 수 있다.

- Transform: 게임오브젝트의 위치와 회전, 크기를 관리하며 3D 공간에 존재할 수 있게끔 하는 가장 필수적인 요소다.
- Camera: 카메라 고유의 성격을 설정할 수 있다. 예를 들면 어떤 오브젝트를 카메라에 보이게 할 것인가. 혹은 어떤 방식으로 카메라에 렌더링될 것인가 등이다.
- GUI Layer: UI와 HUDheads-up display 등을 추가할 수 있다. 예를 들면 메뉴나 타이머 카운터 등이다.

- Flare Layer: 빛이 카메라 안으로 들어올 때 현실감 있는 효과를 위해 사용된다.

- Audio Listener: 게임 내에 사용되는 소리를 들을 수 있다. 그런 의미에서 카메라 중에서 최소 하나는 추가할 필요가 있다.

컴포넌트 생성

애셋과 게임오브젝트를 추가해봤던 것처럼, 앞으로 몇몇 컴포넌트를 추가해볼 것이다(컴포넌트를 위해 게임오브젝트가 먼저 필요하다는 걸 기억하자). 우선 Component 메뉴를 클릭하고 그 중에 적당한 서브메뉴 아이템을 클릭해보자. 그럼 현재 선택된 게임오브젝트에 선택된 컴포넌트가 추가될 것이다.

이 방법 외에도 인스펙터에 가서 Add Component 버튼을 눌러 추가할 수도 있고, Hierarchy나 Scene 뷰에 드래그앤드롭을 통해서도 생성 가능하다. 이때 어떤 타입으로 생성될지는 컴포넌트 각자가 갖고 있는 임포트 타입에 의해 결정된다. 하지만 우리는 메뉴나 인스펙터에서 추가하는 방법을 추천하고자 하며, 이로서 어떤 컴포넌트가 추가될지 대상이 좀 더 분명해진다.

컴포넌트 지정

이제 진짜 우리의 첫 번째 Player 게임오브젝트에 컴포넌트를 추가해보자. 이미 3D 공간과 관련된 정보를 담고 있는 트랜스폼 컴포넌트가 있지만 Player가 어떤 모습을 갖고 있는지는 아직 아무런 정보가 없다. 우리는 2D 플랫포머 게임을 제작 중이므로 Player를 2D 스프라이트_{Sprite}로 만들어야 한다.

1. Player 게임오브젝트가 선택됐는지 확인해보고, 선택되지 않았다면 Inspector나 Hierarchy에서 선택하자.

2. 그 상태로 인스펙터의 하단에 있는 Add Component 버튼을 눌러 Rendering ➤ Sprite Renderer 순으로 선택하자. 이제 게임오브젝트에 Sprite Renderer가 가 추가된 것을 확인할 수 있다.

3. 이제 우리는 스프라이트를 새롭게 추가된 컴포넌트에 추가할 수 있다. 인스펙터를 보자. 방금 추가한 컴포넌트 속성에서 Sprite 항목의 가장 우측의 작게 보이는 아이콘을 클릭해보자. 그림 2.8과 같은 스프라이트 선택 창이 나타난다.

4. 스프라이트 선택 창이 보인다면 창 상단 Assets 탭을 클릭하여 Search 필드에 p1_stand를 입력해보자. 플레이어로 사용되게 될 스프라이트 p1_stand를 볼 수 있다. 선택하고 창을 닫자.

5. 이제 게임오브젝트에 스프라이트 애셋을 추가해봤고, Sprite Renderer 컴포넌트에서 Sprite 항목이 p1_stand로 변경된 것을 확인할 수 있다. 이 스프라이트가 씬 뷰의 가운에서도 보이고 게임 뷰에서도 보인다. 이로서 우리는 게임을 위한 첫 번째 그래픽 자료를 생성한 것이다!

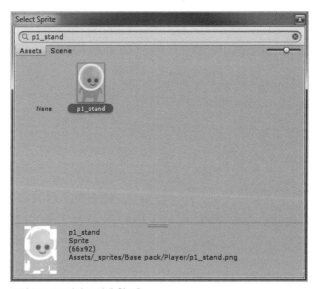

그림 2.8 스프라이트 선택 윈도우

프리팹

1장에서 마지막으로 조금 언급한 프리팹Prefabs을 알아볼 시간이다. 애셋의 하위적인 개념으로 게임오브젝트에 가까운 개념으로 동작한다. 그리고 게임 프로젝트에 사용할 수 있는 최고의 리소스가 될 것이다. 프리팹과 게임오브젝트가 결합하면, 이것은 게임오브젝트를 묶어주는 대표 자료가 된다. 프리팹의 모든 세팅은 게임오브젝트가 생성될 때마다 복사되며, 이는 마스터 프리팹이 업데이트될 때마다 이와 연결된 모든 세팅이 같이 업데이트됨을 의미한다. 수많은 요소를 게임 씬에 복사할 때를 생각해보면 이 기능은 매우 필수적이다.

그럼 Player 게임오브젝트를 프리팹으로 전환해보자. Player를 앞으로 굳이 여러 개 복사해 사용할 일은 없겠지만 게임오브젝트를 프리팹으로 만들어 놓음으로써, 작업 과정을 좀 더 조직화하고 최적화된 형태로 가져갈 수 있다. 프리팹을 통해 세팅해 놓으면 추가할 때마다 담고 있는 컴포넌트와 속성이 같이 업데이트되므로, 번거롭게 다시 작업하는 일 없이 드래그앤드롭만으로 모든 속성을 담은 채로 프로젝트에 추가된다.

1. 프로젝트 브라우저를 선택하고 Assets > _prepebs 폴더를 선택해보자.

2. 오른쪽 클릭하여 메뉴에서 Create > Prefab을 선택하면 프리팹 애셋이 생성된다.

3. 이름을 Player로 바꿔보자.

4. 먼저 Hierarchy 메뉴에서 Player 게임오브젝트를 선택하자. 드래그앤드롭을 통해 방금 만든 Player 프리팹으로 가져오자. 잘 연결됐다면 계층 윈도우에서 Player 게임오브젝트의 글자 색이 파란색으로 바뀐 걸 볼 수 있다. 이제 Player 오브젝트가 프리팹이 된 것이다.

요약

2장에서는 프로젝트에 쓰일 애셋 생성과 임포트 방법을 처음으로 접할 수 있었다. 또 앞으로 우리 게임에 쓰일 게임 스프라이트를 담고 있는 스프라이트 패키지도 임포트했다. 이 패키지 내부 자료들은 검색하기 좋게 폴더와 이름이 잘 정리되어 있다. 이러한 구조적인 형태는 무언가 프로젝트에 추가하거나 검색할 때, 소중한 시간 낭비를 없애는 핵심적인 내용 중 하나가 될 것이다.

그다음 게임오브젝트를 생성해봤고, 이것이 씬에 어떻게 추가되는지 살펴봤다. 게임 개발과 디자인의 속도에 도움을 줄 수 있는, 유니티에 이미 비치된 게임오브젝트 사용법도 배웠다. 또 메인 카메라 내부 컴포넌트들을 통해 게임의 장면을 보이게 하고 소리를 듣게 하는 요소라는 사실도 배웠다.

마지막으로, 여러분이 만든 Player 게임오브젝트에 컴포넌트를 추가하는 방법까지도 배웠다. 컴포넌트는 게임오브젝트 내부에 존재하면서, 게임오브젝트의 각종 특성과 어떻게 보일지, 혹은 어떻게 들릴지, 어떻게 상호작용할지 정해준다는 사실도 알게 되었다.

3장, '2D 스프라이트 제작'에서는 좀 더 실체에 가까운 이야기를 한다. 예를 들면 적과 프랍, 배경, 그리고 이들을 움직이고 상호작용하기 이전 그것을 위한 리소스를 준비하는 단계가 될 것이다.

연습 문제

이제 Player 게임오브젝트를 가지게 되었다. 이를 기반으로 3장, '2D 스프라이트 제작'을 위한 몇 가지 세팅을 더 해보자.

1. prefabs 폴더로 가서 먼저 생성해 놓았던 Player 프리팹을 선택하자.
2. 인스펙터에서 선택된 Player 프리팹 설정이 잘 나오는지 확인한 후, Add Component 명령을 실행해보자.

3. 창이 뜨면 Miscellaneous > Animation 선택해 애니메이션 컴포넌트를 추가해보자. 그러면 비어 있는 컴포넌트가 생성되며, 다음 내용은 3장에서 진행한다.

4. Hierarchy에서 Player를 선택해 방금 프리팹에 추가한 컴포넌트가 게임오브젝트에도 마찬가지로 적용됐는지 확인해보자.

5. 메뉴에서 File > Save Scene As를 선택하고 해당 씬을 '_scenes'라는 폴더를 생성하고 그곳에 'Test_Level'이라는 이름으로 저장해보자.

그럼, 다음 장으로 출발하자!

3

2D 스프라이트 제작

지금까지 유니티의 인스톨을 시작으로 유니티 인터페이스와 그 명령들, 애셋 생성의 과정까지 이해했으며, 그걸로 우리는 스프라이트 생성 과정을 위한 준비가 완료됐다고 할 수 있다.

3장에서는 스프라이트 애셋 세팅 과정을 살펴본다. 스프라이트 시트sprite sheet와 이 시트들을 여러 개로 나눠보기도 하고, 여러 장의 스프라이트를 관리해보기도 하고, 게임 해상도에 맞춰 크기도 조절해볼 것이다. 여러 개의 스프라이트를 하나의 시트로 패킹하는 기능은 '프로 버전'만 가능하지만, 무료 버전에서 동일한 결과를 얻을 수 있는 방법도 수행해본다.

마지막으로는 스프라이트 레이어와 관련된 우선순위 세팅을 통해 입체적인 느낌을 줄 수 있는 방법도 살펴보자. 망설일 것이 없다. 어서 유니티의 세계로 들어가보자.

> **노트**
>
> 3장 이곳저곳에서 스프라이트 시트(sprite sheet)와 아틀라스(atlas) 용어를 섞어 사용하지만, 여러 개의 스프라이트를 담고 있는 하나의 애셋이란 점에서 같은 의미다. 유니티에서 multisprite로 태그되기만 하면 하나의 싱글 게임오브젝트로 사용된다.

2D 작업

작업 시작 전에, 작업 환경에 대해 좀 더 명확하게 짚고 넘어가야 할 부분이 있다. 기본적으로 유니티는 3D 게임 엔진이다. 이 말은 3D 좌표계를 사용한다는 의미며, 이는 각각 X축, Y축, Z축으로 구성된다.[1]

우리가 제작하려는 게임은 전통적 2D 횡스크롤 형태여서 Z축은 필요 없지만, 여전히 Z-깊이Depth는 필요하다. Z축은 없지만 Z-깊이를 사용하면 깊이를 표현하는 공간이 있는 것처럼, 어떤 오브젝트가 다른 오브젝트에 비해 앞뒤인지 느낄 수 있는 방법을 제공한다. 게임오브젝트를 앞으로 보이게 하거나, 또는 뒤로 가려지게 만들 수 있는 방법이 몇 가지 있다. 하지만 그런 방법을 알아보기 전에 2D 작업 환경에 적합한 몇 가지 세팅을 확인해보자.

2D 행동

환경을 2D로 맞춰 놓았기 때문에, 애셋을 통해 오브젝트로 만들면 유니티는 모든 애셋을 스프라이트로 렌더링한다. 먼저 메뉴에서 Edit > Project Settings > Editor 의 Default Behavior Mode를 확인해보자. 유니티는 어떤 텍스처를 임포트해도 우리가 이 애셋을 스프라이트로 사용할 것이라고 가정한다. 그림 3.1을 보면 Default Behavior Mode가 제대로 설정된 모습을 확인할 수 있다.

2D 프로젝트 환경에서는 여러 개의 이미지를 하나의 시트로 통합시킬 수 있다. 이는 몇 가지 방면에서 작업 효율을 높이는 것뿐만 아니라 리소스를 다음과 같이 조직화, 단순화시켜 준다.

---

1 유니티는 왼손 좌표계를 사용하며, 중지가 X축, 검지가 Z축, 엄지가 Y축에 해당한다. 이해되지 않으면 검색을 통해 좌표계에 대해 좀 더 이해해보자. – 옮긴이

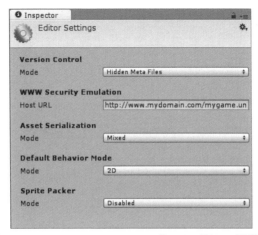

그림 3.1 Inspector: Default Behavior Mode를 2D로 기본으로 설정한 화면

- 적은 수의 스프라이트 관리: 우리는 하나의 시트sheet에 여러 개의 이미지로 이뤄진 캐릭터 애니메이션의 정보를 담을 수 있다.
- 적은 수의 그리기 횟수: 다수의 스프라이트를 하나로 합쳐 놓으면 적은 수의 드로우 콜이 일어난다.
- 하나의 싱글 오브젝트를 통해 모든 애니메이션, 피직스, 충돌체, 스크립트가 관리되면 퍼포먼스에 도움을 주고 실시간 렌더링 시에 부하를 덜 일으킨다.

주의

이미지 리소스가 같은 게임오브젝트라 할지라도, 그릴 때마다 그리기 연산은 필요하다. 렌더링 시에 첫 번째, 그리고 다시 그 위에 겹쳐 그린다 할지라도 연산이 동일하게 일어나기 때문이다.

2D 작업 공간

한 가지 또 반드시 확인해야 되는 사항은, 작업 공간에서 뷰 모드가 2D인지 확인하는 것이다. 2D 게임을 제작할 것이므로 X, Y를 제외한 나머지 Z축(높이)을 신경 쓰지 않고, 평면 만을 고려해서 게임을 제작할 수 있다.

Scene 뷰 창의 상단을 보면 컨트롤 바가 있다(그림 3.2 참고). 토글로 동작하는 이 버튼을 클릭해서 통해 쉽게 2D와 3D 모드로 전환 가능하다. 더 간단 하게는 단지 키보드상의 숫자 2만 누르면 쉽게 전환할 수 있다(넘버 패드쪽의 숫자 2는 동작하지 않는다).

그림 3.2 씬 뷰 컨트롤 바 – 2D 작업 공간

스프라이트 빌드

애셋을 2D에 그리기 위한 세팅을 했지만, 애셋들을 더 효율적으로 관리할 수 있는 조절이 몇 가지 더 있다. 그 시작으로 적당한 것이 Player 게임오브젝트이다. 메인 게임오브젝트 세팅 하나만 올바르게 하면, 이를 통해 나머지 오브젝트도 올바른 방향으로 가리라고 확신을 갖는데 도움이 된다.

1. 2D_Platform_Game 프로젝트를 열어 Test_Level 씬을 연다.

2. Hierarchy에서 Player 게임오브젝트를 선택하자.

3. Inspector 창에서 스프라이트 렌더러의 스프라이트 p1_stand 이름 우측에 붙어 있는 작은 아이콘을 클릭해보자.

4. 스프라이트 선택 창에서 p1_spritesheet를 선택한다. 애셋을 선택하면 씬 뷰에는 매우 많은 수의 캐릭터가 보인다. 하지만 걱정할 필요 없다. 단지 스프라이트 세팅 변경으로 해결 가능한 일이다.[2]

---

2 선택 창에서 p1_spritesheet는 보이지 않고 p1_spritesheet_x처럼 번호가 붙은 시리즈 애셋만 보여 선택할 수 없다면, 잠시 프로젝트 창의 _sprites 〉 player의 p1_spritesheet 애셋을 클릭해보자. 그리고 Inspector 창에서 Sprite Mode를 multiple에서 single로 만들어보자. 제공된 샘플이 multiple로 미리 지정된 경우라면 4번의 선택 창에서 p1_spritesheet으로 보이지 않는다.

5. 프로젝트 브라우저로 돌아가서 Asset > _sprites > Player 폴더로 가서 p1_spritesheet를 선택해보자.

6. 다시 한번 Inspector 창으로 돌아가 p1_spritesheet 애셋의 Import Settings를 Single > Multiple로 전환한다. 적용을 마치면 이제 씬 뷰에서 하나의 스프라이트만 보인다.[3]

임포트 세팅

Player 게임오브젝트를 올바른 아틀라스atlas를 통해 지정했다면, 하나의 스프라이트처럼 보인다. 다음으로 스프라이트 시트를 위한 세팅을 몇 가지 더 하자.[4] Inspector 창에서 여전히 p1_spritesheet 임포트 세팅을 보여준다.

다시 임포트하고 싶다면, 프로젝트 브라우저에서 Asset > _sprite > Player로 가서 p1_spritesheet를 찾아보자. 그런 뒤에 그림 3.3처럼 Inspector 창의 임포트 세팅을 볼 수 있다.

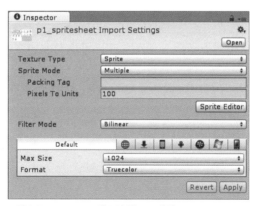

그림 3.3 Inspector - 텍스처 임포트 세팅

---

3 작업을 끝내면 스프라이트가 사라질 것이다. 하지만 걱정하지 말자. 스프라이트는 그 자리에 있고 단지 올바르게 표시되기 위해 아직 절단되지 않은 것뿐이다. 스프라이트가 제대로 절단되고 적용되면 하나의 스프라이트 이미지 p1_spritesheet_0가 화면에 나타날 것이다. - 옮긴이

4 아틀라스는 스프라이트 시트와 동일한 의미로 생각할 수 있다. - 옮긴이

텍스처 임포트에 관한 모든 것을 다루지는 않지만, 스프라이트와 관련된 기본적인 내용을 이해하는 과정을 가져 볼 것이다.

- **Texture type**: 여러 가지 세팅을 포함한 텍스처 세팅을 의미한다. 예를 들면 3D 텍스처, GUI, 스프라이트와 같은 것들이다.
- **Sprite Mode**: 하나의 스프라이트를 사용할지 여러 장의 스프라이트를 하나처럼 관리할지 설정할 수 있다. 이미 p1_spritesheet 애셋에 Multiple 옵션을 적용해 하나처럼 합쳐 보았다.
- **Packing Tag**: 스프라이트에 태그를 지정했을 때, 같은 태그에 이미 지정되어 있는 아틀라스가 있다면 같이 묶인다.
- **Pixels To Units**: 스프라이트의 해상도를 유니티에서 설정한 유닛 크기를 기준으로 설정한다.
- **Pixels To Units**: 3D트랜스폼을 통해 텍스처가 작거나 크게 렌더링될지 지정할 수 있다.
- **Max Size**: 애셋이 임포트될 당시 가장 크게 사용될 텍스처 해상도를 지정할 수 있다.
- **Format**: 컬러 포맷을 설정해 어떤 품질의 텍스처를 사용할지 지정한다.

위 옵션의 기본 값 중에 프로젝트에 적합하게 동작시키기 위해 Texture type과 Pixels To Units을 변경하고, 이미지 해상도 조절을 위해 Format 변경을 업데이트할 것이다.

Format을 변경해 스프라이트의 해상도와 품질을 관리할 수 있다. 이런 세팅은 더 좋은 압축률을 통해 해상도를 높일 수 있으며, 높은 품질의 이미지를 사용할 수 있는 선택권을 생긴다. 포맷 선택을 통해 항목의 각 장단점을 다음 정보로 파악해 보자.

- Compressed: 가장 압축률이 높은 포맷, 색상 정보가 적고, 파일 크기도 매우 작다. 가령 256×256 해상도의 경우 32KB로 저장된다.

- 16bits: Compressed보다는 색상 정보가 좀 더 많지만 Truecolor보다는 품질이 낮다. 256×256 텍스처는 128KB의 크기로 저장된다.

- Truecolor: 가장 낮은 압축률과 높은 품질의 텍스처이며, 256×256 텍스처를 기준으로 했을 때 256KB로 저장된다.

Pixels To Units

Pixels To Units를 통해 유니티의 유닛과 스프라이트의 실제 해상도가 어떻게 관계될지 설정할 수 있다. 스프라이트의 실제 픽셀 크기와 픽셀 투 유닛의 크기 설정이 가까워질수록 실제 텍스처가 갖고 있는 크기에 근접해진다. 픽셀 투 유닛 기능을 사용하면 레벨 제작 시에 빠르고 간편히 제작할 수가 있다. 4장에서 설명하게 될 월드 구성 파트를 논의할 때 픽셀 투 유닛을 좀 더 자세히 설명한다.

그림 3.3을 보면 100으로 설정된 픽셀 투 유닛을 볼 수 있다. 이 값이 의미하는 바는 100픽셀을 유니티 유닛의 1과 같게 취급한다는 것이다. 우리의 게임오브젝트의 픽셀은 높이로 92픽셀을 가지고 있다. 이를 확인하는 방법으로 p1 캐릭터 관련된 이미지를 프로젝트 창에서 확인해보는 방법, 혹은 p1_spritesheet를 스프라이트 에디터에서 한 가지 이미지를 선택해 확인해보는 방법이 있다. 그럼 일단 p1_spritesheet를 실제 92픽셀로 맞춰 설정해보자.

1. p1_spritesheet를 선택한다.

2. pixel to unit을 92로 설정해보자. 100보다는 92가 실제 픽셀에 맞으므로 일 대 일 비율 실제 크기에 가깝게 표현해준다.[5]

---

5 92/x를 기준으로 계산하면 배율을 계산하기가 쉽다. - 옮긴이

3. Format을 Compressed에서 Truecolor로 변경한다. 이럼으로써 스프라이트는 더 높은 품질로 설정된다. 다행스럽게도 우리는 수많은 오브젝트를 로딩할 계획은 아니어서 부하 측면에서도 충분한 여유를 갖고 있으므로 염려하지 말자.

스프라이트 에디터

이미 텍스처 타입 설정 변경과 스프라이트 모드를 Multiple로 바꿔보았다. 이를 통해 여러 개 스프라이트 시트를 하나로 합쳐 관리할 수 있다. 이 작업을 할 때 Sprite Editor 버튼을 눌러 보자(그림 3.4 참고).

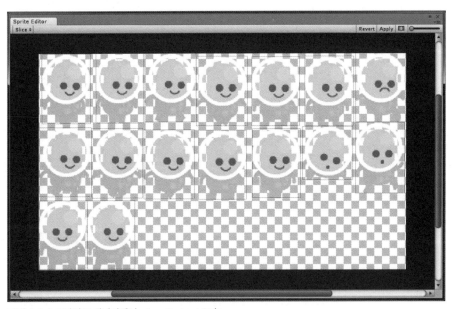

그림 3.4 스프라이트 에디터에서 p1_spritesheet 모습

스프라이트 에디터에서 하나의 이미지를 영역으로 분할하여 여러 개의 영역으로 이미지를 구성할 수 있다. 원래 하나의 이미지지만 내부 영역을 통해 여러 개의 이미지처럼 각각 나눠, 애니메이션 혹은 반대로 정적인 스프라이트로서 쓸 수 있다.

에디터 내에서 이미지 영역을 나눌 분할할 수 있는 방법은 Manual, Automatic,

Grid 세 가지가 있다. 각각은 해당하는 인터페이스 세트를 갖고 있고, 이를 통해 정확하게 이미지를 분할할 수 있다. 주로 Automatic 명령으로 적당한 결과를 얻을 수 있긴 하지만 나머지 옵션도 같이 살펴보자.

수동 슬라이싱

수동Manual으로 슬라이싱하면 각 스프라이트 영역을 수동으로 각각 나눌 수 있다. 이 기능은 다른 이미지에 비해 크기가 다른 특정 이미지를 영역 잡고 싶거나 할 때 유용하다. 스프라이트를 나눈 네모 영역을 미세하게 조절할 수 있다. 그림 3.5는 수동으로 슬라이싱할 때 정보를 보여주는 창이다.

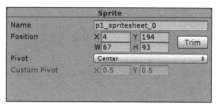

그림 3.5 Sprite Editor - 수동 슬라이싱 정보 창

> **팁**
> 투명으로 된 스프라이트 바운드가 스프라이트 영역에 겹치거나 하면, 각 바운드를 클릭하여 수동으로 움직여서 원하는 알맞은 크기로 조정할 수 있다.

자동 슬라이싱

자동Automatic 모드(그림 3.6 참고)를 사용하면 유니티는 스프라이트의 투명으로 된 바깥 영역의 경계를 기준으로 경계를 나눈다. 자동 모드는 대체로 만족스러운 결과를 재빠르게 내놓는다.

그림 3.6 Sprite Editor – 자동 슬라이싱

그리드 슬라이싱

그리드 슬라이싱Grid Slicing은 너비width와 높이height 값을 지정하고, 그 값을 기준으로 스프라이트를 격자로 나눈다. 그리드 슬라이싱은 스프라이트 시트의 이미지들이 각각 같은 크기로 배치되어 있을 때 사용하는 것이 좋다. 그림 3.7은 그리드grid를 타입으로 줬을 때 나타나는 창이다.

그림 3.7 Sprite Editor – 그리드 슬라이싱

현재 우리가 진행하는 프로젝트에서는 자동Automatic 슬라이싱으로도 충분히 좋은 결과를 보여준다. 우리가 고려해야 하는 것은 이것 외에 Pivot 드롭다운이다. Pivot 드롭다운 메뉴를 통해 각 스프라이트의 피봇 위치를 설정할 수 있다. 이 위치는 스프라이트를 이동시키거나 할 때 기준점이 된다.

열 가지 정도의 옵션이 있고, 기본 값은 Center이며 여러분이 직접 설정한 위치 혹은 Bottom쪽으로 둘 수도 있다. 이 책에서는 Bottom쪽으로 피봇 위치를 설정해서 이동이나 회전 등이 마치 발 아래를 기준으로 일어나는 것처럼 보이게 할 것이다.

그럼 우리의 스프라이트 시트를 사용할 수 있도록 그 준비 과정을 밟아 나아가 보자.

1. p1_spritesheet 애셋이 여전히 선택 중이라면 Sprite Editor 버튼을 클릭해서 창을 연다.

2. 좌측 상단의 Slice 버튼을 클릭하여 드롭다운 메뉴를 열어서 Type을 선택한다.

3. Type을 Automatic으로 변경하고, Pivot은 Bottom으로 설정한다. 나머지는 그대로 둔다.

4. 설정 내용을 최종적으로 적용하기 위해 우측 상단에 있는 Apply라는 메뉴를 클릭한다.

5. 씬과 프로젝트를 이 시점에서 한번 저장하자.

스프라이트 패킹

스프라이트 애셋은 관련된 캐릭터 리소스가 모두 하나의 시트에 담겨 있었다. 스프라이트 모드를 Multiple로 바꾸고 스프라이트 에디터의 자동Automatic 슬라이싱 기능을 통해 나누는 등 간단한 작업만으로도 가능하다. 미리 제작된 시트를 통해 작업하는 것은 쉽지만, 때때로 개별로 존재하는 애셋을 합쳐야 하는 상황이 생기기도 한다. 스프라이트 시트를 만들 때, 하나가 아닌 여러 개의 애셋을 통해서도 생성할 수 있는 길을 열어 주는 것이 바로 스프라이트 패킹Sprite Packing이다.

> **노트**
> 스프라이트 패킹은 스프라이트를 아틀라스로 관리하고자 할 때 매우 유용하다. 우리는 미리 만들어진 아틀라스 스프라이트 시트를 사용 중이지만, 나중에 진행되는 프로젝트에서 스프라이트를 처음부터 패킹해야 할 때 유용하게 쓰인다는 걸 알게 될 것이다.

패킹 태그

p1_spritesheet의 텍스처 임포트 설정을 살펴보면서, 간단히 패킹 태그에 대해 살펴본 바 있다. 패킹 태그Packing Tag를 같이 사용하는 스프라이트는 모두 함께 패킹이 가능하다. 대상이 되는 스프라이트에 'tiles'이라고 이름 붙이고, 스프라이트 시트를 만들 때 사용할 것이다.

스프라이트 패커

유니티 기본으로 내부에 여러 장의 스프라이트를 하나의 스프라이트 시트로 만들어주는 스프라이트 패커Sprite Packer라는 툴을 제공한다(그림 3.8 참고). 그렇지만 아쉽게도 유료 버전인 유니티 프로에서만 지원하고 있으므로, 프로 버전 사용자를 위해 툴 사용시 어떤 득이 있는지 간단히 살펴본다.

그림 3.8 스프라이트 패커 - p1 애셋을 분리하여 사용한 예제

일단 스프라이트 패커 윈도우를 열면 비어 있는 캔버스가 하나 보인다.

패킹 태그Packing tag가 붙여진 스프라이트를 선택하여, 스프라이트 패커 툴에서 Pack 버튼을 왼쪽 클릭한다. 이러면 특정 스프라이트를 하나의 스프라이트 시트로 만들어 준다. 몇 가지 더 스프라이트 패커 윈도우에서 실행할 수 있는 기능에 관해서도 알아보자.

- Pack: 같은 패킹 태그로 되어 있는 스프라이트를 하나의 아틀라스atlas로 만들어 준다.
- Repack: 패킹 태그에 어떤 변화 가령 삭제되거나 추가되는 등의 일이 일어났다면, 리팩 기능을 사용해 업데이트시켜 줄 수 있다.
- View Atlas: 너무 많은 스프라이트가 세팅되어 있다면, 이 드롭다운 기능을 통해 다중으로 아틀라스를 살펴볼 수 있다.
- Packing Policy: 이곳에 설정된 방식에 따라 스프라이트가 아틀라스로 만들어진다. 하지만 기본 설정으로도 충분히 유용하다.

추가적인 스프라이트 리소스 패킹

유니티 무료 버전을 사용한다고 해도 여전히 몇 가지 스프라이트 시트를 만들 수 있는 방법이 몇 가지 있다. 하지만 이러한 리소스는 유니티가 아닌 따로 있는 애플리케이션으로 만들 수 있다.

텍스처 패커

텍스처 패커Texture Packer는 서드파티third-party 툴로서 여러 장의 스프라이트를 하나의 아틀라스로 패킹하는 툴이다. 유료와 무료 버전이 있는데, 무료 버전도 충분히 쓸 만하다. 유일한 결점은 스프라이트를 작게 만들어 준다는 것이다. https://www.codeandweb.com/texturepacker/download에서 다운로드할 수 있다.

어도비 포토샵

수동으로 패킹하는 형태도 또 다른 방식의 스프라이트 패킹 방법이다. 2D 소프트웨어 툴 가령 포토샵Photoshop으로 이미지들을 합쳐 그 결과를 유니티를 가져올 수 있다. 이 방식을 선택하면 이미지의 크기나 위치를 각각 자유롭게 조절할 수 있다. 이미지 사이를 투명 값을 통해 경계로 나누면, 유니티 내로 가져와서 각각 구분 짓기 편리하다는 장점이 있음을 기억하자.

어도비 플래시

어도비 플래시Flash도 임포트를 통해 데이터를 가져오거나 혹은 툴에서 생성한 데이터 그 자체를 사용할 수 있어 이를 위한 좋은 선택지이다. 또 다른 좋은 기능은 애니메이션 프레임으로 사용 가능한 스프라이트를 생성할 수도 있다는 점이다. 플래시에서 제너레이트 스프라이트 시트Generate Sprite Sheet 툴을 통해 유니티에서 마지막 결과물을 익스포트하고, 임포트할 수 있다.

요약

3장에서는 3D 작업 환경과 다른 2D 프로젝트 작업을 위한 첫 발을 내디뎠다. 프로젝트 생성 이후에 어떤 세팅을 해야 하는 것도 살펴봤고, 2D와 3D 씬 뷰도 살펴봤다.

2D 스프라이트 시트도 알아봤고, 플레이어 스프라이트를 여러 장의 스프라이트를 하나로 뭉쳐진 시트로 만들어 유니티에서도 그 해당 리소스를 인지하게 설정해봤다. 스프라이트 에디터를 열어 각각의 스프라이트를 슬라이스하는 방법과 피봇pivot 위치를 변경하는 방법까지 배웠다.

마지막으로 사용자가 스프라이트 패킹할 수 있는 방법을 살펴봤다. 이는 유니티 프로의 기능이지만 서드파티 애플리케이션을 통해서도 가능한 몇 가지 방법도 살펴봤다.

4장에서는 스프라이트를 레벨 제작을 위해서도 사용해볼 것이다. 레벨 디자인을 시작할 때의 원칙과 아이디어, 또 유니티 내부 도구들을 사용하여 스프라이트 게임 오브젝트의 레이어를 이용해 입체감을 주는 것에 대해 살펴보고, 계층 구조에서 그것들을 모니터링하는 방법에 대해서도 살펴본다.

연습 문제

3장에서 해봤던 플레이어에 스프라이트 시트에 적용한 것을 응용해 tiles_spritesheet를 설정해보자. 설정 내용은 4장에서 다루는 플레이 가능한 레벨의 주재료로 쓰인다. 다음 과정을 따라 해보자.

1. tiles_spritesheet 애셋을 프로젝트 브라우저에서 선택한다. 애셋은 Assets ➤ _sprites ➤ Tiles 폴더에서 찾을 수 있다.

2. 애셋을 왼쪽 클릭하고 Sprite Mode를 Single에서 Multiple로 변경하자. Pixel To Units은 100에서 70으로 변경해보자.

3. Format을 Compressed에서 Truecolor로 변경하고 Apply 버튼을 클릭하자.

4. Sprite Editor 버튼을 눌러 에디터를 열고 Type을 Automatic으로 Pivot은 Bottom Left로 설정해보자.

5. Slice 버튼을 클릭하고 창을 닫을 때 임포트 적용에 대해 Apply를 선택하자.

6. tiles_spritesheet 애셋을 Hierarchy로 드래그하여 가져다 놓아보자. 그 이후에 자동으로 생성되는 게임오브젝트를 보게 될 것이며, 씬 뷰에서 느낌표가 가운데 있는 박스가 보이게 될 것이다.

7. 생성된 게임오브젝트를 Inspector 창에서 선택해 이름을 boxItemAlt로 변경하자.

8. Inspector 창에서 Transform 컴포넌트상의 Position, Rotation이 모두 0으로 설정되어 있는지 확인해보자.

9. 다시 **Hierarchy** 창으로 돌아가 boxItemAlt 게임오브젝트를 선택해 _prefabs 폴더로 드래그한다. 그러면 폴더에 프리팹Prefab을 생성할 것이다.

10. 마지막으로 씬과 프로젝트 파일을 저장하자.

4

게임 월드 제작

4장에서는 메인 캐릭터가 이리저리 돌아다닐 수 있는 게임 월드를 제작해볼 것이다. 이를 위해서는 레벨 디자인과 게임 디자인을 먼저 논의해볼 필요가 있다. 무의미한 디자인과 그로 인해 낭비되는 시간을 줄일 수 있는 방법을 설명한다.

유니티의 트랜스폼Transform 툴을 이용해 작업을 할 때, 2D와 3D의 차이점에 대해서도 살펴본다. 또 Hierarchy 창에서 부모 자식 관계를 그룹 지어 리소스를 좀 더 단순화시켜 사용하기 쉽게 만들어 볼 것이다. 끝으로 장면을 쉽게 빌드할 수 있도록 도와 줄 몇 가지 세팅에 대해서도 살펴본다. 그러면 우리만의 캐릭터가 돌아다닐 수 있는 완성된 레벨을 갖게 된다. 그럼 이제 출발해보자!

레벨 디자인 101

레벨 디자인의 이론을 기본적으로 이해하고, 그 룰과 원칙을 익히면 게임 배경을 제작할 때 오래도록 쓸모가 있다. 좋은 레벨 디자이너가 되고자 하면 인내와 연습하는 과정이 필요하며, 실제 현업의 개발자들은 수년간의 이러한 경험을 가지고 있다. 그러한 상황에 처해보지 않더라도, 이 장에서 알게 될 몇 가지 규칙은 재미있는 게임 플레이를 만드는 데 분명 도움이 될 것이다.

씬 설정

가장 먼저 알아야 하는 것은 명령어 집합의 자세한 사항들이다. 이는 대부분 여러분이 작업하게 될 툴에 관한 설명이 될 것이다. 그리고 어디부터 시작해야 하는지 또는 최종적인 완성을 위해 어떤 방법을 통해야 하는지에 관한 내용이 될 것이다. 재미있는 게임 만들기와 잘 만들어진 레벨 제작은 다르지 않다. 이런 맥락에서 어떤 몬스터를 등장시킬지, 어떤 아이템을 수집하게 될지, 어떤 퍼즐을 풀게 할지 알아야 할 것이다. 따라서 이런 내용을 담아 '로드맵roadmap'을 작성하면, 게임 디자인을 완성하는 과정 내내 도움이 될 것이다.

우리는 몇 가지 사항을 이미 준비했는데, 2D 게임의 레벨을 제작할 때 필요한 스프라이트 준비가 대표적이다. 그러나 스프라이트로 무언가 작업하기 전에 우리 스스로에 몇 가지 질문을 해볼 필요가 있다.

- 플레이어에게 전달할 최종 목표는 무엇인가? 어느 지점에서 다른 어느 한 지점으로 무엇을 얻으러 가도록 동기를 부여할 것인가?
- 현재 레벨을 완료하는 데 난이도에 관한 문제, 완료하기가 너무 쉽거나 또는 너무 어렵지는 않은가?
- 현재 위치한 곳이 어떤 의미를 지니고 있는가? 스토리 라인의 어느 지점에 와 있는지 제대로 전달되는가?
- 현재 레벨이 낮 시간대인지 밤 시간대인지, 또는 날씨는 어떤 상태인가. 햇빛이 비추고 있는가? 또는 구름이 끼어 흐리거나 눈이 오고 있지는 않은가?
- 캐릭터가 지금의 모습까지 어떻게 성장해 왔는가. 새로운 무기나 스킬 또는 업그레이드 과정을 거쳐왔는가?

- 플레이어가 우리가 만드는 레벨에서 이전 지점부터 지금의 지점까지 어떤 도전 과제나 경험을 마주하였는가?

이런 질문에 답하다보면 플레이어에게 재미있고 즐거운 경험을 주는 원칙과 그 기준을 세우는 데 도움이 된다.

로드맵 만들기

질문에 답을 얻었다면 레벨 만들기를 시작해보자. 질문의 답을 찾아내는 과정과 더불어 유니티로 실제 제작에 앞서 연필과 종이를 들고, 완성된 모습이 어떻게 될지 대략적으로 아이디어를 생각해보길 제안한다. 이런 과정은 비어 있는 공간에 무엇을 채워야 하는지 또는 플레이어가 찾아야 하는 보석을 어디에 숨겨야 하는지 등의 의도를 설정할 때 도움이 된다.

우리가 만들 게임의 퍼즐 부분, 어떤 특정 행동을 하게 의도하는 것, 갈등을 일으키는 구간 설정 등에 대한 의도를 간직한 로드 맵 제작을 의도해 왔다. 그리고 위 질문의 답에 관한 이론적 배경을 설명할 것이다. 다시 한번 말하지만, 이 책에서 레벨 디자인을 하는 방식이 최고의 방식이라거나 최고의 효율을 보장하지는 않을지도 모른다. 다만 주인공 캐릭터를 레벨에 놓고 문을 통해서 성 안으로 들어가는 걸 해보는 것이 주요 목적이다. 플레이어가 어떤 지점의 퍼즐을 풀어 다음 지점으로 옮겨가는 과정에 기발한 발상을 넣어 볼 수도 있지 않을까? 몇몇 게임 플레이 매커닉을 통해 좀 더 도전적인 퍼즐의 형태로 만드는 과정도 살펴본다.

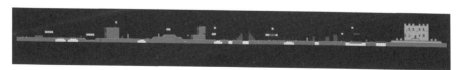

그림 4.1 레벨 디자인 스케치

이렇게 레벨 디자인을 스케치해봄으로써, 앞으로 게임에서 쓰일 첫 번째 레벨 제작에 한발짝 더 가까이 다가서게 된 것이다. 이는 세부 사항이나 복잡함을 계획해보면서 레벨 제작 과정을 쉽게 해 줄 수 있는 데모 제작 과정이라 할 법하다.

이 레벨은 낮 시간대를 유지할 것이고, 이는 이전에 사용자가 흔히 경험해본 부분이라 더 깊이 생각해볼 게 별로 없다. 하지만 레벨을 좀 더 특별하게 만들고 싶다면 몇몇 요소를 추가해야 할 필요가 있다. 주어진 재료들을 좀 더 다르게 보이게 해 줄 툴과 애셋을 사용해봤고, 이것들이 정상적으로 제 역할을 하고 있다. 우리는 미리 제작된 아트 재료를 사용할 것이므로, 레벨의 고유한 느낌을 쉽게 만들 수가 있을 것이다. 그럼 이제 레벨을 구체화시키기 전에 몇 가지 우리가 인지해야 하는 룰에 대해서 알아보자.

> **노트**
>
> 보통 게임 디자인이나 구현, 각종 문제는 애셋을 실제로 제작하기 전에 예상하고 계획하므로, 여러분 또는 아트 팀에서는 딱 필요한 것들만 만들게 된다. 이처럼 미리 게임 디자인을 기획하면 맞이해야 할 변화나 각종 장벽, 불거지는 이슈들을 제거할 수 있다. 모든 것은 반드시 미리 계획되어야 한다.

- 처음 시작할 때 플레이어에게 간단한 좌우 이동이나 기본 점프 같은 기본적인 동작을 가르쳐 주어야 한다.
- 플레이어의 시작 장소는 이동이나 점프를 연습하기 쉽고, 적들에게 방해 받지 않는 환경이어야 한다.
- 플레이어가 첫 번째 맞이하게 될 장애물에는 학습 곡선으로 볼 때, 별다른 어려움을 받지 않게 디자인해야 한다. 우리는 사용자들을 성공시키려는 의도를 갖고 있고 또 실패하더라도 목숨을 잃게 하거나 HP를 깎지는 말아야 한다.
- 플레이어와 첫 번째 싸우게 될 적은 느리며, 플레이어에 약간의 해만 가할 수 있어야 한다. 이것의 의도는 나중에 플레이어가 만나게 될 적들을 대비해 어떻게 상호작용하는지 학습시키는 데 있다.

- 플레이어가 풀어야 할 간단한 퍼즐에 색을 적용해 답을 찾는 데 도움을 줘보자. 예를 들어 '파란색 키를 찾아 파란색 자물쇠를 따라'처럼 퍼즐을 만들 수 있다.
- 플레이어는 성의 문이 열리면 자신이 미션에서 성공을 거뒀다는 걸 알 수 있다. 플레이어가 변화되는 과정을 알 수 있도록 퍼즐의 위치가 문의 시야 안쪽에 있어야 한다.

세부 사항 추가

지금까지 기본 디자인 원칙과 게임 플레이에 대해 살펴봤다. 그럼 이제 월드를 좀 더 활기차게 할 수 있는 요소들을 알아보자. 이런 요소는 월드의 디자인 설계를 잘 마무리한 이후부터 마음에 둬야 하는 내용이다. 커다랗고 의미 있는 변화가 이뤄지는 시점과 함께 레벨 작업은 마무리된다. '기교를 부려야 하는' 작업은 기본적인 작업이 완료될 때까지 기다렸다가 해야 한다. 그렇지 않고 미리 해야 하는 과정 도중에 신경 쓰다 보면 '멋진' 모습은 가질 수 있을지언정 끔찍한 플레이 환경을 제공하게 된다. '아이싱 온 더 케이크Icing on the cake'에서 케이크는 먼저 놓일 필요가 있다.[1]

세부 사항은 전체적인 느낌이나 레이아웃과 관련되어 있기도 하지만, 이외 다른 요소처럼 게임 플레이에도 영향을 주는 것도 포함된다. 언급한 바와 같이 세부 사항의 추가는 레벨 디자인이 다 끝난 뒤에 해야 한다. 하지만 사실 이미 레벨에서 어떤 플레이가 이뤄질지 어느 정도 구상을 완료했다. 그럼 세부 사항에 대해 이야기해보자.

플레이어가 본인이 가야 하는 길이 어딘지 알 수 있도록 힌트 역할을 하는 진흙길 코스를 만든다거나, 플레이어에게 아래 방향으로 가야 한다는 사실을 암시하는 폭포를 배치해둔다거나 하는 작업은 세부 사항 추가의 좋은 예다. 플레이어를 가이드 해줄 수 있는 적절한 세부 사항들에 대해 생각해보자. 우리의 의도는 레벨이 적절

---

1 좋은 것 위에 좋은 것을 더한다는 의미. 아이싱은 케이크의 건조를 방지하기 위해 계란과 설탕으로 만들어져 케이크 건조 방지나 단 맛을 위해 위에 덧 바른다. – 옮긴이

히 도전적이며 즐길 만한 난이도를 가지며, 플레이어에게 충분한 도움을 제공하여 실제로 그 문제를 풀 수 있도록 하는 것이다.

씬 둘러보기

여기까지 오면서 씬 뷰를 별로 사용하지 않았다. 프로젝트를 위해 고생스럽게 발품을 팔아 가며 애셋을 가져오고, 스프라이트 시트도 만들어보고, 게임오브젝트를 만들어보기도 했다. 이제는 말하자면 본격적으로 작업을 시작해야 한다. 첫 번째로 환경을 둘러보며 익숙해지는 과정을 갖고자 한다. 3D 공간에서는 별로 작업할 일이 없음에도 불구하고, 씬에서 2D와 3D 양쪽 모두 어떤 식으로 보이게 될지 알아두어야 한다.

우리가 작업하게 될 테스트 씬 생성을 통해 씬 내비게이션Navigation과 오브젝트 조작에 익숙해져보자.

1. new Scene 명령을 통해 씬을 생성해보자.

2. 씬 뷰의 컨트롤 바에서 2D에서 3D로 전환해보자.

3. GameObject 메뉴를 통해 Cube 게임오브젝트를 생성한 이후 오브젝트를 선택한다.

4. Cube의 Transform 컴포넌트의 모든 값을 0으로 설정하자. Transform 컴포넌트 우측에 톱니바퀴 모양의 아이콘을 누르면 Reset 메뉴가 나오는데, 이를 통해 편리하게 리셋할 수 있다.

> **팁**
>
> 특정한 게임오브젝트를 선택하고 F 키를 누르면, 게임오브젝트 선택 포커스를 잃었더라도 여러분이 보는 뷰를 오브젝트 중심으로 옮겨준다. 씬 뷰상에서 마우스 커서 오브젝트 선택한 이후에 키를 눌러야 올바르게 동작한다는 점에 유의하자.

씬 기즈모

이 학습을 통해 3D 공간이 어떻게 동작하는지 이해할 수 있다. 씬 뷰 창의 오른쪽 상단에 색색으로 이뤄진 기즈모를 살펴보자(그림 4.2 참고). 3D 공간에는 3개의 서로 다른 축이 있는데, 이는 여러분이 향하는 방향 또는 오브젝트를 어떤 방향으로 움직이게 할지 등을 결정해준다. 적색(X축), 녹색(Y축), 청색(Z축) 으로 이뤄진 씬 기즈모Scene Gizmo는 방금 설명한 내용을 명확하게 수행할 수 있게 도와준다. 이러한 콘셉트를 가장 쉽게 이해하는 방법을 X축은 좌우 방향, Y축은 위 아래 방향, Z축은 앞(가까운 곳)뒤(먼 곳) 방향을 관리한다고 생각하면 된다. 큐브를 위의 개념처럼 실제로 움직여보면 조금 더 잘 이해할 수 있다.

그림 4.2 씬 기즈모

원근법과 등거리법의 비교

우리의 메인 카메라는 원거리Perispective 공간에서 동작한다. 이는 큐브의 모습을 다양한 각도에서 살펴볼 수 있음을 의미한다(여러 원거리 뷰 포인트 위치에서 가능). 뷰의 위치를 별로 옮기지 않았다면 아마 큐브의 두 면만을 원근법상에서 보게 될 것이다.

등거리법Isometirc은 어떤 축 기준에서도 같은 투영이 이뤄진다.[2] 이는 마치 씬이 깊이가 거의 없는 것처럼 보이게 한다. 카메라를 2D 모드로 바꿔 직교 투영orthogonal projection 모드로 바꿔 카메라를 확인하면 위의 내용을 더 확인하기가 쉽다. 그림 4.3은 원근법상, 그리고 등거리법상의 카메라 예제를 나타낸다. 왼쪽의 오브젝트는 깊이나 오브젝트의 거리차에 따른 축소가 이뤄지는 반면 오른쪽 오브젝트는 거리와 관계없이 크기가 그대로 유지된 것을 알 수 있다.

---

2 등거리는 원근감이 배제된 채로 항상 같은 크기로 렌더링된다. – 옮긴이

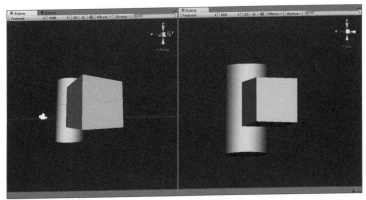

그림 4.3 원근법 카메라(왼쪽), 등거리법 카메라(오른쪽)

카메라 조작

유니티의 3D 공간을 살펴보는 방법은 몇 가지가 있다. 어떤 종류라도 3D 경험이 있거나, 3인칭 슈팅 게임을 해본 적이 있다면 이러한 콘셉트를 쉽게 이해할 수 있을 것이다.

화살표 방향 키

씬 뷰를 돌아다닐 수 있는 방법 중 하나가 화살표 방향 키를 눌러 움직여보는 것이다. 3인칭 게임에서 이리저리 다녀보는 것에 익숙하다면 이곳에서 방향 키도 같은 방법으로 동작한다는 걸 알 수 있을 것이다. 위 아래 화살표는 앞 뒤 움직임을, 좌우 화살표는 사이드로 움직일 수 있다.

WASD 키 움직임

이 형태의 움직임은 정확히 PC 스타일 게임과 같다. 화살표 방향 키와 매우 유사한 형태로 W, A, S, D 키는 카메라의 방향에 맞춰 카메라를 이동시킨다. 오른쪽 마우스 키를 누른 상태로 W, A, S, D 키를 누르면 이동한다.

마우스 단축키

씬에서 마우스를 이용하면 효율적이며 쉽게 이동할 수 있을 뿐만 아니라 트랜스폼 툴을 이용해 오브젝트를 조작할 수 있는 방법이다. 쓰리 버튼 마우스는 가장 효율적인 형태이지만, 투 버튼(휠 제외) 또는 원 버튼(대부분의 맥 또는 트랙 패드 사용자)의 마우스도 사용 가능하다. 표 4.1에 이 기능을 좀 더 확실히 알려 줄 단축 키가 설명되어 있다.

표 4.1 원 버튼, 투 버튼, 쓰리 버튼을 위한 마우스 이동

액션	원 버튼	투 버튼	쓰리 버튼
이동	Alt + Ctrl(Cmd) 클릭 드래그	Alt + Ctrl(Cmd) 클릭 드래그	Alt + 가운데 버튼 클릭 드래그
제자리 회전	Alt + 클릭 드래그	Alt + 클릭 드래그	Alt + 클릭 드래그
줌		Alt + 오른쪽 클릭 드래그	Alt + 오른쪽 클랙 드래그 또는 스크롤 휠

핸드 툴

또 다른 방법 중 하나는 핸드 툴 사용이다(그림 4.4 참고). 키보드에서 Q 키를 누르면 핸드 툴로 전환된다. 이 모드를 통하면 단순 카메라 조작으로 카메라 움직임의 제어가 가능하다. Alt 키나 Ctrl 키를 누른 상태에서 각각 제자리 회전이나 줌이 가능하다. 또한 Shift 키를 누르면 좀 더 빠르게 제자리 회전이나 줌된다.

그림 4.4 트랜스폼 툴에서 핸드 툴이 선택된 모습

유니티에서 오브젝트 조작하기

우리는 이제 펜과 종이를 사용해 구상한 레벨을 가지고 있으므로, 그 아이디어를 실제 유니티로 가져오는 작업을 할 수 있다. 하지만 종이로 구상한 아이디어가 에디터 상의 레벨 디자인으로 실제 옮겨갈 수 있을지 작업 전, 몇 가지 사항을 더 확인해보는 것이 좋겠다. 바로 우리의 디자인 아이디어와 유니티 사이에서 일 대 일 객체 단위로 '복사'할 수 있는 사실이다. 이는 시간뿐 아니라 좌절의 순간도 줄여준다.

우선 그럼 2D_Platform_Game 프로젝트를 연다. 우리는 앞서 우리의 게임에 사용될 스프라이트와 프리팹을 제작하고 갱신해왔다. 다음을 따라 하기 위해 4장을 위한 프로젝트 파일들을 연다.

트랜스폼 툴

게임오브젝트를 배치하고자 할 때, 어떻게 유니티 내에서 이동시킬지 알아 둬야 한다. 오브젝트의 정확한 배치를 위해 위치, 회전, 크기를 지정해야 한다. 또 여전히 2D와 3D의 작업상에서 핵심적인 차이에 대해서도 알 필요가 있다.

이동

게임오브젝트를 배치할 때 가장 많이 이용해야 하는 것이 이동Translate 툴이다. 그림 4.5를 통해 씬 기즈모가 갖고 있는 X,Y,Z 축을 볼 수 있다. 그리고 3D 모드에서만 씬 기즈모와 이동 기즈모가 일치한다는 걸 확인할 수 있다. 이는 3D 월드 공간에서 세 가지 축을 가질 수 있기 때문이다.

이동 버튼은 트랜스폼 툴바에서 핸드 툴 옆에서 찾을 수 있다. 기억나지 않는다면 그림 4.4를 다시 한번 보자. 이 외에 W 단축키를 눌러서 이동 툴로 전환시킬 수 있다.

각각의 컬러로 이뤄진 축 중에 하나를 왼쪽 클릭하여 이동해보면 그 축을 따라 이동시킬 수 있으며, 화살표와 같은 방향으로 드래그하여 이동하면 양수 방향으로 이동하고, 그 반대는 음수 방향의 이동한다.

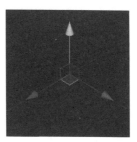

그림 4.5 기본 이동 툴의 모습

> **노트**
>
> 빨간색, 녹색, 파란색 컬러는 축이 어느 방향을 향하고 있는지 알려준다. 빨간색은 X축을, 녹색은 Y축을, 파란색은 Z축을 나타낸다.

회전

단축키 E를 누르면 회전Rotate 툴로 버튼이 눌려진다. 이로서 오브젝트의 피봇 포인트 기준으로 오브젝트를 회전시킬 수 있다. 색색으로 된 원도 축을 의지하지만, 이동이 아닌 축을 기준으로 회전만 일으키게 된다. 이 툴은 오브젝트를 어떤 특정 앵글로 놓고 싶을 때 매우 유용하다. 그림 4.6은 회전 기즈모이다.

그림 4.6 기본 회전 툴 모습

스케일

마지막으로 소개할 툴은 스케일Scale 툴이다(그림 4.7 참고). 스케일 툴은 실제 오브젝트의 크기를 기준으로 더 확장시키거나 축소시키는 것을 의미한다. 한 축을 기준으로 크기를 조절할 수 있는데, 이 점은 매우 유용하다. 예를 들어 정육면체를 직육면체로, 원을 타원으로 변형하는 게 가능하다.

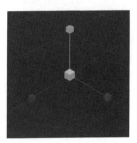

그림 4.7 기본 스케일 툴 모습

노트

클릭된 축에 올려져 있는 오브젝트는 해당 축에 맞물려 영향을 받는다. 모든 축에 동시에 영향을 받으려면 각기 다른 방법이 필요하다. 세 축 모두에서 이동을 동시에 일으키려면 Shift 키를 누른 채로 가운데 이동 기즈모를 왼쪽 클릭한 후 드래그하면 된다. 회전을 동시에 일으키려면 색색의 축이 아닌 겉에 있는 하얀 원의 안쪽 어느 곳이든 선택하면 동시에 움직인다. 스케일의 경우에는 간단히 왼쪽 클릭 이후 가운데 큐브 모양의 기즈모를 잡고 드래그하면 된다.

Z-깊이

이동 툴을 이용하면 오브젝트를 씬의 레벨에 정확히 위치시킬 수 있다. 그러나 2D 설정에서는 X축Horizontal(수평)과 Y축vertical(수직)을 이용해서 위치시키게 된다. 이것은 거의 모든 오브젝트에 유효하지만 레벨의 깊이까지 고려하고자 할 때는 불가능하다. 우리는 다른 방법을 통해 월드가 너무 평평하고 밋밋하지 않도록 하고 싶다. 비록 2D 환경일지라도 플레이어 스프라이트 뒤로 구름이 흘러가고, 앞으로는 언덕이 있는 그런 장소를 걷는 현실적인 장면을 원한다.

다행히 2D 게임을 유니티로 만들 때, Sorting Layer와 Order In Layer를 통해 Z-깊이를 컨트롤할 수 있다. 이런 설정은 스프라이트 게임오브젝트가 가지고 있는 Sprite Renderer 컴포넌트에서 찾을 수 있다. 그림 4.8은 플레이어 게임오브젝트에서 해당 설정 예제다.

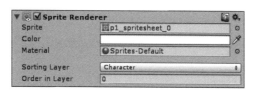

그림 4.8 플레이어 게임오브젝트의 Sprite Renderer 컴포넌트

Sorting Layer

스프라이트를 정렬하는 가장 효율적인 방법이 바로 **Sorting Layer**(레이어 정렬) 설정이다. 이는 2D 에디팅 패키지 레이어와 매우 유사하게 동작한다. 요소를 레이어로 분류하고 어떤 객체의 앞이나 뒤로 위치시켜 다음 것 앞에 무엇이 그려질지가 결정된다. 유니티의 동작 방식 중 다른 부분은 설정된 순서상 처음 설정 → 마지막 설정순으로 그려진다는 점이다. 그림 4.9를 통해 우리가 세팅할 **Sorting Layers** 설정 화면을 살펴보자.

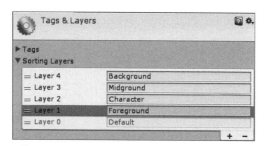

그림 4.9 Sorting Layers 설정 화면의 Tags & Layers 윈도우

그럼 게임오브젝트와 앞으로 추가할 오브젝트를 위해 몇몇 레이어를 추가해보자.

1. Tags & Layers Manager를 열고 아래에 Sorting Layers 드롭다운 메뉴를 펼치면, 기본 레이어가 보인다.

2. 플러스(+) 버튼을 눌러 레이어를 하나 추가하고 이름을 'Foreground'로 변경해보자.

3. 유니티는 기본적으로 새로운 레이어를 목록 가장 아래에 추가시킨다. 좌측의 = 모양의 아이콘을 드래그하여 Layer 0의 위로 올려보자.

4. 같은 방법으로 나머지 Character, Midground, Background까지 추가해 그림 4.9와 같은 형태로 완성하자.

Order in Layer

스프라이트를 레이어 정렬을 할 수 있는 또 다른 방법은 Sprite Renderer 컴포넌트에서 설정 가능한 Order in Layer(레이어 순서)이다. 스프라이트를 위해 수많은 정렬 레이어를 만들어야 한다. 이는 매우 힘들고 값비싼 지루한 작업이 될 것이다. 때로는 여러분의 스프라이트 한 장은 여러 개의 요소로 나눠져 있고, 이 요소 요소 구분 없이 전체를 다른 객체와 정렬을 원하는 경우도 있을 것이다. 이를 위해 Order In Layer가 있다.

오직 차이라 할 수 있는 시각적인 것이 아니라 값을 기반으로 정렬한다는 것이다. 값이 높을수록 나중에 그려지며, 이는 다른 오브젝트보다 가장 앞에 그려진다는 의미다. 원한다면 0보다 낮은 음수 값으로 설정할 수도 있다.

세팅

앞서 3장, '2D 스프라이트 제작'에서 Pixels to Units 설정을 다뤘고, 이로서 다른 게임 객체의 크기도 플레이어의 크기와 비슷한 크기로 맞춰, 모든 오브젝트가 같은 크기 범위 내로 설정되었다. 앞으로 우리는 적들을 배치하고 소품을 추가하고 하면서 월드 제작 과정이 진행될 것이다. 그러나 이전에 위와 같이 세팅들을 먼저 할 필요가 있다. Pixel To Unit 설정을 했을 때 얻는 또 다른 이점은 모든 타일 스프라이트를 균일하게 정렬할 수도 있고 타일간 다음 위치로의 이동도 손쉽게 가능해진다.

그리드

씬뷰의 그리드Grid는 우리의 레벨에 위치한 레벨들을 함께 쉽게 옮기는 데 도움을 준다. 스프라이트 크기를 Pixel To Unit 값을 70으로 맞춰 놓았으므로 이는 실제 크기와 동일하게 적용된다(70픽셀×70.픽셀). 유니티의 1유닛은 70픽셀에 해당하므로, 즉 타일이 크기가 유니티 그리드의 크기와 1×1로 동일하다. 이제 우리는 쉽게 현재 칸에서 다른 칸으로 이동시킬 수 있다.

스냅 세팅

스냅 세팅은(그림 4.10 참고) 그리드 유닛과 관계되어 동작한다. 이동, 회전, 크기 조절을 좀 더 정교하게 할 수 있다. 그리고 이 툴은 레벨을 제작할 때, 빛을 더 발하게 된다.

- Move X(Y와 Z): 스내핑할 때 이 유닛의 값을 통해 이용하게 될 것이다.
- Scale: 이 퍼센트 단위로 오브젝트의 크기가 조절된다.
- Rotation: 60분법degree 단위로 회전할 값이 지정된다.

군이 설정을 바꿀 필요는 없지만 어디에서 세팅하는지 알고 있다면 도움이 될 것이다. 메뉴의 위치는 Edit > Snap Settings이다.

Ctrl 키 누른 채 왼쪽 클릭으로 타일을 드래그하면, 간단히 각각 정밀하게 스내핑이 가능하다. 이는 레벨을 빠르게 제작할 수 있는 방법 중 하나다. 피봇 포인트를 좌측 하단(bottom left)으로 하였고, 이는 스내핑을 덜 성가시게 한다.

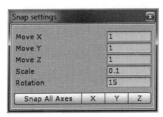

그림 4.10 스냅 세팅의 기본 값

첫 번째 레벨

4장에서 배운 것과 레벨 콘셉트를 바탕으로 첫 번째 레벨을 제작해보자! 4장의 프로젝트 파일을 찾아서 First_Level 씬 파일을 연다. 이 프로젝트에는 우리가 프리팹으로 세팅하고자 하는 모든 스프라이트가 담겨 있다.

게임오브젝트 수동으로 위치시키기

프로젝트 브라우저에서 Assets 폴더의 _prefabs 내의 grassMid 프리팹을 찾아보자. 왼쪽 클릭하여 씬 뷰에 직접 또는 계층 구조에 드래그앤드롭으로 우리의 첫 번째 조각을 놓아보자.

이제 프리팹의 위치를 조정해보자. 프리팹을 선택하고 Transform 컴포넌트를 오른쪽 톱니바퀴 아이콘을 찍어 Reset 명령을 통해 각각의 값을 모두 0으로 만들어보자. 이제 첫 번째 스프라이트를 배치해보았다! 그림 4.11은 프리팹이 올바른 위치에 놓여졌을 때의 화면이다.

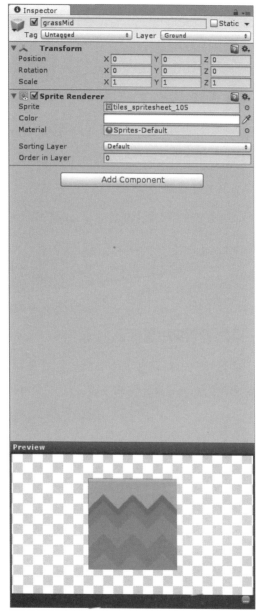

그림 4.11 인스펙터 윈도우에서 grassMid 프리팹의 컴포넌트 화면

게임오브젝트 배치를 위한 스냅 세팅의 사용

3장에서 설명했던 스냅 세팅 툴을 사용할 수도 있다. 이를 통해 게임오브젝트를 더욱 정밀한 값으로 스내핑할 수 있다. 프로젝트 브라우저에서 또 다른 프리팹 애셋을 하나 더 꺼내어 현재 레벨을 좀 더 풍성하게 만들어보자.

1. grassCenter라는 이름의 프리팹을 씬 뷰로 드래그앤드롭해보자. 그리고 이미 놓여진 grassMid 근처 아래에 대략적으로 위치시키자.

2. Edit > Snap Settings 메뉴를 통해 스냅 세팅 윈도우를 연다.

3. Move X, Move Y, Move Z를 모두 1로 설정하고 Snap All Axis 버튼을 눌러보자.

4. grassCenter 프리팹은 grassMid 아래로 스내핑됐을 것이고, 좌표는 X,Y,Z 각각 0,-1,0으로 설정된다.

그리드 스내핑을 통한 게임오브젝트 위치 잡기

마지막으로 게임오브젝트의 위치를 그리드 스냅 옵션을 통해 맞출 수 있다. 스프라이트 피봇 포인트를 기준으로 스내핑하여 의도한 곳에 정확히 배치할 수 있다. 또 여러 개의 스프라이트 선택도 가능하다.

1. grassMid와 grassCenter 게임오브젝트를 같이 선택한다.

2. Ctrl + D 키를 누르면 duplicate가 적용된다. 그럼 두 개의 추가적인 오브젝트가 계층 구조에서도 보이게 될 것이다.

3. grassMid와 grassCenter 프리팹을 Hierarchy 윈도우에서 선택하자.

4. Ctrl 키와 왼쪽 클릭을 유지하고 드래그하여 씬의 오른쪽으로 이동시켜 보자. 이제 바닥의 첫 번째 부분이 되는 4개의 타일을 갖게 되었다.

5. 계속 복제하여 좌우 양쪽으로 바닥 표면이 완성될 때까지 배치시킨다.

6. 그림 4.12와 비슷한 형태로 작업이 이뤄졌을 것이다.

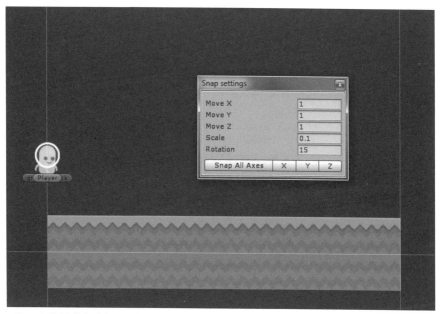

그림 4.12 씬 뷰에서 게임 오브젝트의 초기 설정

노트

오브젝트를 복사할 때, 새로운 오브젝트는 원본 오브젝트를 기반으로 복사된다. 다시 복사를 다시 하기 위해 가장 좋은 방법은, 일단 오브젝트를 모두 선택 해제하고 새로 생성된 오브젝트를 선택하여 복사하는 것이다. 또 원하는 횟수만큼 각각 개별적으로 선택하여 복사본을 만들 수 있다.

효율적인 레벨 디자인

첫 번째 블록을 만들어서 초기 모양의 지면을 갖게 되었고, 이제 이것을 계속 복제하고 싶어질 것이다. 첫 번째 열 개 블록을 만드는 동안 그다지 많은 시간을 들이지 않았고, 지금까지 했던 형태의 제작 방법은 레벨 디자이너의 작업을 좀 더 빠르고 쉽게 만들어 줄 것이다. 이제까지 그런 방식으로 20개의 grassMid와 grassCenter 게임오브젝트를 선택해 복제하고 배치했다. 그럼 그보다 더 효율적인 방법이 있는지도 한번 살펴보자.

1. 비어 있는 게임오브젝트를 GameObject ➤ Create Empty 메뉴를 통해 생성한다.

2. 오브젝트의 이름을 더블클릭하고 오른쪽 클릭하여 Rename 명령을 선택하여, 이름을 'Screen1'으로 변경한다.

3. Transform 컴포넌트의 Reset 명령을 선택해 모든 값을 리셋하자. Transform 글자 옆에 오른쪽 기어 모양의 아이콘의 드롭다운 메뉴에서 Reset할 수 있다.

4. Hierachy 윈도우에서 grass 프리팹을 모두 선택한다.

5. 선택된 모든 오브젝트를 드래그하여 Screen1 게임오브젝트 위에 놓아보자. 모든 오브젝트는 이제 Screen1의 자식으로 놓이게 된다.

6. Screen1을 선택한 상태로 Edit ➤ Dulicate 명령을 통해 또 다른 인스턴스를 생성하고, 이름을 'Screen2'로 변경하자.

7. 그리드 스냅을 통해 Screen2를 Screen1의 10개 블록 오른쪽으로 배치하여 정렬한다. 이제 Screen2의 Transform의 Position은 X,Y,Z의 순서대로 10,0,0이 되어 있을 것이다.

> **노트**
>
> 타일을 정렬할 때, 또 다른 유용한 방법은 Snap Settings을 사용하는 것이다. 씬 화면에서 왼쪽 클릭하여 드래그로 선택하거나 또는 계층 구조에서 타일을 선택한다. 선택된 채로 Snap Settings를 열고 Snap All Axes 버튼을 클릭한다. 이러면 그리드 유닛 단위로 잘 정렬된다. 이는 미세하게 타일을 조정할 때 매우 훌륭한 방법 중 하나다.

정렬 요소 추가

3장에서 **Sorting Layer**에 대해 살펴봤다. 이제 몇 개의 인스턴스를 가지고 간단한 개념의 깊이Depth와 그외 세부 사항을 레벨에 추가하는 방법을 살펴보자. 이러한 기반 사항들을 먼저 배워 놓으면 레벨 디자인을 끝낼 때, 세부 사항을 추가하거나 독특한 개성을 살리는 데 도움이 된다.

플레이어가 팬스fence 게임오브젝트를 먼저 추가하여, 주인공 캐릭터가 그 뒤에서 걸어 다닐 수 있도록 할 것이다. 그런 다음 물과 바위 재질의 다리를 추가할 것이다. 다리가 물보다 앞에 그려질 것이고, 이는 마치 우리의 화면에 꼭 깊이가 있는 것처럼 보일 것이다. 이런 세부 사항을 추가하면 게임에 생명력이 불어넣어진다.

1. fence 프리팹을 _prefabs 폴더에서 선택한다. 그리고 첫 번째 screen1 오브젝트의 마지막 부근, 그 지면의 위쪽으로 대략 배치한다.

2. 복사본을 만들어 오른쪽으로 옮겨 screen2의 위치쪽으로 옮겨보자. 두 개의 추가 사본을 만들어 그 둘도 오른쪽으로 차례 차례 배치해보자.

3. **Snap All Axes** 명령을 통해 줄을 올바르게 정렬시키자. 그럼 그림 4.13과 동일한 모양으로 보일 것이다.

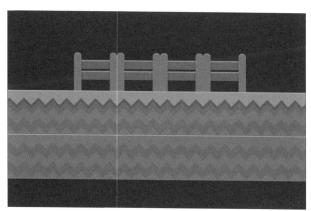

그림 4.13 새로운 팬스 게임오브젝트가 씬 뷰에 배치된 화면

4. 첫 번째 팬스는 Screen1의 자식으로 설정하고, 나머지 세 개는 Screen2의 자
식으로 설정하자. 게임오브젝트 계층이 좀 더 명확해졌고, 나중에 해당 오브젝
트를 찾을 때에도 쉽게 찾을 수 있게 되었다.

끝으로 플레이어 게임오브젝트가 팬스 뒤쪽에서 걸어다닐 수 있도록, 어떤 정렬
세팅을 해야 하는지 확인해봐야 한다. 이 세팅을 배치된 오브젝트별로 각각 할 수도
있지만, 이러면 다소 시간이 더 들고 각 오브젝트별로 다르게 동작할 것이다. 그렇지
만 _prefabs 폴더에 있는 마스터 프리팹에 이 작업을 하면, 새로 추가되는 오브젝트
뿐 아니라 이미 배치된 오브젝트 모두에게 해당 내용이 반영된다.

우선 _prefabs 폴더의 fence 프리팹을 선택하여, 인스펙터 윈도우에서 보여지는
관련 속성을 살펴보자. Sorting Layer의 드롭다운 메뉴를 선택해 Default로 되어 있던
설정을 Foreground로 변경하자.

팬스 타일들은 플레이어 게임오브젝트 앞쪽으로 그려지게 설정되었다. 이제 다리
와 물을 추가해보자. 이 작업을 위해 스프라이트을 씬의 뒤쪽으로 정렬시킬 것이다.
그리고 씬을 좀 더 현실적으로 만들기 위해 지면 한쪽 끝 쪽에 물과 다리들로 바꿔
배치해볼 것이다.

1. Screen2의 자식으로 있는 마지막에 위치한 grassMid와 grassCenter 각 하나
씩 씬에서 선택하거나, 또는 Hierarchy 윈도우에서 선택하여 Delete 키를 눌러 삭
제하자.

2. _prefabs 폴더에서 grassCliffRight 프리팹을 선택하고 드래그하여 씬 뷰에 추
가해보자. 그리고 Screen2의 마지막 위치에 대략적으로 배치해보자.

3. LiquidWater를 선택하여 다리 스프라이트 아래쪽에 배치해보자.

4. liquidWaterTop_mid 프리팹을 선택하여 grassCliffRight와 동일한 위치에 덮어 배
치해보자.

5. 물의 Sorting Layer를 세팅하여 다리 스프라이트보다 뒤에서 그려지도록 해보자. 프리팹에 적용하면 수많은 인스턴스가 만들어져도 자동으로 똑같이 적용될 수 있다. Water 프리팹을 선택하고 인스펙터 윈도우에서 레이어를 Background로 변경한다.

6. 끝으로 게임오브젝트 위치를 미세하게 정렬할 필요가 있다. grassCliffRight와 두 종류의 Water 게임오브젝트를 선택하여 Snap All Axes 명령 버튼을 재실행하자.

7. 지금까지 따라왔다면 그림 4.14와 유사하게 보일 것이다. 나머지 추가적인 물 배치와 다리 옆의 섬 모양의 배치까지 지금까지 과정을 응용하여 마무리해보자. Sorting Layer와 Order In Layer 속성을 통해 정렬된다는 사실을 기억할 것이다. 잘 모르는 상황이 생겼다면 First_Level_Final 씬 파일을 열어서 보자.

그림 4.14 새로운 팬스 게임오브젝트가 씬 뷰에 배치된 화면

계속하기

프리팹으로 타일을 추가하여 배치하고 스내핑하는 과정에 대한 기본 이해를 마쳤으므로 이후 과정을 더 진행할 수 있게 되었다. 나머지 디자인도 작업을 계속하기를 권한다. 레벨을 처음부터 다시 디자인해보거나, 자신만이 소유할 수 있는 독특한 디자인을 자유롭게 해본다. 5장에서는 많은 수는 아니지만, 추가적인 게임오브젝트와 우리가 선별한 적들의 배치를 통해 레벨의 다양함을 추구한다. 4장은 필요

할 때마다 부담 없이 다시 찾아보길 추천한다. 4장의 완성된 레벨이 담겨 있는 프로젝트 파일도 포함시켜 놓았다.

해당 유니티 씬 파일은 Chapter 4_projectFiles 〉 _scenes의 위치에 First_Level_Final이란 이름으로 되어 있다. 어떤 문제를 만난다면 인스펙터 윈도우와 계층 구조를 체크해보자.

요약

4장에서는 우리의 첫 번째 레벨 디자인과 관련하여 많은 내용을 학습했다.

이제 레벨 디자인에 관해 짧은 개론과 레벨을 좀 더 재미있게 만들 수 있는 몇 가지 간단한 원칙도 갖게 되었다.

그런 다음 유니티의 씬 뷰와 카메라 컨트롤에 대해 좀 더 심도 있게 알아보았다. 배운 내용을 활용해보면 씬 뷰 내부를 카메라로 이동해서 다니거나 게임오브젝트를 월드 공간에서 쉽게 배치시킬 수 있을 것이다.

유니티의 트랜스폼과 트랜스폼 컴포넌트에 대해서도 매우 상세히 알아보았다. 이것은 게임 내 요소의 위치를 잡고, 회전해보고, 크기도 조절해보는 것을 의미한다. Sorting과 Ordering 값을 통해 2D 프로젝션과 Z-깊이의 설정에 대해 알아보고, 어떻게 스프라이트의 그려지는 정렬과 순서에 대해서도 살펴봤다.

마침내 첫 번째 레벨 제작을 시작했고, 씬에 놓일 프리팹을 추가하고 정렬에 관한 세팅도 하며, 씬을 조직해보았다. 그리고 마스터 프리팹에 몇 가지 속성을 추가해 어떻게 바로 씬에 배치된 모든 인스턴스에 업데이트되는지도 살펴봤다.

6장, '씬에 애니메이션 추가'에서는 캐릭터에 생명을 불어넣게 될 것이다. 또 복잡한 연속 행동들을 추가해보고, 실제처럼 움직이게 만들어보는 방법을 제한된 시간과 작은 노력을 통해 간단히 배우게 될 것이다. 이제 더 앞으로 나아가 보자!

연습 문제

1. 풀이나 구름, 소품들을 추가하여 씬을 마무리해보자. 배치의 위치는 스냅 세팅을 통해서, 그리고 스프라이트가 그려지는 우선순위도 세팅할 수 있다는 것을 기억하자.

2. Sorting Layers 세팅을 _prefabs 폴더의 마스터 프리팹에 적용하자. 이로서 씬에 배치된 모든 인스턴스에 동시에 적용되는 것을 확인할 수 있을 것이다.

3. 간단한 컬리전 오브젝트를 게임오브젝트에 추가해보자. 우선 _prefabs 폴더에서 grassMid와 grassCliffRight를 같이 선택한다.

4. 인스펙터 윈도우에서 **Add Component** 버튼을 클릭해 Physics2D ➤ Box Collider 선택해보자. 그럼 플레이어 게임오브젝트와 상호작용 가능한 컬리전 컴포넌트가 추가될 것이다.

5. 충돌체는 추가됐지만 피봇이 게임오브젝트의 중앙으로 와야 충돌체 영역이 스프라이트를 중앙으로 덮는 형태가 된다. _prefabs 폴더에서 grassMid와 grassCliffRight가 현재까지 여전히 선택되어 있는지 먼저 확인하자.

6. 인스펙터 윈도우에서 Box Collider 컴포넌트의 속성 중 Center 속성을 찾아 값을 X, Y 각각 0.5로 세팅하자. 이로서 충돌체 영역이 스프라이트의 중앙으로 오게 된다.

7. 완료 후에는 씬 저장을 잊지 말자!

5

기본 이동,
플레이어 컨트롤

게임을 제작할 때, 종종 초반의 부족한 환경에서 간단한 빌딩 블록으로 제작을 시
작하면 더 많은 기능과 복잡한 것들을 제작할 수 있다. 게임이 제공하는 경험 중 핵
심적인 내용이 무엇이 될지 생각해봐야 한다. 현재 2D 플랫포머 게임을 개발 중이
며, 핵심은 자명하게도 이동된다는 것이다. 그리고 이후 단원들을 통해서 계속해
기본 이동을 구축하게 될 것을 명심해야 한다. 이동이 테스트 레벨(white box level로
부르기도 한다)에서도 기분 좋게 동작한다면 올바른 방향 위에 있는 것이다.

5장에서는 유니티 모노디벨롭MonoDevelop 통합 개발 환경IDE을 소개하고, 그 안의
에러 처리 툴과 사용법에 대해서도 소개한다.

유니티3D 코딩

유니티3D는 정말로 유연하게 세 가지 각기 다른 스크립팅 언어를 지원한다. 스크립트를 통해 게임오브젝트에 컴포넌트를 추가하거나, 행동을 제어하거나 기능을 확장하고 추가할 수도 있다. 스크립트는 게임오브젝트나 다른 컴포넌트를 조작하거나, 심지어 유니티 에디터를 변경해 작업 흐름 효율을 향상시킬 수도 있다.

세 언어

유니티3D는 스크립팅 언어로 다음 세 가지를 지원한다.

- Boo
- C#
- 자바스크립트_{JavaScript}(자바_{Java}가 아니며, 자바와는 다르다)

> **노트**
> 유니티 버전의 자바스크립트는 유니티 스크립트라는 이름으로 알려져 있고, 같은 자바스크립트라는 공통점이 있다. 그러나 두 언어 사이에서는 몇 가지 차이점이 있는데, 자세한 내용은 온라인을 통해 쉽게 찾을 수 있다.

'올바른' 언어 선택

세 언어들 중에서 무엇을 골라야 할지 고민이 될 것이다. 솔직히 말하면 이것은 개인 선호의 문제다. 세 언어 중 사용해본 경험이 있는 언어가 있다면, 그것으로 작업하고 싶을 것이다. 일단 C#은 사용자가 가장 많아서 온라인 지원과 큰 유니티 커뮤니티가 있으며, 자바 스크립트도 밀접하고 적절히 수용하였다. Boo는 극소수가 사용한다. 그래서 사용하다 보면, 튜토리얼이나 문제에 관한 댓글이 많지 않음을 알게 될 것이다. 파이썬의 문법과 유사해서 파이썬을 사용해 봤다면 좀 더 알아보고 싶을 것이다.

'올바른' 언어는 작업을 빠르고 편안하게 완성시킬 수 있는 것으로, 이 책에선 해당 목적에 잘 맞게 스크립트에 C#을 선택해 개발한다. 언어의 문법적인 내용은 기본적으로 이해한다고 가정하므로 언어의 기본 문법을 가르치는 내용은 이 책의 범주를 벗어난다. 자바 스크립트 사용자라면 최신 버전의 스크립트 코드를 이 책의 부록에서 살펴볼 수 있다.

> **노트**
>
> 유니티 애셋 스토어(www.assetstore.unity3d.com)에서는 흥미롭게도 개발자에게 코딩 없이 제작할 수 있는 방법도 보여준다. 그렇지만 시간을 들여 스크립팅 언어 하나 정도는 배울 것을 강력하게 추천한다. 그러면 목표 도달까지 코딩 없이 제작하거나 혹은 그 반대로도 자유롭게 선택할 수 있다. 유니티 튜토리얼은 http://unity3d.com/learn/tutorials/modules/beginner/scripting을 참고한다.

플레이어를 '움직이게' 만들기

현재 시점에서 우리의 게임오브젝트 플레이어는 움직이지 않는다. 하지만 앞으로 커스텀 캐릭터 컨트롤러를 생성해 플레이어가 기본 이동, 즉 뛰거나 점프 같은 행동을 할 수 있게 한다. 이런 동작을 위해 필수적인 피직스$_{Physics}$에 대해서도 간단히 살펴보며 7장, '플레이어 물리, 충돌체 설정'에서 더 상세히 살펴본다.

이동 처리를 위한 방법

게임에서 캐릭터가 이동하는 형태나 가속, 점프 조작 등을 처리할 때 고려해야 하는 것들이 있다. 지금부터 그 내용을 살펴보자.

타일 간격으로 이동하기와 부드럽게 이동하기

몇몇 2D 게임은 플레이어가 순전히 타일을 기준으로 이동한다. 그때 플레이어는 그 타일의 정 중앙에 위치하게 된다. 일반적으로 이동 입력에 의해 인접된 타일을 검사하고 가야 할 곳이 막혀 있는지 판단하여 다음으로 이동한다. 많은 양의 인풋이 온다해도 그것과는 별개로 바이너리(참과 거짓)로만 검사한다(예를 들면 이동 가능한가 불가능한가).

반대로 부드럽게 이동하기는 플레이어에게 받은 이동 입력을 더 정교한 위치로 적용시킨다.

이런 시스템에서는 플레이어가 이동 시 한 개 이상의 타일을 지나서 이동할 수도 있는데, 이때 타일의 개수는 플레이어의 속도를 결정한다. 두 시스템 중 일반적으로 부드럽게 이동하는 방식이 사용되며, 앞으로 구현할 내용이기도 하다.

캐릭터 가속도

이동에서 플레이어가 출발할 때 속도 변화에 따른 가속에 대해서도 고려해야 한다. 예를 들어 자동차가 0km/h에서 100km/h로 도달하기까지의 과정을 살펴보자. 목표 속도까지 도달 과정을 느리게, 혹은 빠르게, 아니면 그보다 중간 정도 중에서 과연 어떤 형태를 원하는가.

이는 게임 디자인의 현실성 추구 측면에서도 매우 주관적인 요소다. 그리고 현실성 추구가 게임의 재미로 이어지는 것은 아니다. 따라서 어떤 수준의 현실성을 추구하여 그 경험을 사용자에게 줄지 이해하는 것이 중요하다.

다시 가속에 대해 고민해보자. 느리게 가속하면 플레이어를 해당 속도까지 아주 느리게 올려 줄 것이다. 우리는 2D 플랫포머 게임을 제작 중이므로 캐릭터가 최고 속도로 월드를 이동하게 하길 원한다. 즉, 아주 빠르게 가속하여 최고 속도에 도달하게 할 것이다.

점프 조작

캐릭터가 점프 중 공중에 떠 있을 때, 어떤 형태로 제어하게 될까? 2D 플랫포머 게임의 경우 대략 다음 세 가지 방식이 일반적이며, 앞으로 논의하게 될 내용은 바로 제로zero 컨트롤, 제한된reduced 컨트롤, 전체full 컨트롤 시스템이다.

제로 컨트롤 시스템은 가령 캐릭터가 점프할 때, 그 이후 궤적이나 속도에 관해 아무런 영향을 끼치지 못한다는 의미다. 이는 해당하는 액션이 시작된 이후 좋든 싫든 액션이 모든 제어권을 갖게 된다는 것을 의미한다.

제한된 컨트롤 시스템에서는 캐릭터가 점프하면 모든 속도는 유지하고 그 속도 그대로 방향 전환이 가능하며, 플레이어가 점프하기 전까지 현재 주고 있는 속도를 유지한다. 그림 5.1의 긴 점선(파란색 선)은 이 공중 조작 모델을 나타낸다.

전체 컨트롤 시스템은 점프 도중에도 방향 전환이 가능하며 변경된 방향으로 남아 있는 속도를 유지한다. 즉, 플레이어가 지면에 있는 때의 제어권 수준을 공중에서도 그대로 유지시켜 준다.

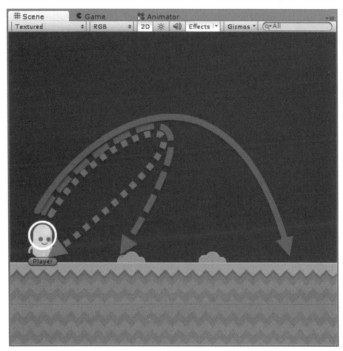

그림 5.1 전통적인 형태의 점프 조작 모델

이 형태는 물리 법칙을 거스르는 점프 트릭들을 허용하며, 그림 5.1의 짧은 점선 (녹색 선)은 이 모델의 동작 형태를 보여준다. 목적에 맞게 플레이어 캐릭터에 부여할 점프 조작 형태는 전체 컨트롤이 될 것이다.

> **팁**
>
> 반복 테스트는 품질 상승을 위해 중요한 부분이다. 어떤 결정을 내려 게임의 재미를 찾기 위한 과정을 거쳐야 한다면, 혹시 나중에 수정이 불가능할지도 모른다는 것이 두려워 주저하지 말아야 한다. 절대 실험을 두려워 말라!

PlayerController의 생성과 연결

플레이어 조작을 위한 단계에 대해 이야기해왔고, 이제 실제로 적용해볼 시점이 왔다. PlayerController 컴포넌트를 추가하고, 다음 단계를 따라 해가며 스크립팅도 해볼 것이다.

1. First_Level_Scene 파일을 연다.

2. Player 게임오브젝트를 선택한다.

3. Add Component 버튼을 클릭하고, New Script 버튼을 클릭하자.

4. 이름을 PlayerController로 짓고, Language 선택을 CSharp으로 변경한다.

5. 프로젝트 브라우저 창에서 새롭게 생성된 스크립트 파일을 찾아 선택하고, _scripts 폴더로 이동시킨다(참고로 컴포넌트를 선택해도 파일이 자동으로 선택된다).

6. PlayerController 스크립트를 플레이어 게임오브젝트 위로 드래그앤드롭한다.

방금 컨트롤러 컴포넌트를 플레이어에 추가했다. 이제 곧 플레이어가 이동하게 되겠지만, 지금은 아무 동작도 하지 않는다. 이를 위해 우리가 짠 코드를 추가해야 하며, 모노디벨롭에 대해서 알아볼 시간이기도 하다.

모노디벨롭 유니티 IDE

이 툴은 유니티에서 동작할 스크립트를 짜기 위한 것이다. 유니티는 이 외에 다른 외부 에디터, 예를 들어 MS 사의 비주얼 스튜디오Visual Studio도 지원한다. 이 책에서는 학습하는 내용에 적합한 모노디벨롭MonoDevelop을 사용하며, 그림 5.2가 바로 그 해당 모습이다.

가운데 도큐먼트 에디터Document Editor 창은 여러 가지 이유로 대부분의 시간을 할애하게 될 공간이다. 왼쪽 창은 솔루션 익스플로러Solution Explorer로서 스크립트가 어디에 위치하는지 알 수 있다. 오른쪽을 보면 유용하고 다양한 툴의 패널이 있는데, 예를 들면 스크립트 템플릿과 유닛 테스트 툴 같은 것들이다. 그렇지만 이런 기능들은 현재 이 책에서 다루는 내용에서 조금 동떨어져 있으므로 넘어가도 좋다.

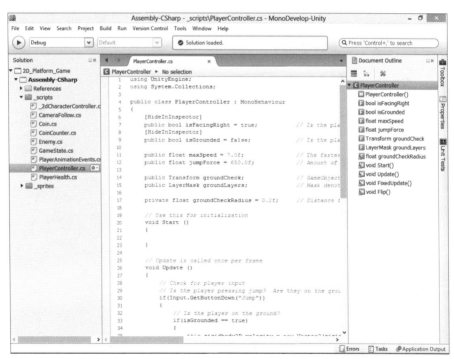

그림 5.2 모노디벨롭 유니티 IDE

초기 스크립트 설정

먼저 캐릭터를 돌아다니게 하는데 필요한 몇몇 변수 선언과 함께 시작해보자. PlayerController 스크립트를 열고 예제 5.1에 있는 것들을 써 넣어보자. 그 내용을 바탕으로 잠시 더 이야기해보자.

예제 5.1 기본 스크립트 셋업

```
public class PlayerController : MonoBehaviour
{
  [HideInInspector]
  public bool isFacingRight = true;
  [HideInInspector]
  public bool isJumping = false;
  [HideInInspector]
  public bool isGrounded = false;

  public float jumpForce = 650.0f;
  public float maxSpeed = 7.0f;

  public Transform groundCheck;
  public LayerMask groundLayers;

  private float groundCheckRadius = 0.2f;

  void Start()
  {
  }

  void Update()
  {
  }

  void FixedUpdate()
  {
  }
}
```

표 5.1은 컨트롤러에게 최종적으로 제공될, 각 변수의 목적이 무엇인지 각각 나
눠 설명한다.

표 5.1 PlayerController 변수들

변수	타입	목적
isFacingRight	Bool	플레이어가 향하는 방향을 체크하고, 그 방향에 맞는 스프라이트를 표시하려고 사용
isGrounded	Bool	플레이어가 지면에 닿아 있는지 여부를 체크
maxSpeed	Float	플레이어가 이동할 때의 최고 속도 값
jumpForce	Float	플레이어가 점프할 때 수직으로 낼 수 있는 힘의 합
groundCheck	Transform	게임오브젝트가 지면에 닿아 있는지 체크하는 프로퍼티
groundLayers	Layermask	게임오브젝트가 지면에 있는지 알 수 있는 레이어 리스트
groundCheckRadius	Float	groundCheck의 가운데로부터 떨어진 거리

프로퍼티 설정

스크립트를 저장하고 유니티 윈도우로 돌아가보자. 유니티가 다시 컴파일하기 위해 잠시 동안 멈춰 있는 걸 느낄 수 있다. 컴파일 에러라면 그림 5.3에서 보듯이 콘솔(Console) 창에서 찾을 수 있다. 에러가 발생하면 스크립트의 에러에 해당하는 라인을 확인할 수 있다.

플레이어 게임오브젝트를 선택하고 PlayerController 컴포넌트를 살펴보자. 모든 것이 올바르게 컴파일됐다면 몇몇 프로퍼티 필드가 나타날 것이다.

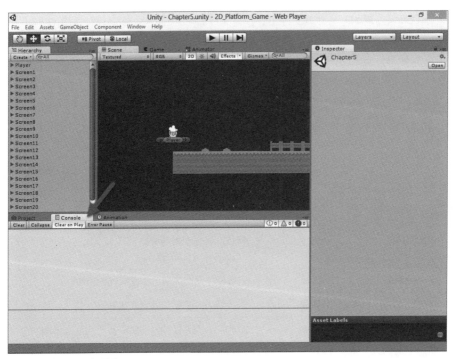

그림 5.3 유니티 콘솔 화면

스크립트에 있는 Max Speed와 Jump Force 프로퍼티는 초기 값을 갖고 있지만, Ground Check와 Ground Layers 프로퍼티는 아직 아무런 값도 갖고 있지 않다. 이 값들은 표면에 닿거나 지면에 닿을 때를 감지하기 위해 필요하다. 그럼 이제 빼 먹은 해당 부분에 대해 짧게 추가해보자.

1. 계층 구조에서 Player 오브젝트를 선택하고, 인스펙터의 Ground Check 프로퍼티로 드래그해서 가져다 놓아보자.

2. Ground Layers 드롭다운 메뉴를 클릭해 Ground를 선택하자.

3. Player 게임오브젝트에서 Add Component 버튼을 선택하고, Physics2D 카테고리에서 RigidBody 2D를 추가하자.

4. Fixed Angle 체크박스에 체크로 값을 바꾸자. 체크하지 않으면 플레이어는 데구르르 구르면서 이동하게 될 것이다.

> **팁**
> 드래그앤드롭으로 설정하는 대신 원형으로 된 아이콘을 눌러 애셋 선택 창을 열어 애셋을 선택하여 설정할 수도 있다.

기본 측면 이동 구현

데이터 설정을 했는데도 게임을 시작하면 아무런 동작도 하지 않을 것이다. 게임오브젝트에게 자신이 얼마나 빠르게 이동 가능한지 지면에 닿을 때의 관리는 어떻게 되는지 설정했지만, 여전히 어떤 방식으로 이동할 것인지에 대해서는 아무것도 하지 않았다.

PlayerController 스크립트의 FixedUpdate() 메소드에 예제 5.2에 해당하는 코드를 추가해 확장시켜 나갈 것이다.

예제 5.2 PlayerController의 FixedUpdate() 메소드

```
void FixedUpdate()
{
  float move = Input.GetAxis("Horizontal");
  rigidbody2D.velocity = new Vector2(move * maxSpeed,
  rigidbody2D.velocity.y);
}
```

이제 여기서 무엇을 하는지 하나씩 살펴보자.

고정된 간격으로 호출되는 메소드 내에서 Horizontal 인풋에 해당하는 값 (-1부터 1의 범위를 갖고 있는)을 가져오고 있고, 이것을 Rigidbody2D 컴포넌트의 velocity 값에 할당되게 한다.

velocity에 적용되는 Vector2의 구성 중 첫 번째 값은 X축 속도를 나타내며, 두 번째 값은 Y축 속도를 나타낸다. X축 속도는 수평(Horizontal)에 해당하는 입력 값이 maxSpeed와 곱해진 (범위는 -7부터 7을 갖는) 값이다. Y 속도는 우리가 변경하고자 하는 값이 아니기 때문에 rigidbody2D가 갖고 있는 자기 자신의 값을 그대로 다시 넣었다. 스크립트를 저장하고 유니티로 다시 돌아가서, 게임을 실행하여 A와 D 키로 돌아다녀 보자!

팁
컴퓨터와 연결된 조이스틱을 갖고 있다면, 기본적으로 아날로그 스틱으로도 올바르게 동작한다.

플레이어 방향 설정

어떤 방향으로 움직이든 스프라이트가 항상 오른쪽을 바라보고 있다는 사실을 알아차렸을 것이다. 우리는 왼쪽 오른쪽 양쪽 스프라이트 둘 다 사용하기보다는 현재 사용하는 스프라이트를 이용해 간단한 코드 트릭으로 좌우를 뒤집어 사용할 것이다. 예제 5.3의 내용을 스크립트에 추가해보자.

예제 5.3 플레이어 방향 관리

```
void FixedUpdate()
{
  isGrounded = Physics2D.OverlapCircle
    (groundCheck.position, groundCheckRadius, groundLayers);

  float move = Input.GetAxis("Horizontal");
  this.rigidbody2D.velocity =
    new Vector2(move * maxSpeed, rigidbody2D.velocity.y);

  if((move > 0.0f && isFacingRight == false) || (move < 0.0f &&
    isFacingRight == true))
```

```
    {
      Flip ();
    }
  }

  void Flip()
  {
    isFacingRight = !isFacingRight;
    Vector3 playerScale = transform.localScale;
    playerScale.x = playerScale.x * -1;
    transform.localScale = playerScale;
  }
}
```

새로운 메소드 Flip을 스크립트에 추가했다. 이 메소드는 isFacingRight bool 값을 반전시키고, 그와 함께 플레이어 게임오브젝트의 X축의 위치를 반전시킨다. 즉, 양수가 음수로 바뀌고, 그 반대로도 값이 변경돼 동작한다.

FixedUpdate() 루프 내에서 특정 조건을 만났을 때 Flip을 호출한다. 플레이어 의 이동 값이 양수면 오른쪽으로 이동하고, 음수면 왼쪽으로 이동한다. 스크립트상 에서 플레이어가 오른쪽 이동으로 변경됐지만 왼쪽을 바라보는 순간이나, 반대로 왼쪽으로 이동하지만 오른쪽을 바라보는 순간을 만나면, Flip 메소드가 호출돼 스 프라이트를 올바른 방향으로 바꿔 준다.

기본 점프 구현

우리 캐릭터는 이제 좌우 측면 이동이 가능해졌지만, 플랫포머 게임의 대부분은 이 동과 점프로 구성된다. 따라서 예제 5.4에 해당하는 코드를 PlayerController에 추가해 수직 방향에서의 움직임을 추가해보자.

예제 5.4 PlayerController의 FixedUpdate()

```
void Update()
{
  if(Input.GetButtonDown("Jump"))
  {
    if(isGrounded == true)
```

```
    {
      this.rigidbody2D.velocity = new Vector2(rigidbody2D.velocity.x,0);
      this.rigidbody2D.AddForce(new Vector2(0, jumpForce));
    }
  }
}

void FixedUpdate()
{
  isGrounded = Physics2D.OverlapCircle
    (groundCheck.position, groundCheckRadius, groundLayers);

  float move = Input.GetAxis("Horizontal");
  this.rigidbody2D.velocity = new Vector2(move * maxSpeed,
    rigidbody2D.velocity.y);
}
```

FixedUpdate 메소드 내에 isGrounded 변수를 bool 값 true인지 false인지 값을 체크해주는 부분을 추가했다. 이것은 원과 반지름과 주어진 인자를 기반으로, 특정 레이어의 제공된 마스크와 닿았다고 판단되면 true를 리턴한다. 표 5.2의 설명에서 이 체크를 위해 사용된 변수를 살펴보자. 이 체크는 FixedUpdate() 메소드에 위치하는 것이 Update()에 위치하는 것보다 나은데, Physics와 관계 있는 연산은 좀 더 안정적 시점이 필요한데, 이 메소드가 신뢰할 수 있는 고정된 주기로 유니티에 의해 호출이 발생하기 때문이다.

표 5.2 지면 체크 변수

변수	타입	목적
groundCheck	Vector3	게임오브젝트의 지면 체크를 위해 쓰이는 좌표 값
groundCheckRadius	Float	지면 체크에 사용될 원의 반지름 값
groundLayers	Layer mask	지면임을 나타내 주는 레이어 설정 목록

간단히 말해서 이 체크의 역할은 어떤 것이 ground 레이어와 닿을 시 0.2의 반지름 범위 안에 들어온다면 true를 반환하게 된다.

이 체크를 하는 이유는 플레이어가 점프를 시도할 때, 지면에 닿았는지를 판단해서 공중에서 또 다시 점프(나중 장에서 다시 이 부분에 대해서 다룬다)하는 것을 막기 위함이다. 이 변수는 6장, '씬에 애니메이션 추가'의 애니메이션 설정 부분에서 매우 중요하게 쓰일 것이다.

플레이어 인풋 캡처가 필요하므로 PlayerController 스크립트의 Update() 메소드를 채워보자. 예제 5.5의 내용을 입력해보자.

예제 5.5 PlayerController의 Update() 메소드

```
void Update()
{
  if(Input.GetButtonDown("Jump"))
  {
    if(isGrounded == true)
    {
      this.rigidbody2D.velocity = new Vector2(rigidbody2D.velocity.x,0);
      this.rigidbody2D.AddForce(new Vector2(0, jumpForce));
    }
  }
}
```

이제 점프를 위한 플레이어 인풋을 캡처할 수 있다. 점프 로직은 다음 개별적인 과정을 순차적으로 따른다.

1. 플레이어가 점프 버튼을 눌렀는지 체크하고, 누르지 않았다면 아무 일도 발생하지 않는다.

2. 플레이어가 지면에 닿았는지 체크하고, 닿지 않으면 아무 일도 발생하지 않는다.

3. 플레이어의 속도를 X축은 변함없이 유지하고, Y축은 제로 값으로 고정한다. 이러면 경사면에서 생길 수 있는 추가적인 점프를 막아준다.

4. 플레이어에게 물리적으로 힘을 가한다. X축의 힘을 제외하고(좌 우측으로 힘을 가하지 않음), Y축으로 힘을 가지고 있는 jumpForce 변수 값을 이용해서 Y축으로 힘을 가한다.

이제 스크립트를 저장하고 유니티로 돌아가 보자. 스크립트 컴파일 뒤에 게임을 시작하면, 스페이스 바를 눌러 점프할 수 있다! 앞으로 월드의 중력 값을 7장, '플레이어 물리, 충돌체 설정'에서 조절해보겠지만, 현재는 저 수치들이 물리적으로 높이에 어떤 영향을 주는지 염려하지 말고, 부담 없이 플레이해보자.

> **노트**
>
> 코딩할 때 코드를 좀 더 줄여 쓰는 방법이 있다. 예를 들면 다음 두 줄은 의미가 같다.
>
> ```
> if(isGrounded == true)
> if(isGrounded)
> ```
>
> 위와 비슷하게 아래의 로직도 서로 의미가 같다.
>
> ```
> if(isGrounded == false) )
> if(!isGrounded)
> ```
>
> 이렇게 줄여 쓰는 형태는 업계의 실무에서도 표준으로 여겨 지지만, 이 책은 초보자를 위해 짧게 줄이기보다, 구분이 좀 더 명확해질 수 있도록 하였다.

추적 카메라 세팅

지금 점프나 달리기를 하면 플레이어가 스크린 밖으로 나가게 된다는 사실을 알아차렸을 것이다. 우리는 기본 카메라 세팅을 통해 이 현상이 나타나지 않도록 해볼 것이다.

1. Hierarchy 윈도우에서 메인 카메라 오브젝트를 플레이어 위로 드래그하여 플레이어의 부모로 만든다.
2. 메인 카메라를 선택한다.

3. Transform의 위치 정보를 X:0, Y:1, Z: −10으로 변경해보자.

씬을 저장하고 게임을 실행한다. 카메라는 이제 플레이어가 움직이는 것에 맞춰 같이 움직인다! 카메라가 플레이어 게임오브젝트의 자식 오브젝트가 되었으며, 자식 오브젝트는 부모 오브젝트가 움직일 때마다 항상 상대적인 거리를 유지한 채 따라다닌다. 11장, '게임오브젝트에 이펙트 적용'에서 카메라에 부드러운 움직임을 스크립트로 추가하여 기능을 다듬어 좀 더 확장시켜 볼 것이다.

인풋 매니저 소개

아마 코드상에서 참조하고 있는 `Horizontal`과 `Jump`의 문자열이 무엇인지 궁금할 것이다. 이것들은 프로젝트의 다양한 인풋과 관련된 세팅을 다루는 인풋 매니저 Input Manager에 있는 참조 문자열이다. 실제로 열어서 살펴보자.

1. 메뉴에서 Edit > Project Settings > Input을 눌러 창을 연다.

2. Horizontal을 클릭해서 메뉴를 펼친다.

3. 그림 5.4와 같은 윈도우 화면이 나타날 것이다.

이것이 바로 이미 스크립트에서 참조했던 'Horizontal' 문자열이다. 보면 알 수 있듯이 단지 Name 이외에도 다른 항목을 더 볼 수 있다. 개별적으로 어떤 용도인지 살펴보자.

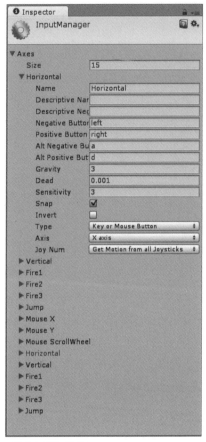

그림 5.4 인풋 매니저

- Size: 인풋의 총 수를 나타낸다. 숫자를 더 크게 하면 추가 인풋을 받을 수 있다.

- Name: 코드상에서 인풋을 참조할 때 사용되는 문자열이다.

- Descriptive Name: 키 바인딩Key Binding 세팅 메뉴에서 사용자에게 보여질 문자열이다.

- Descriptive Negative Name: 인풋이 음수로 동작할 때, Setup 메뉴에서 사용자에게 보여질 이름이다.

- Negative Button: 버튼이 눌리면 음수 축으로 이동한다

- Positive Button: 버튼이 눌리면 양수 축으로 이동한다.

- Alt Negative Button: 음수 축 이동을 대체할 수 있는 추가적인 버튼이다.

- Alt Positive Button: 양수 축 이동을 대체할 수 있는 추가적인 버튼이다.

- Gravity: 디바이스를 움직이지 않아서 자연적으로 아래로 떨어질 때 초당 속력이다.

- Dead: 패드 아날로그가 중립으로 있을 때, 제한 영역의 크기 값이다.

- Sensitivity: 기기에서 이동을 위한 초당 속력을 얼마로 할 것인지 결정한다.

- Snap: true로 설정하면, 반대 방향의 이동 값을 전달받았을 때, 그 중간 값으로 바로 전환되고 거기에서부터 해당 방향의 값으로 전환하기 시작한다.[1]

- Invert: 음수와 양수의 원래 동작을 반대로 하게 한다.

- Type: 인풋에 대한 내용을 각각 식별해낸다. Key or Mouse Button(키보드의 키나 마우스 버튼이 눌렸는지 체크), Mouse Movement(마우스의 좌표 이동을 축으로 판단), Joystick Axis(아날로그 스틱이나 축 기반의 다른 주변 기기의 움직임)가 있다.

- Joy Num: 어떤 인덱스의 할당된 조이스틱으로부터 입력을 받게 될지 선택한다.

마치 굉장히 많은 정보가 보이는 것 같지만, 모든 인풋 타입이 각 세팅을 다 사용하지는 않는다. 예를 들면 참과 거짓으로만 판단(가령 점프 버튼)하는 인풋은 음수 값이 필요하지 않다.

유니티에 의해 많은 기본 인풋 액션들이 제공되지만, 자신만의 추가 인풋 구성을 원하거나, 기존의 인풋 이름을 바꿔야 하는 일도 생길 것이다. 이름을 바꾸면, 그 이름을 참조하는 곳에서도 이름을 변경해줘야 한다. 이와 관련해 12장, '프로젝트 구성과 최적화'에서 변경 내용이 생겼을 때, 어떻게 적은 위험성과 이슈 발생을 관리할지 좀 더 논의한다.

> **노트**
>
> 여러 개의 인풋이 같은 이름을 공유하도록 설정하는 것은 별다른 문제 없이 가능하다. 기본적으로, 유니티 프로젝트는 두 개 버전의 인풋을 이미 가지고 있다. 그리고 그 이름에 따라서는 동작에 영향을 주지 않는다. 예를 들어 'Jump'라는 이름을 놓고 키를 스페이스 바로 지정하고, 같은 이름으로 컴퓨터와 연결된 게임 패드 버튼에 지정해도, 둘 다 유효한 인풋으로 판단해 올바르게 동작할 것이다.

---

1 세팅하면, 예를 들어 −1~1 사이라면 −1 방향이다가 반대 방향으로 꺾으면 바로 0을 시작으로 값 전환을 시작한다. – 옮긴이

에러 처리와 디버깅

지금까지 코드를 올바르게 작성해 왔다면, 게임 플레이 도중 에러들을 접하게 되지는 않을 것이다. 그렇다고 하더라도 앞으로 에러는 결국 만날 수밖에 없으며, 이 에러를 처리하는 방법을 배워야 할 것이다.

작업하면서 만나는 일반적인 에러는 두 종류로 나눠 볼 수 있는데, 하나는 코드상의 컴파일 에러, 나머지는 게임에서 예상치 못하게 동작하는 에러들이다. 명시적으로 나타나는 에러도 있고, 또는 스크립트상에서 구조적으로 잘못된 에러, 은밀히 퍼지는 에러들은 단지 실행만 되고 기대했던 방식으로 동작하지 않는다.

양쪽 타입을 모두 소개하고 다루는 방법을 알아볼 것이다. 끝으로는 모노디벨롭에서 사용 가능한 툴, 그리고 한두 가지 우리 코드에 있는 버그들에 대해서 알아볼 것이다.

예외 처리

예외는 명시적으로 발생한 에러다. 예외는 유니티 콘솔에서 보여지고, 어느 스크립트 라인에서 발생했는지 해당하는 링크를 보여준다.

PlayerController 스크립트를 열고 스크롤을 내려 다음 라인을 찾아가 보자.

```
float move = Input.GetAxis("Horizontal");
```

"Horizontal" 문자열을 지우고 그 안에 아무 단어나 적고 싶은 것으로 적어보자. 그것이 올바르지 않다는 것을 알 수 있지만, 문법적 오류는 없으므로 스크립트 빌드는 정상적으로 진행된다. 스크립트를 저장하고 유니티로 돌아가 게임을 실행해보자. 즉시 콘솔 창에서 그림 5.5에서 보여지는 것과 같은 에러들을 마주하게 될 것이다.

이제 게임을 멈추고 에러에 해당하는 메시지 아무거나 하나를 더블클릭해보자. 모노디벨롭은 그 부분을 보여줄 것이고(프로그램이 닫혀 있다면 스스로 연다), 스크립트의 에러 라인을 하이라이트시켜서 보여줄 것이다. 유니티 에러 메시지에서는 문자열에 해당하는 인풋이 존재하지 않는다고 말해주고 있고, Edit 〉Project Settings 〉 Input으로 가서 세팅을 변경할 것을 제안한다. 이 경우 명백하게 이름을 틀리게 지정하였고, 스크립트에서 쓰인 이름으로 인풋 세팅에서 빼 먹은 새로운 인풋이 있는지 찾아보고 에러를 낸다.

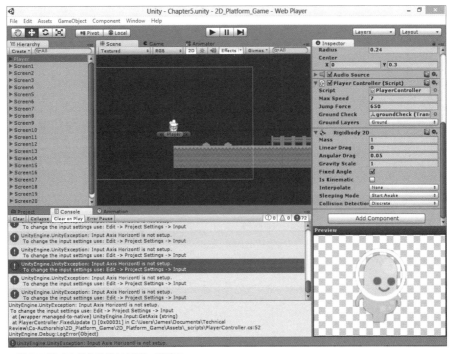

그림 5.5 유니티 콘솔에서 보여지는 예외들

Try-Catch-Finally: 우아한 예외 처리법

앞에서 다룬 예외는 보통 지정되지 않은 예외unhandled exception라고 알려져 있으며, 해당 코드의 처리를 중단시키거나 특정 반응하도록 대응할 수 있다. 그럼, 우리가 잠재적인 예외를 미리 선행해서 다룰 수 있다면 어떨까?

그것이 바로 Try-Catch-Finally르 통해서 할 수 있는 작업이다. 이런 것은 코드상에서 발생한 에러를 우아하게 다룰 수 있게 해준다. 콘솔에 나오는 메시지를 출력하지 않도록 하고, 심지어 런타임 시에 멈추거나 크래시가 나지 않도록 막아 준다.

여러분의 코드에서 Try 블록이 나온다는 의미는 뒤따라서 Catch와 Finally 코드 블록이 바로 나와야 한다는 것을 의미한다.

Try 블록 내 이벤트에서는 예외가 발생하면 그다음 코드 블록이 즉시 실행된다. 이 코드는 차례차례 Catch와 함께(혹은 단독으로) Finally와 함께 따라온다.

Catch 블록은 지정된 타입으로 예외를 습득한다. 여기서 데이터를 유니티 콘솔에 프린트할 수도 있고, 프로그램의 실행을 멈추게 할 수도 있고, 혹은 그냥 비어 있는 채로 놔둘 수도 있다.

Finally 블록에서는 다른 두 블록이 끝나고 난 뒤에 무엇을 할지 지정할 수 있다. 여기서 유의할 점은 에러가 발생했는지 아닌지와 별개로 이 블록은 무조건 호출되므로, 이곳에 적어 놓은 코드의 내용은 항상 호출될 것이다. 디버깅에 어느 정도 쓸모는 있지만, 대부분 단지 Try와 Catch 블록만을 사용하게 될 것이다. 오류에 해당하는 코드를 놔두고 거기에 덧붙여 예제 5.6처럼 코드를 작성해보자.

> **팁**
> 작업 중 심각한 크래시나 에러부터 나오는 많은 양의 콘솔 에러 메시지를 놓치고 싶지 않을 것이다. 이러한 상황에서 지정되지 않은 예외(unhandled exception)에 대한 처리를 고려해볼만 하다. 그리고 이것은 오직 개발 상황에서만 사용을 염두에 두는 것이 일반적으로 덜 위험하고 바람직하다. 어떤 상황에서도 여러분의 작성 코드를 이곳에 추가해 배포하지 말고, 에러 코드는 반드시 릴리스와 관계없는 코드에서 처리해야 한다.

예제 5.6 FixedUpdate() 메소드에 Try–Catch–Finally 추가

```
void FixedUpdate()
{
  isGrounded = Physics2D.OverlapCircle
    (groundCheck.position, groundCheckRadius, groundLayers);
  try
  {
    float move = Input.GetAxis("Horizontl");
    this.rigidbody2D.velocity = new Vector2(move * maxSpeed,
      rigidbody2D.velocity.y);
```

```
  }
  catch(UnityException error)
  {
    Debug.LogError(error.ToString());
  }
  finally
  {
    Debug.LogWarning("Our input check failed!");
  }
}
```

스크립트를 저장하고 유니티에서 게임을 실행해보자. 콘솔 창은 이제 그림 5.6처럼 보일 것이다.

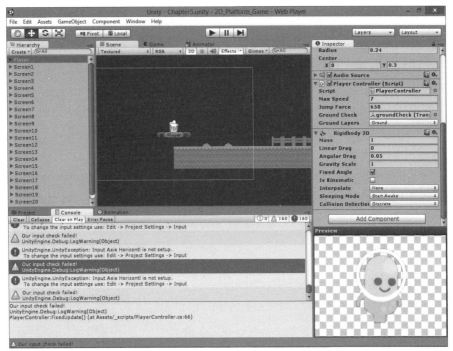

그림 5.6 콘솔 창의 예외와 디버그 경고

지금 메시지들은 양은 다소 과할 정도로 표시되고 있을 것이다. `Catch` 블록에서 유니티의 예외 내용을 캡쳐한 이후 `Debug.LogError()` 함수를 통해 이전에 봤던 메시지 형태처럼 스트링 값을 리턴한다.

`Finally` 블록에서도 사용자 경고 메시지를 표시한다. 우리는 이미 `Finally` 블록 내 코드들은 무조건 실행된다는 것을 알고 있다. 그럼 이것의 목적은 무엇일까? 예외가 발생했는지 아닌지 관계없이 실행되므로 표면적으로 어떤 목적을 지니고 있는지 잘 드러나지는 않는다. `Finally` 블록의 목적은 코드를 계속 진행할 수 있도록 자원을 관리하거나 자원을 해제할 수 있는 기회를 제공한다. 이곳에서는 단지 `Finally` 블록이 어떤 목적으로 제공되고 있는지 보여주는 목적만 있으므로 지워도 상관없다.

게임을 중단시키는 에러 코드가 있다면, 그곳에서 `Try-Catch-Finally`는 해당 에러 라인에서 멈춰 있지 않고 계속 진행할 수 있게 허용할 수 있다.

"Horizontal" 자리에 잘못된 스트링으로 바꿔 놓았던 부분을 다시 원래대로 복구하고 스크립트를 저장해보자. 그리고 게임을 실행하여 다시 정상 동작하는지 확인한다.

> **팁**
>
> 콘솔 창에 나오는 메시지는 콘솔 창 우측의 세 가지 아이콘을 통해서 종류별로 필터링하여 보이고 말고를 정할 수 있다. 좌측에서 우측 순서로 로그(Log), 경고(Warning), 에러/예외(Error/Exception)를 의미한다.

Debug.Log()

`Debug()` 함수는 `Try-Catch-Finally` 블록내에서 매우 빈번히 사용된다. 특정 코드를 테스트하거나 어떤 특정 값을 확인하고자 할 때 함수를 사용할 수 있다. 예를 들어 말해보자면, 우리가 점프 버튼을 눌렀을 때 캐릭터가 공중에 있는 상태인지 아닌지 알고 싶을 때가 있다. 그때 `Debug.Log()`는 빠르고 편리하게 정보를 제공한다. 예제 5.7에 보이는 것처럼 PlayerController 스크립트를 수정해보자.

```
void Update()
{
  if(Input.GetButtonDown("Jump"))
  {
    if(isGrounded == true)
    {
      this.rigidbody2D.velocity = new Vector2(rigidbody2D.velocity.x,0);
      this.rigidbody2D.AddForce(new Vector2(0, jumpForce));
    }
    else
    {
      Debug.Log("Jump pressed while not grounded");
    }
  }
}
```

스크립트를 저장하고 게임을 실행해보자. 점프 버튼을 눌러 점프를 시도하고, 다시 공중에 있을 때 또 점프를 누르면 우리가 추가한 Debug.Log()에 작성한 메시지가 콘솔 창에 출력된다.

특정한 코드 영역이 잘 실행되는지 확인해보고 싶을 때, 또는 특정 변수 값을 게임이 중단되거나 하는 방해 없이 확인하고 싶은 순간들은 무수히 많을 것이며, 그때 Debug.Log()는 매우 훌륭한 해법이 될 수 있다. 그럼에도 FixedUpdate()나 Update() 메소드처럼 일정 간격으로 빈번히 호출되는 함수 내에서 잘못 사용하면 무수히 많은 양의 메시지를 받게 된다는 걸, 이미 알아차렸을 것이다.

브레이크 포인트를 이용한 게임 중단

실행 도중에 특정 상황을 좀 더 자세히 들여다보고 싶어질 때가 있다. 이런 상황에서는 모노디벨롭을 유니티와 직접 연결하여 코드를 실행시키고 브레이크 포인트를 잡을 수 있다.

코드상의 브레이크 포인트를 만나면 진행이 그곳에서 멈춘다. 모노디벨롭에서 해당 코드를 한 줄 단위로 단계를 밟을 수 있고, 어디로 진행이 될지 무슨 일을 하는지 확인 가능하다. 그러면서 게임에서 비정상적으로 동작하는 부분을 포착하고 해결하는데 문제가 될 소지가 있는 각 변수가 가진 값을 확인해볼 수 있다. 이런 식으로 일부러 문제를 만들어볼 것이고, 디버거를 사용해서 그 순간을 포착할 것이다. PlayerController 스크립트를 예제 5.8과 동일한 형태로 수정해보자.

예제 5.8 비정상적인 동작 버그 생성

```
void FixedUpdate()
{
  isGrounded = Physics2D.OverlapCircle
    (groundCheck.position, groundCheckRadius, groundLayers);
  try
  {
    float move = Input.GetAxis("Horizontal");
    maxSpeed = 3.0f;
    this.rigidbody2D.velocity =
      new Vector2(move * maxSpeed, rigidbody2D.velocity.y);
  }
  catch(UnityException error)
  {
    Debug.LogError(error.ToString());
  }
}
```

스크립트를 저장하고 게임을 실행해보자. 우리가 생성한 버그는 다음과 같다. 플레이어의 최고 속도를 3으로 고정시키며, 이는 우리가 애초에 설정했던 것보다 훨씬 낮은 값이다. 여러분이 PlayerController 컴포넌트를 게임 도중에 확인해보면 Max Speed 프로퍼티 값은 3이 나온다. 그러나 게임 실행 도중이 아니라면 그 값은 7로 나타날 것이다.

이때 스크립트는 어떤 예외도 발생시키지 않지만, 여전히 원하지 않는 형태로 동작한다. 따라서 Max Speed 프로퍼티가 변경되는 시점을 알기 위해서는 디버거를 연결시키고 브레이크 포인트를 설정해야 한다.

1. 모노디벨롭을 통해 PlayerController 스크립트를 연다.

2. Run 메뉴를 클릭하고 Attach To Process를 눌러 그림 5.7과 같은 윈도우 화면을 띄운다.

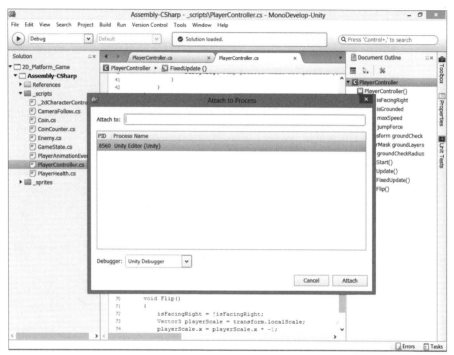

그림 5.7 Attach to Process 윈도우

3. 현재는 분명 하나의 유니티 프로세스만 존재할 것이며, 이를 선택하고 Attach 버튼을 클릭한다.

디버거는 이제 유니티 프로세스와 연결되었지만, 브레이크 포인트 없이는 더 이상 아무 동작도 하지 않을 것이다. 브레이크 포인트를 추가하려면 간단히 메인 에디트 윈도우의 왼쪽 여백을 클릭하여, 실행 중단되길 원하는 라인에 설정할 수 있다. 그럼 브레이크 포인트를 그림 5.8에 보여지는 위치와 동일하게 추가해보자.

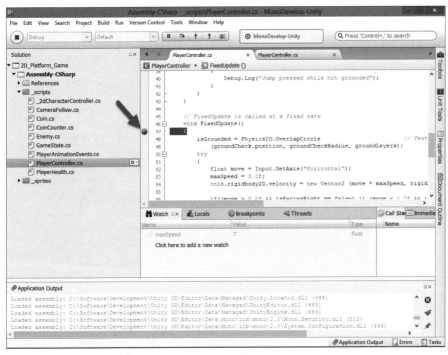

그림 5.8 브레이크 포인트 지점

이제 유니티로 돌아가 게임을 실행해보자. PlayerController 스크립트의 FixedUpdate() 메소드가 실행되자마자, 브레이크 포인트가 트리거되어 게임 실행을 멈춘다. 이 시점에 모노디벨롭을 보면, 코드 라인이 강조되어 있고 새로운 툴 바가 상단에 생긴 것처럼 인터페이스 변화를 볼 수 있을 것이다.

- Highlighted Code: 로직에서 다음으로 실행될 코드 라인이다.
- Continue Execution: 강조 표시된 코드 라인을 실행하고 다음 라인으로 이동시킨다.
- Step Over: 특정 클래스에서 실행 가능한 다음 코드를 실행한다.
- Step Into: 어떤 참조되는 클래스에서 실행 가능한 다음 코드를 실행한다.
- Step Out: 이 클래스를 참조하는 클래스에서 실행 가능한 다음 코드를 실행한다.
- Detach: 디버거를 유니티 프로세스에서 떼어 낸다.

float 변수 maxSpeed는 플레이어의 최고 속력을 관리하는데, 이 값에 초점을 맞출 필요가 있다. 이 값을 다음과 같이 Watch 탭에 추가해, 작업을 좀 더 성공적으로 수행할 수 있다.

1. Watch 탭이 아직 열여 있지 않다면 모노디벨롭 메뉴의 View > Debug Windows > Watch를 통해서 연다.
2. Click here to add new에 텍스트를 입력해보자.[2]
3. maxSpeed를 입력해 변수 리스트에서 선택할 수 있다.
4. 엔터를 누른다.

이제 이 변수는 Watch 윈도우를 통해서 보여진다. 아직까지 값이 7로 보이는데, 이는 우리가 만든 버그가 아직 영향을 미치지 못하고 있다는 뜻이다. Step Over 버튼을 눌러 스크립트 단계를 진행하면서, maxSpeed의 상태를 바꾸는 라인이 어디인지 주의 깊게 보자. 값이 3으로 변경될 때 해당 실행 라인을 살펴보자. 이것이 우리가 만들어낸 버그임을 알 수 있다. 이제 문제를 일으키는 해당 라인을 제거하자.

분명하게도 이처럼 만들어진 버그의 해법은 이런 형태로 메소드의 문제 지점을 중단시키고, 단계를 아래쪽으로 밟아보면서 이러한 과정에 익숙해지는 것이다.

보통 Continue Execute 버튼을 눌러 계속 실행되길 원하겠지만, 현재 브레이크 포인트는 FixedUpdate() 메소드 내에 있기 때문에 실행을 계속해도 바로 다시 중단되게 된다. 해당 브레이크 포인트를 지우는 방법은 다시 그곳에 왼쪽 클릭하면 해제할 수 있고, 오른쪽 클릭을 통해 팝업 메뉴를 띄워 Enable/Disable Breakpoint를 선택할 수도 있다. 이 방법들 중 하나로 해제한 이후, Continue Execution을 누르거나 또는 왼쪽 상단의 Stop 버튼을 눌러 디버깅 전체를 간단히 끝낼 수도 있다.

---

2 버전에 따라서는 'Click here to add a new watch'에 텍스트를 입력한다. - 옮긴이

요약

5장에서는 유니티 내 스크립트는 어떤 종류가 있는지, 2D 플랫포머에서 이동에 대한 몇 가지 원칙에 대해 배웠다. 그것들이 어떻게 디자인 관점에서 적용될지, 캐릭터가 어떻게 컨트롤될지에 대한 중요한 결정도 내려보았다.

그 뒤로 모노디벨롭 IDE에 대해 전체적으로 살펴보았고, 우리의 첫 번째 스크립트에 해당하는 기본 이동, 달리기 점프에 대해 작성해보았다. 추가적인 스프라이트 제작 없이 캐릭터의 방향에 따라 스프라이트를 뒤집는 방법도 알아보았고, 카메라를 캐릭터에 붙여 따라가게도 해보았다.

유니티 인풋 매니저에 대해서도 조사해보고, 인풋의 바탕이 되는 프로퍼티들도 각각 정의하였다.

마지막으로 타입이 다른 에러들과 디버깅 툴에 대해서 논의하였다. 우리는 에러를 세련되게 다루는 방법과 더불어 메소드 내 기대하지 않은 행동들이 실행 도중 일으키는 과정도 따라가 보았다.

6장, '씬에 애니메이션 추가'에서는 씬의 요소와 캐릭터에 생명을 불어넣는 작업을 시작할 것이다. 연속적이고 복잡한 행동들을 추가하는 방법, 어떻게 실제처럼 움직이게 할지 짧은 시간과 적은 노력을 통해 배워볼 것이다.

이제 시작해보자.

연습 문제

게임이 실행되는 도중에 무언가 정보를 받아오는 과정은 쉽지 않다. 그런 이유로 Debug.Log()에 좀 더 시간을 할애해보고, 콘솔 창을 통해 velocity 정보를 받아오게 해보자.

1. PlayerController 스크립트를 연다.
2. FixedUpdate() 함수를 찾아보자.

3. 수평_{Horizontal}에 해당하는 인풋 값을 가져오는 라인을 찾아가보자.

4. `Debug.Log()` 명령을 써서 `move` 변수의 정보를 콘솔 창을 통해 받아보자. 기억할 점은 이는 문자열 값이 아니므로 `move.ToString()`처럼 타입을 변경하여 `Debug.Log()` 함수를 올바르게 동작시킬 수 있다는 점이다.

5. 이제 이동을 위해 어떤 값들을 받아오는지 게임을 실행하고 시험해보자. 콘솔에 나오는 정보는 이처럼 행동에 관한 버그를 살펴보고자 할 때 매우 중요하다.

6. 씬과 프로젝트를 저장하자.

이제 다음 장으로 넘어가자.

6

씬에 애니메이션 추가

6장에서는 캐릭터에 생명을 부여하는 방법에 대해 살펴본다. 2D와 3D 애니메이션에 대해 알아보고, 트랜스폼과 멀티스프라이트 애니메이션 핵심적인 차이에 대해서도 살펴볼 것이다. 우리에게 도움을 주게 될 스크립트로 제작한 계속 반복이 가능한 애니메이션을 프로그래밍을 통해 제작하는 방법도 살펴볼 것이다.

Graph Editor와 Dope Sheet 툴이 얼마나 애니메이션을 위해 좋은 도구인지도 알아본다. 끝으로, 애니메이션 상태 기계State Machine를 통해 다양한 상황이나, 게임 도중 발생하는 발생 이벤트, 예를 들면 승강장으로 점프해서 들어가거나 적으로 피해를 받거나 하는 상황을 관리해볼 것이다.

애니메이션을 위한 몇 가지 룰

앞에서 해 온 것처럼 애니메이션을 왜 사용하는지, 그리고 방법에 관한 세부 사항을 좀 더 알아보자. 게임의 레벨 제작 또는 캐릭터를 위한 스토리는 중요하다. 그리고 어떻게 애니메이션을 만들지 어떤 '스타일'의 애니메이션을 제작할지 역시 매우 중요하다. 간단히 캐릭터가 걸을 때 스피드 변화나 점프의 길이만 변해도 해당하는 변화에 대응해야 한다.

애니메이션 원리

이미 자세한 많은 가이드가 있으므로, 애니메이션의 정보에 대해서 많이 알아보지는 않을 것이다. 그렇지만 애니메이션을 만드는 누구든 최소한의 원리에 대한 기본 정의는 알 필요가 있다. 여기서 설명하는 12가지 법칙은 이전부터 표준처럼 자리 잡아 왔고, 심지어 마리오[1]마저 이 아이디어를 바탕으로 하여 제작됐다.

- **예상:** 투구를 던지기 전 와인드업 자세를 취해야 하는 것처럼 메인 액션 전의 액션이 필요하다.
- **매력:** 관객과 스토리와 캐릭터를 자연스럽게 이어 주는 것이다. 백설 공주와 사악한 마녀는 매우 다르지만 각각 다른 매력을 지니고 있다.
- **원호**Arcs**:** 화살이 목표에 해당하는 곳으로 정확히 움직이는 것처럼, 방향과 모션은 자연스럽고 부드러워야 한다.
- **과장:** 특징을 추가할 때 현실성을 훼손하지 않는 범위에서 추가해야 한다. 예를 들면 만화에서 캐릭터가 스크린 바깥으로 적절한 비율에 맞춰 가속하면서 뻗어나가는 것과 같다.
- **마무리 동작과 중복되는 액션:** 애니메이션에서 물리 법칙의 지속과 '중단', 예를 들면 라이플 총을 물속에서 발사하면 파동이 그 속에서 일으키는 것과 같다.

---

1 닌텐도의 대표 캐릭터이다. – 옮긴이

- **부차적인 액션**: 메인 액션을 강조시키거나 상세함을 더해 줄 액션, 예를 들면 쥐가 점프할 때는 꼬리를 재빠르게 흔들어야 실감이 난다.
- **느리거나 빠르게 하기**: 이동의 속력 전환에 따라 액션이 빨라지거나 느려져야 한다. 예를 들면 구르는 공은 멈추기 과정까지 애니메이션이 서서히 느려져야 한다.
- **유지하고 그리기**: 오브젝트가 애니메이션되어도 세부 사항은 유지해야 한다. 현실 에서는 모양이 변하는 공이 벽에 부딪혀서 튕겨도 그 크기를 유지하게 될 것이다.
- **줄이기와 늘리기**: 오브젝트가 변형될 때, 현실감과 유연성을 추가해야 한다. 슈퍼 맨은 날아가기 전에 자신의 몸을 줄였다가 쭉 늘린다.
- **상연Staging**: 사용자가 현재 가장 크게 집중해야 되는 것이 씬에서 무엇이냐에 따 라 의도적으로 관심을 돌릴 수 있게 만들어야 한다.
- **대표 액션과 액션의 전환**: 애니메이션의 방식 중 하나다. 시작 액션부터 앞으로 계 속 진행될 액션을 전환시킬 수도 있고, 또는 스토리텔링을 위한 액션을 유지하 거나 또는 전반적인 상황을 뒷받침하는 하나의 액션을 유지할 수도 있다.
- **타이밍Timing**: 캐릭터 성과 감성을 유지시켜 줄 전반적인 액션의 속도가 필요하다.

2D 애니메이션과 3D 애니메이션의 비교

2D와 3D의 애니메이션 접근 방식에 대해 논의해보는 것은 또 다른 중요한 사안 이다. 어느 쪽에서 작업하더라도 규칙과 원칙은 대부분 통용되지만, 몇 가지 차이 는 논의해보는 것도 좋다.

일단 2D 애니메이션은 2차원 좌표계를 사용하며, 순차적으로 프레임에 따라 수 평과 수직에 해당하는 2개의 축에 그린다. 먼저 애니메이션을 제작하려면 각각의 프레임에 해당하는 그림을 그려야 하는데, 현재 장면을 주의 깊게 보고 이전과 다 음 장면이 잘 맞춰졌는지 확인해야 한다. 이 작업이 끝나면, 장면을 각각 저장해 전 체적인 애니메이션을 재생할 수 있다. 주로 2D 픽셀로 애니메이션을 다룰 것이므 로 이 작업으로 대부분의 애니메이션 작업이 완료된다.

3D 애니메이션은 3D 환경에서 조작되는 컴퓨터 오브젝트라고 할 수 있다. 2D 화면에서 보이긴 하지만 오브젝트는 도형, 라이팅, 렌더링 같이 우리가 해석할 수 있는 형태로 깊이와 부피를 갖고 있다. 또한 움직이는 승강장처럼 씬에 있는 물리 게임오브젝트를 수동으로 애니메이션할 때는 3D를 이용해야만 한다.

트랜스폼과 프레임 애니메이션의 비교

유니티에서 애니메이션은 대부분 트랜스폼과 프레임(스프라이트) 애니메이션으로 구성된다. 이 두 가지 스타일은 기본적으로 각각 3D와 2D로 좁혀진다. 그러면 언제, 왜 각각 사용해야 되는지 또는 둘 다 사용해야 하는지 어떤 것이 더 좋은 방법인지 살펴보자.

트랜스폼 애니메이션

트랜스폼Transform 애니메이션은 3D 공간에서 영향을 받을 수 있다. 각 이동, 회전, 크기 조절을 매시Mesh의 객체에 각각 위치, 방향, 치수에 영향을 줄 수 있다는 걸 의미한다. 3D에서 통통 튀는 공이 좋은 예제가 될 수 있는데, 공이 바닥에 현실감 있게 통통 튀게 하려면 트랜스폼에 영향을 가해야 한다.

유니티의 모든 게임오브젝트는 트랜스폼 컴포넌트를 가지고 있고, 추가로 애니메이션 컴포넌트를 그곳에 생성하면 트랜스폼을 변경해 애니메이션시킬 수 있다. 애니메이션 컴포넌트와 적용 방법에 대해 짧게 다룬다.

> **노트**
> 비록 고정된 2D 뷰를 보는 것처럼 작업하고 있지만, 사실 3D 공간에 있다. 이 말은 여전히 세 축의 이동(왼쪽 오른쪽, 위 아래, 앞 뒤)으로 게임오브젝트를 움직일 수 있음을 의미한다.

프레임 애니메이션

프레임 애니메이션은 간단히 여러 개의 이미지가 뭉쳐 있고 순차적으로 플레이하여 모션을 표현할 수 있다. 2D 스프라이트를 애니메이션에 사용할 때는 이미지를 스프라이트 시트에 위치시켜야 하며, 애니메이션될 수 있게 배열해야 한다. 그림 6.1은 플레이어 캐릭터의 스프라이트 시트를 보여준다. 각 모션의 발 부분을 보면 작지만 미묘한 차이가 있다는 사실을 알 수 있다. 각 이미지를 순차적으로 재생하면, 예를 들면 걷는 애니메이션 같은 것을 만들 수 있다.

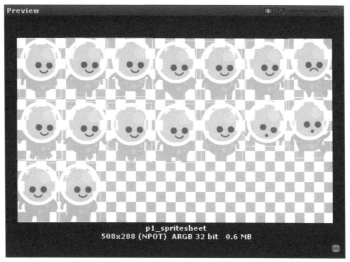

그림 6.1 애니메이션 가능한 모든 프레임이 담긴 플레이어 스프라이트 시트

둘 다 적용

아마 트랜스폼과 프레임 애니메이션이 각각이 필요한 상황을 마주하면, 양쪽에 대해서 이해할 수 있을 것이다. 박쥐 디자인의 적enemy 게임오브젝트가 하나의 예제가 될 수 있다. 프레임은 박쥐의 날개 짓을 애니메이션으로 표현해 줄 것이고, 이는 3D상의 실제 위치를 변화시키지는 않는다. 이 상황에서 프레임과 트랜스폼을 조합하여 사용할 수 있을 것이다.

> **노트**
>
> 2D 스프라이트는 평평한 이미지지만 게임에서 렌더링되기 위해서는 3D 폴리곤 매시로 전환되어 그려 져야 한다.[2] 스프라이트는 투명(transparent) 셰이더를 통해서 그려지므로, 3D 매시는 보이지 않고, 2D와 그 투명 값을 갖고 그려진다. 폴리곤 매시를 보려면 씬 뷰의 툴바의 가장 좌측에 있는 렌더링 모드를 Textured에서 Wireframe으로 전환하면 보인다. 그럼 스프라이트는 삼각형 두 개가 합쳐져 카드 모양으로 된 폴리곤에서 그려지는 걸 알 수 있다.

스크립트 애니메이션

또 다른 애 니메이션 방법으로 스크립트 프로그래밍을 통해 제어하는 애니메이션이 있다. 스크립트를 작성하여 애니메이션의 요소들을 보강하는 이동이나 트랜스폼과 같은 요소들을 제어할 수 있다. 예를 들면 캐릭터가 뛰어오를 수 있는 앞 뒤로 움직이는 승강장 같은 것이 될 수 있다.

이 방식은 같은 스크립트를 다른 게임오브젝트에 적용할 수도 있고, 제어하고자하는 값을, 그 즉시 적용시켜 볼 수 있다는 면에서 유용하다. 스크립트를 통한 제어는 7장에서 자세히 다루지만, 6장에서 간단히 살펴본다.

---

2   흔히 빌보드라 불리는 매시이다. – 옮긴이

애니메이션 임포트

게임오브젝트에 애니메이션을 임포트하여 적용해볼 수 있는 기능도 있다. 이 방식도 여러분의 애니메이션 적용에 매우 유용한데, 이는 외부의 리소스를 가져와서 게임 제작 과정에 사용할 수 있도록 허용한다. 애니메이션을 유니티로 임포트하고, 그것을 게임오브젝트에 적용할 수 있다.

서드파티 애니메이션을 가져와 프로젝트에서 사용할 수 있을지도 모르겠다. 대부분의 리소스가 3D 캐릭터 로코모션을 위해 제작되었지만 간단한 트랜스폼을 스프라이트에 적용하지 못할 이유는 없을 것이다. 메뉴의 Assets ➤ Import New Asset 실행하고 원하는 임포트 가능한 애니메이션 파일을 찾아 임포트하자. 유니티는 FBX로 된 3D 모델이나 애니메이션을 위한 .anim 파일 포맷을 지원한다. 현재 인기 있는 3D 제작 툴[3]은 이 두 가지 형태로 쉽게 익스포트할 수 있도록 지원한다.

애니메이션 생성

이제 플레이어 캐릭터의 애니메이션을 제작해보자. 애니메이션의 생성에 대해 완벽히 이해하기 전까지, 아주 작은 것부터 제작해볼 것이다.

1. 6장에서 사용할 프로젝트를 찾아 유니티에서 연다.

2. _scenes 폴더에서 First_Animation Scene 파일을 열어 시작해보자.

3. Player 게임오브젝트 씬 뷰나 Hierarchy 윈도우에서 선택하자. 현재는 아무런 애니메이션도 지정되어 있지 않다.

4. 인스펙터에서 Add Component 버튼을 클릭하고 Miscellaneous 카테고리에서 Animation Component를 선택한다. 그림 6.2는 애니메이션 컴포넌트와 기본 세팅을 보여준다.

---

3 가령 3D Max, Maya와 같은 소프트웨어를 말한다. – 옮긴이

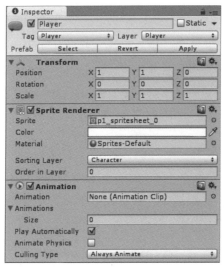

그림 6.2 애니메이션 컴포넌트가 추가된 플레이어 캐릭터 프로퍼티

애니메이션 컴포넌트

애니메이션 컴포넌트는 애니메이션 플레이 시에 필요하다. 다중 애니메이션을 유니티 게임오브젝트 안의 애니메이션 컴포넌트에 지정하여, 스크립트를 통해 플레이시킬 수 있다. 그럼 애니메이션 컴포넌트 프로퍼티들을 살펴보자.

- Animation: 플레이될 기본 애니메이션이다.
- Animations: 게임오브젝트에서 지정 플레이될 애니메이션의 목록이다.
- Play Automatically: 체크되어 있다면 자동으로 기본 애니메이션을 플레이한다.
- Animate Physics: 체크되어 있다면 애니메이션 시 물리적으로 상호작용한다.
- Culling Type: 현재 어떻게 렌더링되고 있는가를 보고 플레이나 중지할 수 있다.

유니티는 하나의 애니메이션 컴포넌트만 사용할 수 있도록 허용하지만, 다중으로 애니메이션을 지정할 수 있다. 다중 애니메이션은 게임오브젝트가 다양한 변화나 액션을 갖고 있을 때 유용하다. 캐릭터는 일반적으로 많은 수의 애니메이션을 보유하므로 좋은 예제가 된다. 예를 들어 대기, 걷기, 뛰기, 점프, 그밖의 것들을 필요로 한다. 단지 좋은 예제뿐 아니라, 어떻게 많은 애니메이션을 하나의 게임오브젝트에서 지정할 수 있는지 알 수 있다.

애니메이션 클립

우리는 플레이어 게임오브젝트 애니메이션을 위해 애니메이션 클립을 지정해야 한다. 그러나 그 전에 먼저 애니메이션을 만들어야 한다.

1. 프로젝트 브라우저에서 _animations 폴더를 찾아 우측 클릭하여 Create > Animation을 선택한다.

2. 애니메이션 클립 이름을 'Player_Idle'로 지어보자.

3. 플레이어의 애니메이션 컴포넌트의 Animation 프로퍼티 우측의 작은 아이콘을 클릭하여 Animation Clip 윈도우를 띄운다.

4. 우리가 방금 제작한 Player_Idle 클립을 선택한다. 엔터를 누르거나 더블클릭하여 클립을 지정하면 창이 닫힌다.

이제 애니메이션 클립을 지정했다. 하지만 아직까지는 애니메이션의 프레임은 갖고 있지 않다. 그럼 애니메이션 클립들을 편집하여 프레임을 추가할 수 있는 애니메이션 윈도우에 대해서 살펴보자. 메뉴바에서 Window > Animation을 선택하면, 그림 6.3에서 보여지는 것처럼, 애니메이션 윈도우가 보이게 될 것이다.

그림 6.3 프로젝트 브라우저에 도킹된 Animation 윈도우

애니메이션 윈도우

유니티 내에서 애니메이션을 제작할 때 **Animation** 윈도우를 상시 보게 된다. 오직 스크립트를 통해서 행동을 제어하고자 할 때만 예외인데, 이에 해당하는 부분은 7장에서 많은 부분을 다룬다.

애니메이션 윈도우의 첫 인상은 기본적으로 빈 것처럼 보인다. 1장, '유니티 개발 환경 구축'에서 언급된 것처럼 유니티 인터페이스는 처음부터 복잡하게 보여주어 혼란을 주지 않는다는 의도를 갖고 있다. 그렇지만 나중에 복잡한 애니메이션을 다루게 된다면 혼란스럽고 지저분한 모습도 볼 수 있다. 그럼 우리만의 복잡한 애니메이션을 만들기 전에 **Animation** 윈도우가 가지고 있는 모든 요소에 대해서 한번 살펴보자.

- **Record**: 게임오브젝트의 트랜스폼 컴포넌트의 변화나 씬 뷰에서 조작하는 위치, 회전, 크기 변화 등을 녹화한다. 이 기능은 이동 테스트나 좌표에 변화를 줘야 하는 테스트에서도 유용하다.
- **Play**: 타임라인에서 애니메이션 시퀀스Sequence를 플레이시켜 준다.
- **Previous/Next Keyframe**: 시퀀스에서 이전 키프레임 또는 다음 키프레임으로 이동 시켜 준다. 앞뒤로 움직여 애니메이션이 어떻게 동작하는지 살펴볼 때 유용하다.
- **Frame**: 현재의 프레임. 원하는 값을 입력하거나 빨간 막대를 사용하여 원하는 프레임을 선택할 수도 있다.
- **Add Keyframe Target**: 빨간 막대가 위치한 곳을 기준으로 클릭할 때마다 하나의 프레임을 추가한다.
- **Add Event**: 특정 위치의 타임라인에서 호출될 애니메이션 이벤트를 추가한다. 이 부분에 대해서는 이 장의 후반에서 다룬다.
- **Sample**: 애니메이션의 길이를 지정한다. 기본 값은 60이며, 이는 초당 60장의 이미지를 바꿔가며 재생한다는 의미다. 일반적으로 게임내 프레임 비율과는 독립적인 값이다.
- **Add Curve button**: 애니메이션이 재생될 게임오브젝트에 프로퍼티를 추가할 수 있다. 추가된 프로퍼티는 어떤 것이든 키프레임에 놓이게 된다.

> **노트**
>
> 키프레임(Keyframe)은 전이 시에 시작과 끝을 나타내는 중요한 내용이다. 전이는 스크린의 위에 서 아래로 부드럽게 움직이게 하는 방법도 있고, 스프라이트 위치를 다른 위치로 즉시 변화시키는 것처럼 적용하는 방법도 있다.

Animation 윈도우의 가장 아래 그래프Graph 에디터와 도프 시트Dope Sheet 버튼이 있다. 어떤 버튼이 눌렸는지에 따라 Animation 윈도우는 해당 레이아웃을 따른다. 두 가지는 매우 다르지만 둘 다 능수능란한 애니메이션 제작을 위해 핵심적이다.

그래프 에디터

그래프Graph 에디터는 게임오브젝트를 위한 애니메이션 제작을 위해 중추적이다. 미리 지정된 커브를 사용해 움직임을 한 곳에서 다른 곳으로 이동시킬 수도 있다.

키프레임의 위치와 시간을 지정하여 추가하고, 다른 위치에 두 번째 키프레임을 추가하면, 그래프 에디터는 이 두 프레임 사이를 지정하고 두 값 사이를 보간Interpolate한다.

애니메이션을 제어하고자 하면 스켈레톤 기반 캐릭터의 관절을 움직이게 트랜스폼 데이터를 변화시킬 수도 있다. 보통은 이런 경우 3D 툴에서 애니메이션 작업을 완료하고 유니티로 가져오는 것이 일반적이지만, 그래프 에디터는 그만큼 범용적인 편이다. 그림 6.4는 그래프 에디터 커브가 있는 애니메이션 샘플을 보여준다.

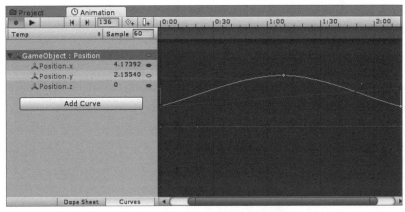

그림 6.4 시간에 따라 움직이게 만들어 주는 그래프 에디터 커브 예제

키프레임

작은 다이아몬드는 추가된 키프레임을 나타낸다. 커브의 왼쪽부터 값을 식별해내고, 각 시점에 포인트가 배치되어 있다. 값은 그래프 작업 공간의 위쪽을 따라 동작한다.

그림 6.4에서 보이듯이 가장 위쪽의 색칠된 라인이 위치 값 Y를 나타낸다. 왼쪽으로 따라 가보면 타원으로 Position.y를 표현하고 있다는 걸 알 수 있다. 지정된 키 값은 2.02088(간략히 2)이다. 그래프 작업 영역을 보면 대략적인 값을 파악할 수 있는데, 0과 5사이의 값에서 정 중앙은 아니기 때문이다. 매우 정확한 값이 요구될 때는 직접 숫자를 입력하여 설정하자.

탄젠트

우리의 샘플에서는 커브가 부드럽게 물결 치듯이 흘러야 하지만 현재는 아마 우리가 기대한 결과가 아닐 것이다. 애니메이션을 순간 시작하고 어느 순간 갑자기 멈추는 투박한 형태이다(카툰 애니메이션과 유사). 이를 위해 우리는 수많은 키프레임 대신 몇 개의 키프레임을 쓰도록 해볼 것이다. 탄젠트Tangents는 키프레임을 부드럽게 해주는 역할을 한다.

각 키프레임은 방향을 갖고 있고, 바깥으로 뻗는다. 보통은 직선의 경로를 의도하지만 때로는 그 의도를 바꾸고 싶을 때도 있을 것이다. 그 양쪽의 의도 모두 탄젠트 조작을 통해서 가능하다.

다이아몬드에서 우측 클릭하면 탄젠트 에디트 박스를 보여 준다(그림 6.5 참고). 이곳에서 키프레임을 지우거나 키의 탄젠트를 편집할 수 있다.

그림 6.5 탄젠트 에디트 박스

- Delete Key: 선택된 키프레임을 그래프에서 지운다.
- Auto: 자동으로 키프레임에서 탄젠트가 동작하도록 한다.
- Free Smooth: 탄젠트의 방향을 설정할 수 있게 탄젠트 핸들들을 보여준다.
- Flat: 탄젠트를 평평하게 만들어 직선 방향으로 만든다.
- Broken: 좌우 탄젠트 핸들을 끊어 독립적으로 조절할 수 있다.
- Left Tangent: 왼쪽 탄젠트만 수동으로 조절할 수 있다.
- Right Tangent: 왼쪽 탄젠트만 수동으로 조절할 수 있다.
- Both Tangents: 한 번에 양쪽 다 조절할 수 있다.

도프 시트

도프 시트Dope Sheet(그림 6.6 참고)는 애니메이션을 위해 거의 100년간 사용되었다. 마치 핸드드로잉 애니메이션의 추억을 불러일으킬 만하다. 애니메이터들은 일단 스케치 하고 그것들을 모아서 키프레임 사이에 알맞은 시점에 고생하며 넣었었다. 그래서 복잡한 애니메이션에서 키프레임과 연결되는 내용을 한번에 변경해야 할 때는 고질적 문제가 발생되곤 했다. 도프 시트를 사용하면 간단히 속성들을 선택하고 대응되는 타임라인의 키프레임을 조정할 수 있다.

마치 그래프 에디터처럼, 도프 시트도 색깔이 칠해진 다이아몬드로 표시한다. 다만 근본적인 차이는 애니메이션 흐름 제어를 커브 위에서 하지 않는다는 것이다. 그 대신 도프 시트에서는 심볼들을 선택하고 드래그하여 다시 시간 위치와 간격을 쉽게 재조정할 수 있도록 허용한다. 이는 복잡한 애니메이션을 제작할, 그래프 에디터로 전환하여 추가적인 세부 사항을 더하기 전 미리 테스트해보고자 할 때 꽤 유용하다.

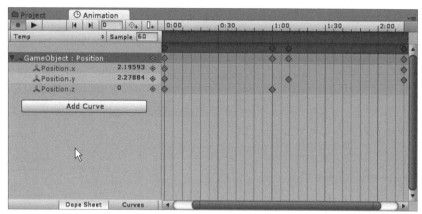

그림 6.6 도프 시트와 예제 애니메이션

시간에 관해 조절하는 것이 도프 시트에서 가장 핵심이 될 텐데, 왜냐하면 우리는 대부분 스프라이트 기반의 애니메이션을 제작하므로, 트랜스폼의 동작을 조작하지는 않기 때문이다. 걷거나 점프를 할 때에는 실제 움직이는 스크립트를 통해서 조작된다.

플레이어의 대기와 걷기 애니메이션 제작

걷기 애니메이션 제작하려면 다음과 같은 과정을 따른다.

1. Player 게임오브젝트를 선택한다. Idle 클립은 Animation 뷰에 이미 로드되어 있을 것이다.

2. Add Curve 버튼을 클릭하고, Sprite Renderer 하위의 Sprite 항목 옆에 있는 + 키를 클릭한다.

3. 타임라인을 확인해보자. 이제 그곳에 그림 6.7의 모습처럼 샘플의 길이를 바탕으로 한 애니메이션 키프레임의 시작과 끝을 담고 있게 된다.

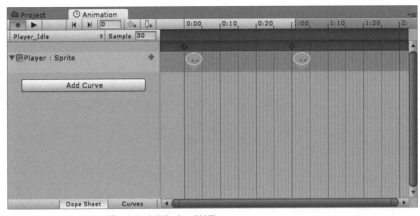

그림 6.7 현재 애니메이션을 위해 지정된 키프레임들

우리의 첫 번째 키프레임을 갖게 됐다. 이미 눈치챘을 수도 있겠지만, 이것이 바로 스프라이트 프레임이다. 우리는 스프라이트 게임오브젝트를 다루고 있으므로, 프로퍼티를 통해 나타나는 이미지보다 더 많이 애니메이션시켜 볼 것이다.

지금 이 시점에 플레이해도 별다른 변화는 없다. 왜냐하면 키프레임상 현재 같은 이미지를 갖고 있기 때문이다. 따라서 우리는 다른 이 사이에 다른 이미지를 추가해볼 필요가 있고, 프레임의 길이와 애니메이션 스피드도 조절해볼 것이다.

애니메이션을 실시간으로 보지 못하는 다른 이유는 스프라이트 고유한 이유도 있다. Animator Controller가 캐릭터에 추가되어 있어야 하는 것이 그것이다.

다음 과정을 따라서 Animator Controller를 생성하고, 플레이어 대기 동작 애니메이션을 제작해보자.

1. 프로젝트 브라우저에서 Create > Animator Controller를 선택하고, 이름을 Player로 지어보자. 이를 이 장의 후반부에서 Player 게임오브젝트에 추가한다.

2. Animation 뷰로 돌아가서 Player_Idle 애니메이션이 선택됐는지 확인해보자.

3. Sample 값의 수치를 30으로 바꾸고, 대략 초당 30프레임으로 돌도록 한다. 이러면 애니메이션이 플레이 시에 우리에게 2초(60프레임에 해당)를 할당해주게 된다.

4. 프로젝트 브라우저 우측에서 태깅 아이콘_{Search by lable} 모양의 레이블 탐색에서 character를 눌러 캐릭터 스프라이트만 정렬시킨다.

5. p1_spritesheet_11를 선택하고, 왼쪽 클릭으로 드래그해 타임라인 위에 놓는다.

6. 처음과 끝 프레임의 중앙에 해당하는 1:00초에 위치를 맞춘다.

7. 애니메이션 재생을 위해 Play 버튼을 눌러보자. 이것으로 우리의 간단한 대기 애니메이션이 완성되었다.

  우리는 과정을 파악했기에, 이제 캐릭터의 메인 애니메이션 중에 하나가 될 걷기를 제작해보자. 이번 제작 과정은 조금 다르다.

1. 캐릭터가 선택되어 있고, Animation 윈도우가 여전히 열려 있다면, 좌측 상단의 Player_Idle을 눌러 드롭다운 메뉴를 열어서 Create New Clip을 클릭한다.

2. 이름을 'Player_Walk'로 맞추고 Save 버튼을 누른다.

3. 다시 Sample 값을 30으로 맞춘다.

4. Add Curve를 클릭하고 Player_Idle에서 했던 것처럼 Sprite Renderer 아래, Sprite 우측 + 아이콘을 선택하자.

5. 자동으로 놓여진 스프라이트 키프레임을 모두 지우자.

6. 다시 한번 프로젝트 브라우저에서 레이블 검색을 character로 맞춰 해당 이름이 들어간 애셋만 정렬시킨다.

7. p1_spritesheet_9를 선택하고, 왼쪽 클릭으로 드래그하여 프레임 0에 놓아보자.

8. p1_spritesheet_8을 선택하고, 3프레임의 위치에 드래그하자.

9. 같은 원리로 p1_spritesheet_7은 프레임 6, p1_spritesheet_3은 프레임 9, p1_spritesheet_8은 프레임 12에 배치하자.

10. 끝으로 p1_spritesheet_7을 선택해 프레임 15에 놓는다. 그림 6.8은 우리가 키프레임들 배치한 것들을 보여준다.

11. 걷기 애니메이션 재생을 위해 Play 버튼을 왼쪽 클릭해보자. 이것으로 걷기 간단한 애니메이션이 완성되었다!

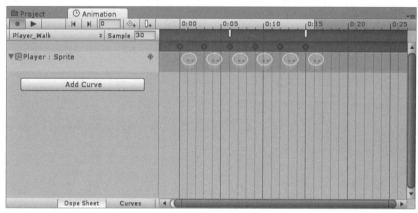

그림 6.8 Animation 윈도우에서 보이는 최종적인 Player_Walk 애니메이션 시퀀스

이를 바탕으로 더 많은 애니메이션을 제작할 수 있다. 우리의 캐릭터는 점프 애니메이션, 최종적으로는 데미지 애니메이션이 필요하게 될 것이다. 9장, '적 만들기와 난이도 조절'에서 적 캐릭터를 만들고 데미지도 적용받게 되는데, 현재는 이때 필요한 애니메이션 제작만 해볼 것이다.

> **노트**
>
> 지금 현재 애니메이션 자체는 제작되었지만, 볼 수 있게 설정되지는 않았다. 애니메이션을 실제로 보고 싶다면 두 가지 방법으로 시도해볼 수 있다. 첫 번째는 Animation 윈도우에서 플레이되는 내용을 씬 뷰나 게임 뷰에서 보는 방법이다. 이렇게 하면 현재 플레이되는 애니메이션이 보여질 것이다. 두 번째 방법은 인스펙터에서 확인해보는 방법이다. 특정 애니메이션을 선택한 뒤 인스펙터 아래쪽 Preview 윈도우를 통해 보여진다. 캐릭터가 보이지 않는다면, 간단히 계층 구조에서 Preview 윈도우쪽으로 드래그한다. 그리고 Play 버튼을 누르면 애니메이션을 볼 수 있다.

애니메이션 이벤트

우리가 애니메이션을 할당할 수 있는 또 다른 파라메터가 애니메이션 이벤트Event
이다. 이벤트 안에서 특정 함수의 호출이나 액션을 실행할 수 있다. 예를 들면, 문
과 형광등을 가지고 있다고 가정해보자. 그리고 문이 닫힐 때 형광등이 동작한다.
이때 스크립트를 통해서 등을 밝히고 문이 닫을 때 나는 오디오 효과를 넣을 수 있
다. 이 스크립트를 호출하는 부분을 문 애니메이션 이벤트로 세팅할 수 있다.

애니메이션 이벤트를 매우 상세하게 다루지는 않겠지만, 간단한 예제를 만들어
보는 것만으로도 충분하다. Animation 윈도우에 보이는 타임라인을 우측 클릭하여
Add Animation Event 버튼을 실행해보자. 또는 Sample 값을 입력하는 창 위로 보이
는 버튼을 통해서도 추가 가능하다.

> **팁**
>
> 애니메이션에서 이벤트가 동작하려면 게임오브트는 반드시 이벤트상에서 호출 가능한 함수를 가
> 진 스크립트가 있어야 한다.

애니메이션 상태

대부분의 게임에는 메인 캐릭터에 상시 영향을 주는 몇 가지 액션이나 이동 타입
을 갖고 있다. 이 간단한 작업으로 캐릭터나 월드를 좀 더 현실적으로 만드는 데
도움을 준다. 심지어 캐릭터가 아무런 상호작용 중이지 않더라도 '살아 있는' 느
낌을 주는 애니메이션이 필요할 것이다. 우리는 Player_Idle을 통해 이 효과를 내고
있다.

거의 모든 상황을 커버하는 애니메이션(걷기, 뛰기, 점프, 대기)을 갖게 되더라도, 이
를 조건에 맞춰 동작을 전환시켜 줄 세부적인 작성이 더 필요하다. 유니티는 애니
메이션 상태 기계Animation State Machine를 통해 이 작업을 돕는다.

애니메이션 상태 기계를 애니메이션 외적으로 영향을 줄 수 있는 경로나 흐름을 제어한다. 애니메이션 트리Animation Tree라고 이름 지어 져 있는 그곳에 브랜치Branch를 기존의 애니메이션과 '트리'에 추가할 수 있다. 좋은 예제로 주인공 캐릭터가 어떤 목표를 '성공'했을 때가 된다. 이 상황을 위해 하나의 '성공' 애니메이션만 재생할 텐데, 원한다면 애니메이션을 두 개 혹은 그 이상을 상태 기계에 추가해 그것들 중 하나를 랜덤으로 재생하는 스크립트를 작성할 수도 있다.

애니메이터 컨트롤러

우리의 플레이어 캐릭터는 애니메이션을 몇 개 가지게 되었다! 이제 플레이어는 걷고, 뛰고, 대기하는 기능을 갖게 됐다. 조금 더 이후에 우리는 플레이어가 데미지를 받게 하고, 에너지를 모으는 등의 우리가 원하는 몇 개의 행동들을 더 추가해볼 것이다. 애니메이션 컴포넌트를 통해서 이것들을 수행할 수 있지만, 애니메이터 컨트롤러Animator Controller는 더 나은 대안이 된다.

애니메이터 컨트롤러는 이벤트와 변수가 언제 어디에서 서로 섞여 행동이 조작되는지 관여한다. 노드를 통한 워크플로우를 작성하여, 각각의 애니메이션이 다음 애니메이션에 어떤 식으로 영향을 주게 될지, 그리고 두 애니메이션을 어떻게 섞이게 할지 또는 누가 먼저 플레이될지, 스크립트는 컨트롤러에 이들이 언제 영향을 주게 될지 알려준다.

애니메이터 컴포넌트

우리가 애니메이션 컴포넌트~Animation Component~를 추가하고 이를 Animation 윈도우에서 편집했던 것처럼, 애니메이터 컴포넌트 역시 편집할 필요가 있다.

첫 번째로 우리는 우리의 게임오브젝트에 애니메이터 컴포넌트를 추가할 필요가 있다. 우리의 경우에는 Player 게임오브젝트에 해당한다. Player 게임오브젝트를 선택하고 아래의 **Add Component** 버튼을 누른 이후 **Miscellaneous > Animator**를 선택하자(그림 6.9 참고). 이제부터 애니메이터 컨트롤러를 이곳에 지정할 수 있다.

그림 6.9 Player 캐릭터에 지정된 애니메이터 컴포넌트

애니메이터 컴포넌트는 애니메이터 컨트롤러와 캐릭터를 연결시켜 준다. 이는 애니메이션과 행동을 다른 캐릭터 타입에서도 사용할 수 있다는 것을 의미한다. 대부분의 내용은 3D 바이패드~biped~ 애니메이션과 연결되어 있어서 우리는 이를 애니메이션 구동이나 블렌딩하는 데 사용할 것이다. 그럼 애니메이터 컴포넌트가 다루는 내용을 살펴보자.

- Controller: 캐릭터에 지정된 애니메이터 컨트롤러이다.
- Avatar: 3D 바이패드 캐릭터의 3D 릭~rig~ 정보를 정의한다. 이 책에서는 3D 스켈레탈 릭~Skeletal Rig~ 정보는 다루지 않는다.

- Apply Root Motion: 역시 3D 바이패드 캐릭터와 연결된 내용으로, 3D 공간에서 캐릭터에 움직임을 줄 때, 애니메이션을 따라갈지 스크립트 업데이트를 따라갈지 결정할 수 있는 설정이다.

- Update Mode: 게임에서 프레임당 언제 애니메이터$_{Animator}$가 업데이트될지 설정할 수 있다. 이는 여러분의 게임의 프레임 레이트$_{frame\ rate}$에 기반한다. 이번에는 Normal로 설정한다.

- Culling Mode: 오브젝트가 렌더링되지 않을 때 애니메이션 계산 여부를 결정한다. 플레이어 입장에서 오브젝트가 보이지 않을 때 애니메이션을 하지 않고 더이상 계산을 할애하지 않도록 할 수 있는 강력한 최적화 요령이다. 우리 게임의 방향을 고려할 때, 이 부분을 신경 쓸 필요는 없다.

Animator 윈도우

우리는 애니메이터 컨트롤러를 애니메이터 내에서 편집할 수 있다. **Window** 메뉴에서 **Animator**를 선택해보자. 그 뒤에 애니메이터 윈도우가 열리면서 컨트롤러를 편집할 수 있게 된다. 그림 6.10을 보면 **Animator**와 우리가 이미 만든 애니메이션을 볼 수 있다.

애니메이터는 노드 트리 워크플로우를 사용한다. 노드마다 서로 연결 관계를 가지고 있고, 조건에 따라 전이되면서 우리는 최종적으로 결과를 받게 된다. 우리의 애니메이션 트리를 나무의 몸통$_{trunk}$과 가지$_{branch}$, 잔 가지$_{twig}$로 나눠 생각하고, 이 모두는 서로 연결되어 어떤 조건에 따라 특정 결과를 내놓게 된다.

보통은 기본 혹은 'Idle' 애니메이션으로 상태를 시작하는데, 이는 처음에 어떤 연결도 갖고 있지 않다. 이 기본 노드로부터 가능한 액션들이 가지를 쳐서 뻗어 나가게 된다. 캐릭터는 아마 점프나 걷기 또는 뛰기를 하게 되는데, 뛰는 와중에 무기를 쏘고, 대화에도 임하고, 또는 어떤 다른 애니메이션 액션을 할 수 있게 될 것이다. 기억할 점은 애니메이션은 트리 형태로 가지를 뻗어 나간다는 사실이다.

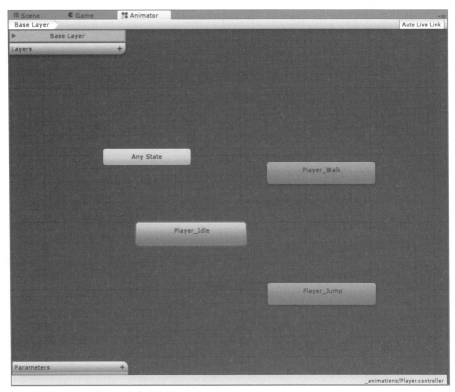

그림 6.10 Animator 윈도우와 애니메이션 트리 예제

애니메이션 레이어

애니메이션에 레이어_{Animation Layer}를 만들어 줄 수 있는데, 가장 상위의 레이어는 다른 레이어에 비해서 가장 우선한다. 예를 들면 특정 애니메이션이 기본 애니메이션보다 먼저 나오게 하거나 할 수 있는데, 구체적으로 여러분의 캐릭터가 피격을 당해 데미지 애니메이션을 재생 해야 하는 상황이면서, 그때 무기를 발사하고 있다면 발사 애니메이션을 무시하고 데미지 애니메이션이 재생된다.

그것을 위해 우리는 데미지 애니메이션이 필요하게 될 텐데, 이 애니메이션은 9장, '적 만들기와 난이도 조절'에서 나중에 추가될 것이다. 하지만 현재 레이어 추가는 가능하다. 애니메이션 레이어는 정렬 레이어와 동일하게 동작하며, 아래로 갈수록 가장 우선한다. 우리는 데미지 애니메이션을 다른 애니메이션의 앞에 놓을 것이다. 이러면 플레이어가 데미지를 받을 때 다른 애니메이션보다 먼저 재생될 것이다. 다음과 같이 레이어를 세팅해보자.

1. Animator 윈도우에서 Layers 옆의 + 키를 눌러 새로운 레이어를 추가한다.

2. 이름을 'Damage'로 변경한다.

3. Bleding 모드를 Override로 맞춘다.

상태 기계

중간 섹션은 상태 기계State Machine에 해당한다. 이 부분은 다른 애니메이션으로 전이될 때, 추가하거나 편집을 할 수 있는 곳이다. 애니메이션이 전이될 때 블렌딩을 조절하려면, 필수적으로 그것들이 어떻게 서로 동작할지 그래프를 만들야 한다. 그 부분을 잠시 동안 좀 더 깊이 있게 다룬다. 그럼 첫 번째로 몇 가지 파라메터 지정하는 방법을 살펴보자.

파라메터

이곳에서 스크립트나 다른 애니메이션을 통해 변수를 선언할 수 있는데, 이는 상태 기계에서 특정 조건에서 만났을 때 영향을 주게 된다. 캐릭터의 점프 조건을 만들었다면, 특정한 충돌 타입 위에서만 동작하도록 할 수 있다. 물 위에서 캐릭터가 있다면, 우리는 캐릭터가 점프하길 원하지 않을 것이기 때문이다. 점프의 트리거를 관리하는 변수를 추가하면, 우리는 상태 기계에 이 변수가 트리거될 때만 점프를 수행하게 만들 수 있다.

네 가지 변수 타입, 즉 실수float, 정수integer, 참과 거짓bool, 트리거trigger를 통해 파라메터Parameters를 지정할 수 있다. 몇 개의 파라메터를 지정해서 이 부분을 살펴볼 것이다. 가장 첫 번째로 추가할 변수는 스피드에 해당하는 실수float형 변수다. 동작 중에 스피드를 체크하면서 걷기로 전환되고자 하는 특정 조건을 만난다면, 걷기를 시작할 것이다. 그럼 다음 과정을 따라가 보자.

1. Animator 윈도우에서 Parameter 박스에 **+** 키를 눌러보자.

2. 첫 번째 위치한 Float을 선택한다. 그리고 이름을 'New Float'에서 'Speed'로 바꾼다.

3. 기본 값 0.0은 그대로 둔다. 이 값은 실시간에서 스크립트를 통해 변경될 것이다.

   같은 원리로 7장에서 사용할, 다음 파라메터를 추가로 만들어보자.

- 'Jump' 이름으로 된 trigger 파라메터
- 'Ground' 이름으로 된 bool 파라메터
- 'Damage'라는 이름으로 된 trigger 파라메터

   만들어진 파라메터와 함께, 이곳에서 애니메이션 전이 부분을 설정해보자.

플레이어 컨트롤러 편집

게임 뷰에서 애니메이션이 동작하는 걸 보려면 5장, '기본 이동, 플레이어 컨트롤'에서 작성했던 PlayerController 스크립트를 업데이트해야 한다. 이동을 위한 다른 작업은 계속 진행했지만, 애니메이션을 우리의 시스템에 넣기 위해서는 몇 줄의 코드가 더 필요하다.

　_scripts 폴더로 가서 PlayerController 스크립트를 더블클릭한다. 첫 번째로 캐릭터가 가지고 있는 Animator Component를 우리의 스크립트로 연결할 수 있도록 변수를 추가해보자. `void Start()` 바로 위에 예제 6.1의 내용을 추가해보자.

예제 6.1 Animator Component 접근하기

```
private Animator anim;
```

다음은 진짜 Start() 함수 추가다. Start() 함수는 사용하지 않을 것이기에 함수를 지우고 Awake() 함수로 대체할 수 있다. 이 함수의 내용을 스크립트가 로드될 때, 한번 메모리로 올라가게 된다. 그것처럼 이 부분의 스크립트가 호출되면 준비가 완료될 것이다. Start() 함수를 지우고 Awake() 함수를 예제 6.2에서 보여지는 것처럼 입력해보자.

예제 6.2 Awake 함수 추가

```
void Awake()
{
  anim = this.GetComponent<Animator>();
}
```

다음으로는 Update() 함수를 변경해야 하는데, 몇 가지 추가적인 코드가 필요하다. 이곳에서 점프를 위한 파라메터나 그라운드에 닿았는지 체크하는 bool 변수를 참조할 것이다. 우리는 또 플래그를 통해 점프가 시작됐는지 또는 더블 점프를 수행하는 방법도 해볼 것이다.

Update() 함수는 예제 6.3과 같다.

예제 6.3 애니메이터 파라메터 콜백

```
void Update ()
{
  // 플레이어 인풋 체크
  // 플레이어는 점프 중인가?  지면에 닿아 있는가?
  if(Input.GetButtonDown("Jump"))
  {
    // 플레이어가 지면에 있는가?
    if(isGrounded == true)
    {
      // 경사를 오를 때,
      // 점프 높이가 증가하지 않도록 수직 속도를 0으로 만든다.
      this.rigidbody2D.velocity = new Vector2(rigidbody2D.velocity.x,0);
      // jumpForce 값 적용
      this.rigidbody2D.AddForce(new Vector2(0, jumpForce));
      this.anim.SetTrigger("Jump");
    }
```

```
   else if(isDoubleJumping == false)
   {
      // 이중 점프 중인지 식별하도록 값을 세팅한다.
      isDoubleJumping = true;
      //새 점프가 이전 점프의 영향을 받지 않도록 수직 속도를 0으로 설정한다.
      this.rigidbody2D.velocity = new Vector2(rigidbody2D.velocity.x,0);
      // jumpForce 값을 적용한다.
      this.rigidbody2D.AddForce(new Vector2(0, jumpForce));
   }
  }
}
```

마지막으로 Speed 애니메이션 파라메터를 설정해야 한다. 이 파라메터가 호출될 때, 코드를 통해서 캐릭터에 걷기 애니메이션을 재생시키도록 할 것이다. FixedUpdate() 함수를 예제 6.4처럼 업데이트해보자.

예제 6.4 FixedUpdate() 함수 변경

```
void FixedUpdate()
{
  // 플레이어가 지면을 닿아 있는지 체크한다.
  isGrounded = Physics2D.OverlapCircle(groundCheck.position,
    groundCheckRadius, groundLayers);
  // 충돌체의 재질 얻기
  PhysicsMaterial2D material =
    this.gameObject.GetComponent<CircleCollider2D>().sharedMaterial;
  // 플레이어가 지면에 있다면, 이중 점프 플래그를 false로 만든다.
  if(isGrounded == true)
  {
    // 플레이어의 이중 점프 플래그를 false값으로 세팅.
    isDoubleJumping = false;
  }
  // 플레이어가 지면에 있고 여전히 Jump Material이 활성화 상태라면
  // 제거하고 충돌체를 리셋한다.
  if(isGrounded == true && material == this.jumpMaterial)
  {
    // 충돌체 얻기
    CircleCollider2D collision =
      this.gameObject.GetComponent<CircleCollider2D>();
    // 플레이어에 지정된 physics material 제거
```

```
    collision.sharedMaterial = null;

    // 충돌체를 비활성화시키고 즉시, 힘을 초기화하기 위해 다시 활성화시킨다.
    collision.enabled = false;
    collision.enabled = true;
  }
  // 플레이어가 공중에 있고, Jump Material이 비활성화되어 있다면,
  // 활성화시키고 충돌체를 리셋한다.
  else if(isGrounded == false &&
    this.gameObject.GetComponent<CircleCollider2D>().sharedMaterial == null)
  {
    // 충돌체 얻기
    CircleCollider2D collision =
      this.gameObject.GetComponent<CircleCollider2D>();
    // Jump Material 지정.
    collision.sharedMaterial = this.jumpMaterial;

    // 충돌체를 비활성화시키고 즉시, 힘을 초기화하기 위해 다시 활성화시킨다.
    collision.enabled = false;
    collision.enabled = true;
  }
  try
  {
    float move = Input.GetAxis("Horizontal");
    this.rigidbody2D.velocity =
      new Vector2 (move * maxSpeed, rigidbody2D.velocity.y);
    this.anim.SetFloat("Speed", Mathf.Abs(move));

    if((move > 0.0f && isFacingRight == false) ||
      (move < 0.0f && isFacingRight == true))
    {
      Flip ();
    }
  }
  catch(UnityException error)
  {
    Debug.LogError(error.ToString());
  }
}
```

이제 모든 애니메이션 스크립트가 작성되었다. 캐릭터가 걷거나 점프할 때, 스피드와 타이밍이 굉장히 빨라질 것이다. 이는 애니메이션 전이를 일으키게 되고, 캐릭터를 로봇처럼 딱딱한 느낌에 비해 좀 더 살아 있는 느낌을 준다.

상태 기계 작업하기

애니메이션이 준비되었으므로, 이들을 모두 연결시킬 필요가 생겼다. 전이Transition 와 블렌딩을 통해 어떻게 애니메이션이 섞이고, 어떤 조건에 의해 애니메이션이 재생될지 설정할 수 있다.

전이

전이Transitions는 간단히 말해 다음 애니메이션으로 어떻게 전환될지를 표현한다. 대기 동작에서 걷기로 전환되는 과정이 전이 과정의 예제가 된다. 과정은 매우 간단해 보이지만, 로직 구성은 좀 더 난이도가 있다. 이를 머리로 그려 보는 가장 좋은 방법은 스스로에게 질문을 해보는 것이다. "어떤 애니메이션이나 상태로 들어갔다가 다시 나오게 될까?" 대기 동작 애니메이션에서 여러분의 캐릭터는 걷기로 전환 가능하다. 그러나 이동을 멈추면 곧 다시 대기 상태로 간다.

Animator 윈도우에서 Player_Idle 클립을 강조하고, 오른쪽 클릭하여 Make Transition을 클릭하자. 화살표를 드래그하여 Player_Walk 클립으로 놓고 버튼을 떼어보면, 액션의 전이가 설정된 걸 확인할 수 있다.

이를 Idle 상태에 반복해보자. Player_Walk 클립에 오른쪽 클릭하여 Make Transition을 선택한다. 다시 Player_Idle애니메이션으로 놓고 버튼을 해제하자. 캐릭터는 이제 Idle과 Walk 상태끼리 서로 전이 가능해졌다.

이제 나머지 애니메이션 상태에도 적용해보자. 걷기에서 점프로 다시 그 반대로도 설정해야 한다. 또는 대기에서 점프로 다시 그 반대로도 설정해야 한다.

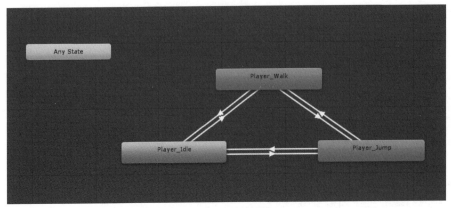

그림 6.11 Animator 윈도우에서 플레이어 애니메이션의 전이 관계

Any State

Any State는 강제로 어느 액션이든 갈 수 있도록 허용해준다. 이곳에서는 어떤 애니메이션이나 '상태'를 지정하고, 그것이 발생하면, 도중에 가로채어 새로운 액션이나 애니메이션을 일어나게 할 수 있다.

이를 적용하기 좋은 경우는 반복되는 애니메이션을 플레이하고 있고, 그러던 중 어떤 특정 조건을 만났을 때, 반복 애니메이션이 아닌 다른 애니메이션을 재생하고 싶을 것이다. 데미지 애니메이션이 좋은 예제인데, 우리는 이것을 대신 코드를 통해 추가해볼 것이다.

블렌드 트리

블렌드 트리Blend Trees는 여러 애니메이션을 부드럽게 전환시킬 때 도움이 된다. 걷기 동작과 뛰기 동작의 품질이 아무리 좋아도 서로 블렌드되지 않는다면 실제처럼 보이기 어렵다. 이럴 때 블렌드 트리를 사용한다.

애니메이션 전이와 달리 두 개의 상태를 상태 사이에서 섞는다. 블렌드 트리는 다중 애니메이션이 포함되며, 같은 시점에 마지막 모습이 어떻게 될지 결정해준다.

요약

6장에서는 캐릭터에 애니메이션과 '상태'를 추가하는 연습을 하고, 그 원리를 다뤘다. 우리가 만든 캐릭터에 애니메이션과 관련된 룰과 어떻게 생명을 불어넣고 캐릭터를 개성있게 할지 살펴봤다. 애니메이션을 생성하고 애니메이션을 우리의 캐릭터에 추가하는 법도 살펴봤다. 또 유니티의 그래프 에디터와 도프 시트 애니메이션 툴을 통해 애니메이션을 개선시켜 보기도 했다.

끝으로, 애니메이터 컨트롤러를 추가하고 상태와 전이를 추가하면서 애니메이션을 블렌드하고, 부드럽고 그럴듯한 2D 스프라이트로 만들어 보았다.

7장에서는 마지막 몇 개의 요소에 해당하는 기본 강체Rigidbody와 충돌체Collistion를 추가하고, 또 2D 월드에 소품을 추가한다.

물리적인 것과 표면 타입을 캐릭터에 추가해 여타 플랫폼 게임에서 볼 수 있는 유기적인 느낌을 주게 될 것이다.

연습 문제

전이를 추가할 때 둘 사이에 웨이팅weighting 값을 조절할 필요가 있다. 웨이팅 값 조절을 통해 캐릭터는 현재 재생되는 애니메이션에서 다른 애니메이션으로 올바르게 블렌드된다.

1. 점프 상태는 점프 조건 추가가 필요하다. 이를 대기Idle와 걷기Walk 상태 전이에 추가해보자.

2. 걷기 상태는 대기로부터 오는 조건이 필요하다. 스피드Speed가 0.1보다 클 때 조건으로 추가해보자.

3. 같은 스피드 조건을 점프 상태에서 걷기로 들어갈 때 설정해보자. 또 빠져나가는 Exit Time 값을 0.98로 설정하자. 이는 점프 애니메이션에서 걷기로 들어갈 때 전이 조건이 된다.

4. 걷기에서 대기로 들어가는 또 다른 스피드 조건을 추가해보자. 이는 0.1보다 값이 작을 때로 설정하고, 캐릭터가 더 이상 움직이지 않을 때 적용된다.

5. 끝으로, Exit Time 값을 대기로 들어갈 때, 걷기로 들어갈 때, 점프로 갈 때, 동일하게 설정해보자. 이는 불쑥 대기 반복 애니메이션으로 들어가지 않게 한다.

7

플레이어 물리,
충돌체 설정

7장에서는 유니티의 물리와 툴과 작업 흐름에 대해 좀 더 면밀히 알아본다. 유니티에서는 2D 게임 제작 툴과 함께 강력한 2D 기반의 물리 엔진도 제공하고 있는데, 고유한 동작과 시뮬레이션에 따라 가끔 예상되지 않은 '유쾌한' 사고도 발생한다.

과학적으로 물리는 매우 넓은 분야여서 이 책의 범위를 한참 넘어가므로(또는 대부분의 게임 디자인 책에서 어느 정도 다루고 있으므로), 약간의 내용만 다룬다. 물리 법칙을 이해하면 현실적인 장면을 어떻게 만들지 도움이 된다. 만들어진 장면이 현실 세계에서처럼 행동하지 않는다면, 비현실적이라고 느끼게 되므로 그것보다 안 좋은 결과는 없을 것이다. 게임도 예외는 아니어서 현실감 있게 하려면 물리 법칙의 범위 안에 머물러야 한다.

물리의 이해

현실에서는 물리에 따라 행동이고 그것에 제약을 받듯이, 우리의 게임도 그렇게 되어야 한다. 간단한 캐릭터의 점프를 위해서도 약간의 물리를 알 필요가 있다. 우리는 물리를 통해 현실에서처럼 중력이나 힘을 월드에 적용하고, 캐릭터에는 질량과 마찰력도 적용할 수 있다. 이로서 다른 적들이나 주변의 월드와 상호작용하고 반응할 수 있도록 한다. 이렇게 해서 더 현실적인 움직임과 현실 세계의 속성을 주고, 그 안에서 사용자에게 퍼즐이나 목표를 주고 게임을 진행할 수 있게 할 수 있다.

질량

우리 게임 내에서 현실적인 행동을 위한 가장 큰 요소는 오브젝트에 질량mass을 주는 것이다. 오브젝트의 질량은 그 저항의 힘과 중력의 잡아당기는 정도에 따라 결정된다. 간단히 말해 오브젝트의 무게가 어떻게 다른 오브젝트와 주변의 월드에 영향 주는지 알 수 있다.

유니티 오브젝트의 질량 측정은 현실에서 무게가 얼마나 나가는가 질량(킬로그램) 측정 하는 것과는 거리가 있다. 유니티에서는 그저 **mass** 값을 다른 각각의 오브젝트끼리 큰 차이가 나도록 하지 않도록 권장한다.[1] 의도치 않은 이상한 결과를 피하기 위해 모두의 질량의 그 범위 내로 유지하자.

중력

중력은 현실적으로 만드는 데 도움을 주는 또 다른 요소다. 게임은 중력이 현실 세계에서 적용되는 것처럼, 또는 그 반대로 중력이 아예 없는 것 같은 세상을 만들 수도 있다. 중력을 적용하면, 어떻게 물체가 움직일지, 캐릭터가 얼마나 높게 점프를 뛸 수 있을지, 또는 그 힘과 반대되어 어떻게 반응할지 영향을 줄 수 있다. 이것들이 모두 게임을 디자인할 때 고려해야 하는 요소들이다.

---

1   유니티는 오브젝트 서로 간의 질량이 100보다 작거나 큰 차이를 내지 않도록 권장한다. – 옮긴이

힘

마지막으로 고려해야 할 요소로는 캐릭터가 주거나 받을 수 있는 힘의 양이다. 질량과 중력을 적용받는 것 외에도, 우리의 캐릭터는 게임의 다른 요소들과 상호작용하게 될 것이다. 게임에서 적은 단지 '공격'만 하는 것이 아니라 데미지를 받기도 하는데, 그때 공격하는 캐릭터는 음수의 힘, 즉 반대로 힘을 받는다. 또 우리는 물리 오브젝트를 갖게 될텐데, 예를 들면 스프링이나 플레이어와 상호작용해야 하는 플랫폼이 있다. 물리 오브젝트의 질량이나 물리 속성은 플레이어가 반응할 때, 어떻게 반응하게 될지 영향을 준다. 플레이어가 매끈거리지 않는 끈적끈적한 표면을 건너갈 때의 상황이 예제가 될 것이다.

앞으로 움직이면서 물리 법칙을 좀 더 경험하게 되는데, 질량과 중력, 힘의 개념을 적용받으면 게임오브젝트가 어떻게 동작할지 영향을 준다. 지금은 물리 컴포넌트를 추가하기 전에 몇 가지 개념을 살펴보자.

2D와 3D의 차이

유니티는 2D에서 작업할 때 3D에 비해 미묘한 몇 가지 차이를 갖고 있다. 비록 작은 차이긴 하지만 확실히 인지는 해야 한다. 3장, '2D 스프라이트 제작'에서 언급했지만 다시 한번 살펴본다.

6DoF

여섯 개의 자유도6DoF, six degrees of freedom라고 알려진 이것은 전통적인 3D에서 사용되는 개념이다. 강체를 움직이는 개념으로 3개의 축(위 아래, 왼쪽 오른쪽, 앞 뒤), 또 세 개의 회전(pitch, yaw, roll)으로 오브젝트에 완전한 자유로운 움직임을 준다.

2D 스프라이트에서는 앞뒤 이동이나 회전에서 pitch(앞에서 뒤로)나 yaw(수직 축에서 수평축으로 회전)의 회전이 불가능하다. 2D는 '평면'에서 동작하기 때문에 씬의

공간상의 제약을 받으며, 피봇에 조작을 가하지 않으면 씬의 수직으로 회전이 불가능하다.

Z-깊이

우리는 Z-깊이$_{\text{Z-Depth}}$(앞 뒤)로 이동할 수 없기 때문에, 2D 충돌체도 Z-깊이를 가지고 있지 않다는 것을 기억해 두면 좋다. 심지어 스프라이트 우선순위를 설정해 앞으로 놓아도 여전히 평면에 있으며, 충돌체에서도 동일하다.

회전

2D 스프라이트는 2D 평면 이미지이기 때문에 오직 향해 있는 방향의 한 가지 축에서만 회전할 수 있다. 즉, Z축으로 회전 이동하면 오브젝트가 돌게 된다. Y축 회전은 스프라이트를 반대로 뒤집고, 아무런 깊이도 갖고 있지 않아서 뒤집혔을 때 모습이 사라지게 된다. 마지막 축인 X는 Y축의 회전과 비슷하게 동작하는데, 위에서 아래로 뒤집힌다는 점이 다르다. 다시 말해서 2D 평면 오브젝트가 뒤집혔을 때 그를 표현할 방법은 없다. 우리는 간단히 샘플을 제작했는데(그림 7.1 참고), 이는 글보다 더 좋은 설명이 될 수 있을 것이다.

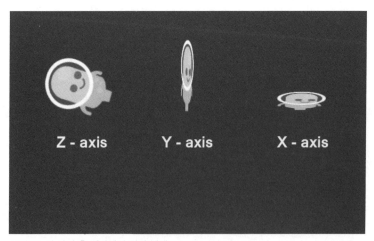

그림 7.1 세 가지 축 각각에서 회전 예제

2D 물리 세팅

그림 7.2에서 보이는 2D 물리 세팅은 물리 오브젝트가 가지게 될 기본 동작을 설정할 수 있는 곳이다. 이곳에 있는 Layer Collision Matrix는 선택된 레이어에 대해 게임오브젝트가 상호작용 여부를 결정한다.

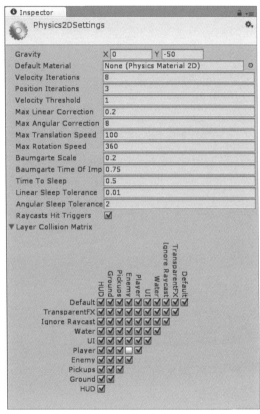

그림 7.2 2D 물리 세팅

일반 물리 세팅

다음 설명은 2D 물리 세팅에서 발견할 수 있는 모든 설정에 대한 설명이다.

- Gravity: 강체에 적용되는 중력의 값이다.
- Default Material: 특정한 오브젝트가 아닌 어떤 게임오브젝트도 적용되는 기본 피직스 메터리얼이다.
- Velocity Iterations: 속도의 변화에 따라 얼마나 자주 물리 엔진을 동작하게 할지 결정하는 값이다.
- Position Iterations: 위치의 변화에 따라 얼마나 자주 물리 엔진을 동작하게 할지 결정하는 값이다.
- Velocity Threshold: 두 충돌 체가 서로 충돌했을 때, 이 값보다 속도가 작다면 탄성 없는(튕겨 내지 않는) 결과를 낸다. 1 이하로는 값을 설정하지 않는 것을 추천한다.
- Max Linear Correction: 물리 충돌이 지나치게 빗나가는 것을 맞기 위해 보정해 주는 값이다.
- Max Angular Correction: 지나치게 크게 빗나가게 회전되는 것을 막기 위해 보정해 주는 값이다.
- Max Translation Speed: 물리 엔진에서 허용되는 이동 속도의 최대 값이다. 값을 증가할 때 주의가 필요하다.
- Max Rotational Speed: 물리 엔진에서 허용되는 회전 속도의 최대 값이다. 값을 증가할 때 주의가 필요하다.
- Baumgarte Scale: 두 충돌체가 서로 겹칠 때 이벤트 발생이 일어날 수 있는 크기이다.
- Baumgarte Time of Imp: 두 충돌체가 서로 겹칠 때 이벤트 발생이 일어날 수 있는 시간이다.
- Time To Sleep: 물리 엔진이 게임오브젝트의 물리 계산을 멈추면, 이 시간(초) 뒤에 쉬는 상태로 들어간다.

- Linear Sleep Tolerance: Time To Sleep 지정 시간 이후 쉬는 상태가 되면, 이 이동 속도를 사용한다.
- Angular Sleep Tolerance: Time To Sleep 지정 시간 이후 쉬는 상태가 되면, 이 회전 속도를 사용한다.
- Raycasts Hit Triggers: 오브젝트에서 라인을 투시해 충돌되면 히트Hit를 리턴한다.

레이어 컬리전 매트릭스

레이어 컬리전 매트릭스Layer Collision Matrix는 오브젝트가 어떤 레이어에 지정된 다른 오브젝트와 충돌할지 결정해준다. 즉 원한다면 지정된 특정한 오브젝트와 충돌하게 만들 수 있다. 그림 7.2를 살펴보면 우리는 모든 오브젝트와 상호작용할 수 있도록 설정하고 예외로 플레이어 그 자신만 제외시켰다. 그러면서 플레이어가 물리 작용이 이상 동작하는 것을 피할 수 있다.

> **노트**
>
> 동적인 여러분의 게임오브젝트가 비현실적으로 또는 예상하지 않는 방향으로 동작한다면, 2D 물리 세팅에서 아마 게임오브젝트의 강체나 중력, 항력 값을 조절하게 될 것이다. 하지만 각각의 오브젝트는 고유의 무게를 가지고 있으므로, 씬에 동작 오브젝트를 추가할 때 주의를 기울이자. 값 조절 시 미세하게 증가해 테스트하고, 심지어 작은 값도 값이 곱해진 효과를 줄 수 있다.

강체

게임오브젝트가 현실적이고 운동학적으로 동작하려면 강체Rigidbody 컴포넌트의 추가가 필요하다(그림 7.3 참고). 강체는 게임오브젝트에 현실 세계를 모방하도록 실세계에 있는 속성을 제공하는데, 예를 들면 질량이나 항력 같은 요소다. 강체 컴포넌트가 추가되면 게임오브젝트는 힘이나 토크에 따라 행동하기도 하고, 중력의 법칙을 따르며, 다른 게임오브젝트와 충돌도 가능하다. 그리고 스크립트를 통해서도 강체 컴포넌트에 힘을 가할 수도 있다.

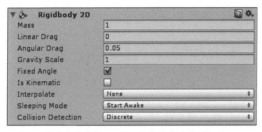

그림 7.3 플레이어 게임오브젝트에 추가된 강체 컴포넌트

- Mass: 게임오브젝트 강체 컴포넌트가 갖게 될 질량이다.

- Linear Drag: 이동 시 오브젝트에 적용되는 저항이나 항력 값이다.

- Angular Drag: 회전 시 오브젝트에 적용되는 저항이나 항력 값이다.

- Gravity Scale: 오브젝트가 중력을 받게 되는 크기이다.

- Fixed Angle: 오브젝트에 힘이 가해졌을 때, 회전 여부를 결정한다.

- Is Kinematic: 중력이나 다른 충돌체가 이 오브젝트가 작용할지 결정한다.

- Interpolate: 오브젝트에 힘이 가해 졌을 때, 어떻게 엔진이 실시간으로 업데이트 할지 결정한다.

- Sleeping Mode: 언제 오브젝트가 물리 적용에 등록될지 결정한다. 사용하지 않는다면 오브젝트는 '잠든'상태이다.

- Collision Detection: 충돌체가 어떻게 실시간 검출 될지 결정한다.

> **팁**
>
> 충돌체에는 반응하지만 중력에는 적용받지 않는 강체를 가질 수도 있다. 간단히 강체 컴포넌트 세팅 중 Gravity Scale을 0으로 만들면 중력의 영향을 받지 않는다.

강체를 이용하는 예제로는 힘이나 중력을 받고 싶을 때, 예를 들면 캐릭터의 추락 같은 상황이다. 이는 보통 스크립트로 되어 있거나 애니메이션으로 이뤄 져 있을 텐데, 동적으로 계산되면 훨씬 더 좋은 결과를 얻을 수 있다. 강체를 추가하면 캐릭터에 질량이나 중력에 대한 저항 값을 줄 수 있다. 캐릭터가 지면에 닿아 있지 않을 때, 중력 값이 질량보다 더 크면 중력이 캐릭터를 다시 지면에 붙이게 된다.

이제 강체 컴포넌트를 플레이어에 추가해보자.

1. 프로젝트 브라우저 _scenes 폴더에서 First_Level 씬을 연다.

2. 계층 구조 또는 씬 뷰에서 Player 게임오브젝트를 왼쪽 클릭한다.

3. Add Component를 누르고 Physics 2D > Rigidbody 2D를 선택해 Player 게임오브
   젝트에 컴포넌트를 추가해보자.

4. 속성에서 Fixed Angle은 체크돼 있는지, Is Kinematic는 체크가 해제돼 있는지 확
   인해보자.

이제 오브젝트에 강체가 적용되었다. 이제 동작들이 물리 엔진에 적용받는다는
걸 의미한다. 하지만 게임을 실행하면 캐릭터는 단지 낙하만 하게 된다는 걸 알 수
있다. 왜냐하면 현재는 다른 어떤 충돌체와 상호작용할지 지정하지 않았기 때문이
다. 다음을 좀 더 진행해보자.

> **노트**
> 게임오브젝트에 오직 하나의 강체만을 지정할 수 있다. 적용 값이 아무런 영향을 끼치지 않거나
> 아주 작은 미묘한 차이만을 만든다면 값을 계속 꾸준히 천천히 변경해봐야 한다. 수정하고, 그리
> 고 테스트해봐야 한다. 동적인 작업은 분명 힘들지만 '옳은 결과'라고 느낄 때까지 계속 반복해야
> 한다.

충돌체

이제 강체 컴포넌트를 갖게 되었다. 따라서 게임오브젝트는 질량을 갖고, 중력에
적용받거나 힘을 가할 수도 있게 되었다. 그러나 이것이 실제로 일어나게 하려면,
오브젝트가 닿았을 상황에 대한 요소에 대해서도 이해할 필요가 있다. 게임오브젝
트는 힘의 영향을 받을 때, 그리고 표면에 닿았을 때, 영향을 받을 수 있게 하는 충
돌 타입이 필요하다. 우리에게 유효한 충돌 타입이 무엇이 있는지 살펴보고, 플레
이어 게임오브젝트에 적용해보자. Component 메뉴에서 Physics 2D에 가면 우리에

게 유효한 네 가지 타입, 즉 Circle, Box, Edge, Polygon 충돌체가 있다.

각 충돌체Colliders별로 고유한 설정이 필요한데, 하지만 두 가지 중요한 점을 공유한다.

- Material: 특정 피직스 메터리얼을 추가해 오브젝트가 충돌 시 같이 영향을 줄 수 있다.
- Is Trigger: 체크되어 있으면 다른 게임오브젝트와 충돌 시 이벤트를 호출한다. 여러분의 플레이어가 다른 오브젝트와 충돌할 때, 이벤트를 발생하기 때문에 매우 유용하다.

> **노트**
> 트리거 이벤트와 그 스크립트를 작성하는 부분은 8장, '게임 플레이 시스템 제작, 적용'에서 좀 더 자세히 다룬다.

원 충돌체

원Circle 충돌체는 게임오브젝트에 원형의 충돌체를 추가한다. 이는 정적인 충돌체로, 충돌 지점 편집이 불가능하다. 반지름과 원의 위치는 조절만 가능하다.

박스 충돌체

박스Box 충돌체는 원 충돌체처럼 정적인 충돌체로 크기나 위치 외에는 편집이 불가능하다. 원한다면 X와 Y를 다르게 하여 직사각형 형태로 만들 수 있다.

모서리 충돌체

모서리Edge 충돌체는 원, 박스 충돌체와 미묘하게 다르다. 두 개의 포인트로 모서리의 길이를 정하고, 각각의 크기는 실시간으로 조절 가능하다. 간단히 Shift 키를 누르고 왼쪽 클릭하여 포인트를 움직이면 2D 공간에서 위치 조절이 가능하다.

다각형 충돌체

다각형$_{Polygon}$ 충돌체는 좀 더 특화된 상황에 어울린다. 예를 들면 플레이어와 커다란 적 보스가 플레이어 캐릭터와 충돌할 때처럼, 최대한 정교하게 충돌을 원할 때 필요하다.

다각형 충돌체가 게임오브젝트에 지정되면, 유니티는 최대한 적은 포인트로 오브젝트를 감싼다. 그 자체로도 충분하지만, 원한다면 모서리 충돌체에서 편집하는 것과 동일한 방식으로 편집이 가능하다. 다각형 충돌체는 정교하게 오브젝트의 모양대로 포인트를 만들기 때문에 충돌체 중 가장 계산이 많이 일어난다(12장, '프로젝트 구성과 최적화'에서 더 논의한다). 따라서 절약하여 사용하는 것이 최선이다.

> **팁**
> 독특하고 숨겨진 충돌 방식 중 하나는 스프라이트의 외곽선을 기준으로 충돌하는 것이다. 스프라이트를 다각형 충돌체로 가져가 드래그하면 그 원형에 가깝게 모양을 만들어 줄 것이다.

원 충돌체를 플레이어 게임오브젝트에 만들어보자.

1. Player 게임오브젝트를 선택한다.

2. 인스펙터에서 Add Component 버튼을 누르고 Physics 2D > Circle Collider 2D를 선택한다.

3. Radius 값을 0.24로 변경한다.

4. Center Position 값을 X:0 Y:0.3으로 맞추자. 이러면 캐릭터의 아래로 원의 중심이 이동할 것이다. 그림 7.4는 플레이어의 원 충돌체 설정 값을 보여준다.

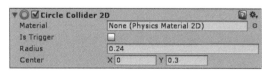

그림 7.4 Player 게임오브젝트에 추가된 원 충돌체

플레이어 게임오브젝트에 충돌체가 설정된 씬 뷰를 살펴보자. 모든 충돌체는 녹색 선으로 표현된다. 그림 7.5는 플레이어에 설정된 충돌체의 모습을 보여준다.

플레이어에 충돌체를 설정했으므로, 월드상의 게임오브젝트에도 충돌체를 적용할 필요가 있다. 플레이어를 적과 상호작용하게 하고, 지면이나 벽과 충돌시키고자 하면 모든 요소들이 그만의 충돌 표면을 가져야 한다.

그림 7.5 원 충돌체가 설정된 플레이어 캐릭터의 모습

모든 게임오브젝트에 충돌체를 다 적용하려면 긴 시간이 걸린다. 그 대신 우리는 충돌체를 프리팹에 적용해 씬에 배치된 모든 오브젝트에 한번에 전파시킬 것이다.

---

2 또는 기즈모를 통해 모두 안 보이게 할 수도 있다. - 옮긴이

1. 프로젝트 브라우저에서 _prefabs 폴더로 가서 grassMid 프리팹을 선택하자.

2. 선택한 채로 인스펙터에서 **Add Component** 버튼을 누른다.

3. Physics 2D ➤ Box Collider Component를 추가한다.

4. 박스 충돌체가 게임오브젝트의 피봇 포인트를 기준으로 설정되어 아래 하단에 위치 해 있다. 이를 가운데로 옮겨야 하므로 X와 Y를 각각 0.5로 변경해보자.

5. 이제 씬에서 grassMid 게임오브젝트에 모두 박스 충돌체가 추가되었다.

grass로 된 나머지 모든 게임오브젝트 시리즈 프리팹에 박스 충돌체를 위와 같이 적용해보자. grassLedgeLeft와 grassLedgeRight 프리팹은 이 설정이 필요하지 않다. 그 작업 뒤에, 게임을 실행해보고 씬에 배치된 grass 프리팹 위에서 걷기도 하고 점 프도 해보자. 이제 게임이 점차 모양이 잡혀 가고 있다.

피직스 메터리얼

물리 오브젝트는 표면 타입을 다르게 하거나 다른 오브젝트와 사용하는 방법을 지 정할 수 있도록 다양한 속성을 제공한다. 머리에 비치 볼이 부딪혔을 때를 떠올려 보라. 그 재질이 나름 아닌 나무 재질이라고 생각해보자. 비치 볼의 물리적 속성은 나무일 때 매우 다른 물리적 속성을 지니게 될 것이다. 바로 이게 물리적 속성이다.

유니티는 3D나 2D에서 피직스 메터리얼Physics Materials을 만들 수 있도록 허용한 다. 피직스 메터리얼은 3D 충돌체에만 영향을 주는데, 우리는 2D 물리만 우리 게 임오브젝트에 적용하므로, 두 가지 속성(Friction, Bounciness)만을 가질 수 있다. 그 림 7.6은 해당 하는 설정 화면이다.

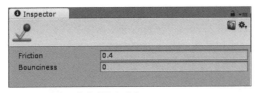

그림 7.6 피직스 메터리얼의 예제

그럼 피직스 메터리얼을 만들어 충돌 컴포넌트를 갖는 몇몇 게임오브젝트에 추가해보자.

1. 프로젝트 브라우저에서 _PhysicsMaterials를 선택한다.

2. 프로젝트 브라우저 위치 아무 곳에서 오른쪽 클릭하여 Create > Physics 2D Material을 선택하여 생성한다.

3. 이름을 'Ground'로 바꾸고 엔터키를 눌러 이름을 확정한다.

4. Friction 값을 0.01로 바꾸고 Bounciness는 0으로 남겨 놓는다.

5. 다시 _prefabs 폴더에서 grassMid를 선택한다.

6. 인스펙터에서 Material의 우측의 작은 아이콘을 선택한다.

7. Ground를 왼쪽 클릭하여 지정한다.

다시 말하지만, 지금 grass 프리팹에 변화를 주면 우리 게임 내에 해당 프리팹과 연결된 오브젝트에 모두 동일하게 적용된다.

> **팁**
>
> 추가된 피지컬 메터리얼은 플레이어나 게임 자체에 작은 영향만을 주게 될 것이다. 우리는 나중에 이것을 제거 또는 조정하기 위해서 추가하였다. 프리팹에 일괄되게 적용하는 형태는 더 큰 규모의 프로젝트에서도 좀 더 작게 나눠진 형태로 접근 가능하다.

현실 세계처럼 동작시키기 위해 좀 더 넓은 범위로 피지컬 메터리얼을 제작할 수 있다. Friction과 Bounciness 값을 좀 더 다양하게 시도해서 여러분만의 고유한 값으로 찾아낼 수 있을 것이다. 그리고 모두에게 적용되는 중력의 세팅과 또 플레이어의 질량 값을 잊지 않도록 하자.

유니티는 몇 가지 다른 표면을 가진, 예를 들면 콘크리트, 금속, 고무 등의 타입을 담고 있는 프리셋 번들 패키지를 제공한다. 이것을 직접 사용하거나 고유의 환경을 만들 때 지침으로 활용하자. 불행하게도 대부분은 3D 표면 타입이지만, 꼭 자료가 있다는 사실은 기억하고 넘어가자.

콘스트레인트

마지막은 월드의 오브젝트에 현실감 있는 시뮬레이션이 가능하도록 하기 위한 콘스트레인트Constraints의 추가다. 강체가 있는 오브젝트에 콘스트레인트를 추가하면 동적으로 영향을 줄 수 있다. 좋은 예제로는 트랩 도어[3]가 있다. 트랩 도어에 힘을 가하면 떨어뜨릴 수 있고, 중력의 의해 떨어질 것이고, 계속 떨어지거나 어디 부딪힐 수도 있다.

콘스트레인트를 추가하면 물리 엔진에 어떤 포인트를 가지고 하여 위치의 움직임은 제한시키고 회전과 중력의 적용만 받게 할 수 있다. 위치의 움직임을 제한하면 회전만 하나의 축 기준으로만 가능하고, 트랩 도어 적용하는 것처럼 원하는 시점에 게임오브젝트에 그 제한을 조절할 수 있다. 우리는 강체 컴포넌트에 추가할 수 있는 콘스트레인트 타입을 몇 개 있다. 그림 7.7은 타입이 나열된 Components ➤ Physics 2D의 메뉴다.

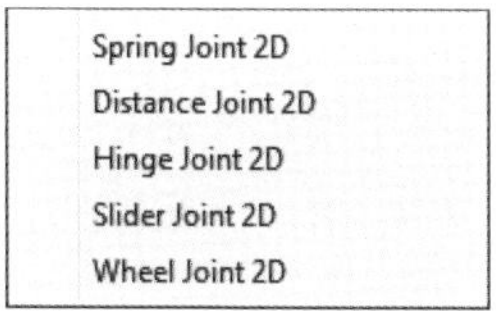

| Spring Joint 2D |
| Distance Joint 2D |
| Hinge Joint 2D |
| Slider Joint 2D |
| Wheel Joint 2D |

그림 7.7 Physics 2D의 Constraints 메뉴

---

3 바닥에 깔려 있는 함정에 쓰이거나 경첩이 달린 문이다. – 옮긴이

- **Spring Joint 2D**: 두 개의 게임오브젝트 충돌체 사이에 스프링 타입을 생성할 수 있다.
- **Distance Joint 2D**: 스프링과 비슷한 형태지만 강한 제약을 걸 수 있고 트리거 될 때 강한 힘을 줄 수 있다.
- **Hinge Joint 2D**: 어떤 게임오브젝트의 점을 잡아 회전이 가능하다. 충돌체에 의해서 트리거 가능하기도 하고 계속 도는 기어와 같은 형태에서도 힘을 받을 수 있다.
- **Slider Joint 2D**: 엘리베이터 문 같이 특정 지정 경로에 따라 통제시킬 수 있다. 충돌체에 의해 활성화되거나 계속 동작할 수도 있다.
- **Wheel Joint 2D**: 오브젝트의 위치 이동을 제한하지만 회전은 허용한다. 항시 동작하거나 움직임 속에서 활성화된다.

콘스트레인트는 다수의 다른 시나리오에서 사용될 수 있다. 의자나 문, 리프트 등에 사용하라. 원하는 것은 뭐든지 플레이어와 상호작용할 수 있고, 이벤트 발생이 가능하다. 어떨 때는 간단한 동력의 추가만으로 게임을 좀 더 생동감 있게 하고 훨씬 몰입도 있게 한다. 이제 밧줄 다리에 동력을 추가하여 우리의 레벨에 추가해 보자.

1. 계층 구조에서 Screen14를 좌측 클릭하여 내부 요소를 펼쳐 살펴보자.
2. bridge 게임오브젝트 중에 하나를 왼쪽 클릭해보자.
3. 씬 뷰 윈도우에서 F 키를 누르고 선택된 게임오브젝트로 포커스를 이동해보자.
4. 그림 7.8처럼 가장 왼쪽의 다리가 아니라면 그림처럼 가장 왼쪽에 해당하는 오브젝트를 직접 클릭해보자.

그림 7.8 다리 게임오브젝트에 Hinge Joint 2D가 추가된 모습

5. 계층 구조에서 이름을 'bridgeA'로 다시 지어 나중에 찾기 쉽게 만들자.

6. Component ➤ Physics 2D 메뉴로 가서 Hinge Joint 2D를 추가한다.

7. 씬 뷰에서 가운데 다리를 선택하고, Hierarchy 윈도우에서 다시 한번 이름을 'bridgeB'로 변경한다.

8. 가장 오른쪽의 다리를 선택한다. 이름을 다시 'bridgeC'로 짓는다.

9. Hinge Joint 2D를 bridgeB와 bridgeC에 똑같이 추가한다.

밧줄 다리 시뮬레이션을 마감하기 전에, Hinge Joint 2D의 속성이 어떻게 다른지 살펴보자. 컨스트레인트 타입별로 필요에 맞춰 다른 속성을 가지고 있다. 하지만 Hinge Joint 2D는 주요 속성은 공유하고 있다는 걸 알 수 있다. 그림 7.9에서 다리 게임오브젝트에 추가된 Hinge Joint 2D의 속성을 볼 수 있다.

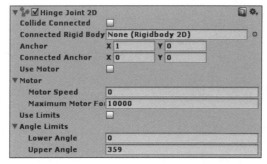

그림 7.9 밧줄 다리에 있는 The Hinge Joint 2D 속성

- Collide Connected: 강체가 이 게임오브젝트와 충돌할지 안 할지 결정한다.

- Connected Rigid Body: 강체가 이 오브젝트와 hinge constraint를 생성하기 위해 묶이게 된다.

- Anchor: The point around which the Rigidbody will anchor.

- Connected Anchor: The point from which the connected Rigidbody will anchor.

- Use Motor: 활성화되면 강체가 계속 회전한다.

- Motor: 모터가 계속 돌 때 어느 정도의 스피드로 돌지 결정한다.

- Use Limits: 체크 시에 아래 쪽, 위쪽 각도 제한 범위대로 동작한다.

- Angle Limits: 아래쪽 위쪽 각도 제한을 위한 값이다.

세 개의 밧줄 다리에 콘스트레인트를 적용했고, 이제 다른 속성을 세 가지 모두 연결하여 적용해보자. 작업의 순서는 혼란을 주지 않게 왼쪽에서 오른쪽으로 할 것이다.

1. bridgeA를 Hierarchy 윈도우에서 선택한다.

2. 인스펙터에서 bridgeA의 Hinge Joint 2D를 찾자. 없다면 메뉴 Component > Physics 2D에서 추가하자.

3. Anchor의 Y 값을 0.14로 변경한다. 이는 고정 포인트를 다리의 좌측 상단으로 배치시킨다.

4. Connected Anchor의 X 값을 130.9, Y 값을 1로 변경한다. Connected Anchor 포인트는 인접된 지형 경사에 있어야 한다.

이것이 하나의 밧줄 다리다. 샘플로서 충분하지 않은가? 이제 중앙의 다리로 작업을 옮겨가보자.

1. bridgeB 게임오브젝트를 선택하자. 이번에는 두 개의 Hinge Joint 2D 컴포넌트를 이 다리에 연결해야 한다. 왜냐하면 양쪽의 두 다리를 이곳에 고정해야 하기 때문이다. 이러면 플레이어가 이곳을 건널 때 약간의 움직임을 주면서 양쪽을 고정시켜 준다.

2. 인스펙터에서 첫 번째 Hinge Joint 2D를 찾아보자. Connected Rigid Body 아이콘을 클릭해서 우측의 타겟 아이콘을 누르자.

3. bridgeA 게임오브젝트를 이 슬롯에 지정한다.

4. 인스펙터로 다시 돌아가 Anchor 값의 Y를 0.14로 변경한다.

5. Connected Anchor 값의 X는 1, Y는 다시 0.14로 설정한다.

6. 이제 두 번째 Hinge Joint 컴포넌트를 찾는다. 다시 말하지만 Connected Rigid Body를 지정하라. 이번에는 bridgeC를 선택한다.

7. Anchor 값을 X와 Y 모두 0.14로 지정한다.

8. Connected Anchor의 Y 값을 0.14로 지정한다.

이것이 가운데 다리와 그 사이 간격을 위한 세팅의 전부이다. 마지막 bridgeC 다리에 값을 입력해보자.

1. 마지막 다리인 bridgeC를 씬 뷰 또는 계층 구조에서 선택한다.

2. 인스펙터에서 Anchor 값을 X는 1로 Y는 0.275로 설정한다.

3. Connected Anchor 값은 X를 134.1로 Y는 1로 설정한다.

이것으로 우리의 밧줄 다리가 세팅되었다! 그림 7.10은 밧줄 다리와 어디에 고정 anchor 포인트가 지정되어 있는지 보여준다. 물리 적용이 정확히 동작하지 않는다면, 7장의 샘플을 씬을 열어 어떻게 설정됐는지 살펴보자.

마지막 설정은 세 개 게임오브젝트의 각 레이어 모드다. 플레이어가 그곳을 걷는 중에 현재는 점프할 수 없을 것이다. 이는 오브젝트에 Ground 속성을 지정하지 않았기 때문이다. 값을 바꾸면 PlayerController 스크립트에서 오브젝트를 Ground 요소로 다룰 수 있다. 그럼 레이어를 Ground 레이어로 바꿔보자.

이것으로 모든 것이 완료됐다. 플레이 버튼을 눌러 테스트해보자!

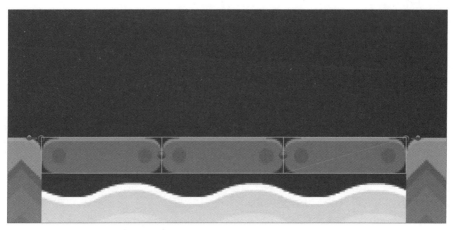

그림 7.10 마지막 밧줄 다리와 콘스트레인트

노트

두 개의 마지막 다리의 Connected Anchor 값이 중앙의 다리에 비해 매우 큰 값으로 설정된 것을 아마 알아차렸을 것이다. 가운데 다리는 실제 강체에 연결되어 있고, 이 값은 로컬 좌표계로 변경된다. 마지막 다리는 연결된 오브젝트가 없기 때문에 월드 좌표계에 있다. 이 점을 콘스트레인트 사용시 늘 상기하라.

요약

7장에서는 물리와 충돌체가 게임오브젝트에 어떻게 영향을 주는지 살펴봤다. 강체 역학에 대해서도 조사하고 플레이어에 적용해보았다. 또 각기 다른 충돌체 표면을 살펴보고 플레이어 게임오브젝트에 적용해보았다. 또 피지컬 메터리얼 세팅을 현실 세계처럼 시뮬레이션해볼 수 있었다.

끝으로 2D 콘스트레인트를 유용하게 사용하는 방법을 살펴보았다. 그런 다음 앞서 배웠던 세 가지 요소를 우리가 제작한 애셋에 모두 적용시켜 현실적이고 동적인 충돌 반응을 할 수 있는 밧줄에 묶인 다리도 제작했다.

8장에서는 7장에서 배운 기술을 좀 더 확장시켜 체크 포인트와 죽음의 함정을 고유하게 트리거해본다. 그리고 적 타입을 몇 가지 생성하고 그 내부에 충돌체를 들게 하고 역할을 적용해볼 것이다.

그럼 다음 장으로 이동해보자!

연습 문제

7장의 연습 문제는 씬에 배치된 다리와 다른 밧줄이 있는 다리를 다시 제작해보는 것이다. 앞에서 만든 다리와 똑같은 다리가 필요한 장소가 두 곳 더 있다.

레벨 제작을 끝내기 전에 밧줄 다리를 설정을 추가해보자. 하나는 다섯 개의 밧줄 다리 섹션을 가지고 있지만, 모두 같은 법칙을 적용받는다. 강체 게임오브젝트의 중앙을 위해서 시작 지점을 옮기고 연결하는 것을 기억하자.

행운을 빈다!

8

게임 플레이
시스템 제작, 적용

7장을 통해 유니티의 물리, 충돌체 시스템을 어떻게 다뤄야 하는지 배웠다. 이제 우리가 만들 게임을 위해 게임 플레이 요소를 추가해보자. 현재 우리의 플레이어는 뛰기 및 점프가 가능하지만 게임 플레이를 위해 확장이 필요하다. 플레이어가 획득할 수 있는 아이템인 코인 박스, 플레이어가 물속에 빠지는 낙하 처리 마지막으로 적과 부딪혔을 때 죽음 처리와 같은 것들이 필요하다. 플레이어가 죽고 다시 시작할 때 레벨의 처음부터 다시 시작해야 할까? 당연히 아니다! 그러기 위해서는 체크포인트가 필요한데 이러한 모든 것들이 게임 플레이 시스템에 속한다.

8장에서는 유니티의 트리거 시스템과 그와 관련된 스크립트 코드를 배울 것이다. 플레이어의 위치 값을 조정하고 거리와 방향을 계산하기 위한 벡터의 수학의 지식이 약간 필요하다. 또한 게임오브젝트를 활성화/비활성화하는 방법과 새로운 게임오브젝트를 생성하는 방법에 대해 배워본다.

유니티의 트리거 볼륨

트리거는 게임 화면에는 보이지는 않지만 영역을 차지하며 충돌이 가능하다. 일반적인 충돌체와는 달리 트리거는 충돌이 발생했을 때 표준 충돌 이벤트를 보내지 않는다. 또한 게임오브젝트가 충돌 되었을 때 게임오브젝트의 움직임을 강제하지도 않는다. 즉, 게임오브젝트는 트리거 오브젝트를 가로 질러 움직일 수 있다. 움직임을 강제하지는 않지만 게임오브젝트가 트리거와 충돌하면 지정된 트리거 이벤트가 호출되며 유니티에서 이러한 기능은 매우 유용하게 사용된다.

Trigger2D 함수

유니티의 Collider2D 컴포넌트에 의해 호출되는 이벤트들이 있다. 이벤트 함수가 호출되는 상황들은 다음과 같다.

- **OnTriggerEnter2D()**: 오브젝트가 처음 트리거 볼륨과 충돌했을 때 호출된다.
- **OnTriggerExit2D()**: 오브젝트가 트리거 볼륨에서 벗어날 때 호출된다.
- **OnTriggerStay2D()**: 오브젝트가 트리거 볼륨에 머무르고 있을 때 프레임마다 호출된다.

간단하게 말해 오브젝트가 트리거 볼륨에 들어올 때, 머무를 때, 나갈 때 위 함수이 호출된다. 이 기능은 게임에서 매우 많이 사용되는데 예를 들면 다음과 같다.

- 플레이어가 근처에 가면 자동으로 열리는 문
- 플레이어가 문에서 멀어 지면 자동으로 닫히는 문
- 플레이어가 불과 같은 곳에 머무르고 있을 때 지속적으로 데미지를 입힐 때 사용

이미 즐겨 보았던 수많은 게임에서 사용 예를 매우 많이 찾을 수 있을 것이다.

게임오브젝트에 트리거 컴포넌트 추가

게임오브젝트에서 트리거 컴포넌트를 추가하는 방법은 Collider2D 컴포넌트를 추
가하는 방법과 마찬가지로 매우 쉽다. 실은 방법이 똑같기 때문이다! 다음 단계들
을 따라서 트리거를 추가해보자.

1. First_Level 씬 파일을 연다.

2. 빈 게임오브젝트를 하나 만들고 이름은 Checkpoint로 한다.

3. Add Component 버튼을 선택하고 Physics2D ➤ Box Collider 2D를 선택한다.

4. Is Trigger라는 속성 값을 true로 설정한다.

이게 끝이다. Box Collider 2D는 물리적인 충돌이 일어나지 않는다. 즉, 게임오브
젝트가 뚫고 지나갈 수 있다. 반면에 게임오브젝트가 충돌하면 트리거 이벤트가 호
출된다. 이제 우리가 사용할 유용한 트리거를 만들어보자.

체크 포인트 만들기

많은 게임들이 플레이어에게 실패를 선사한다. 큰 데미지를 준다거나, 절벽에서 떨
어지거나, "살고 싶으면 X를 연타 하시오"와 같은 순간이 있다. 게임 디자이너로써
플레이어가 실패를 했을 때 어떤 방식으로 플레이어를 다뤄야 하는지 고민이 필요
하다. 예를 들어 절벽에서 떨어지는 상황을 생각해보자. 맵에는 물이 가득한 구덩
이가 존재하고 플레이어가 실수하면 이 구덩이에 빠지게 된다. 이때 우리는 어떻게
해야 할까? 그 유명한 'Game Over'라는 메시지를 보여줘야 할까? 아니면 실수 한
번은 괜찮다고 생각해야 할까?

우리는 조금 더 너그러운 방식으로 게임 플레이를 만들었다. 바로 리스폰이다. 플레이어가 물 구덩이에 빠지면 가장 가까운 체크 포인트로 이동한다.

9장, '적 만들기와 난이도 조절'에서 플레이어가 실수할 때 데미지 처리를 어떻게 하는지 배울 것이다. 리스폰이 될 때 어느 정도 패널티를 줘야 하기 때문이다. 플레이어가 실수를 덜할 때는 그에 따른 보상도 주어져야 한다.

Checkpoint 컴포넌트 스크립트

우리는 기본적인 트리거 제작을 시작으로 체크 포인트, 리스폰을 어떻게 사용할 것인지 알아 보았다. 이제 트리거 이벤트를 관리하기 위한 컴포넌트를 만들어 볼 것이다.

1. 체크 포인트 게임오브젝트를 선택한다.

2. **Add Component**를 선택하고 **New Script**를 선택한다.

3. 스크립트의 이름은 CheckpointTrigger로 설정하고 프로그래밍 언어는 C#으로 설정한다.

4. 프로젝트 브라우저에서 방금 생성한 스크립트를 선택해 _scripts라는 폴더로 이동한다.

5. 방금 생성한 스크립트를 더블클릭해서 MonoDevelop-Unity IDE를 띄운다.

스크립트에서 트리거 이벤트가 발생했을 때 어떤 작업을 해야 하는지 코드를 작성해야 한다. 트리거 이벤트에는 세 종류가 있었는데, 플레이어가 트리거 볼륨에 들어갔는지 아닌지만 체크할 것이므로 **OnTriggerEnter2D**만 사용한다. 스크립트의 기본적인 함수(Start, Update)는 삭제하고 예제 8.1로 교체한다.

```
public class CheckpointTrigger : MonoBehaviour
{
   public bool isTriggered;

   void OnTriggerEnter2D(Collider2D collider)
   {
      if(collider.tag == "Player")
      {
         isTriggered = true;
      }
   }
}
```

스크립트는 매우 간단한데 하나하나 살펴보자. public으로 선언된 isTriggered 라는 bool 타입의 변수가 있고 이 값은 체크 포인트가 활성화되면 true로 설정된다. 이 값은 public으로 선언됐기 때문에 유니티의 인스펙터에서 수동으로 값을 수정할 수도 있다.

우리가 사용하는 이벤트 함수는 OnTriggerEnter2D인데 이것은 오브젝트가 충돌 되지 않으면 호출 되지 않는다. 오브젝트가 충돌 되면 충돌체의 tag 값을 검사해 이것이 Player인지 아닌지 구별한다(적이나 수집 가능한 아이템이 체크 포인트를 활성화 시키는걸 원하지 않을 것이다). 플레이어가 충돌하면 체크 포인트를 활성화시킨다.

> **팁**
>
> collider.tag는 게임오브젝트의 tag 값을 반환한다. collider.gameobject.tag 값도 동일한 값을 반환한다.

> **노트**
>
> 5장, '기본 이동, 플레이어 컨트롤'에서 에러 처리를 위한 Try-Catch-Finally 구문을 배웠지만 이 스크립트에서는 사용하지 않았다. 그 이유는 보다 읽기 쉬운 코드를 작성하기 위함이다. 여러분의 스크립트에서는 에러 처리를 항상 사용하기를 권한다.

체크 포인트 트리거의 크기 조절과 배치

트리거 볼륨의 크기와 위치 값은 매우 중요하다. 서로 다른 트리거 볼륨끼리 겹치게 배치한다거나 크기를 설정하지 않도록 조심하자. 또한 현재 우리가 만든 트리거 볼륨이 체크 포인트임을 잊지 말자. 즉, 플레이어가 지나칠 수 있도록 설정하면 안 된다. 예를 들어 플레이어가 우연히 점프했는데 체크 포인트를 넘어가게 되면 체크 포인트를 지나칠 수 있다.

이제 방금 전에 만든 체크 포인트 트리거가 유용하게 사용될 수 있도록 수정해보자.

1. 체크 포인트 게임오브젝트를 선택한다.

2. Scene1 게임오브젝트의 자식으로 드래그앤드롭해서 설정한다.

3. 체크 포인트 게임오브젝트의 아이콘을 설정해 좀 더 알아보기 쉽게 하자. 예를 들어 초록색 원으로 설정하자.

4. 'Checkpoint' 태그를 만들고 게임오브젝트에 설정한다.

5. 트랜스폼 값을 X : 1.5, Y : 1.5, Z : 0으로 설정한다.

6. Box Collider 2D의 Size는 X : 1, Y : 13으로 설정한다.

7. Box Collider 2D의 Center는 X : 0, Y : 6으로 설정한다.

트리거는 이제 그리드의 가운데에 위치한다. 작은 원 모양은 트리거가 선택되어 있지 않아도 트리거가 어디에 위치하는지 알 수 있게 해주며 이후에 트리거를 쉽게 선택 가능하다. 또한 플레이어가 리스폰 될 때 어느 위치에 리스폰이 되는지 미리 알아볼 수 있다. 그런 이유로 체크 포인트를 바닥에 가까운 위치로 설정했다. 마지막으로 트리거 볼륨의 높이 값이 매우 큰데 이렇게 설정하면 플레이어가 점프를 하더라도 웬만해서 체크 포인트를 그냥 지나칠 수 없다. 지금까지 만든 체크 포인트는 최종적으로 그림 8.1과 같을 것이다.

지금까지 모든 작업을 끝냈다면 체크 포인트 게임오브젝트를 선택해 _prefabs 폴더에 드래그앤드롭하여 이후에 또 사용할 수 있도록 하자.

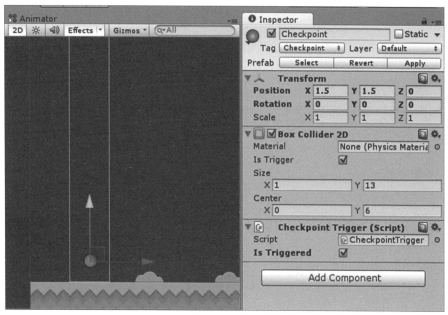

그림 8.1 작업 완료된 Checkpoint 게임오브젝트

지금 시점에서 게임을 실행한 후 플레이어가 트리거 볼륨 안으로 들어가면 Is Triggered 값이 true로 설정되는 것을 확인할 수 있다. 좋다. 그런데 플레이어가 첫 번째 체크 포인트를 체크하기도 전에 죽는다면 어떻게 될까? 게임이 시작되었을 때 플레이어가 꼭 정해진 방향으로 이동한다고 생각하면 안 된다. 플레이어는 게임을 시작하자 마자 죽으려고 들지도 모른다! 플레이어가 최초로 생성되는 지점에 체크 포인트를 위치시킬 수도 있다. 하지만 이 방법보다 더 안전한 방법이 있다.

1. 체크 포인트 게임오브젝트를 선택한다.

2. Is Triggered 속성 값을 true로 설정한다.

기본적으로 활성화된 체크 포인트는 하나만 있다. 이 의미는 플레이어가 적어도 하나는 활성화된 체크 포인트를 가지고 있다는 것이다.

리스폰과 함께 체크 포인트 사용하기

게임 레벨 전체에 걸쳐 플레이어가 있었던 장소를 기억하기 위해 체크 포인트를 배치할 수 있다. 그 정보를 이용해 플레이어가 구덩이에 빠졌을 때 가장 가까운 체크 포인트의 위치로 플레이어를 재배치할 수 있는 리스폰 시스템을 만들어보자.

구덩이 트리거 볼륨 준비

체크 포인트 트리거를 만들었을 때와 거의 같은 방법으로 구덩이 트리거를 만들어볼 것이다. 플레이어가 구덩이에 떨어져서 죽는 경우에 체크 포인트 설정을 원하지 않기 때문에 다른 스크립트를 사용할 것이다.

1. 빈 게임오브젝트를 만들고 이름은 'Pit'으로 하자.

2. 에디터에서 쉽게 인지하기 위해 아이콘을 설정하자. 예를 들어 빨간색 원으로 설정하면 이후에 찾기가 쉬울 것이다.

3. Add Component를 선택한 후 Physics 2D > Box Collider 2D를 선택한다.

4. Is Trigger 속성 값을 true로 설정한다.

---

1 Critical path에 대한 도움이 될 만한 글은 다음 링크를 참고하길 바란다.
  http://www.gamasutra.com/view/feature/6582/learning_from_the_masters_level_.php?print=1 – 옮긴이

5. Pit 게임오브젝트를 선택한 후 계층 구조 Scene의 자식으로 설정한다.

6. Box Collider 2D의 크기와 위치를 설정한다. 그림 8.2처럼 약간 물 구덩이의 아래쪽에 배치하자.

그림 8.2 구덩이 트리거 볼륨의 배치

    트리거 볼륨의 크기와 위치를 설정하는 것은 여기서 꽤 중요한데 그 이유는 플레이어가 더블 점프를 할 수 있기 때문이다. 플레이어가 구덩이에 빠지고 있다고 하더라도 더블 점프가 있기 때문에 완벽하게 빠지지 않으면 두 번째 점프를 통해 구덩이를 빠져 나올 수 있다. 트리거 볼륨을 그림과 같이 약간 아래쪽으로 배치하면 플레이어가 구덩이에 빠지다가 더블 점프를 이용해 빠져 나올 수 있다. 그렇지 않으면 플레이어가 구덩이에 닿자 마자 죽게 될 것이다.

Pit Trigger 컴포넌트 스크립트

체크 포인트 게임오브젝트에서 했던 것처럼 플레이어가 트리거 볼륨에 들어왔을 때 무언가를 하는 컴포넌트를 제작할 것이다.

1. Pit 게임오브젝트를 선택한다.

2. **Add Component** 버튼을 누른 후 **New Script**를 클릭한다.

3. 스크립트의 이름은 'PitTrigger'로 설정하고 언어는 C#으로 설정

4. 프로젝트 브라우저에서 방금 전에 만든 스크립트를 선택한 후 _scripts 폴더로 이동

5. 스크립트를 더블클릭해서 MonoDevelop-Unity를 띄운다.

스크립트의 동작 원리는 매우 간단하다. 플레이어와 가까운 활성화된 체크 포인트들을 반복하면서 검사해 가장 가까운 체크 포인트의 위치로 플레이어를 이동시킬 것이다. 플레이어를 제외한 다른 것들은 트리거 볼륨에 닿으면 소멸된다. 그렇지 않으면 영원히 바닥으로 추락한다.

PitTrigger의 기본 함수들을 지우고 다음 예제 8.2로 교체한다.

예제 8.2 PitTrigger 스크립트

```
public class PitTrigger : MonoBehaviour
{
    void OnTriggerEnter2D(Collider2D collider)
    {
        if(collider.tag == "Player")
        {
            GameObject trigger = GetNearestActiveCheckpoint();
            if(trigger != null)
            {
                collider.transform.position = trigger.transform.position;
            }
            else
            {
                Debug.LogError("No valid checkpoint was found!");
            }
```

```
        }
        else
        {
            Destroy(collider.gameObject);
        }
    }

    GameObject GetNearestActiveCheckpoint()
    {
        GameObject[] checkpoints =
            GameObject.FindGameObjectsWithTag("Checkpoint");
        GameObject nearestCheckpoint = null;
        float shortestDistance = Mathf.Infinity;

        foreach(GameObject checkpoint in checkpoints)
        {
            Vector3 checkpointPosition = checkpoint.transform.position;
            float distance =
                (checkpointPosition - transform.position).sqrMagnitude;

            CheckpointTrigger trigger =
                checkpoint.GetComponent<CheckpointTrigger>();

            if(distance < shortestDistance && trigger.isTriggered == true)
            {
                nearestCheckpoint = checkpoint;
                shortestDistance = distance;
            }
        }
        return nearestCheckpoint;
    }
}
```

이전의 체크 포인트 스크립트와 비교하면 더 복잡해 보인다. 하나하나 알아보자.
두 개의 함수가 사용되는데 하나는 플레이가 트리거 볼륨에 들어갔을 때이고, 나
머지 하나는 활성화된 체크 포인트 중에 가장 가까운 것을 찾아내는 함수다.[2]

---

2   게임 개발을 하다보면 GetNearestActiveCheckpoint 같은 서브함수가 매우 많이 사용된다. 개발이 진행되면서 이
    러한 함수들을 관련된 함수들끼리 묶음으로 처리하다보면 최종적으로 하나의 라이브러리가 되고 프레임워크가 된
    다. – 옮긴이

OnTriggerEnter2D( ) 함수

오브젝트가 트리거 볼륨에 들어왔을 때 이 오브젝트가 플레이어인지 아닌지 가장 먼저 체크한다. 오브젝트가 플레이어라면 가장 가까운 활성화된 체크 포인트를 찾고 플레이어를 해당 체크 포인트의 위치로 이동시킨다. 이것이 바로 체크 포인트를 땅바닥과 가깝게 배치한 이유다.

체크 포인트가 만일 존재하지 않는다면 유니티 콘솔에 에러 메시지를 표시한다. 트리거 볼륨에 들어온 오브젝트가 플레이어가 아니라면 우리는 이 오브젝트를 소멸시킨다. 그렇지 않으면 코인이나 적과 같은 오브젝트가 땅바닥으로 계속해서 떨어지고 이것은 필요 없는 리소스 낭비를 초래하기 때문이다.

> **노트**
> 첫 번째 체크 포인트를 수동으로 활성화시켰는데 실행시키면 에러 로그가 나타난다. 이후에 다루는 내용이므로 지금은 무시한다.

GetNearestActiveCheckpoint( ) 함수

이제 두 번째 함수를 하나하나 알아보자.

1. Checkpoint 태그를 가진 게임오브젝트를 모두 찾아내 게임오브젝트 배열에 넣는다.

2. 활성화된 가장 가까운 체크 포인트를 저장하고 있는 변수를 만든다. 이 변수는 최종적으로 함수의 반환 값이 된다.

3. 가까운 체크 포인트의 거리를 저장하고 있는 변수를 만든다. 기본 값은 무한대로 설정해서 거리를 비교할 때 짧은 거리가 유효하다.

4. 모든 체크 포인트를 반복한다(각각의 게임오브젝트는 5~8번을 반복한다).

5. 체크 포인트의 위치를 얻는다.

6. 체크 포인트와 구덩이 트리거 볼륨의 거리를 계산한다. 위치 값은 Vector3인데 거리를 계산하면 하나의 float으로 변환된다. 함수는 sqrMagnitude()를 사용한다.

7. GetComponent를 사용해 체크 포인트 게임오브젝트의 CheckpointTrigger 컴포넌트를 얻는다. 이것으로 트리거가 활성화되었는지 검사한다.

8. 해당 체크 포인트가 활성화돼 있고 가장 가까운 거리를 가지고 있다면 거리를 저장해 놓았던 변수와 체크 포인트의 변수 값을 업데이트한다. 그리고 다음 비교를 할 때 이 업데이트된 변수 값들과 비교한다. 트리거가 활성화되어 있지 않다면 무시하고 다음 체크 포인트를 검사하면 된다.

9. 모든 반복이 끝나면 함수는 가장 가까운 체크 포인트를 반환한다.

> **노트**
>
> 스크립트에서 벡터 수학을 이용해 거리를 계산했다. 이 부분에 대한 지식이 없으면 이해하기 벅찰 수는 있다. 처음에는 어려워 보이지만 그렇게 어렵지 않다. 다음 웹 사이트의 튜토리얼을 참고하길 적극적으로 추천한다. http://unity3d.com/learn/tutorials/modules/scripting/lessons/vector-maths-dot-cross-products

스크립트를 저장하고 게임을 실행해 구덩이 속으로 점프해보자. 모든 것이 실수 없이 작업됐다면 플레이어는 가장 가까운 체크 포인트로 이동될 것이다.

구덩이 게임오브젝트를 _prefabs 폴더에 드래그앤드롭해서 프리팹으로 만들자. 이제 체크 포인트와 구덩이 트리거를 이용해 레벨을 디자인할 수 있다.

> **팁**
>
> 체크 포인트, 구덩이 프리팹을 이용할 때 숫자로 된 식별자로 이름을 설정하면(예를 들어 Checkpoint01, Pit03) 이후에 이것들을 구별하기가 쉽다.

수집품 만들기

수집품은 보통 게임 내에 플레이어가 짚을 수 있는 아이템을 뜻한다. 코인 아이템과 같이 명백한 경우도 있고 레벨 내에 숨겨져 있어 플레이어가 찾아내야 하는 것들이 있는데, 그 중에는 점수를 높여준다거나 무기의 파워를 올려주는 경우도 있다.

또 다른 경우는 단순히 모든 것을 수집했을 때 자랑하기 좋은 경우도 있다. 목적이 무엇이든지 게임에서 이러한 것이 없는 경우는 거의 없다. 우리도 수집품을 만들어 보자.

다음과 같은 수집품을 만들어 볼 것이다.

- **공중에 있는 코인:** 이 코인들은 공중에 떠 있고 플레이어가 점프를 통해 수집할 수 있다.
- **코인 박스:** 코인 박스는 아래쪽에 있다가 위로 튀어나오며 다시 바닥으로 떨어지는 아이템이다.
- **3개의 코인 값:** 우리는 3개의 코인 값을 가진다. 구리 1, 은 5, 금 10이다.

일반적으로 코인은 레벨 디자인을 할 때 배치하게 되지만 코인 박스의 경우는 약간 다르다. 이것은 실시간으로 스크립트에 의해 생성될 것이다.

수집을 위한 공중에 있는 코인 준비

플레이어가 코인을 먹는 처리를 위해 트리거가 필요하다. 트리거는 코인보다 살짝 크게 한다. 어떻게 크게 해야 할까? 우리는 양 옆으로 살짝 넓게 크기를 조절했다. 지금은 약간 이상하게 보일지도 모른다. 플레이어가 코인을 터치하지 않아 보여도 코인을 먹게 되니까 말이다. 일단 이렇게 해서 만들어보자.

1. 코인 프리팹을 선택한다.
2. Add Component 버튼을 누른 후 Physics 2D > Circle Collider 2D를 선택한다.
3. Is Trigger를 true로 설정한다.
4. Radius를 0.3으로 설정한다.

현재 트리거 볼륨의 크기가 충분히 크다. 이렇게 한 후 게임을 실행해 반지름 값을 조절해 최적의 값을 찾아서 설정하자.

CoinPickup 컴포넌트 스크립트

코인 오브젝트에 첨부할 컴포넌트를 만들어 플레이어가 코인을 먹을 수 있게 만들어보자. 코인 프리팹을 하나 선택하고 새로운 스크립트를 생성한 후 이름은 CoinPickup으로 설정한다. 코드는 예제 8.3과 같이 작성한다.

예제 8.3 CoinPickup 스크립트

```
public class CoinPickup : MonoBehaviour
{
    public int coinValue = 1;

    void OnTriggerEnter2D(Collider2D collider)
    {
        if(collider.tag == "Player")
        {
            Destroy(this.gameObject);
        }
    }
}
```

먼저 오브젝트가 플레이어인지 검사한 후 코인을 씬에서 삭제함으로써 플레이어가 코인을 먹은 것처럼 보이게 한다. public으로 선언된 코인 변수는 외부에서 값 설정 가능하며 이 값은 이후에 플레이어 상태 추적 기능이 추가되면 GUI로 표시할 때 사용된다. 이 시점에서 코인 프리팹들은 Circle Collider 2D와 CoinPickup 컴포넌트가 사용된다. 다음과 같이 값을 설정하자.

- coinBronze: Coin Value를 1로 설정한다.
- coinSilver: Coin Value를 5로 설정한다.
- coinGold: Coin Value를 10으로 설정한다.

프리팹의 데이터를 바꿨다면 Apply 버튼을 눌러 저장하는 것을 잊지 말도록 하자. 지금까지 잘 따라왔다면 여러분의 코인은 그림 8.3과 같을 것이다.

이미 알아차렸을지도 모르겠지만 8장에서는 this라는 키워드를 자주 사용했다. 이 키워드는 현재 코드가 실행되고 있는 게임오브젝트를 의미하며 변수나 속성 값을 다룰 때 코드를 더 읽기 쉽게 해준다. this.gameObject와 gameObject는 같은 오브젝트를 뜻하며 우리는 습관적으로 this를 사용해 코드를 작성했다.

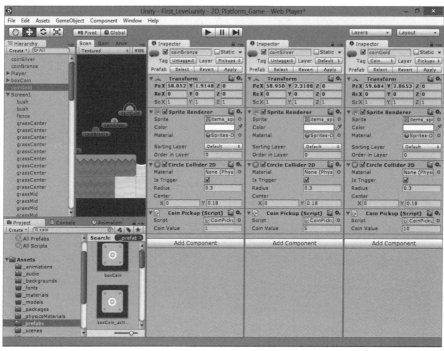

그림 8.3 작업이 끝난 코인 프리팹의 모습

수집을 위한 뻥! 터지는 코인 준비

현재 플레이어는 뛰고 점프해서 공중에 있는 코인을 먹을 수 있다. 하지만 박스에서 "뻥!"하고 터지는 코인도 만들어야 한다. 이전에 만들었던 프리팹을 이용해서 이것을 재빠르게 만들 수 있다. 다음 단계들을 따라 해보자.

1. coinBronze 프리팹을 복사해서 새로운 버전을 만들고 이름은 'coinBronze Popped'로 하자.

2. coinSilver 프리팹을 복사해서 새로운 버전을 만들고 이름은 'coinSilver Popped'로 하자.

3. coinGold 프리팹을 복사해서 새로운 버전을 만들고 이름은 'coinGold Popped'로 하자.

새로 만든 세 가지 프리팹은 공중에 떠 있는 코인과 다를 바가 없다. 하지만 이것들은 이후에 물리에 영향을 받고 중력에 의해 아래로 떨어지는 동작을 할 것이다. 그것을 위해 다음과 같은 단계들을 따라 해보자.

1. 코인에 Circle Collider 2D를 추가한다.

2. Circle Collider 2D의 Radius 속성 값을 0.18로 설정한다.

3. Circle Collider 2D의 Center 속성 값을 X : 0, Y : 0.18로 설정한다.

4. Add Component 버튼을 눌러 Physics 2D ➤ Rigidbody 2D를 선택한다.

5. Apply를 선택해 적용된 것을 모두 저장한다.

뺑 터지는 코인들은 공중에 떠 있는 코인과 거의 모든 것이 같지만 물리의 영향을 받아 아래로 떨어진다. 생김새도 같고 코인의 값도 모두 같다. 단지 물리에 영향을 받아 움직일 뿐이다.

> **팁**
>
> 게임에서 일관된 행동은 매우 중요하다. 우리가 무언가를 플레이어에게 시각적 또는 청각적으로 표현할 때 이것은 항상 같은 것을 표현해야 한다. 무언가를 의도적으로 무작위 하게 나타나게 하고 싶다면 무작위성이 일관성을 갖추고 있어야 한다. 예를 들어 골드 코인의 값이 1~10이라면 이 값은 언제나 1~10이어야 한다.

코인 박스 프리팹 준비

우리는 앞서 뺑! 터지는 코인을 만들었는데 이를 위해 코인 박스가 필요하다. 코인 박스는 지금까지 만들어 보았던 코인들 보다 조금 더 복잡한데 내부적으로 다른 게임오브젝트들을 사용하기 때문이다. 코인 박스는 플레이어가 부딪히면 빈 박스로 변하는데 이것으로 박스가 시각적으로 비어 있다는 것을 표시한다.

우선 다음과 같이 활성화된 코인 박스를 만들어보자.

1. 빈 게임오브젝트를 만들고 이름은 'boxCoin_active'로 설정하자.

2. Sprite Renderer 컴포넌트를 추가하고 스프라이트는 tiles_spritesheet_122로 설정한다.

3. 게임오브젝트에 Box Collider 2D 컴포넌트를 추가한다.

4. 두 번째 Box Collider 2D를 추가한 후 트리거 속성 값을 수정해 트리거로 설정한다.

5. Add Component 버튼을 눌러 새로운 스크립트를 만들고 이름은 'CoinBox'로 설정한다. 그리고 이 스크립트를 _scripts 폴더로 이동한다.

6. 계층 구조에서 게임오브젝트를 선택한 후 _prefabs 폴더에 드래그앤드롭해서 프리팹으로 만든다. 모든 작업을 끝내면 그림 8.4와 같을 것이다.

이 프리팹은 플레이어가 부딪히기 전에 코인 박스의 모습이다. 방금 전에 만든 스크립트는 플레이어가 부딪히면 비활성화된 코인 박스를 보여주는 작업을 하는 스크립트다. 이제 비활성화된 코인 박스를 만들어보자.

1. 빈 게임오브젝트를 만들고 이름은 'boxCoin_disabled'로 설정한다.

2. Sprite Renderer 컴포넌트를 추가하고 스프라이트는 tiles_spritesheet_110으로 설정한다.

3. 게임오브젝트에 Box Collider 2D 컴포넌트를 추가한다.

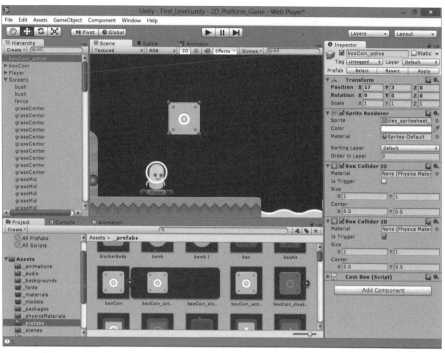

그림 8.4 활성화된 코인 박스 프리팹

4. Add Component 버튼을 눌러 새로운 스크립트를 추가하고 이름은 'CoinSpawner'로 한다. _scripts 폴더로 드래그앤드롭해서 이동시킨다.

5. 빈 게임오브젝트를 하나 더 만들자 그리고 이름은 'boxCoin_spawnPoint'로 설정한다.

6. boxCoin_spawnPoint 게임오브젝트를 계층 구조의 boxCoin_disabled로 드래그앤드롭해서 이동시킨다.

7. boxCoin_spawnPoint의 아이콘을 바꾼다. 예를 들어 노란색 다이아 몬드로 바꿔 보자. 그리고 위치 값을 X : 0.5, Y : 1, Z : 0으로 설정하자.

8. boxCoin_disabled 게임오브젝트를 _prefabs 폴더로 드래그앤드롭해 프리팹으로 만들자. 지금까지 작업을 끝내고 나면 그림 8.5와 같을 것이다.

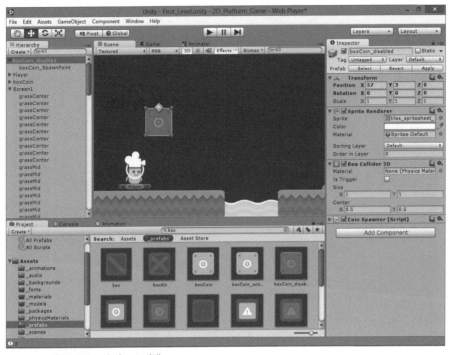

그림 8.5 비활성화된 코인 박스 프리팹

우리가 방금 만든 게임오브젝트 boxCoin_disabled는 내부적으로 다른 게임오
브젝트 **boxCoin_spawnPoint**를 하나 더 가지고 있다. 이 게임오브젝트는 이후에 코
인을 생성할 때 위치 값으로 사용된다. 이렇게 하면 코인을 생성하는 위치를 바꾸
기 위해 스크립트를 수정할 필요가 없다.

스크립트 작업을 하기 전에 마지막으로 해야 할 것은 실제 boxCoin 프리팹을
만드는 것이다.

1. 빈 게임오브젝트를 만들고 이름은 'boxCoin'으로 설정한다.

2. boxCoin_active 게임오브젝트를 드래그해서 계층 구조의 자식으로 만든다.

3. Transform을 리셋해서 X : 0, Y : 0, Z : 0으로 만든다.

4. boxCoin_disabled 게임오브젝트를 드래그해 계층 구조의 자식으로 만든다.

5. Transform을 리셋해서 X : 0, Y : 0, Z : 0으로 만든다.

6. boxCoin_disabled 게임오브젝트를 언 체크해서 비활성화시킨다.

7. Apply 버튼을 눌러 프리팹을 저장한다.

8. boxCoin 게임오브젝트를 _prefabs 폴더로 드래그앤드롭해 프리팹으로 만든다.

실제로 우리가 레벨에 배치할 것은 코인 박스뿐이다. 코인 박스에 활성화/비활성화된 코인 박스가 내부적으로 있기 때문이다. 비활성화 코인 박스는 기본적으로 비활성화되어 있다(비활성화되면 렌더링, 충돌 체크를 하지 않는다).

Coin Box 컴포넌트 스크립트

이번에 만들 스크립트는 플레이어가 코인 박스를 치면 코인 박스를 활성화/비활성화시킨다. CoinBox 스크립트를 열고 예제 8.4처럼 코드를 작성하자.

예제 8.4 CoinBox 스크립트

```
public class CoinBox : MonoBehaviour
{
    public GameObject poppedStatePrefab;

    void OnTriggerEnter2D(Collider2D collider)
    {
        Vector3 heading = this.transform.position -
        collider.gameObject.transform.position;

        float distance = heading.magnitude;
        Vector3 direction = heading / distance;

        if((direction.x < 0.1 && direction.x > -1.1)
            && (direction.y < 1.1 && direction.y > 0.4)
            && collider.tag == "Player")
        {
            CoinPop();
        }
    }
```

```
void CoinPop()
{
    poppedStatePrefab.SetActive(true);
    this.gameObject.SetActive(false);
}
}
```

스크립트에서 약간의 벡터 수학을 사용하는 데 보기와는 다르게 어렵지 않다. 하나하나 분석해보자.

OnTriggerEnter2D( ) 함수

- **Vector3 heading**: 트리거의 중심점에서 충돌된 게임오브젝트의 중심점까지의 라인을 의미한다.
- **float distance**: 위에서 얻은 라인의 거리를 의미한다.
- **Vector3 direction**: 두 오브젝트간의 정규화된 방향 벡터를 의미한다.

이 값들을 이용해 충돌된 오브젝트가 플레이어인지 검사하고 플레이어의 방향이 아래쪽에서 위로 올라오는지 검사한다. 모든 검사가 통과되면 CoinPop을 호출한다.

> **팁**
> 플레이어의 위치를 검사할 때 사용한 X, Y 값들은 실제로 많은 시행착오를 통해서 얻어냈다. 플레이어가 코인 박스와 충돌할 때 Debug.Log( ) 함수를 이용해 위치 값을 출력하고 게임을 지속적으로 테스트하면서 가장 자연스러운 값을 얻어냈다. 이러한 시행착오는 가끔씩 피할 수 없는 경우도 있다. 여러분도 여기에 익숙해지길 바란다!

CoinPop( ) 함수

이 함수에서 boxCoin_disabled 프리팹을 활성화시켜 화면에 보이게 만든다. 바로 다음에 boxCoin_active 프리팹을 비활성화시켜 충돌을 끄고 화면에서 더 이상 보이지 않게 한다. 오브젝트의 컬러가 바뀌는 것과 같이 이 과정은 매우 빠르게 수행된다.

어떤 코인을 활성화시켜야 하는지 알려주기 위해서 스크립트의 popped
StatePrefab을 연결해주어야 한다. 만일 이 속성 값을 설정해 주지 않으면 에러가
발생한다.

1. Hierarchy에서 boxCoin_active를 선택한다.
2. Hierarchy에서 boxCoin_disabled 게임오브젝트를 클릭한 채로 드래그해 boxCoin_
   active의 Popped State Prefab 속성에서 드롭해 속성을 설정한다.

속성 값이 설정되고 나면 이제 코인들을 생성할 스크립트를 작성할 수 있다.

CoinSpawner 컴포넌트 스크립트

이 컴포넌트가 붙어 있는 게임오브젝트가 활성화되면 랜덤하게 선택된 코인을 생성
한다. 스크립트의 이름은 CoinSpawner로 하고 예제 8.5와 같이 코드를 작성하자.

예제 8.5 CoinSpawner 스크립트

```
public class CoinSpawner : MonoBehaviour
{
    public GameObject coinSpawnPoint;
    public Object[] coinPrefabs;

    void Start()
    {
        this.SpawnCoin();
    }

    void SpawnCoin()
    {
        int random = Random.Range(0, coinPrefabs.Length);
        GameObject coin = Object.Instantiate
            (coinPrefabs[(Random.Range(0, coinPrefabs.Length))],
             coinSpawnPoint.transform.position,
             coinSpawnPoint.transform.rotation) as GameObject;

        coin.rigidbody2D.AddForce(new Vector2((Random.Range(-120, 120)), 700));
    }
}
```

우선 public으로 선언된 두 개의 변수를 살펴보자.

- **GameObject coinSpawnPoint**: 코인을 생성할 위치를 표현하는 게임오브젝트.
- **Object[] coinPrefabs**: 코인 프리팹들을 가지고 있는 배열이다. []은 배열을 의미하며 한 개 이상의 Object들을 가지고 있을 수 있다. 스크립트는 이 배열에 있는 것 중에 하나를 선택해 생성할 코인으로 사용한다.

두 개의 함수를 사용했는데 Start()는 유니티의 기본 함수이고 SpawnCoin()은 커스텀 함수다.

Start() 함수

이 함수는 게임오브젝트의 Update가 최초로 호출되기 이전에 한번 호출된다. 우리의 경우 게임오브젝트가 활성화되면 한번 호출된다고 보면 된다. 우리는 이 함수를 이용해 SpawnCoin 함수를 호출한다. SpawnCoin 함수를 독립적인 함수로 만들어서 좋은 점은 이후에 우리가 이 동작을 원할 경우 함수를 호출해 주기만 하면 되기 때문이다.[3]

SpawnCoin() 함수

이 함수는 coinPrefabs 배열에서 하나를 랜덤 하게 선택한 후 코인을 생성할 위치에서 코인 게임오브젝트를 생성한다. 마지막으로 지금 막 생성한 코인에 힘을 적용해 공중으로 튀어나오게 한다. Y축으로 일정한 힘을 설정하고 X 값은 랜덤하게 선택해 좌우로 코인이 움직일 수 있게 한다.

> **노트**
> 유니티에서 배열은 제로 베이스(Zero base)인데 이 의미는 배열의 첫 번째 요소가 0부터 시작한다는 뜻이다. 흥미로운 것은 Range 함수는 3을 절대로 반환하지 않는다는 점이다. Length는 비록 3이더라도 Range의 범위는 0~2까지다.

---

3 유니티의 기본 함수 호출에 대한 순서는 http://docs.unity3d.com/Manual/ExecutionOrder.html을 참고하기 바란다. – 옮긴이

모든 것을 합치기

이제 거의 다 완성했다. 하지만 여전히 public으로 선언된 변수에 값을 설정하지 않았다. CoinSpawn 컴포넌트의 coinSpawnPoint를 설정해 코인이 생성될 위치를 알려 주어야 한다.

1. Hierarchy에서 boxCoin_disabled 게임오브젝트를 선택한다.
2. boxCoin_spawnPoint 게임오브젝트를 Coin Spawn 컴포넌트의 Coin Spawn Point 속성에 드래그앤드롭해서 연결한다.

코인을 위해 여전히 해야 할 일이 있다. 이전에는 계층 구조에서 바로 드래그앤드롭해서 속성 값을 설정했지만 이번에는 다르다. 우리는 코인들을 게임이 실행되는 동안 실시간으로 생성할 것인데 그러기 위해 다음 단계들을 따라 해보자.

1. boxCoin_disabled를 선택한다.
2. Coin Spawner 컴포넌트의 Size 속성 값을 3으로 설정한다.
3. 뺑 터지는 코인들의 위치로 이동한다.
4. 프로젝트 윈도우에서 coinBronzePopped를 드래그해서 Coin Prefabs 배열의 0번째에 설정한다.
5. 프로젝트 윈도우에서 coinSilverPopped를 드래그해서 Coin Prefabs 배열의 1번째에 설정한다.
6. 프로젝트 윈도우에서 coinGoldPopped를 드래그해서 Coin Prefabs 배열의 2번째에 설정한다.

이제 다 끝났다. 모든 것을 저장하고 게임을 실행해 코인 박스를 때려보자. 랜덤하게 코인이 선택되어 뺑하고 화면에 나타난 후 바닥으로 떨어질 것이다. 플레이어가 이를 먹고 나면 화면에서 사라질 것이다.

다듬기

우리가 만든 코인 박스는 잘 동작한다. 하지만 좀 더 세련되게 만들 수도 있다. 우리는 이미 플레이어가 코인 박스를 쳤을 때 컬러를 바꾸고 코인이 튀어나오는 것을 보여 줌으로써 확실하게 피드백을 주고 있지만 다른 방법은 없을까? 예를 들어 무언가 부딪치는 애니메이션이 나오는 것은 어떨까? 작은 애니메이션을 추가함으로써 이를 구현할 수 있다. 이것을 만들어보자.

Bump 애니메이션 만들기

다행히도 우리의 비활성된 코인은 다른 게임오브젝트의 자식으로 등록되어 있다. 커브 애니메이션을 이용해 바운스 되는 애니메이션을 추가할 수 있다. 다음 단계들을 따라 해보자.

1. boxCoin_disabled 프리팹을 선택한다.

2. Add Component 버튼을 눌러 Miscellaneous ➤ Animator 선택한다.

3. 새로운 Animator Controller를 추가하고 이름은 'Block'으로 설정한다. 그런 다음 _animations 폴더에 이동시킨다.

4. 다시 boxCoin_disabled 프리팹을 선택한다.

5. 방금 전에 만든 Animator Controller를 Animator 컴포넌트의 Controller 속성에 설정한다.

6. coinBox_disabled 프리팹을 선택한 채로 Animation 창을 띄운다.

7. Animation 창에서 드롭다운 메뉴를 띄운 후 Create New Clip을 선택해 새로운 클립을 추가한다. 그리고 이름은 'Block_Bump'로 설정하자.

플레이어가 부딪혔을 때 스프라이트의 위치 값을 조정하고 싶다. coinBox_ disabled 프리팹의 Transform에 커브를 추가해 이것을 구현할 수 있다.

1. Add Curve 버튼을 선택한 후 Transform ➤ Position을 선택한다.

2. 샘플 값은 기본 값 60으로 설정한다.

3. Y축을 위한 키프레임들 각각 0:00, 0:05, 0:10에 추가한다.

4. 0:05 키프레임을 선택하고 Position.y 값을 0.35로 설정한다.

모든 작업이 끝났다. 애니메이션을 앞뒤로 움직여 보면 박스가 팅기는 것을 확인할 수 있을 것이다. 만일 박스가 보이지 않는다면 박스가 활성화된 상태인지 확인해보자.

> **팁**
>
> 비활성화된 코인은 Y축으로 0.35위로 올라가게 설정해 놓았다. 그 이유는 다른 게임오브젝트의 자식으로 등록되어 있기 때문이다. 만일 똑같은 애니메이션을 다른 게임오브젝트(자식으로 설정된 것이 아닌)에 적용하면 이것은 월드 공간(World Space)에서 움직이게 된다. 우리의 모든 코인 박스들은 히트 되면 자식으로 등록된 공간(지역 공간 혹은 Local Space라고 한다)에서 움직이게 된다. 어떤 점을 기준으로 상대적으로 움직이려면 항상 이것의 자식으로 설정해야 한다.[4]

컨트롤러에 애니메이션 추가

우리는 컨트롤러에 애니메이션을 추가할 것이다. _animations 폴더에 있는 'Block'이라는 컨트롤러를 더블클릭하면 빈 캔버스가 나타날 것이다.

이제 다음 단계를 따라 해보자.

1. 캔버스에서 마우스 오른쪽 버튼을 누른 후 Create State ➤ Empty를 선택한다.

2. 새로운 상태의 이름을 'Spawn'으로 바꾼다.

3. Motion 속성을 Block_Bump으로 설정한다.

---

4 유니티에서 부모 자식 관계에 대한 더 자세한 내용은 『유니티 2D 모바일 게임 개발』(에이콘 출판사, 2014)의 부록을 참고하자. − 옮긴이

4. 새로운 상태를 하나 더 만들고 이름은 'Idle'로 설정한다.

5. Spawn에서 Idle로 향하는 전이를 하나 만든다.

6. 전이의 조건으로 Exit Time 값을 0으로 설정한다.

게임오브젝트가 활성화되면 Spawn이 플레이되고 Idle로 전이되며 애니메이션은 아무것도 설정되어 있지 않다. Idle이 한번 설정되면 다시 Spawn으로 전이 조건이 없는데 그 이유는 한번 Spawn 애니메이션을 한번만 플레이하고 싶기 때문이다.[5]

> **팁**
> 게임 오브젝트가 활성화되자마자 코인을 생성해야 하는데 이때 Block_Bump 애니메이션 안에 있는 애니메이션 이벤트를 이용해 CoinSpawn 함수를 호출할 수 있다. 애니메이션이 길거나 복잡할 때 코인 생성의 타이밍을 설정하는 좋은 방법이다.

플레이어 상태 추적

현재 우리의 플레이어는 코인을 먹을 수 있지만 어디에도 이 정보를 저장하고 있지 않다. 우리는 PlayerStats라는 컴포넌트를 만들어 플레이어가 지금까지 몇 개의 코인을 먹었는지 정보를 저장할 것이고 이후에는 플레이어의 생명 개수와 같은 것들을 저장할 것이다. 현재는 플레이어가 데미지를 입는 경우는 없지만 9장에서 이러한 내용을 다룰 것이며, 10장, '메뉴 제작과 인터페이스 다루기'에서 우리가 저장한 데이터를 이용해 GUI를 만들어 화면에 표시하는 것을 배울 것이다.

PlayerStats라는 스크립트를 만들고 플레이어 게임오브젝트에 추가한다. 스크립트가 올바른 폴더에 저장되었는지 반드시 확인하길 바라고 더블클릭해서 MonoDevelop-Unity IDE를 띄운다. 그리고 예제 8.6과 같이 코드를 작성하자.

---

5 유한 상태 기계(FSM, Finite State Machine)의 동작 원리가 많이 사용되는데 내가 TIG(Thisisgame)에 연재했던 글을 참고하면 더 많은 도움이 되리라 생각한다.
http://www.thisisgame.com/webzine/series/nboard/212/?series=99&n=57612 – 옮긴이

예제 8.6 PlayerStats 스크립트

```
public class PlayerStats : MonoBehaviour
{
    public int health = 6;
    public int coinsCollected = 0;

    public void CollectCoin(int coinValue)
    {
        this.coinsCollected = this.coinsCollected + coinValue;
    }
}
```

스크립트에서 두 개의 public 변수를 사용하고 있다. health와 coinsCollected인데 coinsCollected는 현재까지 플레이어가 먹었던 코인들의 총 가격이다. CollectCoin 함수는 플레이어가 먹을 때 호출된다.

public으로 선언되었기 때문에 우리는 이 값을 인스펙터에서 볼 수 있다. 그렇기 때문에 게임을 테스트할 때 편리하며 코인을 먹을 때 얼마만큼 늘었는지도 확인할 수 있다. CollectCoin은 int형 인자를 하나 받는데 이 값을 coinsCollected에 더한다. 인자 값을 이용해 먹은 코인의 종류에 따라 다른 코인 값을 증가시킬 수 있다. 기본적으로 CollectCoin은 이 스크립트 내부에서 호출하지 않는다. 그럼 이제 이전에 작성했던 CoinPickup 스크립트를 다시 한번 살펴보고 예제 8.7과 같이 수정하자.

예제 8.7 수정된 CoinPickup 스크립트

```
public class CoinPickup : MonoBehaviour
{
    public int coinValue = 1;

    void OnTriggerEnter2D(Collider2D collider)
    {
        if(collider.tag == "Player")
        {
            PlayerStats stats = collider.gameObject.GetComponent<PlayerStats>();
            stats.CollectCoin(this.coinValue);
```

```
            Destroy(this.gameObject);
        }
    }
}
```

충돌된 게임오브젝트의 GetComponent를 이용해 PlayerStats 컴포넌트를 얻고 public으로 선언된 CollectCoin 함수를 호출해 값을 저장한다.

이제 스크립트를 저장하고 게임을 실행한 후 플레이어를 움직여 코인을 먹어 보자. 씬 뷰에서 플레이어를 선택하면 PlayerStats의 값을 볼 수 있는데 현재까지 플레이어가 먹은 코인의 값들을 볼 수 있다.

노트
우리가 지금 저장한 데이터들은 게임이 실행 중에서만 유효하다. 플레이어가 다른 레벨로 이동하게 되면 컴포넌트의 데이터들은 모두 사라지게 된다. 만일 데이터를 영구적으로 저장하고 싶다면 다음 사이트를 참고하자. http://unity3d.com/learn/tutorials/modules/beginner/live-training-archive/persistence-data-saving-loading

팁
우리는 스크립트를 최소한으로 보여주기 위해 주석을 작성하지 않았다. 하지만 거의 항상, 항상, 항상! 주석을 작성하길 바란다. 주석은 짧고, 명확하게 작성해야 한다. 그러면 코드를 작성한 후 6개월 후에 다시 코드를 보더라도 이해하기가 편할 것이다.

요약

지금까지 유니티의 트리거 시스템, 플레이어의 액션에 따라 어떻게 반응하는 코드를 작성할 수 있는지 배웠다. 예를 들어 플레이어가 구덩이에 빠졌을 때 체크 포인트로 플레이어를 이동시킬 수 있었다.

수집 가능한 아이템인 코인을 만들어 보았고 거리와 각도 계산을 위해 간단하게나마 벡터 수학에 대해 배웠다. 또한 코인 박스를 통해 프리팹을 어떻게 실시간으로 생성하는지 배웠다.

마지막으로 플레이어가 수집한 코인들의 값을 저장하는 스크립트를 작성해보았다. 이 스크립트는 이후 10장, '메뉴 제작과 인터페이스 다루기'에서 화면에 데이터를 출력할 때 사용된다.

9장, '적 만들기와 난이도 조절'에서는 장애물, 움직이는 플랫폼, 적들을 만들어봄으로써 게임을 더 확장할 것이다.

연습 문제

8장을 진행하면서 꽤 괜찮은 시스템을 제작해보았다. 연습을 통해 게임 레벨을 더 그럴 듯하게 만들어보자.

1. 플레이어가 얼마나 더 멀리 가는지 알아보고 구덩이들을 추가해보자.

2. 새롭게 만들어진 구멍들이 있다면 그곳에 구덩이 프리팹들을 배치하자.

3. 점프 하는 구간이 있다면 그 이전에 체크 포인트들을 배치하자(점프 지점이 조밀하게 붙어 있다면 각 구간별로 배치해보자).

4. 모든 트리거 볼륨들을 테스트해보면서 플레이어가 제대로 된 지점에서 부활하는지 테스트하자.

5. 게임 레벨에 코인 박스들을 배치해보자. 코인 박스를 먹기 위해 플레이어가 얼마나 높이 점프할 수 있는지 관심 있게 보자. 창의적으로 코인 박스를 배치해보자!

6. 게임을 플레이해보고 게임의 느낌이 어떤지 확인해보자. 게임을 즐기기에 괜찮았나? 코인 박스를 효과적으로 먹을 수 있나?

7. 씬과 프로젝트 파일들을 모두 저장하자.

이제 다음 장으로 넘어가자!

9

적 만들기와
난이도 조절

지금까지 각 장을 진행하면서 한번에 한 조각씩 맞춰가며 게임을 만들어 왔다. 플레이어가 움직이는 방법을 이해하고 유니티의 트리거 시스템을 이용해 게임의 근간이 되는 시스템들을 구현했다. 이 경험을 바탕으로 위험 요소들을 더 추가해 게임을 더 확장해보고 위험 요소를 이용해 플레이어가 경험해야 하는 게임의 도전적인 요소를 만들어보자.

9장에서는 플레이어에게 데미지를 입힐 수 있는 최초의 적 캐릭터를 만들어보고, 움직이는 플렛폼과 하늘에 날아다니는 적을 만들어 볼 것이다. 마지막으로 게임의 난이도 조절에 관해 알아 볼 것이다.

적 만들기

플레이어는 뛰거나 점프할 수 있고 구덩이에 빠질 수도 있다. 하지만 단순히 움직이는 것 보다는 좀 더 도전적인 것들이 필요하다. 그럼 이제 적을 만들어보자. 바로 슬라임이다! 우리는 최대한 간단한 인공지능AI을 슬라임에게 줄 것이고 구체적으로는 벽에 부딪힐 때까지 한 방향으로 걸어가고 정해진 지점을 만나면 방향을 바꾼다. 또한 다른 적과 부딪혔을 때도 방향을 바꾼다.

슬라임 게임오브젝트 준비

우리의 슬라임은 플레이어를 준비할 때와 비슷하다. 다음 단계들을 따라 기본적인 게임오브젝트를 설정해보자.

1. 빈 게임오브젝트를 만든 후 이름은 'enemySlime'으로 설정한다.

2. 빨간색 사각형과 같은 인지하기 편한 아이콘으로 바꾼다.

3. 게임오브젝트에 Sprite Renderer 컴포넌트를 추가한 후 Sprite 속성은 enemies_ spritesheet_16으로 설정한다.

4. 게임오브젝트에 Rigidbody 2D 컴포넌트를 추가한 후 Fixed Angle box를 체크해 뒤집히지 않도록 한다.

5. 게임오브젝트에 Circle Collider 2D 컴포넌트를 추가한다.

6. Circle Collider 2D 컴포넌트의 Radius 값을 0.19로 설정하고 Center 값은 X : −0.11, Y : 0.2로 설정한다.

7. 게임오브젝트에 Box Collider 2D 컴포넌트를 추가하고 Is Trigger를 체크한다.

8. Box Collider 2D 컴포넌트의 Size 값을 X : 0.1, Y : 0.2로 설정한다. 그리고 Center 값은 X : −0.36, Y : 0.18로 설정하자.

작업을 끝냈다면 그림 9.1과 같은 게임오브젝트를 볼 수 있을 것이다. 우리가 만든 트리거는 벽과의 충돌이나 다른 오브젝트와의 충돌을 체크할 때 사용될 것이다. 크기는 작게 설정하는 것이 좋다. 너무 커 버리면 의도하지 않게 다른 오브젝트와 부딪혀서 방향을 바꾸거나 할 것이기 때문이다.

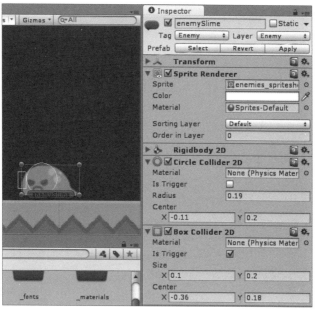

그림 9.1 enemySlime 게임오브젝트의 초기 설정

> **팁**
>
> 우리가 사용하는 원형 충돌은 바닥의 충돌 면이 평평하지 않아도 슬라임이 끼이거나 하지 않게
> 해준다. 결과적으로 슬라임이 바닥에서 더 부드럽게 이동 가능하다.

> **팁**
>
> 예를 들어 Polygon Collider 2D를 수정하는데 Sprite Renderer의 크기 조절 툴이 방해가 된다면
> Sprite Renderer 컴포넌트를 숨긴다. 컴포넌트의 왼쪽을 보면 화살표가 있는데, 이것을 눌러 컴포
> 넌트를 접으면 크기 조절 툴이 사라진다. 한 가지 알아 두어야 할 것은 이렇게 컴포넌트를 접으면
> 이동하거나 크기도 바꿀 수 없다.

상속과 EnemyController 컴포넌트

보통은 컨트롤러 스크립트 만들고 적 캐릭터에게 추가하는데, 여기서는 클래스 상
속이라는 개념을 이용해 생성 과정을 이해해보자.

적들은 특정한 속성들을 공유하게 되는데 예를 들어 헬스 포인트_{Health point}, 점수, 특정한 플래그 값들이 있으며 동일한 로직으로 구성된 함수들이 있다. 베이스 클래스에 공유되는 속성들을 작성하고 이것을 상속하면 모든 적 캐릭터 컨트롤러 스크립트마다 동일한 내용을 매번 다시 작성하지 않아도 된다.

1. _scripts 폴더로 간다.

2. 오른쪽 버튼을 누른 후 **Create ➤ C# Script**를 선택한다.

3. 새로운 스크립트의 이름을 'EnemyController'로 한다.

우리는 매우 간단한 스크립트를 작성할 것인데 그 이유는 우리가 만들 게임의 메커니즘이 매우 간단하기 때문이다. 하지만 그렇다 하더라도 이번 내용은 매우 중요하다. 만들어진 EnemyController를 열고 예제 9.1을 작성하자.

예제 9.1 EnemyController 스크립트

```
public class EnemyController : MonoBehaviour
{
    [HideInInspector]
    public bool isFacingRight = false;
    public float maxSpeed = 1.5f;

    public void Flip()
    {
        isFacingRight = !isFacingRight;
        Vector3 enemyScale = this.transform.localScale;
        enemyScale.x = enemyScale.x * -1;
        this.transform.localScale = enemyScale;
    }
}
```

스크립트는 적 캐릭터들 간에 공유될 여러 변수들 및 함수 Flip()을 가지고 있다. 플레이어와 마찬가지로 적 캐릭터들도 방향을 바꿀 수 있으므로 EnemyController에 함수를 만들었다. 표 9.1을 보면 스크립트에서 사용한 변수들의 설명을 볼 수 있다.

표 9.1 Enemy Controller 속성들

변수	타입	목적
isFacingRight	Bool	적 캐릭터가 오른쪽 방향을 향하고 있다면 True 아니면 False
maxSpeed	Float	적 캐릭터의 이동 스피드

Enemy Slime 컴포넌트 스크립트

우리는 방금 EnemyController 스크립트를 만들었다 하지만 앞으로는 어떠한 코드도 추가로 작성하지 않을 것이다. 대신에 EnemyController를 상속한 새로운 클래스를 만들고 추가로 필요한 기능들을 작성할 것이다.

1. enemySlime 게임오브젝트를 선택한다.

2. **Add Component** 버튼을 클릭한 후 **New Script**를 선택한다.

3. 스크립트의 이름은 'EnemySlime'으로 하고 언어는 CSharp으로 설정한다.

4. 프로젝트 브라우저에서 방금 생성한 스크립트를 선택해 _scripts 폴더로 이동한다.

5. 스크립트를 더블클릭해 MonoDevelop-Unity를 띄운다.

Start()와 Update() 함수들을 삭제하고 예제 9.2와 같이 스크립트를 작성하자.

예제 9.2 상속을 이용한 EnemySlime 스크립트

```
public class EnemySlime : EnemyController
{
}
```

MonoBehaviour를 상속하지 않고 EnemyController를 상속하고 있다는 점을 주목하자. 이제 유니티로 돌아가서 enemySlime을 선택하자. EnemyController스크립트의 public 변수들이 enemySlime에게도 보인다는 것을 그림 9.2를 통해 확인할 수 있다.

이제 슬라임이 우리가 원하는 방식으로 동작하길 원한다. 벽에 부딪히기 전까지 앞으로 걸어 나가며 방향을 전환해야 한다. 이러한 동작 방식을 EnemySlime 스크립트에 작성할 것이다. 왜냐면 다른 적 캐릭터들은 동작 방식이 다를 수 있기 때문이다. 이제 슬라임이 'Wall'이라는 태그가 붙은 오브젝트와 부딪힐 때까지 걷는 동작을 작성해보자. 예제 9.3을 EnemySlime 스크립트에 작성해보자.

> **팁**
>
> 물론 다른 방식으로 구현할 수도 있다. 예를 들면 '어기적 거리기'라는 컴포넌트를 작성한 후 이것을 슬라임이나 다른 적 캐릭터에게 컴포넌트를 부착하면 그와 같은 행동을 할 것이다.

그림 9.2 부모의 속성을 상속한 enemySlime 컴포넌트

예제 9.3 EnemySlime 스크립트

```
public class EnemySlime : EnemyController
{
    void FixedUpdate ()
    {
        if(this.isFacingRight == true)
        {
            this.rigidbody2D.velocity =
                new Vector2(maxSpeed, this.rigidbody2D.velocity.y);
        }
        else
        {
```

```
        this.rigidbody2D.velocity =
            new Vector2(maxSpeed * -1, this.rigidbody2D.velocity.y);
    }
}

    void OnTriggerEnter2D(Collider2D collider)
    {
        if(collider.tag == "Wall")
        {
            Flip ();
        }
    }
}
```

FixedUpdate( ) 함수

PlayerController 스크립트에서 했던 것과 비슷하게 움직임을 처리한다. 한 가지 다른 점은 입력이 없어도 자동으로 움직인다는 점이다. 슬라임은 자신의 최대 속도로 앞으로 향하는 것이 전부다.

OnTriggerEnter2D( ) 함수

트리거 함수에서는 슬라임과 부딪힌 오브젝트가 벽인지 검사한다. 만일 벽을 부딪히게 되면 Flip() 함수를 호출해 방향을 바꾼다.

이쯤에서 프로젝트를 저장하고 게임을 실행해보자. 슬라임은 주어진 방향으로 앞으로 향할 것이다. 이제 벽을 추가해서 슬라임의 방향을 바꾸도록 해보자!

레벨에 벽 추가

지금쯤이면 새 게임오브젝트를 생성하고 기본적인 요소들을 추가하는 것은 익숙해져 있을 것이다. 유니티를 사용한다면 프리팹 라이브러리를 갖추기 전까지는 이러한 작업을 반복해서 하게 될 것이다.

1. 빈 게임오브젝트를 생성한 후 이름은 'Box'로 한다.

2. Sprite Renderer 컴포넌트를 추가한다.

3. Sprite Renderer의 스프라이트를 tiles_spritesheet135로 설정한다.

4. Add Component 버튼을 눌러 Physics 2D ➤ Box Collider 2D를 선택한다.

5. 플레이어가 위에 서 있을 수 있게 게임오브젝트 레이어를 Ground로 설정한다. 이때 플레이어가 Ground 위에 있으면 더블 점프를 위한 플레이어의 플래그도 설정해 주어야 한다.

벽이 동작하기 위해서 레벨에 배치할 새로운 프리팹과 태그가 필요하다. 4장, '게임 월드 제작'에서 태그를 어떻게 만드는지 배웠는데 혹시 까먹은 사람들을 위해 다시 한번 적어보았다.

1. Edit 메뉴에서 Project Settings ➤ Tag & Layers를 선택한다.

2. Tag 섹션을 확장한다.

3. 새로운 태그를 만들고 이름은 Wall로 한다.

4. Box 게임오브젝트를 선택한다.

5. 태그를 Wall로 설정한다.

6. Box 게임오브젝트를 드래그해서 _prefabs에 옮겨 프리팹으로 만든다.

레벨에 타일, 벽, 슬라임을 배치한 후 게임을 실행시켜 본 후 적들이 어떻게 반응하는지 지켜보자. 슬라임이 벽에 부딪히면 방향을 바꾸는 것을 확인할 수 있다.

노트

박스의 레이어를 Ground로 설정했다. 'Wall'이라고 새로운 레이어를 추가할 수도 있었지만 그렇게 하지 않았다. 새로운 레이어를 추가했을 경우 플레이어의 레이어 마스크를 수정해야 하고, 그러면 벽에서도 더블 점프가 가능하다.

슬라임들끼리 충돌 처리

현재 슬라임은 벽에 부딪혔을 때만 방향을 바꾼다. 슬라임이 다른 슬라임과 부딪혔을 때 반응하는 건 어떨까? 이것을 구현하는 방법은 다양하다. 슬라임의 레이어를 설정해 자기 자신과 충돌하는 것을 막을 수 있는데 이렇게 되면 슬라임이 다른 슬라임을 뚫고 지나갈 수 있다. 우리는 슬라임끼리 부딪히면 방향을 바꾸도록 해보자.

　OnTriggerEnter2D() 함수의 if 구문을 수정해 Enemy 태그를 검사하자. 적들이 동시에 방향을 바꾸는 것을 보장할 수 없기 때문에 두 오브젝트의 방향을 동시에 바꾸자. EnemySlime 스크립트를 예제 9.4와 같이 수정하자.

예제 9.4 EnemySlime의 OnTriggerEnter2D() 함수를 수정하자.

```
public class EnemySlime : EnemyController
{
   void OnTriggerEnter2D(Collider2D collider)
   {
      if(collider.tag == "Wall")
      {
         Flip ();
      }
      else if (collider.tag == "Enemy")
      {
         EnemyController controller =
             collider.gameObject.GetComponent<EnemyController>();
         controller.Flip();
         Flip ();
      }
   }
}
```

　수정된 부분은 충돌한 오브젝트의 EnemyController 컴포넌트를 얻고 Flip() 함수를 호출한다. 이러한 인공지능을 가진 적들을 그림 9.3과 같이 구성하면 매우 흥미로운 패턴을 얻는다.

그림 9.3 좁은 공간에서 슬라임들이 충돌하고 있다.

슬라임에 애니메이션 추가

슬라임을 만들어보았고 충돌 처리를 어떻게 하는지 배웠다. 현재 슬라임은 애니메이션 없이 바닥을 움직이기 때문에 이상하게 보인다. 6장, '씬에 애니메이션 추가'에서 배운 방법대로 슬라임에 애니메이션을 추가해보자.

1. enemySlime 게임오브젝트를 선택한다.

2. Add Component 버튼을 누른 후 Miscellaneous > Animator를 선택하자.

3. 프로젝트 윈도우의 _animations 폴더에 가자.

4. 오른쪽 버튼을 클릭한 후 Create > Animator Controller를 선택한다.

5. 컨트롤러의 이름은 'Slime'으로 하고 연다.

6. 기본 idle 상태를 하나 추가한다.

7. enemySlime 게임오브젝트가 선택된 상태에서 Animation 패널을 열고 새로운 클립을 하나 추가해 이름은 'Slime_Move'로 하자.

8. Sample 값은 30으로 설정하고 Sprite Renderer의 Sprite 속성으로 커브를 추가하자.

9. enemies_spritesheet_16을 키프레임 0:00과 0:10에 할당한다.

10. enemies_spritesheet_17을 키프레임 0:05에 설정한다. 이 작업을 끝내면 그림 9.4와 같을 것이다.

11. 슬라임 애니메이션 컨트롤러에서 Slime_Move 애니메이션이 idle 상태에 할당되어 있도록 한다.

12. enemySlime 게임오브젝트를 선택하고 Animator의 Controller 속성이 Slime Animation Controller로 되어 있도록 하자.

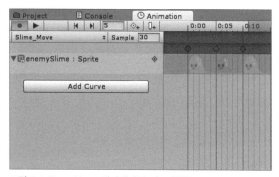

그림 9.4 Slime_Move 애니메이의 키프레임들

게임을 실행해보면 슬라임이 애니메이션 된다는 것을 확인할 수 있다. 이전에 바닥에서 미끄러지는 것보다 보기에 더 괜찮아 보일 것이다. 슬라임을 프리팹화시키지 않았다면 프리팹으로 만들어 두자. 그리고 Apply를 눌러 수정 사항을 저장하자. 이제 플레이어에게 데미지를 입힐 수 있는 데미지 처리를 하자.

데미지 입히기

슬라임은 우리가 원하는 대로 동작하지만 아직 완전하지 않다. 플레이어를 위험에 빠뜨리려면 데미지에 따라 플레이어의 체력이 소모되어야 하는데 이것을 구현하기 위해 2개 부분으로 나눠서 접근할 것이다. 우선 플레이어가 데미지를 입어야 하는지 체크하고 그 이후에 데미지를 어떻게 처리하는지는 PlayerStats 컴포넌트에서 한다.

슬라임이 플레이어에게 데미지를 주는 기능을 구현한 후에 우리가 해야 할 것은 구덩이 트리거 볼륨에도 데미지 처리가 가능하도록 기능을 추가하는 것이다. 마지막으로 여러 마리의 적들에 의해 히트 처리가 동시에 일어났을 경우 이것을 원만하게 처리하는 기능도 추가해야 한다.

PlayerStats 컴포넌트에 데미지 처리 기능 추가

플레이어의 데미지 처리는 어디서 해야 할까? 여러 스크립트에서 이것을 구현할 수 있지만 게임이 커지면 커질수록 코드가 반복해서 재 작성되는 경우를 볼 수 있을 것이다. 우리는 PlayerStats 스크립트에 TakeDamage()라는 함수를 만들고 어디에서든지 이것을 호출하기만 하면 데미지 처리가 가능하게 했다.

예제 9.5를 참고해서 PlayerStats 스크립트를 수정하자.

예제 9.5 PlayerStats 스크립트

```
public class PlayerStats : MonoBehaviour
{
    public int health = 6;
    public int coinsCollected = 0;

    public void CollectCoin(int coinValue)
    {
        this.coinsCollected = this.coinsCollected + coinValue;
    }

    public void TakeDamage(int damage, bool playHitReaction)
```

```
    {
        this.health = this.health - damage;
        Debug.Log("Player Health:" + this.health.ToString());
        if(playHitReaction == true)
        {
            Debug.Log("Hit reaction called");
        }
    }
}
```

TakeDamage( ) 함수

TakeDamage 함수는 2개의 파라메터를 필요로 하는데 integer와 bool이 있다. 정수형 값은 플레이어의 체력치에서 얼마만큼 줄여야 하는지를 의미하고 불리언 값은 플레이어가 히트 리액션을 취해야 하는지 아닌지 검사하기 위해 필요로 한다. 예를 들어 구덩이에 떨어졌을 때는 히트 리액션을할 경우 이상하게 보일 것이다.

코드 내부에서 Debug.Log() 함수를 이용해 메시지를 콘솔에 표시하는데 첫 번째는 데미지를 입고 나서 얼마만큼의 체력이 남아 있는지 표시하고 두 번째는 히트 리액션이 필요할 경우에 메시지를 콘솔에 표시한다.

> **팁**
>
> 플레이어의 체력을 올려 주는 아이템을 만들고 싶은 경우 같은 함수를 이용해서 체력을 올릴 수 있다. 예를 들어 데미지 값을 음수 값으로 주면 플레이어의 체력이 감소되지 않고 오히려 증가한다. 이런 식으로 시스템을 다시 사용하는 것은 지저분해질 수도 있지만 매우 일반적이기도 하다.

데미지 트리거 만들기

우리는 슬라임이 플레이어에게 데미지를 주기 위해 트리거를 만들 것이다. 슬라임이 이미 가지고 있는 트리거 볼륨을 이용할 수도 있지만 이후에 플레이어와 적이 물리적으로 충돌하지 않았음에도 불구하고 충돌이 되는 문제가 생길 수 있기 때문에 게임오브젝트를 하나 더 만들고 이것을 enemySlime의 자식으로 설정할 것이다.

1. 슬라임이 선택된 상태로 새로운 빈 게임오브젝트를 생성한다. 그리고 이름은 'triggerDamage'로 설정한다.

2. Circle Collider 2D를 추가한 후 Is Trigger를 true로 설정한다.

3. Circle Collider 2D의 radius 값을 0.22, Center 값을 X : −0.11, Y : 0.15로 설정한다.

데미지에 사용될 충돌체는 원이며 슬라임에 설정했던 트리거 볼륨보다 클 것이다. 슬라임의 스프라이트의 크기에 비슷한 크기로 충돌체의 크기를 설정할 것인데 만일 정확한 충돌체의 모양이 필요하다면 Polygon Collider 2D를 이용할 수 있다. 하지만 너무 정확하면 플레이어가 피해를 입지 않으면서 슬라임을 터치할 방법이 없게 된다. 다른 말로 말하자면 너무 어려워 지게 된다. 적당한 크기로 충돌체를 조절해 정확하면서도 플레이어에게 유리하게 설정하자.

이제 다음 단계들을 따라 해 스크립트를 작성하자! 이제 이 작업들이 매우 친숙하게 느껴질 것이다.

1. triggerDamage 게임오브젝트를 선택한다.

2. Add Component 버튼을 눌러 New Script를 선택한다.

3. 스크립트의 이름을 'ContactDamage'로 하고 언어는 CSharp으로 설정한다.

4. 프로젝트 브라우저에서 방금 만든 스크립트를 선택하고 _scripts 폴더로 옮겨 프리팹으로 만든다.

5. 스크립트를 더블클릭해 MonoDevelop-Unity를 띄운 후 예제 9.6과 같이 스크립트를 작성한다.

예제 9.6 ContactDamage 스크립트

```
public class ContactDamage : MonoBehaviour
{
    public int damage = 1;
    public bool playHitReaction = false;

    void OnTriggerEnter2D(Collider2D collider)
    {
```

```
        if(collider.tag == "Player")
        {
            PlayerStats stats = collider.gameObject.GetComponent<PlayerStats>();
            stats.TakeDamage(this.damage, this.playHitReaction);
        }
    }
}
```

표 9.2 Contact Damage 속성

변수	타입	목적
damage	Integer	플레이어의 체력을 감소할 수치 값
playHitReaction	Bool	플레이어가 리액션을 하는지 안 하는지 체크

표 9.2에는 public으로 선언된 두 개의 변수들이 있다. damage는 데미지의 양을 결정하고 playHitReaction은 히트 리액션을 플레이하거나 하지 않는다. damage 변수 값을 바꾸어 가면서 데미지의 양을 조정해 나갈 수 있다(예를 들어 슬라임에게 부딪혔을 때는 구덩이에 떨어졌을 때 보다 데미지를 적게 받게 할 수 있다). 또한 구덩이에 떨어졌을 때 히트 리액션을 플레이하지 않게 할 수 있다.

데미지의 값을 음수로 설정하면 플레이어의 체력을 회복하게 할 수도 있다. 비록 현재 스크립트에서는 플레이어가 6개 이상의 체력을 가지지 못하지만 말이다.

OnTriggerEnter2D( ) 함수

이 함수에서는 트리거에 부딪힌 오브젝트의 태그를 검사해 이것이 Player라면 PlayerStats 컴포넌트를 얻고 TakeDamage() 함수를 호출한다. damage와 playHitReaction 변수 값이 함수의 인자로 넘겨 진다. 물론 현재는 이 스크립트에서 변수 값이 사용되진 않았다.

스크립트를 저장하고 유니티로 돌아가자. 그리고 슬라임의 triggerDamage 게임오브젝트를 선택한다. 그 후 Play Hit Reaction를 체크해 이후 적들이 플레이어에게 부딪혔을 때 리액션을 취할 수 있도록 한다. 플레이어가 슬라임과 부딪히면 콘솔에 플레이어의 현재 체력과 히트 리액션의 유무에 대한 메시지가 나타난다. enemySlime 프리팹을 저장하기 위해 Apply를 선택하자. 지금까지 모든 작업을 끝내면 triggerDamage 게임오브젝트의 모습은 그림 9.5와 같다.

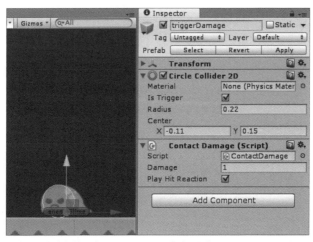

그림 9.5 작업이 완료된 triggerDamage 게임오브젝트

플레이어 통과하기

데미지 스크립트를 테스트할 때 아마 눈치챈 독자 여러분도 있을 것이다. 플레이어와 슬라임이 부딪히면 서로 밀고 밀려난다. 이것은 게임오브젝트에 리지드바디 Rigidbody 2D가 붙어 있기 때문인데 리지드바디가 붙어 있으면 물리에 의해 부딪혔을 때 힘을 적용하기 때문이다.

이 게임에서 이런 동작을 원하지 않기 때문에 다음과 같은 작업을 해 주어서 슬라임이 플레이어를 뚫고 지나갈 수 있게 해야 한다.

1. Project Settings ➤ Tags & Layers를 선택한다. 만일 레이어가 존재하지 않는다면 레이어를 생성하고 이름은 'Enemy'로 설정한다.

2. Edit 메뉴의 Project Settings ➤ Physics 2D를 선택한다.

3. Layer Collision Matrix를 보면 Player/Enemy가 있는데 체크된 것을 모두 해제하자. 그러면 두 객체 간에 충돌은 사라진다.

4. enemySlime 게임오브젝트를 선택하고 레이어를 Enemy로 설정한다. 프롬프트 대화상자가 나타나면 'No, this object only'를 선택한다.

5. 마지막으로 triggerDamage 게임오브젝트를 선택한 후 레이어를 Default 레이어로 설정한다.

우리가 방금 작업한 것은 슬라임이 플레이어와 충돌하지 않게 한 것이다. 슬라임과 플레이어가 충돌하진 않지만 트리거 때문에 데미지는 입는다. 이것이 바로 데미지 트리거를 슬라임의 내부 게임오브젝트로 만든 이유다.

이제 게임을 실행하고 어떻게 동작하는지 확인해보자. 슬라임이 플레이어와 부딪히면 이전과 마찬가지로 콘솔에 메시지가 나타날 것이다. 물론 슬라임은 플레이어를 뚫고 지나갈 수 있다!

> **노트**
>
> 하나의 게임오브젝트에 여러 Trigger2D 이벤트가 발생할 때 어떤 스크립트가 발생했는지 구분하기가 어려운 경우가 있다. 이것을 쉽게 하기 위해서는 여러 내부 게임오브젝트들을 만들고 트리거들을 따로 관리하는 것이다.

구덩이에 데미지 기능 추가

이제 플레이어가 구덩이에 빠지면 데미지를 입도록 해보자.

1. 프로젝트 뷰에서 구덩이 프리팹을 선택한다.

2. Add Component 버튼을 누른 후 Scripts ➤ ContactDamage를 선택한다.

3. Damage 속성 값을 2로 설정한다. 이 의미는 플레이어가 구덩이에 빠지면 매우 큰 데미지를 입는다는 뜻이다.

4. Play Hit Reaction을 체크한다. 지금까지 모든 작업을 끝내면 여러분의 구덩이 프리팹은 그림 9.6과 같을 것이다.

이게 전부다! 게임을 실행하고 플레이어를 움직여 구덩이로 점프해보자. 추가로 플레이어가 리스폰 포인트로 이동하고 나면 콘솔에서 메시지를 확인할 수 있다. 이것으로 구덩이가 충분히 위협적인 요소가 되었다.

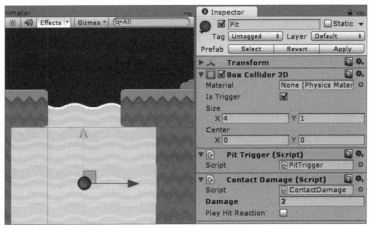

그림 9.6 업데이트된 구덩이 프리팹의 모습

무적 기능 추가

슬라임 여러 마리에 플레이어가 부딪히게 되면 플레이어의 체력이 급격하게 소모되는 경우를 본적이 있을 것이다. 이것은 한번의 실수로 갑작스럽게 플레이어가 죽음으로 이르게 될 수 있고 이것은 불공평해보인다. 이것은 플레이어가 부딪혔을 때 일정 시간 동안 무적 상태에 이르게 해 해결 가능하다.

무적 기능을 위해 PlayerStats에서 시간을 체크할 것이고 한번 부딪히고 나면 일정 기간 동안 데미지를 입지 않도록 할 것이다.

이 게임에서 무적 기능은 히트 리액션이 있을 경우에만 동작할 것이고 히트 리액션이 없을 때는 무적 기능이 동작하지 않을 것이다. 무적 기능을 처리하는 것과 히트 리액션은 다른 함수에서 처리하는데 예제 9.7을 보면 이를 위해 새로운 변수와 함수가 사용되고 있는 것을 확인할 수 있다.

예제 9.7 PlayerStats 스크립트의 확장

```
public bool isImmune = false;
public float immunityDuration = 1.5f;
private float immunityTime = 0f;

void Update()
{
  if(this.isImmune == true)
  {
    immunityTime = immunityTime + Time.deltaTime;
    if(immunityTime >= immunityDuration)
    {
      this.isImmune = false;
      Debug.Log("Immunity has ended");
    }
  }
}

public void TakeDamage(int damage, bool playHitReaction)
{
  if(this.isImmune == false)
  {
    this.health = this.health - damage;
    Debug.Log("Player Health:" + this.health.ToString());

    if(playHitReaction == true)
    {
      Debug.Log("Immunity has started");
      PlayHitReaction();
    }
  }
}

void PlayHitReaction()
```

```
{
    this.isImmune = true;
    this.immunityTime = 0f;
    this.gameObject.GetComponent<Animator>().SetTrigger("Damage");
}
```

표 9.3 PlayerStats의 새로운 속성들

변수	타입	목적
isImmune	Bool	현재 플레이어가 무적인지 아닌지
immunityDuration	Float	무적 시간이 얼마인지 나타낸다.
immunityTime	Float	무적이 된 지 몇 초가 지났는지 나타낸다.

우리는 스크립트에서 새로운 변수들을 추가했다. 2개의 `public` 변수와 나머지 하나는 내부적으로만 사용된다. 표 9.3에서 이 변수 값들의 의미를 나타냈다. `Update()`, `TakeDamage()` 함수를 업데이트 했고 `PlayHitReaction()` 함수를 추가했다. 이제 함수가 어떻게 동작하는지 하나 하나 알아보자.

업데이트된 TakeDamage( ) 함수

`TakeDamage()` 함수에서 `isImmunue` 변수 값을 체크한다. 이 변수 값이 `true`라면 아무런 동작을 하지 않는다. 리액션이 존재하면 `PlayHitReaction()` 함수를 호출한다.

> **팁**
>
> 스크립트를 작성할 때 미리 어떻게 동작할지 예상해보자. 앞서 우리가 작성한 함수는 무적 상태가 온 되어 있으면 코드를 실행하지 않는다. 문제는 데미지 값이 음수일 때 처리다. 데미지 값을 음수로 설정하면 체력이 보충 될 거라고 생각하는데 무적 상태라면 아무런 동작을 하지 않는다. 명백히 우리가 원하는 동작은 아니다. 그렇기 때문에 코드를 작성할 때 항상 미리 어떻게 동작할지 예상하면서 코드를 작성하자.

PlayHitReaction( ) 함수

이 함수가 실행되면 isImmune를 true로 설정해 플레이어를 무적 상태로 만든다.
그리고 immunitTime을 0으로 설정한다. 이 값은 플레이어가 무적이 된 지 몇 초가
지났는지 추적한다. Update() 함수에서 언제 무적을 멈출지 결정한다. 마지막으로
게임오브젝트의 **Animator** 컴포넌트의 애니메이션 트리거를 호출한다. 이것으로 플
레이어의 데미지 입은 애니메이션을 재생할 수 있다. 이 애니메이션은 6장, '씬에
애니메이션 추가'에서 미리 만들었다.

업데이트된 Update( ) 함수

Update() 함수에서 immunityTime 값을 Time.DeltaTime을 이용해 증가시킨다.
이것은 이전 프레임에서 얼마의 시간이 지났는지 의미한다. 이것은 정말 중요한데
시간에 관련된 거의 대부분의 코드에서 이것을 사용하기 때문이다. immunityTime
값이 immunityDuration 값과 같거나 크면 무적이 끝났다는 의미이기 때문에 flag
를 false로 설정하고 콘솔에 메시지를 표시한다.

이제 유니티로 돌아가 게임을 실행해보자. 플레이어를 움직여 슬라임과 부딪혀
보고 어떤 결과가 나타나는지 확인해보자. 아마 정해진 시간 동안 플레이어가 무적
상태가 되고 콘솔에 메시지가 지속적으로 나타나지 않을 것이다.

> **노트**
> 우리가 작업한 방식은 시간을 이용했고 유니티의 코루틴을 이용해서 구현할 수도 있다. 코루틴에
> 대해 자세히 알고 싶다면 http://unity3d.com/learn/tutorials/modules/intermediate/scripting/
> coroutines를 참고하자.

고전적인 방법으로 무적 표현하기

개발자에게는 콘솔 메시지로 플레이어가 무적 상태인지 아닌지 표현해도 문제 없
지만 게이머에게는 예외다. 현재 플레이어가 무적 상태인지 아닌지 시각적으로 표
현하는 방법이 필요하다.

고전적인 스프라이트 기반의 게임의 경우 무적 상태를 표현하기 위해 깜빡이는 방식을 많이 사용했다. 우리도 이 방법을 사용해 무적을 표현해보자. 이를 위해 PlayerStats 스크립트를 예제 9.8과 같이 수정해 주어야 한다.

예제 9.8 PlayerStats 스크립트의 확장

```
private float flickerDuration = 0.1f;
private float flickerTime = 0f;
private SpriteRenderer spriteRenderer;

void Start()
{
spriteRenderer = this.gameObject.GetComponent<SpriteRenderer>();
}

void Update()
{
  if(this.isImmune == true)
  {
    SpriteFlicker();
    immunityTime = immunityTime + Time.deltaTime;

    if(immunityTime >= immunityDuration)
    {
      this.isImmune = false;
      this.spriteRenderer.enabled = true;
    }
  }
}

void SpriteFlicker()
{
  if(this.flickerTime < this.flickerDuration)
  {
    this.flickerTime = this.flickerTime + Time.deltaTime;
  }
  else if (this.flickerTime >= this.flickerDuration)
  {
    spriteRenderer.enabled = !(spriteRenderer.enabled);
    this.flickerTime = 0;
  }
}
```

새로운 변수를 추가했고, 그 의미는 표 9.4를 참고하자. Update() 함수가 업데이트되었고, Start() 함수와 SpriteFlicker() 함수가 추가되었다.

Start( ) 함수

Start() 함수는 유니티의 모든 게임오브젝트가 기본적으로 가지고 있는 함수다. 이 함수가 호출될 때 Sprite Renderer 컴포넌트를 가지고 온다. 물론 이렇게 하지 않고 public으로 선언된 변수를 만들고 드래그앤드롭으로 가지고 올 수도 있지만 지금처럼 하나의 컴포넌트만 있는 경우에는 코드로 작성해도 문제 없고 코드로 작성하면 실수로 Spite Renderer를 할당하지 않는 문제가 발생하지도 않는다.

SpriteFlicker( ) 함수

SpriteFlicker() 함수에서 깜빡이는 처리를 한다. 이 함수에서 얼마의 시간이 지났는지 체크(Time.DeltaTime을 사용)하고 flickerDuration 값과 비교한다. flickerTim이 flckerDuraton보다 크거나 같을 때 flickerTime 값을 초기화하고 Sprite Renderer의 enabled 값을 토글한다.

표 9.4 새로운 PlyerStats 속성

변수	타입	목적
flickerDuration	Float	스프라이트가 화면에 그려 지거나 안그려지는 시간을 의미한다. 이 값으로 깜빡임의 시간을 조절한다.
flickerTime	Float	현재 플리커의 상태가 지속된 시간의 누적 값을 의미한다.
spriteRendere	SpriteRenderer	Sprite Renderer 컴포넌트다. 이 변수를 통해 스프라이트를 화면에 표시하거나/비표시할 수 있다.

업데이트된 Updae( ) 함수

콘솔 메시지를 표시하는 코드가 필요 없어졌기 때문에 삭제되었다. 플레이어가 무적 상태가 되면 SpriteFlicker() 함수를 호출하며 무적 상태가 끝나면 강제로 Sprite Renderer 컴포넌트의 enabled 값을 true로 설정해서 화면에 표시한다. 이렇게 하지 않으면 본의 아니게 무적 상태가 끝나고 플레이어가 화면에 나타나지 않는 경우가 생길 수 있다.

모든 작업을 끝냈다면 저장을 한 후 게임을 실행해보자. 플레이어가 슬라임과 부딪히고 나면 이제 플레이어가 깜빡이기 시작할 것이다. flickerDuation 값을 수정해 가면서 적당한 값을 찾도록 하자.

플레이어 죽음 처리

이제 플레이어는 데미지를 받기 때문에 죽을 수도 있다. 13장, '모든 것을 합치기'에서 제대로 된 게임 오버 스크린을 제작할 것인데 그 이전에 간단한 버전의 죽음 처리를 만들어보자. PlayerStats 스크립트를 예제 9.9와 같이 수정하자.

예제 9.9 PlayerStats 스크립트에서 플레이어 죽음 처리

```
private bool isDead = false;

public void TakeDamage(int damage, bool playHitReaction)
{
  if(this.isImmune == false && isDead == false)
  {
    this.health = this.health - damage;
    Debug.Log("Player Health: " + this.health.ToString());

    if(this.health <= 0)
    {
      PlayerIsDead();
    }
    else if(playHitReaction == true)
    {
      PlayHitReaction();
    }
  }
}

void PlayerIsDead()
```

270

```
{
    this.isDead = true;
    this.gameObject.GetComponent<Animator>().SetTrigger("Damage");
    PlayerController controller =
        this.gameObject.GetComponent<PlayerController>();
    controller.enabled = false;
    this.rigidbody2D.velocity = new Vector2(0,0);
    if(controller.isFacingRight == true)
    {
        this.rigidbody2D.AddForce(new Vector2(-400,400));
    }
    else
    {
        this.rigidbody2D.AddForce(new Vector2(400,400));
    }
}
```

방금 내부 변수 isDead를 추가했고 TakeDamage() 함수를 업데이트했으며 새로
운 함수 PlayerIsDead() 함수를 추가했다.

TakeDamage() 함수
플레이어가 무적 상태인지 혹은 이미 죽었는지 체크한다. 무적 상태거나 이미 죽
었다면 데미지를 입힐 필요가 없기 때문이다. 플레이어의 체력이 0이하가 되면
PlayerIsDead() 함수를 호출하고 아니면 PlayHitReactio()을 호출한다.

PlayerIsDead() 함수
이 함수에서 isDead를 true로 설정한다. 이 값이 true가 되면 데미지 처리를 받
지 않는다. 그 이후 데미지 애니메이션을 플레이하기 위해 Animator 컴포넌트 한
후 SetTrigger를 호출한다. 죽은 이후에 플레이어의 입력을 받지 않게 하기 위해
PlayerController 컴포넌트에 접근해 enabled 값을 false로 설정해 비활성화시킨다.
마지막으로 현재 플레이어의 방향을 기반으로 힘을 적용해 플레이어가 뒤로 밀려
나는 듯한 연출을 한다.

현재 이 정도로 플레이어의 죽음 처리를 마무리 한다. 제대로 된 죽음 처리는 13장, '모든 것을 합치기'에서 다룬다.

플랫포밍의 확장

우리가 만들고 있는 게임은 2D 플랫포머이고 더 다양한 플랫포밍이 있어야 한다. 바로 공중에 떠 있는 플랫폼이다. 플랫포밍은 여러분이 해결해야 하는 모든 타이밍과 정확성에 기반한 도전 과제들이어야 하는데, 예를 들어 플레이어가 점프한 지점에 몇 초 후 지면이 움직여서 사라지면 그것만큼 움직이는 플랫폼의 특징을 잘 살리는 방법도 없다.

움직이는 플랫폼 프리팹 준비

움직이는 플랫폼을 구현하려면 또 다시 내부 게임오브젝트가 필요하다. 하나의 루트 게임오브젝트를 드래그함으로써 플랫폼에 관련된 모든 자식 게임오브젝트들이 움직이게 될 것이다. 이제 기본적으로 필요한 작업을 해보자.

1. 빈 게임오브젝트를 만들고 이름은 'platformMoving'으로 한다.

2. 빈 게임오브젝트를 만들고 platformMoving의 자식으로 설정한다. 그리고 이름은 'platform'으로 설정한다.

3. 빈 게임오브젝트를 또 만들고 platform의 자식으로 설정한다. 그리고 이름은 'bridgeLogs'로 설정한다.

4. bridgeLogs 게임오브젝트에 Sprite Renderer 컴포넌트를 추가하고 'Sprite' 속성 값은 tiles_spritesheet_134로 설정한다.

5. bridgeLogs 게임오브젝트에 BoxCollider 2D 컴포넌트를 추가하고 크기는 스프라이트의 크기에 맞게 설정한다.

6. bridgeLogs 게임오브젝트를 복제해서 새로운 위치 값 X :-1, Y : 0, Z : 0으로 설정한다.

이 작업들을 끝내면 기본적인 것은 갖춘 셈이다. 이제 플랫폼이 움직일 수 있도록 웨이포인트_Waypoint를 설정하는 것을 해보자.

1. 빈 게임오브젝트를 만들고 platformMoving의 자식으로 만든다. 이름은 'waypointA'로 설정한다.

2. waypointA 게임오브젝트의 아이콘을 파란색 다이아몬드로 설정해 알아보기 쉽게 한다. 물론 이것은 게임이 실행될 때 눈에 보이지는 않을 것이다.

3. waypointA를 복제해 새로운 게임오브젝트를 만들고 이름은 'waypointB'로 설정한다.

4. Ctrl 키를 누른 채로 waypointB를 움직여 waypointA의 위로 두 칸 정도에 배치한다.

5. platformMoving 게임오브젝트를 드래그해서 _prefabs으로 이동시켜 프리팹으로 만든다.

지금까지 모든 작업을 끝냈다면 그림 9.7과 같을 것이다.

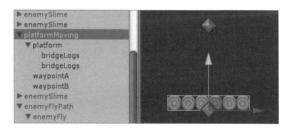

그림 9.7 platformMoving 프리팹의 중첩된 게임오브젝트들

Flight Point 컴포넌트 스크립트

이 스크립트는 주어진 두 개의 포인트 사이로 플랫폼이 설정된 스피드로 움직이게 한다. 플랫폼이 웨이 포인트에 다다르면 반대 방향의 웨이 포인트로 이동한다.

빌딩 블록식 개발 방식을 잘 따르면 이후에 포인트가 더 많아졌을 때도 확장이 쉽다. 혹은 마지막에 다다랐을 때 일정 시간 대기하고 있다가 움직임을 다시 시작하는 것도 쉽게 구현 가능하다.

1. platform 게임오브젝트를 선택한다(platfomMoving이 아니다).

2. **Add Component**을 클릭한 후 **New Script**를 선택한다.

3. 스크립트의 이름은 'FlightPoints'로 하고 언어는 **CSharp**으로 설정한다.

4. 프로젝트 브라우저에서 방금 생성한 스크립트를 선택하고 드래그앤드롭해서 _scrips로 이동시킨다.

5. 스크립트를 더블클릭해 MonoDevlop-Unity를 띄운 후 예제 9.10과 같이 코드를 작성한다.

예제 9.10 FlightPoints 스크립트

```
public class FlightPoints : MonoBehaviour
{
  public GameObject waypointA;
  public GameObject waypointB;
  public float speed = 1;
  private bool directionAB = true;

  void FixedUpdate()
  {
    if(this.transform.position == waypointA.transform.position
```

```
            && directionAB == false || this.transform.position ==
            waypointB.transform.position && directionAB == true)
    {
      directionAB = !directionAB;
    }

    if(directionAB == true)
    {
      this.transform.position =
        Vector3.MoveTowards(this.transform.position,
        waypointB.transform.position, speed * Time.fixedDeltaTime );
    }
    else
    {
      this.transform.position =
        Vector3.MoveTowards(this.transform.position,
        waypointA.transform.position, speed * Time.fixedDeltaTime );
    }
  }
}
```

코드 중간에 매우 길어 보이는 코드가 있지만 미리 겁먹진 말자. 표 9.5를 보면 사용된 속성들의 의미를 파악할 수 있다.

FixedUpdate( ) 함수

이 스크립트에서는 오직 하나의 함수만 사용하고 있다. 보기에는 복잡해보이지만 실제로는 그렇지 않다. 특이한 것은 Update() 함수가 사용되지 않고 FixedUpdate() 함수가 사용되었는데 그 이유는 플랫폼의 움직임이 부드럽게 움직이게 하기 위해서다. 이제 코드를 하나하나 분석해보자.

1. 플랫폼이 목적지에 도착했는지 아닌지 검사한다. 플랫폼이 목적지에 도착했다면 directionAB의 값을 반전시켜 방향을 반대로 바꾼다.

2. 현재 플랫폼의 방향이 waypointA에서 waypointB인가? 그렇다면 waypointB
   의 방향으로 플랫폼을 현재 속도와 마지막으로 FixedUpate() 함수가 호출된
   후 델타 시간을 곱해 이동시킨다.

3. waypointA로 이동하고 있다면 마찬가지로 현재 속도 * Time.fixedDeltaTime
   을 곱한 값만큼 이동시킨다.

표 9.5 Flight Poins 스크립트의 속성

변수	타입	목적
waypointA	GameObject	플랫폼이 이동해야 할 위치
waypointB	GameObject	플랫폼이 이동해야 할 위치
speed	Float	플랫폼이 이동할 때 스피드
directionAB	Bool	플레이어가 waypointA에서 waypointB로 향하고 있는지 아닌지를 의미한다.

스크립트를 저장하고 유니티로 돌아오자. 플랫폼은 준비되었지만 몇 가지 설정
해야 할 것들이 있다.

1. waypointA 게임오브젝트를 드래그해 Waypoint A 속성에 드롭해서 설정한다.

2. waypointB 게임오브젝트를 드래그해 Waypoint B 속성에 드롭해서 설정한다.

3. Apply 버튼을 눌러 프리팹을 저장한다.

게임을 실행하면 플랫폼이 point A에서 point B로 이동하고 그 반대로도 이동할
것이다. 그림 9.8을 보자.

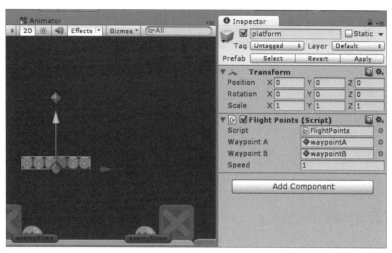

그림 9.8 움직이는 플랫폼 프리팹의 완성된 모습

이처럼 간단한 시스템을 이용해 많은 것들을 할 수 있다. 우리는 벽을 만들어서 위 아래로 움직이게 할 수도 있고 좌우로 움직이게 할 수도 있다. 혹은 코인이 공중을 떠돌아 다니게 만들 수도 있다. 우리는 이 스크립트가 필요한 곳이라면 어디에서든 사용 가능하다.

> **팁**
>
> 기억해야 할 사실은 우리의 플랫폼은 시간이 아니라 스피드에 의해 움직인다는 점이다. 플랫폼을 그리드에 정렬해서 배치하면 플랫폼의 움직임에 패턴을 좀 더 쉽게 만들어 낼 수 있다.

두 번째 적 만들기

이전에 설명했듯이 우리는 FlightPoints 스크립트를 어디에서 든 사용할 수 있다고 했다. 실제로 이것을 이용해서 두 번째 적을 만들어보자. 두 개의 지점을 이동하는 날아다니는 적을 만들어 볼 것이다.

날아 다니는 적은 두 개의 지점을 움직이면서 플레이어와 부딪히면 데미지를 줄 것이다. 이 캐릭터를 위해 FlightPoints 스크립트를 조금 수정해야 하는데 날아 다니는 방향으로 캐릭터가 방향을 바꿔야 하기 때문이다.

Fly Enemy 게임오브젝트 준비

이번에 만들 적 캐릭터도 움직이는 플랫폼과 마찬가지로 중첩된 게임오브젝트를 사용한다. 다음 단계들을 따라 제작해보자.

1. 빈 게임오브젝트를 만들고 이름은 'enemyFlyPath'로 설정한다. 아이콘은 슬라임과 같은 아이콘으로 설정하고 레이어는 Enemy로 설정한다.

2. 빈 게임오브젝트를 만들고 enemyFlyPath의 자식으로 설정한다. 그리고 이름은 'enemyFly'로 한다.

3. enemyFly를 선택한 후 Add Component를 눌러 Rendering > Sprite Renderer를 선택한다. Sprite 속성은 enemies_spritesheet_0으로 설정한다.

4. 빈 게임오브젝트를 만들고 enemyFly의 자식으로 설정한다. 이름은 'triggerDamage'로 한다.

5. triggerDamage 게임오브젝트에 Circle Collider 2D 컴포넌트를 추가한다. Radius 값은 0.22, Center 값은 X : −0.06, Y : 0.22로 설정한다.

6. Circle Collider 2D의 Is Trigger를 체크해 트리거로 만든다.

7. ContactDamage 스크립트를 추가한 후 Play Hit Reaction을 true로 설정한다.

눈 여겨 볼 점은 우리의 날아 다니는 적 캐릭터에는 Rigidbody 2D를 포함한 Collider에 관련된 어떠한 컴포넌트도 없다는 점이다. 이 캐릭터는 웨이 포인트로만 움직이며 중력에도 영향을 받지 않는다. 이제 움직이는 플랫폼과 마찬가지로 웨이 포인트를 설정하자.

1. 빈 게임오브젝트를 만들고 enemyFlyPath의 자식으로 설정한다. 그리고 이름은 'waypointA'로 설정한다.

2. waypointA의 아이콘을 빨간색 다이아몬드로 설정해 눈에 띄기 쉽게 한다.

3. waypointA를 복제해 다른 게임오브젝트를 만든 후 이름은 waypointB로 설정한다.

4. Ctrl 키를 누른 채로 waypointB를 이동해 그리드 공간에서 waypointA의 2칸 정도 위로 설정한다.

5. enemyFly 게임오브젝트에 FlightPoints 스크립트를 추가한다.

6. waypointA를 Waypoint A 속성에 연결하고 waypointB를 Waypoint B 속성에 연결한다.

7. enemyFlyPath를 드래그해 _prefabs로 옮겨 프리팹으로 만든다.

이제 우리는 적이기도 하면서 움직이는 플랫폼이기도 한 새로운 적 캐릭터를 만들었다! 게임을 실행해보면 웨이 포인트 A와 B 사이를 날아다니는 적 캐릭터를 확인할 수 있다. 하지만 애니메이션이 부족하다. 이제 애니메이션을 추가해보자.

Fly Enemy에 애니메이션 추가

슬라임과 비슷하게 짧은 애니메이션을 추가해볼 것이다. 두 개의 스프라이트로 날개 짓을 하는 움직임 표현이 가능하다.

1. enemyFly 게임오브젝트를 선택한다.

2. Add Component를 선택한 후 Miscellaneous ➤ Animator를 선택한다.

3. 프로젝트 윈도우에서 _animations 폴더로 간다.

4. 마우스 오른쪽 버튼을 클릭한 후 Create ➤ Animator Controller를 선택한다.

5. 새로운 컨트롤러의 이름은 'Fly'로 한 후 연다.

6. idle state를 하나 만든다.

7. enemyFly 오브젝트가 선택된 채로 Animation 패널을 열고 새로운 클립을 만든 다. 그리고 이름은 'Fly_Move'로 한다.

8. Sample 값은 30으로 설정하고 Add Curve를 눌러 Sprite Renderer의 Sprite 커브 를 만든다.

9. enemies_spritesheet_0을 키프레임 0:00, 0:10에 설정한다.

10. enemies_spritesheet_6을 키프레임 0:05에 설정한다. 지금까지 작업을 끝내면 그 림 9.9와 같을 것이다.

11. Fly Animation Controller에서 Fly_Move 애니메이션이 idle state에 설정되어 있는 지 확인한다.

12. enemyFly 게임오브젝트를 선택한 후 Animator의 Controller 속성 값이 Fly Animation Controller로 되어 있는지 확인한다.

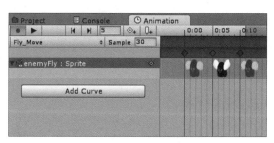

그림 9.9 Fly_Move 애니메이션의 키프레임들

게임을 실행하면 두 개의 스프라이트가 번갈아 가며 화면에 나타나는 것을 확인 할 수 있다. Apply를 눌러 지금까지 작업을 저장하는 것을 잊지 말자.

웨이 포인트가 위 아래로 움직이면 지금까지 작업한 내용은 문제 없어 보인다. 하지만 좌우로 움직인다면 어떨까? 현재는 방향을 표현하는 것이 없기 때문에 이 것을 알아낼 방법이 없다. 좌우 방향을 표현하기 위해 시스템을 수정해보자.

FlyController 컴포넌트 스크립트

FlightPoints 스크립트가 바라보는 방향을 바꾸는 작업을 하기 이전에 우선 FlyController가 필요하다. 예제 9.11과 같다.

예제 9.11 FlyController 스크립트

```
public class FlyController : EnemyController
{
}
```

이제 전부다. 실제 필요한 것은 `Flip()` 함수인데 이것은 EnemyController에 이미 있다. `MaxSpeed`도 상속을 통해 이용할 수 있지만 날아 다니는 스피드에는 사용할 수가 없다. 이것은 FlightPoints 컴포넌트에 있기 때문이다.

> **팁**
>
> FlyController에 아무것도 없는데 굳이 새로운 클래스를 만들어서 사용하는 것이 불필요한 작업처럼 보일 수도 있다. 하지만 이후에 새로운 기능이 필요하면 어차피 새로운 클래스를 만들어야 한다. 미리 만들어 두는 것이 나쁘지 않을 것이다.

FlightPoints 스크립트 수정

FlightPoints가 적의 방향을 바꾸기 위해 수정이 필요하다. 언제, 어떻게 방향을 바꿀 것인지 말해 주어야 한다. 새로운 코드는 예제 9.12에 있다.

예제 9.12 수정된 FlightPoints 스크립트

```
public class FlightPoints : MonoBehaviour
{
  public GameObject waypointA;
  public GameObject waypointB;
  public float speed = 1;
  public bool shouldChangeFacing = false;
  private bool directionAB = true;

  void FixedUpdate()
  {
```

```
if(this.transform.position == waypointA.transform.position
  && directionAB == false || this.transform.position ==
  waypointB.transform.position && directionAB == true)
{
  directionAB = !directionAB;
  if(this.shouldChangeFacing == true)
  {
    this.gameObject.GetComponent<EnemyController>().Flip();
  }
}

if(directionAB == true)
{
  this.transform.position =
    Vector3.MoveTowards(this.transform.position,
    waypointB.transform.position, speed * Time.fixedDeltaTime );
}
else
{
  this.transform.position =
    Vector3.MoveTowards(this.transform.position,
    waypointA.transform.position, speed * Time.fixedDeltaTime );
}
  }
}
```

우리는 새로운 public 변수인 shouldChangeFacing을 추가했다. 이 변수는 스크립트에게 방향성이 중요한 게임오브젝트인지 아닌지 알려 준다.

수정된 FixedUpdate( ) 함수

우리는 FixedUpdate에 조건식을 하나 추가했다. 게임오브젝트가 웨이 포인트 A, B에 다다르면 shouldChangeFacing을 확인하고 이것이 true라면 EnemyController 컴포넌트를 얻은 후 Flip() 함수를 호출해 방향을 바꾸는 것이다. 이제 게임을 테스트해보자.

1. Fly의 웨이 포인트들을 수직이 아닌 수평 방향으로 설정한다.

2. enemyFly 게임오브젝트를 선택한다.

3. FlightPoints 컴포넌트의 **Should Change Facing**을 체크한다.

모든 작업을 저장하고 게임을 실행해보자. 이제 적 캐릭터는 방향을 바꿀 것이다. 중요한 점은 기본 방향은 왼쪽을 향하고 있다는 점이다. 스프라이트의 기본 방향이 왼쪽이기 때문에 웨이 포인트의 방향 순서를 반대로 하면 스프라이트가 반대로 나타날 수 있기 때문에 조심하자.

> **팁**
> 필요에 따라 수직, 수평 방향으로 이동하는 적 캐릭터를 따로 만들 수도 있다.[1]

적 배치와 유지

플레이어가 흥미롭게 즐길 수 있게 적을 배치하고 유지해야 한다. 가령 플레이어가 일정 지점에 다다르면 슬라임들이 아래로 내려오면서 플레이어에게 다가오는 것을 생각해볼 수 있다. 그림 9.10을 참고해보자.

게임을 실행하면 슬라임들이 계단을 따라 아래쪽으로 내려오면서 플레이어게 다가오는 것을 확인할 수 있다. 이것은 보기에 꽤 근사하다. 더불어 위험 요소가 플레이어에게 다가오고 있다는 것도 인지할 수 있다.

문제는 플레이어가 멀리서 게임을 시작했을 때다. 이렇게 되면 게임이 시작함과 동시에 슬라임들이 움직일 것이고 플레이어가 해당 지점에 도착하기도 전에 모두 구덩이에 빠져 사라지고 없을 것이다.

---

1 방향을 알아내는 좀 더 좋은 솔루션은 벡터 수학을 이용하는 방법이다. 목표를 T라 하고 현재 위치를 C라고 했을 때 T-C 벡터를 구한 후 이것의 x값이 양수이면 오른쪽, 음수이면 왼쪽으로 방향을 바꾸는 것이 웨이 포인트의 순서에 상관없이 적용할 수 있는 방법이다. - 옮긴이

그림 9.10 슬라임들이 배치되어 있다.

스포닝 시스템을 제작할 것인데, 이것은 지정된 시간이 됐을 때 적들을 활성화시키는 것이다. 실시간으로 프리팹을 이용해 객체를 생성할 수도 있지만 좀 더 쉬운 방법을 사용했다. 적들을 배치하고 비활성화시킨 후 지정된 시간에 활성화시키는 것이다. 이것을 위해 스포닝 트리거가 필요한데 플레이어가 트리거를 활성화시키면 이 트리거가 적들을 활성화시키는 것이다.

> **노트**
>
> 프로그래머의 관점으로 보면 스포닝(Spawning)은 실시간으로 객체를 생성하는 것이고 우리가 지금 하려는 것과는 사실 다르다. 디자인 관점에서 스포닝이라고 하는 것은 게임 월드에 무언가를 활성화하거나 초기화하는 것을 말한다. 우리는 적, NPC(non-player characters)를 게임 월드에 등장시킬 때 스폰이라는 용어를 자주 사용할 것이다.

스폰 트리거 준비

체크 포인트, 구덩이 트리거와 비슷한 방법으로 슬라임 활성화 트리거 볼륨을 만들 것이다.

1. 빈 게임오브젝트를 만들고 이름은 'triggerSpawn'으로 설정한다.
2. 아이콘은 노란색 원으로 설정한다.

3. Add Component를 누른 후 Physics 2D > Box Collider 2D를 선택한다.

4. Is Trigger를 true로 설정한다.

5. 플레이어가 도달했을 때 화면에 계단의 끝 부분이 보일 정도의 위치에 triggerSpawn 게임오브젝트를 배치한다.

6. 체크 포인트 트리거와 비슷하게 Box Collider 2D의 크기와 위치를 플레이어가 절대로 피해갈 수 없게 조정한다. 그림 9.11에 그 예가 나와 있다.

그림 9.11 스폰 트리거 배치하기

플레이어가 계단을 보기 전에 슬라임들이 움직이기 시작해야 하는데 그렇게 하기 위해서 트리거를 충분히 멀리 설정했다. 만일 슬라임들이 멈춰 있다가 갑자기 움직이기 시작하면 시각적으로도 보기 좋지 않고 마치 버그처럼 보일 것이다.

SpawnTrigger 컴포넌트 스크립트

스폰 트리거 컴포넌트는 게임오브젝트를 담고 있는 배열을 가지고 있고 플레이어가 트리거 볼륨에 들어오면 모든 게임오브젝트를 활성화시킨다.

1. spawnTrigger 게임오브젝트를 선택한다.

2. Add Component를 누른 후 New Script를 선택한다.

3. 스크립트의 이름은 'SpawnTrigger'로 하고 언어는 **CSharp**으로 설정한다.

4. 프로젝트 브라우저에서 방금 만든 스크립트를 _scripts 폴더로 옮긴다.

5. 스크립트를 더블클릭해 MonoDevelop-Unity를 띄운다.

이제 예제 9.13과 같이 코드를 작성하자.

예제 **9.13** SpawnTrigger 스크립트

```
public class SpawnTrigger : MonoBehaviour
{
  public GameObject[] gameObjects;
  public bool isTriggered = false;

  void OnTriggerEnter2D(Collider2D collider)
  {
    if(collider.tag == "Player" && this.isTriggered == false)
    {
      this.isTriggered = true;
      foreach(GameObject gameObject in gameObjects)
      {
          gameObject.SetActive(true);
      }
    }
  }
}
```

스크립트에서 두 개의 `public` 변수와 `OnTriggerEnter2D()`를 작성했다. 변수 설명은 표 9.6과 같다.

표 **9.6** SpawnTrigger 속성

변수	타입	목적
gameObjects	GameObject 배열	활성화될 모든 게임오브젝트들
isTriggered	Bool	스폰 트리거가 활성화된 적이 있는지 없는지 체크한다. 딱 한 번만 동작하길 원하기 때문에 이것을 트랙할 필요가 있다.

286

OnTriggerEnter2D( ) 함수

이전과 마찬가지로 `OnTriggerEnter2D()` 함수에 처음으로 체크하는 것은 충돌된 게임오브젝트의 태그가 'Player'인지 아닌지 검사하는 것이다. 또한 이 트리거가 이미 트리거된 적이 있는지 없는지 검사한다. 만일 트리거가 한번도 동작하지 않았다면 'isTriggered'를 true로 설정하고 모든 게임오브젝트를 돌면서 활성화시킨다. 트리거가 이미 동작했다면 아무런 동작을 하지 않는다. 이제 유니티로 되돌아가 다음 작업을 진행한다.

1. triggerSpawn 게임오브젝트를 선택한다.

2. SpawnTrigger 컴포넌트의 **GameObjects** 속성을 확장한다.

3. **Size** 속성 값을 4로 설정한다.

4. 계단에 있는 슬라임 하나씩 'GameObjects'의 배열에 드래그앤드롭해서 연결한다.

5. 슬라임 게임오브젝트를 비활성화시킨다.

   프로젝트를 저장하고 스폰 트리거가 제대로 동작하는지 테스트해보자. 플레이어가 스폰 트리거 볼륨과 부딪히면 연결된 슬라임들이 움직이기 시작할 것이다. 테스팅이 모두 끝나면 본 게임에 실제로 사용하기 위해 배치해서 사용하자.

도전에 대한 몇 마디

9장에서는 게임에 필요한 밑바닥 작업을 많이 했다. 현재 게임은 여전히 손대야 할 곳이 많다 하지만 적들도 존재하고 플랫폼을 포함해 레벨 구성이 가능하다. 게임을 개발하면서 기억해야 할 사항은 게임을 지속적으로 테스트해보라는 것이다. 특히 웨이 포인트 위치, 스피드, 데미지 수치와 같은 것들 말이다.

명심해야 할 것은 게임 전체 레벨의 난이도를 구축하는 것이다. 하드 코어 플랫포머 게임의 초기 레벨 수준이거나 적당히 도전적인가? 레벨은 게임이 진행되면서 점진적으로 어려워 져야 하며 기억해야 할 것은 게임 전체의 난이도가 어떻게 될지 가늠하는 것이다. 예를 들어 입문용 플랫포머 게임의 레벨 후반부의 난이도는 여전히 하드 코어 게임의 첫 번째 레벨보다 플레이하기 쉽다. 물론 아무런 내용이 없는 것으로 레벨을 만들어 낼 수 있다. 예를 들어 움직이는 플랫폼이나 날아 다니는 적들을 아무렇게 배치할 수 있다. 꼭 스스로에게 질문해보자. 이것들이 레벨에 진정으로 필요한지 말이다.

플레이어가 캐릭터를 컨트롤할 수 있는 능력만큼 그들이 반응할 수 있는 상황을 만들도록 항상 고려해라. 어느 수준의 게이머를 원하는가? 그냥 보통 사람 수준인가? 구덩이의 넓이를 그것에 기반에 넓이를 설정하자. 구덩이의 넓이가 일반 점프의 높이보다 약간 높은 수준으로 설정하면 더블 점프를 하기만 하면 구덩이를 쉽게 넘어갈 수 있을 것이다. 만일 여러분의 게임이 프로 게이머 수준의 플레이어를 원한다면 어떨까? 더블 점프의 최대 높이만큼 구덩이의 넓이를 설정하면 구덩이 하나를 넘는 것도 굉장히 어려워 질 것이다. 또 다른 방법은 움직임에 난이도를 부여하는 것이다.

게임의 난이도가 얼마나 어려워 질지는 모두 여러분에게 달렸다. 중요한 것은 난이도 곡선에 일관성이 있어야 한다는 점이다. 새로운 적을 보여준다거나 상황을 만들어낼 때 이러한 상황을 이후에 한번 더 보여준다. 이럴 때는 이전보다 약간 더 어려운 상황을 만들어 내면 된다. 세 번째 등장할 때는 이전보다 더 복잡하게 만들어야 한다. 시간이 지날수록 플레이어는 각각의 요소들을 인지하게 되고 더 도전적인 플레이를 기다리게 된다. 다른 좋은 방법 중에 하나는 흥미로운 퍼즐 요소를 넣는 것이다. 게이머들이 전체를 보기 전에 개별적인 요소를 어떻게 풀어나가는지 볼 수 있을 것이다.

요약

9장에서는 클래식 게임에 등장하는 슬라임 AI를 만들어 보았으며, 데미지를 부여하는 방법과 아직 완성된 버전은 아니지만 플레이어의 죽음 처리를 어떻게 하는지 배웠다. 또한 플레이어가 일시적으로 무적이 되는 방법과 움직이는 플랫폼, 하늘을 날아다니는 적들을 만들어 보았다.

마지막으로 비활성화된 게임오브젝트들을 조건이 되었을 때 활성화시켜 주는 스폰 컴포넌트를 만들어 보았다.

10장, '메뉴 제작과 인터페이스 다루기'에서 게임에 필요한 기본적인 메뉴를 만들어본다.

연습 문제

도전적인 레벨을 만들기 위해 새로운 기능을 많이 넣었다. 레벨에서 이 기능들을 바로 사용할 것이 아니라 이 기능들을 사용해보면서 경험을 쌓아보자. 새로운 기능을 테스트해보는 것은 해당 기능에 대한 더 깊은 이해가 생기며 플레이어의 플레이 경험을 더 이해하기 쉽다.

1. 새로운 씬을 만들고 이름은 'Test_Bed'로 하자.
2. 슬라임을 배치하고 플레이해보자. 예를 들어 슬라임이 플레이어에게 걸어 오는 것을 더 흥미롭게 만들어보자.
3. 움직이는 플랫폼을 배치하고 플레이해보자. 예를 들어 아주 깊은 구덩이를 만들고 움직이는 플랫폼을 정교하게 배치해보자.
4. 날아다니는 적을 배치하고 플레이해보자. 예를 들어 움직이는 플랫폼을 플레이할 때 플레이어가 어떤 경험을 하는지 알아보자.

5. First_Level 씬으로 돌아가 지금까지 배운 것을 적용해보자.

6. 프로젝트를 저장하자.

이제 다음 장으로 넘어가자!

10

메뉴 제작과
인터페이스 다루기

플레이가 가능한 게임을 만들기까지 많은 것들을 다루어 보았다. 우리의 게임은 애니메이션되는 메인 캐릭터도 있고 게임 메카닉도 존재한다. 또한 물리, 코인 박스를 포함한, 구덩이가 존재하는 완성된 게임 레벨도 있다. 하지만 이것들을 모두 하나로 만들어 주는 것이 필요한데 바로 타이틀 화면, 메뉴, 플레이어 HUD가 있다.

10장에서는 메뉴와 인터페이스 요소들을 알아본다. 게임이 시작되면 화면에 보여줄 타이틀 스크린을 만들어보고 플레이어의 체력을 표시해줄 HUDHead-up display를 제작한다. 그럼 본격적으로 게임에 메뉴와 인터페이스 요소들을 넣어보자!

UI 디자인

UI를 만들기 이전에 이러한 디자인 요소가 게임 경험에 얼마나 많은 영향을 주는지 알아보자. 게임 인터페이스를 통해 게이머에게 전달되는 정보는 게임의 전체적인 느낌을 평가하는 데 큰 요소다. 우리의 플랫폼 게임은 매우 간단한 UI 요소를 가지고 있는데 이러한 요소들과 스타일이 게임을 플레이하는 데 주요한 역할을 한다.

인터페이스 타입으로는 다이어제틱diegetic, 비다이어제틱non-diegetic, 메타meta, 스페이셜spatial 등 네 가지가 있다. 네 가지 타입 모두 각각 목적이 있다. 네 가지 타입을 섞어서 흥미로운 인터페이스 구축도 가능한데, 여기서는 비다이어제틱 타입을 사용할 것이고 플레이어에게 보여줄 모든 정보 표현이 가능하다. 이제 간단하게 이 네 가지 타입에 대해 알아보자.

다이어제틱

다이어제틱 인터페이스는 게임 요소를 사용해 플레이어의 정보나 통계치를 보여주는데 사용된다. 게임 요소는 게임의 실제 요소이며 인터페이스는 게임 요소의 액션에 아무런 영향을 주지 않는다. 좋은 예를 하나 들어보면 레이싱 게임의 대시보드가 있다. 플레이어에게 현재 차량의 게이지를 보여줄 수 있다. 이것은 여전히 게임 세계의 요소 중에 하나지만 화면 스크린에 떠 있는 오버레이가 아니다.

비다이어제틱

비다이어제틱 UI는 보통 화면에 떠 있는 2D 스크린 요소들을 말한다. 이것들은 간단한 게임에서 많이 사용한다. 우리가 만들고 있는 게임에서도 역시 이것을 사용한다. 게임의 게임 요소는 아니지만 스프라이트, 텍스트가 스크린에 나타나 정보를 표시하는 것을 말한다.

메타

메타는 게임 요소가 아니지만 플레이어에게 정보를 주는데 사용한다. 메타 인터페이스는 비다이어제틱보다 상호작용 가능하다. 하지만 게임 요소를 사용하진 않는다. 예를 들어 플레이어가 다쳤을 때 스크린에 피가 튀기는 것이 메타 인터페이스의 한 예다.

스페이셜

마지막으로 스페이셜 UI가 있다. 이것은 게임 월드에 존재해 플레이어가 볼 수는 있지만 실제로 게임 월드에서 상호작용하거나 하는 것은 아니다. 다시 레이싱 게임의 예를 들어 플레이어가 가야 하는 방향을 게임 월드상에 레일 형태로 나타내는 것이 스페이셜 UI다. 게임 월드에 등장해 보이긴 하지만 플레이어에게 가야 할 방향을 알려 주는 것 외에는 아무런 상호작용이 없다.

이 모든 UI 타입들이 개별적으로 사용되거나 같이 사용된다. 기억해야 할 것은 플레이어에게 보여줄 정보가 충분히 명시적이어야 하고 헷갈리지 않아야 한다.

우리의 게임은 비다이어제틱 인터페이스를 사용할 것이지만 다른 타입의 인터페이스를 사용해도 된다. 마지막으로 이 모든 것은 플레이어가 게임을 하면서 필요한 정보를 보여주는 것이라는 것을 잊지 말자.[1]

유니티 네이티브 GUI

유니티 네이티브 GUI는 유니티 엔진이 처음 나올 때부터 있었던 오래된 방법이다. 많은 프로젝트와 게임에서 사용되었지만 현재는 오래되고 게임의 퍼포먼스 이슈가 있을 때 사용하기 꺼려진다. 네이티브 GUI는 애셋을 최적화하지도 않고 GUI를 구성하기 위한 기능만이 존재한다.

우리는 그다지 네이티브 GUI를 사용하고 싶지 않지만 커뮤니티에 팬들이 존재하고 있으며 유니티 4.0이후로도 이것을 지원하고 있다. 비평만 하지 말고 실제로 사용해보면서 좀 더 알아보자.

---

1 UI 타입에 관한 더 흥미로운 읽을 거리는 다음 링크를 참고하기 바란다.
   http://www.gamasutra.com/view/feature/4286/game_ui_discoveries_what_players_.php?print=1 – 옮긴이

GUI 스타일

네이티브 GUI는 웹 개발에서 사용하는 CSS~Cascading Style Sheet~와 비슷한 것을 사용한다. GUI 스타일은 GUI 컨트롤 집합을 가지고 있으며 여러분의 인터페이스에 사용된다. 언제나 버튼, 라벨, 텍스트 필드와 같은 GUI 요소들을 만들 때 GUI Style을 사용한다. 이것은 매우 편리한데 여러분의 GUI 요소들이 같은 설정을 갖는다면 하나의 스타일만으로 여러 컨트롤들을 쉽게 사용할 수 있다.

> **노트**
>
> 유니티는 기본적으로 제공하는 GUI 스타일이 있다. 물론 여러분만의 GUI 스타일을 만들 수도 있지만 사용하려면 선택을 해 주어야 그렇지 않으면 OnGUI() 함수에서는 기본 GUI스타일을 사용할 것이다.

GUI 스킨

GUI 스킨은 GUI 스타일의 집합을 의미한다. GUI 스킨을 이용하는 이유는 여러 스타일들을 한꺼번에 적용하기가 쉽기 때문이다. 그림 10.1에 기본 GUI 스킨이 있다.

보기와 같이 많은 요소들이 GUI 스킨 하나를 이루고 있는데 각각의 섹션은 여러 상태들로 나눠져 있고 섹션별로 세팅이 존재한다.

GUI 컨트롤

그림 10.1과 같이 GUI 스킨은 조정할 수 있는 모든 GUI 컨트롤의 설정을 가지고 있다. 다음은 프로젝트에 사용할 인터페이스들이다.

- **라벨:** 라벨은 화면에 보일 텍스트를 의미한다. 상호작용이 없기 때문에 클릭하는 기능이 없다. 클릭 기능이 필요하면 버튼 컨트롤을 사용해야 한다.
- **버튼:** 클릭 했을 때 이벤트나 액션을 필요로 할 때 사용한다. 버튼은 보통 메뉴에서 많이 사용한다.

- **반복 버튼**: 일반 버튼과 같지만 누르고 있을 경우에 계속해서 함수가 호출된다. 일반 버튼은 처음 한번 눌렀을 때만 호출된다.
- **텍스트 필드**: 텍스트 필드에는 사용자가 글자를 입력해 넣을 수 있다. 예를 들어 게임 캐릭터의 이름을 입력받는 텍스트 필드가 있을 수 있다.

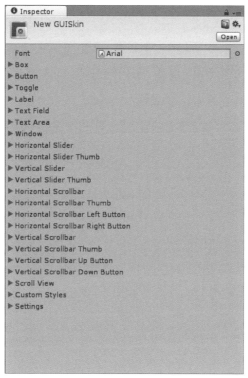

그림 10.1 기본 GUI 스킨

- **토글 컨트롤**: 체크박스와 같이 사용자가 클릭해 true 혹은 false를 설정할 수 있다. 만일 특정 아이템을 체크하고 싶다면 토글 컨트롤을 활성화시키면 된다.
- **툴바**: 툴바 컨트롤은 버튼을 행으로 나열 시킨 것이다. 특별한 점은 하나의 아이템만 클릭 가능하고 활성화 가능하다.
- **셀렉션 그리드**: 툴바 컨트롤과 같지만 행과 열로 이뤄져 있다.

- **수평 슬라이더**: 왼쪽에서 오른쪽으로 드래그 가능한 수평 슬라이더다. 예를 들어 특정 오브젝트의 컬러를 바꿀 때 사용할 수 있다.

- **수직 슬라이더**: 수평 슬라이더와 비슷하다. 다만 방향이 위에서 아래로 향한다.

- **수평 스크롤 바**: 수평 슬라이더의 더 넓은 버전이다. 스크롤 뷰에서 사용되기도 한다.

- **수직 스크롤 바**: 수평 스크롤 바와 비슷하다. 방향만 위에서 아래로 향한다.

- **스크롤 뷰**: 수평/수직 슬라이더와 함께 윈도우를 만든다. 작은 공간에서 더 큰 영역의 정보를 표현할 때 사용한다. 예를 들 인벤토리에 많은 아이템을 모두 표현 못할 때 스크롤 뷰를 이용할 수 있다.

- **윈도우**: 윈도우는 스크린에서 움직일 수 있다. 윈도우는 이동하거나 포커싱을 위해 ID를 필요로 한다.

조합 컨트롤

컨트롤들을 조합해서 사용 하는 것도 가능하다. 예를 들어 라벨과 슬라이더를 동시에 사용하는 것이다. 간단하게 말해 라벨 슬라이더라고 말할 수 있다. 이 방식을 이용하면 더 적은 코드로 원하는 기능 구현이 가능하다.

GUI 클래스

GUI 클래스는 GUI 요소들을 만들기 위한 변수, 함수들을 가지고 있다. 기본적으로 GUI 스킨은 GUI 클래스이며 모든 컨트롤, 특정 스타일의 파라메터를 가지고 있다. GUI 클래스에는 필요한 컨트롤 타입이 있다. 예를 들어 이전에 설명한 GUI 컨트롤들에는 배경 요소가 없다.

GUI 레이아웃

우리는 이제 GUI 스타일이 어떤 것인지 알고 있고 GUI 스킨이 어떻게 스타일들,

GUI 컨트롤들을 가지고 있는지 알고 있다. 이제는 이러한 컨트롤들을 스크린에 올바르게 배치하는 방법에 대해 배워본다. OnGUI() 함수에는 2개의 레이아웃 스타일이 존재하는데 자동 레이아웃Automatic Layout과 고정 레이아웃Fixied Layout이 있다.

자동 레이아웃

자동 레이아웃은 GUI 요소들을 배치하기 위해 위치 값을 사용하지 않는다. 이것은 GUI의 외관이 어떻게 되든 상관 없거나 GUI 요소가 몇 개가 될지 예상하지 못하는 경우에 유용하게 사용될 수 있다. 예를 들어 게임에서 캐릭터가 아이템을 무한히 얻을 수 있고 이것을 GUI에서 보여주고 싶다면 이 아이템들을 어떻게 보여 줘야 할지 모를 것이다.

고정 레이아웃

고정 레이아웃은 Rect 클래스를 이용해 스크린에서 컨트롤을 배치한다. 2D 좌표계 값인 X, Y값을 설정해 컨트롤을 배치 가능하다.

명심해야 할 것은 한 가지 레이아웃 스타일만 사용하지 않아도 된다는 점이다. 두 레이아웃 스타일이 OnGUI 함수 안에서 정의 되므로 두 레이아웃을 필요에 따라 선택해서 사용 가능하다. 예를 들어 캐릭터 이름 목록이 필요하지만 이름은 바뀔 수 있는 상황을 생각해보자. 인터페이스를 위해 고정된 레이아웃을 사용할 수 있는데 이름이 바뀌는 경우에는 자동 레이아웃을 설정해 이름의 길이에 맞게 인터페이스가 수정되도록 할 수 있다.

GUI 텍스트

GUI 텍스트는 기본적으로 GUI 라벨과 같이 화면에 텍스트를 보여줄 때 이것을 사용할 수 있다. 하지만 라벨과 비교해 두 가지 다른 점이 존재한다. 첫 번째로 GUI 텍스트는 게임오브젝트로서 3D 월드에 배치할 수 있다. 두 번째로 버튼과 같이 클릭이 가능하다는 점이다.

GUI 텍스처

GUI 텍스처는 텍스처를 인터페이스처럼 보여줄 때 사용할 수 있다. 보통은 버튼 컨트롤이 그렇다. GUI 텍스처는 간단한 XY 평면을 이용해 이미지를 화면에 보여주고 포지션, 스케일, 회전이 가능하다. GUI 텍스트와 마찬가지로 게임오브젝트이며 3D 월드 공간에 배치 가능하다.

지금까지 GUI 스타일, 레이아웃에 대해 알아 보았다. 이것들을 이용해 스크린, 메뉴 제작이 가능하다. 그럼 이제 로딩 화면에 보여줄 스플레시 스크린과 타이틀 스크린을 만들어보자.

스플레시 스크린 만들기

처음 만들어 볼 것은 스플레시 스크린이다. 이것은 타이틀 혹은 메뉴를 보여주기 전에 화면에 보여줄 배경 이미지다. 이것을 보여주는 목적은 퍼블리셔, 개발사의 로고 또는 여러분이 보여주고 싶은 이미지가 될 수 있다. 우리가 모든 애셋을 사용할 수 있게 허락해준 멋진 2D 아티스트를 위해 우리가 해줄 수 있는 것이 있을 거라고 생각한다. 그렇지 않나?

> **노트**
> 우리는 스플레시 이미지를 보여주기 위해 씬을 이용한다. 이것은 유니티의 플레이어 세팅에 있는 스플레시 세팅과는 다르다. 그것은 13장, '모든 것을 합치기'에서 다룬다.

우리가 사용할 이미지를 여러분들에게 제공하고 있으니 그것을 사용하길 바란다. 이제 씬을 만들어보자.

1. Ctrl + N 키를 눌러 새로운 씬을 만들도록 하자.
2. Ctrl + Shift + N 키를 눌러 빈 게임오브젝트를 하나 만들자.

3. 인스펙터에서 게임오브젝트의 이름을 'splashScreen'으로 바꾼다. 그리고 모든 트랜스폼 값은 0으로 설정한다.

4. 프로젝트 브라우저에서 _backgrounds 폴더를 열고 MWK_background 이미지를 드래그해서 계층 구조에 복사한다.

5. 메인 카메라와 백그라운드를 splashScreen 게임오브젝트의 자식으로 만든다. 이것은 단지 관리를 편하게 하기 위함이다.

그래픽 관련한 것은 이게 전부다 이제 코드를 작성할 차례다. 이 화면을 위해서 우리는 몇 가지를 해 주어야 하는데 우리는 정보를 보여주고 싶고 클릭을 하면 다음으로 넘어가게 하고 싶다. 이를 위해서 화면이 등장하고 딜레이 하는 기능을 만들어 줘야 한다. 새로운 스크립트를 _gui 폴더에 생성하고 'SplashScreenDelayed'라고 이름을 설정하자. 스크립트를 열고 예제 10.1과 같이 작성하자.

예제 10.1 SplashScreenDelayed 스크립트

```
public class SplashScreenDelayed : MonoBehaviour
{
  public float delayTime = 5f;

  void Start()
  {
    StartCoroutine("Delay");
  }

  IEnumerator Delay()
  {
    yield return new WaitForSeconds(delayTime);
    Application.LoadLevel(Constants.SCENE_LEVEL_1);
    Debug.Log("Time's Up!");
  }

  void Update()
  {
    if (Input.anyKeyDown)
    {
```

```
            Application.LoadLevel(0);
            Debug.Log("A key or mouse click has been detected");
        }
    }
}
```

스크립트를 저장하고 splashScreen 게임오브젝트에 스크립트를 추가한다. 이게 전부다! 씬을 저장하고 이름은 'Splash_Screen'으로 하자. 이후 13장, '모든 것을 합치기 "에서 이것을 사용할 것이다. 이제 타이틀 스크린을 제작해보자.

노트

예제 10.1에 Coroutine() 함수가 있다. 코루틴은 함수인데 함수의 실행을 유니티에 넘기고 이후에 받아서 처리한다. 이것은 매우 유용한데 타이머 기능이나 특정 기능을 한 프레임에 실행하지 않고 나누어서 실행도 가능하다.

타이틀 스크린

타이틀 스크린은 게임의 이름이면서 무엇이 담긴 게임인지 표현하기도 한다. 예를 들어 책 표지를 보고 스토리를 가늠하는 것처럼 말이다. 우리의 타이틀 스크린에서는 간단한 배경과 텍스트 "아무 키나 누르면 게임을 시작합니다"를 담고 있다. 우리는 플레이어가 키를 누를 때까지 화면을 보여줄 것이고, 키를 누르면 게임이 시작하게 할 것이다.

1. Ctrl + N 키를 눌러 새로운 씬을 만든다.

2. 프로젝트 브라우저에서 _backgrounds 폴더에 들어가 titleScreen_ background 이미지를 선택해 계층 구조에 드래그한다. 그리고 트랜스폼 값은 모두 0으로 설정한다.

3. titleScreen_background 이미지를 메인 카메라의 자식으로 둔다.

4. _scripts 폴더에서 새로운 스크립트를 생성하고 이름은 'TitleScreenScript'로 설정한다. 그리고 이것을 메인 카메라에 추가한다.

5. 스크립트를 더블클릭해 MonoDevelop-Unity를 띄운 후 예제 10.2와 같이 작성한다.

6. 씬을 저장하고 이름은 'Title_Screen'으로 설정한다.

예제 10.2 TitleScreenScript 스크립트

```
public class TitleScreenScript : MonoBehaviour
{
  public GUISkin Skin;

  void Update()
  {
    if (Input.anyKeyDown)
    {
      Application.LoadLevel(0);
    }
  }

  void OnGUI()
  {
    // 사용할 스킨을 선택한다.
    GUI.skin = Skin;
    GUILayout.BeginArea(new Rect (300, 480, Screen.width, Screen.height));
    GUILayout.BeginVertical();
    GUILayout.Label("Press Any Key To Begin", GUILayout.ExpandWidth(true));
    GUILayout.EndVertical();
    GUILayout.EndArea ();
  }
}
```

게임 오버 스크린

앞에서 만든 2개의 스크린과는 약간 다르게 게임 오버 스크린을 만들 것이다. 이번에는 사용자가 클릭해야 하는 몇 가지 버튼과 게임의 레벨이 필요하다. 버튼은 OnGUI() 함수에서 사용되고 우리가 만든 GUI 스킨을 사용한다. 우선 씬을 만들도록 하자.

1. Ctrl + N 키를 눌러 씬을 생성한다.

2. gameOver_background를 _backgrounds 폴더에서 찾아 프로젝트 브라우저로 가지고 온다. 트랜스폼 값은 모두 0으로 설정한다.

3. _scripts 폴더 안에 새로운 스크립트를 만들고 이름은 'GamOverScript'로 설정한다.

4. 스크립트를 더블클릭한 후 예제 10.3과 같이 작성한다.

5. 씬을 저장하고 이름은 'Game_Over'로 설정한다.

예제 10.3 GameOverScript 스크립트

```
public class GameOverScript : MonoBehaviour
{

  public GUISkin Skin;
  public float gapSize = 20f;

  void OnGUI()
  {
    // 사용할 스킨을 설정한다.
    GUI.skin = Skin;

    // 컨트롤을 그리기 위한 GUI 지역을 생성한다.
    GUILayout.BeginArea (new Rect ((Screen.height / 2)
      - Screen.height / 4,(Screen.width / 2) - Screen.width / 4,
      Screen.height, Screen.width));
    GUILayout.BeginVertical();
    GUILayout.Label( "Game Over" );
    GUILayout.Space( gapSize );
```

```
// 첫 번째 버튼을 만든다. 이 버튼이 눌러 지면 현재 레벨을 다시 로드한다.
if(GUILayout.Button ("Retry!"))
{
    // 13장에서 레벨을 다시 로드 하는 코드를 여기에 작성한다.
}

GUILayout.Space( gapSize );

// 두 번째 버튼을 만든다. 이 버튼이 눌러 지면 게임을 재 시작한다.
if(GUILayout.Button("Restart!"))
{
    // 13장에서 게임을 다시 시작하는 코드를 여기에 작성한다.
}

GUILayout.Space( gapSize );

// 세 번째 버튼을 만든다. 이 버튼이 눌러 지면 게임을 종료 한다.
if(GUILayout.Button("Quit!"))
{
    // 13장에서 게임을 종료 하는 코드를 여기에 작성한다.
}

GUILayout.EndVertical();
GUILayout.EndArea ();
    }
}
```

게임 승리 스크린

마지막으로 필요한 것은 게임을 클리어했을 때 보여줄 게임 승리 스크린이다. 이것
은 게임 오버 스크린과 비슷하게 버튼을 보여주고 Restart, Quit을 보여준다.

1. 새로운 씬을 만든다.

2. _backgrounds 폴더에서 gameWin_background를 찾고 프로젝트 브라우저

로 가져온다. 트랜스폼 값은 0으로 설정한다.

3. _scripts 폴더 안에 새로운 스크립트를 하나 만들고 이름은 'GameWinScript' 로 설정한다.

4. 스크립트를 더블클릭한 후 예제 10.4와 같이 코드를 작성한다.

5. 씬을 저장하고 이름은 'Game_Win'으로 설정한다.

예제 10.4 GameWinScript 스크립트

```
public class GameWinScript : MonoBehaviour
{
  public GUISkin Skin;
  public float gapSize = 20f;

  void OnGUI()
  {

    // 사용할 스킨을 설정한다.
    GUI.skin = Skin;

    // 컨트롤을 그리기 위한 GUI 지역을 생성한다.
    GUILayout.BeginArea (new Rect ((Screen.height / 2)
      - Screen.height / 4,(Screen.width / 2) - Screen.width / 4,
      Screen.height, Screen.width));
    GUILayout.BeginVertical();
    GUILayout.Label( "You Won!" );
    GUILayout.Space( gapSize );

    // 첫 번째 버튼을 만든다. 이 버튼이 눌러 지면 게임을 재 시작한다.
    if(GUILayout.Button("Restart!"))
    {
      // 13장에서 게임을 다시 시작하는 코드를 여기에 작성한다.
    }

    GUILayout.Space( gapSize );

    // 두 번째 버튼을 만든다. 이 버튼이 눌러 지면 게임을 종료 한다.

    if(GUILayout.Button("Quit!"))
    {
```

```
      // 13장에서 게임을 종료 하는 코드를 여기에 작성한다.
   }

   GUILayout.EndVertical();
   GUILayout.EndArea ();
}
}
```

HUD

이제 우리의 게임도 메뉴를 가지고 있다. 다음에는 HUD_{Heads-up display}를 만들어보자. HUD는 스크린에 나타나는 요소로서 플레이어에게 필요한 정보를 표시하는 역할을 한다.

외관 만들기

우리는 플레이어의 체력과 코인을 화면에 표시해 주어야 한다. 플레이어 체력은 데미지를 입었을 때 감소해야 하며 얼마나 체력이 남았음을 보여 줌으로써 플레이어의 캐릭터가 고장 나 더 이상 못 움직이게 되는 것을 알려 준다. 코인은 플레이어가 현재 가진 모든 코인의 개수를 나타내며 코인을 먹을 때 마다 증가한다.

먼저 외관을 만들기 전에 필요한 것은 이러한 HUD 게임오브젝트들과 스크립트를 가지고 있을 빈 게임오브젝트를 만드는 것이다. HUD는 스크린 오브젝트이며 화면 최 상단에 위치한다 그리고 게임 월드와 상호작용은 없다.

1. 10장의 씬을 연다.

2. 빈 게임오브젝트를 만들고 이름은 'HUD'로 설정한다.

3. 트랜스폼 값은 X : 0, Y : 25, Z : 0으로 설정한다.

4. Create > GameObject > Camera를 선택해 새로운 카메라를 만든다.

5. 새로운 카메라의 이름을 'HUD_Camera'로 설정한다 그리고 HUD 게임오브젝트의 자식으로 만든다.

6. 그 이후에 HUD_Camera의 트랜스폼 값을 X : 8, Y : 5, Z : -10으로 설정한다.

7. 카메라 컴포넌트의 속성 값 Clear Flags를 Depth Only로 설정한다 그리고 Culling Mask를 UI로 설정한다.

> **노트**
>
> 레이어에 UI가 존재하지 않는다면 UI레이어를 추가해 주어야 한다. 그 방법은 2장, '애셋 구축'에 있다.

> **팁**
>
> 왜 새로운 카메라를 하나 더 만들어야 하는지 궁금할지도 모르겠다. 유니티는 하나 이상의 카메라를 만들 수 있도록 되어 있는데 카메라에 따라 무엇이 그려 지는지 독립적으로 설정할 수 있다. 두 번째 카메라를 만들어서 퍼포먼스 이슈는 크게 없으며 씬 관리를 더 쉽게 해준다. 화면에 보이는 무엇이든 보여주기 위해서는 카메라가 필요로 하며 여러 개의 출력이 필요하면 여러 개의 카메라가 필요하다.

체력과 코인을 보여줄 HUD 게임오브젝트를 추가해보자. 프리팹들은 이미 준비가 되어 있고 이것을 찾아서 사용하면 된다.

1. 프로젝트 브라우저에서 _prefabs 폴더를 보면 hud_coin 게임오브젝트가 있다. 이것을 드래그해서 계층 구조에 드롭한다.

2. hud_coin을 HUD 게임오브젝트의 자식으로 만든다.

3. 트랜스폼 값은 X 14.4, Y : 9.5로 설정한다.

4. hud_sprite 프리팹도 hud_coin과 똑같이 계층 구조로 가지고 온다.

5. hud_sprite를 HUD 게임오브젝트의 자식으로 만든다.

6. 트랜스폼 값은 X : 14.9, Y : 9.5로 설정한다. 이것으로 hud_sprite가 hud_coin의 바로 오른쪽에 위치하고 있다는 것을 예상할 수 있다.

다음으로 플레이어의 체력을 표현해 주기 위해 하트 아이콘이 필요하다. HUD를 위해 하트를 추가해보자.

1. _prefabs 폴더에서 hud_heart_full 프리팹을 찾아 씬에 드래그해 넣도록 하자.

2. hud_heart_full을 HUD 게임오브젝트의 자식으로 만든다.

3. 트랜스폼 값은 X : 0.5, Y : 0.5로 설정한다.

4. 1부터 3까지 2번 더 반복해 3개의 하트를 추가한다. 물론 위치 값은 바뀌어야 하는데 오른쪽으로 가면서 0.55만큼 더해 주면 된다. 첫 번째 하트가 0.5였다면 다음은 1.05가 되며 세 번째는 1.6이 된다. Y값은 모든 하트가 똑같다.

이것으로 외관 작업이 끝났다. 그림 10.2와 비교해 최종적인 모습이 어떤지 확인 해보자. 현재 카메라가 UI카메라이기 때문에 게임 레벨에 관련된 것은 아무것도 보 이지 않는 것도 눈여겨볼 필요가 있다.

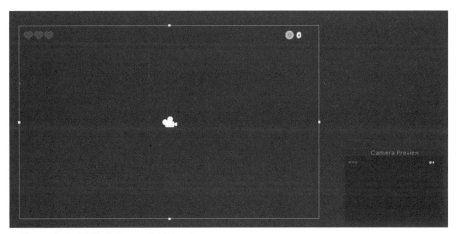

그림 10.2 우리 게임을 위한 HUD의 최종 모습

스크립트 만들기

이제 HUD 요소들을 처리하기 위한 스크립트가 필요하다. 데미지를 입거나 코인을 먹었을 때 HUD 요소들이 변경되어야 한다.

먼저 hud_sprite에 스크립트를 작성해 코인을 먹을 때 마다 변경이 되도록 하자. 이것은 지금까지 우리가 배운 것과는 조금 다른데 숫자를 실제로 스프라이트로 표현하기 때문이다.[2]

1. 새로운 스크립트를 만들고 이름은 'CoinCounter'라고 설정한다. 그리고 _scripts 폴더 안에 GUI폴더에 위치 시킨다.

2. 스크립트가 선택된 채로 계층 구조에 있는 hud_sprite에 드래그앤드롭해서 스크립트를 첨부하자.

3. 스크립트를 더블클릭해 예제 10.5와 같이 코드를 작성하자.

예제 10.5 CoinCounter 스크립트

```
void Update ()
{
  // 이 값이 변하면 스프라이트를 다시 그려 주어야 한다.
  if (displayValue != value)
  {
    // 숫자 값을 문자열로 변환한다. 예를 들어 956은 "956"으로 변한다.
    string digits = value.ToString();

    // 자식에 등록되어 있는 SpriteRenderer 컴포넌트를 얻는다.
    SpriteRenderer[] renderers = GetComponentsInChildren<SpriteRenderer>();

    // 렌더러 개수를 얻는다.
    int numRenderers = renderers.Length;

    // SpriteRenderer를 충분히 가지고 있지 않으면 (하나마다 스프라이트 렌더러를 가진다.) 추가한다.
    if(numRenderers < digits.Length)
    {
```

---

2 독자 여러분들 중 약간 의아해 하는 사람도 있을 거라고 생각한다. 나는 hud_sprite의 이름이 hud_numeric_number 혹은 hud_coin_number로 했으면 더 이해하기 쉽지 않았을까 싶다. – 옮긴이

```
    // 개수가 충분할 때까지 등록한다.
    while(numRenderers < digits.Length)
    {
        // 새로운 빈 게임오브젝트를 등록한다.
        GameObject spr = new GameObject();

        // SpriteRenderer 컴포넌트를 추가한다.
        spr.AddComponent<SpriteRenderer>();

        // 새로 만든 게임오브젝트를 현재 오브젝트의 자식으로 만든다.
        spr.transform.parent = transform;

        // 숫자의 자릿수에 따라 위치를 설정한다.
        spr.transform.localPosition = new Vector3
            (numRenderers * spacing, 0.0f, 0.0f);

        // 새로운 게임오브젝트를 UI 레이어에 추가한다.
        spr.layer = 5;

        // 추가된 렌더러의 개수를 증가시켜 루프가 무한히 실행되지 않도록 한다.
        numRenderers = numRenderers + 1;
    }

    // 렌더러 리스트를 갱신한다.
    renderers = GetComponentsInChildren<SpriteRenderer>();
}
// 렌더러를 많이 가지고 있다면 숨긴다(예를 들어 숫자 3개 자릿수만 필요로 할 때 4개를 가지고 있다면).
else if(numRenderers > digits.Length)
{
    // 렌더러를 필요 이상으로 많이 가지고 있으면
    while(numRenderers > digits.Length)
    {
        // 스프라이트를 삭제 시킨다.
        renderers[numRenderers-1].sprite = null;
        // 렌더러의 개수를 감소시켜 루프를 무한히 실행하지 않도록 한다.
        // 노트 : 이것은 렌더러를 실제로 삭제하는 것은 아니다.
        numRenderers = numRenderers -1;
    }
}

// 값에 따라 렌더러의 스프라이트를 설정한다.
int rendererIndex = 0;
```

```
foreach(char digit in digits)
{
  // 숫자 값을 인덱스로 변환한다.
  int spriteIndex = int.Parse(digit.ToString());

  // 가장 왼쪽에 있는 렌더러를 시작으로 스프라이트를 설정한다.
  // spriteDigits 배열의 0번째 요소가 숫자 0과 같다.
  renderers[rendererIndex].sprite = spriteDigits[spriteIndex];

  // 렌더러 인덱스를 증가시켜 다음에 접근할 렌더러를 결정한다.
  rendererIndex = rendererIndex +1;
}
displayValue = value;
}
}
```

다시 계층 구조에서 hud_sprite 게임오브젝트를 선택한 후 CoinCounter 스크립트를 보자. 숫자를 표현하기 위한 스프라이트 배열이 필요한데 0에서 9까지 스프라이트 이미지가 필요하다. 코인의 기본 값은 0부터 시작하고 숫자간의 간격은 0.4다.

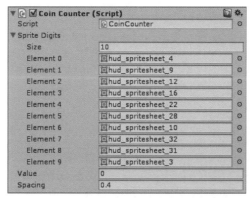

그림 10.3 hud_spritesheet 애셋을 배열로 가지고 있는 CoinCounter 스크립트

우리는 숫자 배열을 위한 스프라이트가 필요한데 이것은 _sprite > HUD 폴더에 들어가면 hud_spritesheet 아틀라스가 있다. 이 안을 살펴보면 숫자 배열이 있고 이것을 각각 숫자 배열에 연결하면 된다. 최종적인 모습은 그림 10.3과 같다.

이것이 CoinCounter를 위한 모든 작업이다. 이제 체력 바를 어떻게 표현하는지 알아보자.

1. 새로운 스크립트를 만들고 이름은 'GUIGame'으로 설정한다. 그리고 위치는 _scripts > GUI에 놓는다.

2. 계층 구조에서 HUD_Camera를 선택하고 GUIGame 스크립트를 첨부한다.

3. GUIGame 스크립트를 더블클릭한다.

4. 예제 10.6과 같이 코드를 작성한다.

5. 스크립트를 저장하고 닫는다.

예제 10.6 GUIGame 스크립트

```
public class GUIGame : MonoBehaviour
{
  public GameObject heart1;
  public GameObject heart2;
  public GameObject heart3;
  public Sprite heartFull;
  public Sprite heartHalf;
  public Sprite heartEmpty;

  public void UpdateHealth(int health)
  {
    switch(health)
    {
      case 0:
        heart1.GetComponent<SpriteRenderer>().sprite = this.heartEmpty;
        heart2.GetComponent<SpriteRenderer>().sprite = this.heartEmpty;
        heart3.GetComponent<SpriteRenderer>().sprite = this.heartEmpty;
        break;
      case 1:
        heart1.GetComponent<SpriteRenderer>().sprite = this.heartHalf;
```

```
        heart2.GetComponent<SpriteRenderer>().sprite = this.heartEmpty;
        heart3.GetComponent<SpriteRenderer>().sprite = this.heartEmpty;
        break;
      case 2:
        heart1.GetComponent<SpriteRenderer>().sprite = this.heartFull;
        heart2.GetComponent<SpriteRenderer>().sprite = this.heartEmpty;
        heart3.GetComponent<SpriteRenderer>().sprite = this.heartEmpty;
        break;
      case 3:
        heart1.GetComponent<SpriteRenderer>().sprite = this.heartFull;
        heart2.GetComponent<SpriteRenderer>().sprite = this.heartHalf;
        heart3.GetComponent<SpriteRenderer>().sprite = this.heartEmpty;
        break;
      case 4:
        heart1.GetComponent<SpriteRenderer>().sprite = this.heartFull;
        heart2.GetComponent<SpriteRenderer>().sprite = this.heartFull;
        heart3.GetComponent<SpriteRenderer>().sprite = this.heartEmpty;
        break;
      case 5:
        heart1.GetComponent<SpriteRenderer>().sprite = this.heartFull;
        heart2.GetComponent<SpriteRenderer>().sprite = this.heartFull;
        heart3.GetComponent<SpriteRenderer>().sprite = this.heartHalf;
        break;
      case 6:
        heart1.GetComponent<SpriteRenderer>().sprite = this.heartFull;
        heart2.GetComponent<SpriteRenderer>().sprite = this.heartFull;
        heart3.GetComponent<SpriteRenderer>().sprite = this.heartFull;
        break;
    }
  }
}
```

스크립트 설정이 끝났다. 이제 인스펙터에서 변수 값을 설정해야 한다. HUD 카메라를 선택하면 현재 heart 게임오브젝트 Full, Half, Empty가 비어 있는데 그것을 연결해 주도록 하자.

1. HUD_Camera가 선택된 채로 인스펙터에서 GUIGame 스크립트를 보자.

2. 계층 구조에서 hud_heart의 가장 왼쪽 것을 선택하고 GUIGame 컴포넌트의 Heart 1 슬롯에 연결시킨다.

3. 똑같은 작업을 Heart 2 슬롯에 연결하되 hud_heart 게임오브젝트의 중간 것을 연결 한다.

4. 똑같은 작업을 Heart 3 슬롯에 연결하되 hud_heart 게임오브젝트의 가장 오른 쪽 것과 연결시킨다.

하트의 Full, Half, Empty를 위해 스프라이트 애셋이 필요하다. 이것들은 Heart 1 슬롯에 다른 게임오브젝트를 할당하는 것이 아닌 스프라이트를 업데이트한다.

1. HUD_Camera가 선택된 채로 인스펙터에서 GUIGame 스크립트를 보자.

2. _sprites 폴더 안에 HUD_spritesheet 아틀라스를 찾도록 하자. 만일 콘텐츠가 보이지 않는다면 콘텐츠가 보이도록 해 모든 스프라이트를 볼 수 있도록 하자.

3. hud_heart_full를 찾고 Heart Full 슬롯에 연결한다.

4. hud_heart_half를 찾아서 Heart Half 슬롯에 연결한다.

5. 마지막으로 hud_heart_empty를 찾아 Heart Empty 슬롯에 연결한다.

이것으로 하트 GUI 설정이 끝났다. 모든 작업이 대로 되었다면 GUIGame 컴포넌트의 최종적인 모습은 그림 10.4와 같을 것이다.

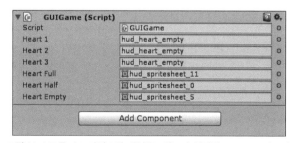

그림 10.4 모든 스프라이트와 게임오브젝트가 연결된 GUIGame의 모습

마지막으로 모든 것들이 제대로 동작하기 위해서 필요로 한 것은 플레이어 게임오브젝트를 연결하는 것이다. 그래서 플레이어가 코인을 얻거나 데미지를 입으면 그 값들이 변경되게 해야 한다 이 모든 작업이 운 좋게도 PlayerStats 스크립트만 수정하면 된다. _scripts > Player 폴더에서 PlayerStats를 더블클릭해 MonoDevelop-Unity를 띄운 후 예제 10.7과 같이 수정한다.

예제 10.7 수정된 PlayerStats 스크립트

```
public class PlayerStats : MonoBehaviour
{

  private GameObject HUDCamera;
  private GameObject HUDSprite;

  void Start()
  {
    spriteRenderer = this.gameObject.GetComponent<SpriteRenderer>();
    HUDCamera = GameObject.FindGameObjectWithTag("HUDCamera");
    HUDSprite = GameObject.FindGameObjectWithTag("HUDSprite");
  }

  public void CollectCoin(int coinValue)
  {
    this.coinsCollected = this.coinsCollected + coinValue;
    this.HUDSprite.GetComponent<CoinCounter>().value = this.coinsCollected;
  }

  public void TakeDamage(int damage, bool playHitReaction)
  {
    if(this.isImmune == false && isDead == false)
    {
      this.health = this.health - damage;
      Debug.Log("Player Health: " + this.health.ToString());
      this.HUDCamera.GetComponent<GUIGame>().UpdateHealth(this.health);

      if(this.health <= 0)
      {
        PlayerIsDead(playHitReaction);
      }
      else if(playHitReaction == true)
```

```
      {
        PlayHitReaction();
      }
    }
  }
}
```

모두 끝났다! 모든 것이 동작하는 HUD를 갖추게 되었다. 카메라의 최상단에 위
치해 정보를 표시한다. 플레이어가 데미지를 입으면 하트가 바뀐다. 또한 코인을
먹으면 코인의 숫자도 바뀌게 되었다. 그림 10.5를 보자.

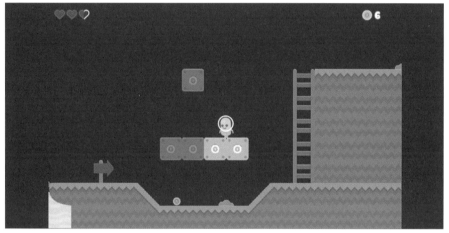

그림 10.5 HUD를 갖춘 게임의 인게임 화면

요약

10장에서는 유니티의 네이티브 GUI를 이용해 메뉴를 구성해보았다. 또한 게임을
위한 스플래시 이미지, 타이틀 스크린을 표시하는 방법도 배웠다. 게임 오버, 게임
승리 스크린을 포함해 버튼을 이용해 게임을 다시 시작하거나 종료하는 방법도 배
웠다.

마지막으로 HUD를 이용해 플레이어의 코인, 체력을 화면에 표시했다. 이를 위한 스크립트를 작성하고 몇 가지 기존 스크립트를 수정하기도 했다. 11장, '게임오브젝트에 이펙트 적용'에서는 게임을 빌드하고 배포하기 전에 필요한 마지막 게임 요소들 애니메이션을 위한 이펙트, 파티클, 역학에 대해 배워 볼 것이다.

연습 문제

온전히 작동하는 HUD, 메뉴를 가지고 있다. 어떤 기능을 추가할 수 있을까? 가령 HUD 요소에 애니메이션을 추가하는 것은 어떨까? 여러분의 능력에 따라 기능을 개선하는 것 정도로 만족하는 것도 좋지만 때로는 도전적인 것을 시도해보는 것도 좋을 것이다. 행운을 빈다.

11

게임오브젝트에
이펙트 적용

11장에서는 게임을 더 세련되게 보이게 하는 방법을 배운다. 우선 슈리켄 파티클 시스템Shuriken Particle System에 대해 살펴보고, 어떻게 동작하는지 알아본다. 게임 플레이 중간에 파티클 이펙트를 어떻게 적용하는지 배운다. 파티클 이펙트는 보통 애니메이션되는 여러 개의 2D 스프라이트 혹은 3D 오브젝트로 이뤄져 있다.

그리고 유니티의 오디오 시스템과 관련 컴포넌트들에 대해 배운다. 플레이어 이벤트나 움직임 혹은 데미지를 입었을 때 관련된 사운드가 나오도록 할 것이다.

마지막으로 시간을 더 투자해 게임을 더 그럴싸하게 보이도록 하는 시스템을 다룰 것이다. 가령 카메라를 더 부드럽게 이동한다거나 하는 것들 말이다.

슈리켄 파티클 시스템 도입

유니티의 파티클 시스템은 슈리켄 파티클 시스템이다. 슈리켄 파티클 시스템은 복잡하면서 강력하다. 하지만 작업을 하면 재미있는 경우도 많다. 파티클 시스템의 깊이 때문에 배울 것이 상당히 많지만 우리는 필요한 부분만 조금 알아볼 것이다 물론 이것만 해도 상당히 많다.

알아야 할 용어들

슈리켄 파티클 시스템을 배우기 전에 먼저 알아야 할 용어들을 정리했다.

- **파티클:** 도형의 한 조각을 말한다. 스프라이트나 매시가 그것이다. 물론 여기에는 파티클 시스템에 의해 움직임도 있다. 예를 들어 횃불의 잉걸불과 같은 것을 말한다.
- **파티클 시스템:** 파티클 집합을 컨트롤하거나 생성하는 컴포넌트를 말한다. 예를 들어 횃불에서 연기가 나오는 것을 파티클 시스템이 관리한다. 이것은 때로는 파티클 이미터_{Particle Emitters}라고 하기도 한다.
- **파티클 이펙트:** 파티클 시스템이 집합을 이뤄 하나의 이펙트를 표현할 때 파티클 이펙트라고 한다. 예를 들어 횃불 이펙트는 불, 연기, 잉걸불로 이뤄져 있다.

슈리켄 파티클 시스템은 인스펙터를 사용하지 않고 그림 11.1과 같이 에디터가 따로 있다.

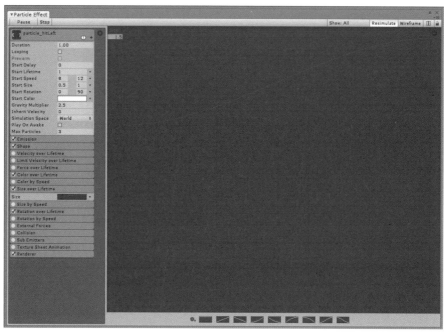

그림 11.1 파티클 에디터

파티클 시스템 만들기

다음 단계들을 따라 첫 번째 파티클 시스템을 만들자.

1. 게임오브젝트 메뉴에서 Create Other ➤ Particle System을 선택해 파티클 시스템 컴포넌트가 부착된 게임오브젝트를 생성한다.

2. 다이아몬드 아이콘처럼 인식이 가능한 아이콘을 설정해 씬 뷰에서 인지가 편하도록 한다.

작업을 끝내면 빈 게임오브젝트가 생성되지만 파티클 시스템 컴포넌트를 가지고 있다. 그림 11.2와 같이 눈과 같은 하얀색 파티클을 볼 수 있다.

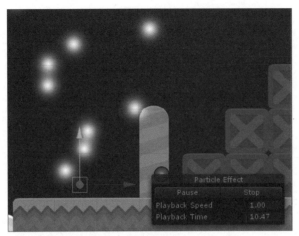

그림 11.2 기본적인 파티클 시스템의 동작 예

팁

> **팁**
>
> 파티클 시스템 컴포넌트가 부착된 활성화된 게임오브젝트를 선택하면 씬 뷰에서 항상 애니메이션
> 된다. 값을 변경하면서 바로 볼 수 있기 때문에 매우 편리하게 파티클 이펙트를 만들 수 있다.

파티클 시스템의 모듈, 속성

이것은 매우 복잡한 시스템이기 때문에 간단한 것들을 차근차근 만들어 보면서 진
행 하겠다. 모든 파티클 시스템은 기본 속성들이 있는데 이것들 외에 필요한 속성
들은 모듈이라는 것을 활성화 해서 사용할 수 있다. 이것들은 매우 구체적으로 필
요에 따라 활성화해 파티클 시스템을 조작한다. 이제 쉽게 설명해보겠다.

기본 파티클 시스템 속성

이것들은 파티클 시스템의 핵심 속성들이고 모든 파티클 시스템이 가지고 있다.

- Duration: 파티클 시스템이 얼마의 시간 동안(초 단위) 파티클들을 생성하는지 나
  타낸다. 만일 Looping이 true로 설정되었다면 이 값은 다시 루프가 시작되기까
  지 얼마간 파티클들을 생성하는지 의미한다.

- Looping: 이 값이 true라면 파티클 시스템이 끝나지 않고 계속 실행된다.
- Prewarm: 이 값이 true라면 파티클 시스템은 한번 루프가 끝난 상태에서 나타난다. 이것은 Looping이 true일 때만 사용된다.
- Start Delay: 파티클 시스템이 활성화된 후 몇 초 후에 파티클이 생성되는지 나타낸다.
- Start Lifetime: 파티클이 생성된 후 이 시간(초 단위)이 지나면 소멸된다.
- Start Speed: 방향에 따라 생성된 파티클의 초기 속도를 의미한다.
- Start Size: 파티클이 생성될 때 스케일 값을 의미한다.
- Start Rotation: 파티클이 생성될 때 회전 값을 의미한다.
- Start Color: 파티클이 생성될 때 컬러 값을 의미한다.
- Gravity Multiplier: 물리 매니저에서 설정한 중력 값에 얼만큼 곱할 것인지 의미한다. 1은 중력 값을 100% 그대로 사용한다는 뜻이다.
- Inherit Velocity: 파티클 시스템 오브젝트의 속도 값을 그대로 사용할 것인지 의미한다. 이 값은 Simulation Space가 World로 설정되었을 때만 사용된다.
- Simulation Space: 파티클이 시뮬레이션 될 공간을 설정한다. 로컬 시뮬레이션은 모든 파티클들의 움직임이 게임오브젝트의 트랜스폼에 상대적으로 계산된다.
- Play On Awake: 이 값이 true라면 게임오브젝트가 활성화될 때 자동으로 파티클 시스템이 플레이된다.
- Max Particles: 파티클 시스템이 한번에 보여줄 수 있는 파티클들의 최대 개수를 의미한다. 현재 파티클 개수가 이 값에 다다르면 더 이상 새로운 파티클들이 생성되지 않는다.

그밖의 파티클 시스템 모듈

각각의 모듈들은 특징에 필요한 속성들을 갖는다.

- Emission: 설정된 타입에 따라 파티클들의 생성되는 비율을 나타낸다.

- Shape: 파티클의 모양과 생성되는 방향을 결정한다.
- Velocity over Lifetime: 로컬, 월드 공간의 축에 따라 속도 값을 적용한다.
- Limit Velocity over Lifetime: 생성된 파티클들의 최대 속도를 설정하고 속도가 한 계치를 넘으면 줄인다.
- Force over Lifetime: 생성된 파티클들의 힘을 조절한다.
- Color over Lifetime: 시간이 지남에 따라 파티클 각각의 컬러를 조절한다.
- Color by Speed: 속력의 범위 값에 기반해 파티클의 컬러를 조절한다.
- Size over Lifetime: 시간이 지남에 따라 파티클의 크기를 조절한다.
- Size by Speed: 속력의 범위 값에 기반해 파티클의 크기를 조절한다.
- Rotation over Lifetime: 시간이 지남에 따라 파티클의 회전 속도를 바꾼다.
- Rotation by Speed: 속력의 범위 값에 기반해 파티클의 회전 속도를 바꾼다.
- External Forces: 유니티의 바람 지역 컴포넌트에 따라 파티클에 얼만큼 힘을 가할 것인지 결정한다.
- Collision: 파티클들에 충돌이 있는지 충돌이 있다면 어떻게 처리 되는지 결정한다. 현재 이 글을 쓰는 시점에서 2D Collider는 동작하지 않는다.
- Sub Emitters: 이 파티클 시스템이 특정 이벤트를 통해 다른 파티클 시스템을 트리거 시킨다.
- Texture Sheet Animation: 텍스처 시트를 파티클처럼 사용 가능하게 해준다. 애니메이션 가능하며 파티클 마다 랜덤하게 설정될 수 있다.
- Renderer: 파티클이 어떻게 렌더링되는지 결정한다. 예를 들어 그림자를 캐스팅 하는지/받는지 파티클이 얼마나 큰지 결정할 수 있다.

파티클 시스템 커브

파티클 시스템의 많은 속성들이 숫자 값을 사용하는 데 커브 값을 사용하는 경우도 있다. 그림 11.3은 인스펙터 윈도우의 아래쪽에 있는 파티클 시스템 커브 윈도우의 모습이다.

파티클 시스템 컴포넌트를 가지고 있는 게임오브젝트를 선택하면 항상 커브 값을 볼 수 있으며 파티클 시스템 에디터가 열린 상태에서는 인스펙터의 아래쪽에 나오지 않고 큰 화면으로 볼 수 있다.

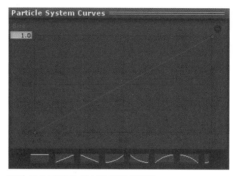

그림 11.3 파티클 시스템 커브 윈도우

- 왼쪽 상단의 숫자를 클릭해서 X 축의 최대 값을 설정할 수 있다.
- Y 축의 값은 정적이다. 보통은 파티클의 수명 값이다.
- 커브의 포인트에서 더블클릭을 해 새로운 키를 추가할 수 있다.
- 파티클 시스템 커브 윈도우의 아래쪽에 있는 프리셋을 선택해서 미리 정해진 커브 스타일을 사용할 수 있다.

이제 슈리켄 파티클 시스템에 대해 어느 정도 이해할 수 있게 되었다. 본격적으로 손을 더럽혀 보자!

게임에 파티클 이펙트 추가

잘 배치된 파티클 이펙트는 게임에 놀라운 피드백과 시각적으로 임팩트 있게 만들 수 있다. 그럼 파티클을 우리의 게임에 적용해보자.

코인 박스를 위한 파티클 이펙트 만들기

시스템을 배우기 위한 가장 좋은 방법은 직접 만들어서 사용해보는 것이기 때문에 우리는 플레이어가 코인 박스를 치면 파티클 이펙트가 나오는 것을 만들어 보려고 한다. 파티클 시스템의 가장 기본적인 것들을 사용할 것이며 작업 단계는 다음과 같다.

1. GameObject > Create Other > Particle System을 선택하면 파티클 시스템 컴포넌트가 부착된 게임오브젝트가 생성된다.

2. 씬 뷰에서 인지하기 쉬운 보라색 다이아몬드와 같은 아이콘을 설정한다.

3. 게임오브젝트의 이름은 'particle_coinBox'로 설정한다.

단계들을 끝내면 가장 기본적인 파티클 시스템이 있을 것이다. 파티클 시스템의 속성들을 조절해 코인을 먹었을 때 나타나는 시각적 효과를 만들어 볼 것이다.

- Duration: 이 값을 1로 설정한다. 이 값은 충분히 작게 설정하지만 이펙트가 나타날 때 충분히 인지할 수 있는 정도로 설정했다.

- Looping: 개발을 하고 있는 도중에는 이 값을 true로 설정해서 테스트하기 쉽게 하고 개발이 끝나면 false로 설정해서 이펙트가 한 번만 나타나게 한다.

- Start Lifetime: 이 값을 0.25로 설정해 짧은 시간만 파티클이 존재하게 한다.

- Start Speed: Set to 5. The particles will be seen brief ly but at fairly high speed.

- Start Size: 이 값을 0.4로 설정한다. 이 크기로 하면 스프라이트가 보기에 더 멋져 보인다.

- Start Color: 이 값은 원하는 대로 설정해도 되지만 우리는 노란색 코인의 파티클을 만들 것이므로 노란색으로 설정하자.

- Gravity Multiplier: 이 값을 1로 설정한다. 중력 값이 작으면 파티클이 움직일 때 멋진 원호 모양을 그리며 내려오게 된다.

324

- **Simulation Space:** 이 값을 World로 설정해 부모 게임오브젝트의 위치와 상관없이 파티클이 움직일 수 있도록 한다.
- **Play On Awake:** 이 값을 true로 설정한다. 코인 박스가 비활성화될 때 파티클을 활성화시켜 파티클 시스템이 바로 동작하게 할 것이다.
- **Max Particles:** 파티클이 많이 필요하지 않으니 10개 정도로 설정한다.

이제 막 파티클을 만들어 보았고 현재 파티클은 보기에 멋져 보이지 않는다. 그럼 이제 필요한 모듈들을 활성화시키고 파티클 효과에 필요한 올바른 설정 값들을 다음과 같이 설정해보자.

Emission 모듈

우리는 파티클이 생성되는 비율을 설정해 주어야 한다. 단순히 상수 시간에 맞춰 파티클을 생성하지 않고 한번에 파티클들을 터뜨려 주어야 한다.

- **Rate:** 이 값을 0으로 설정해 파티클들이 표준 방식으로 생성되지 않도록 한다. 우리는 파티클 생성을 위해 Bursts 값을 이용할 것이다.
- **Bursts:** 시간 0:00에 파티클 개수 10을 설정해 동시에 파티클을 터뜨려 주도록 설정한다.

Shape 모듈

우리는 파티클이 생성될 때 방향성을 가지길 원한다. 다음 설정 값을 설정해 원하는 효과를 얻을 수 있다.

- **Shape:** 이 값을 HemiSphere로 설정한다. 이렇게 하면 파티클이 터져 나갈 때 기본으로 설정된 콘 모양 보다 더 보기 좋은 장면을 얻을 수 있다.
- **Radius:** 이 값을 0.5로 설정하면 코인 박스의 크기와 비슷하다.

Size over Lifetime 모듈

시간 0:0일 때 사이즈 1에서 시작해 시간 1.0일 때 사이즈 0으로 설정한 커브를 생성한다. 이렇게 하면 파티클이 생성되었다가 부드럽게 사라지게 된다. 커브의 모양은 그림 11.4와 같다.

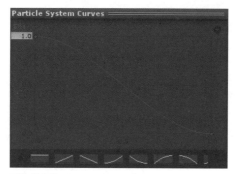

그림 11.4 Size over Lifetime 커브

Renderer 모듈

이 모듈은 기본적으로 활성화되어 있고 다음 2개의 값만 수정이 필요하다.

- **Cast Shadows:** 이 값은 `false`로 설정한다. 캐스트 셰도우가 필요 없기 때문에 쓸모 없는 연산을 줄이기 위해 비활성화시킨다.
- **Receive Shadows:** 이 값도 `false`로 설정한다. 위와 같은 이유로 `false`로 설정한다.

이제 파티클 준비가 거의 끝나 간다. 현재 파티클은 동작하지만 현재 게임의 비주얼 퀄리티와 잘 어울리진 않는 것 같다. 단순히 도형을 표시하는 것보다는 스프라이트를 표시하는 게 더 괜찮을 것이다. 다음 단계를 따라 해보자.

1. 프로젝트 윈도우에서 _sprites > Items 폴더에 간다.
2. star 스프라이트를 선택한다. 만일 스프라이트 시트에서 분리가 안 되어 있다면 지금 분리를 하자.

3. star의 Texture Type 속성을 Texture로 설정한다. 왜냐하면 파티클 시스템은 Sprite Texture를 사용하지 못하기 때문이다.

4. star 스프라이트를 particle_coinBox 게임오브젝트에 드래그앤드롭한다.

이제 파티클 시스템이 단순 도형을 그리지 않고 star를 화면에 그린다! 테스트가 끝나면 'Looping' 속성 값의 체크를 풀고 coinBox_disabled 게임오브젝트를 비활성화시킨다. 이제 프리팹의 모든 변경 사항을 저장하고 게임을 실행해서 코인 박스를 쳐보자. coinBox_disabed 게임오브젝트가 활성화됨과 동시에 파티클 시스템이 활성화되고 그림 11.5와 같이 파티클이 화면에 나타나는 것을 확인할 수 있다.

> **노트**
> 파티클 시스템이 부착된 게임오브젝트를 씬에 드래그앤드롭해서 바로 테스트해볼 수도 있다.

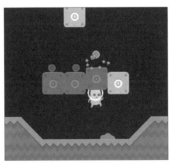

그림 11.5 코인 박스 파티클

코인 박스 파티클 이펙트 사용

파티클 시스템은 동작하지만 게임에서 사용할 수 있도록 해야 한다. 다행히 이 방법은 매우 쉽다. 다음 단계들을 따라 해보자.

1. particle_coinBox 게임오브젝트를 드래그해서 boxCoin_disabled 게임오브젝트의 자식으로 둔다.

2. particle_coinBox 게임오브젝트의 트랜스폼 포지션 값을 X : 0.5, Y : 1.1로 설정해 코인의 스폰 포지션과 가깝게 배치한다.

3. particle_coinBox의 회전 값을 다시 체크해보자. hemisphere가 위쪽 방향으로 되어 있는지 체크한다.

4. 프리팹을 저장한다.

코드 작업이 전혀 필요 없다. 파티클 시스템은 boxCoin_disabled 게임오브젝트가 활성화될 때 자동으로 실행되는데, 그 이유는 Play on awake를 true로 설정했기 때문이다.

데미지를 위한 파티클 이펙트 만들기

이제 우리는 파티클 이펙트를 어떻게 만드는지 알고 있다. 그럼 이제 플레이어가 데미지를 입었을 때 사용할 파티클 이펙트를 만들어보자. 이 파티클은 플레이어에 붙어 있고 코드에서 데미지가 발생하면 파티클을 보여줄 것이다.

이전과 마찬가지로 우선 파티클 이펙트를 먼저 만들어보자. 이전과 마찬가지로 star 텍스처를 재사용할 것이데 약간 다른 방식으로 사용할 것이다. 플레이어의 히트 리액션이 발생하면 작은 별들이 회전하면서 나타나 플레이어 뒤쪽으로 사라지게 만들 것이다. 순전히 재미를 목적으로 파티클의 크기를 점차 증가시키고 컬러도 변형해보자.

1. GameObjct > Create Other > Particle System를 선택해 파티클 시스템이 부착되어 있는 게임오브젝트를 생성한다.

2. 보라색 다이아몬드 같은 인지하기 쉬운 아이콘으로 바꿔 씬 뷰에서 파티클 시스템을 더 쉽게 볼 수 있도록 한다.

3. 게임오브젝트의 이름을 'particle_hitLeft'로 설정한다.

4. particle_hitLeft 게임오브젝트를 Player 게임오브젝트의 자식으로 만든다.

5. particle_hitLeft를 선택한다.

6. 트랜스폼 포지션 값을 X : 0, Y : 0.4, Z : 0으로 설정한다.

7. 회전 값은 X : −65, Y : −90, Z : 0으로 설정한다.

8. star 텍스처를 파티클 시스템으로 드래그해서 설정한다.

지금까지 기본적인 파티클 설정을 끝냈다. 이제 우리가 원하는 파티클 효과가 나오도록 튜닝할 차례다.

- Duration: 이 값을 1로 설정한다. 파티클이 오래 있을 필요가 없기 때문이다.

- Looping: false로 설정해 한 번만 동작하게 한다.

- Start Lifetime: 이 값을 1로 설정한다. 1초면 화면에 나타났다가 사라지기에 충분한 시간이다.

- Start Speed: Random Between Two Constants를 선택한 후 값은 8에서 12사이로 랜덤 하게 스피드를 설정한다.

- Start Size: Random Between Two Constants를 선택한 후 값은 0.5~1으로 설정한다.

- Start Rotation: Random Between Two Constants를 선택한 후 값은 0~90으로 설정한다.

- Gravity Multiplier: 2.5로 값을 설정해 파티클이 화면에 뿌려진 후 가파르게 떨어진다.

- Simulation Space: World로 설정한다. 만일 이 값을 Local로 설정하면 플레이어가 움직일 때 star가 따라다니게 되며 이는 마치 버그 같아 보이게 될 것이다.

- Play On Awake: 이 값은 false로 설정한다. 이 파티클은 코드로 활성화시킨다.

- Max Particles: 3으로 설정한다.

기본적인 속성 값을 설정했으니 이제 필요한 모듈들을 활성화하고 다음과 같이 값을 설정해보자.

Emission 모듈

코인 박스와 마찬가지로 Rate를 사용하지 않고 Bursts 값을 사용한다.

- Rate: 0으로 설정한다. 우리는 Bursts만 사용할 것이다.
- Bursts: 시간 0.00에 파티클을 3으로 설정한다.

Shape 모듈

원하는 방향에 별들을 터뜨려 주기 위해 작은 콘 모양을 설정해서 사용할 것이다.

- Shape: Cone으로 설정한다.
- Angle: 값을 15로 설정한다.
- Radius: 이 값을 0.1로 설정해 뾰족한 콘 모양으로 만든다.

Color over Lifetime 모듈

별은 노란색으로 생성되어 빨간색으로 변해야 하는데 이렇게 하려면 초기 컬러를 하얀색으로 설정하고(이렇게 해야 별의 기본 색인 노란색이 나온다) 끝 부분에서 빨간색으로 설정한다.

Size over Lifetime 모듈

코인 박스의 별과는 다르게 이번에는 별의 크기가 커져야 한다. 커브의 시간 0.0에 사이즈를 1.0으로 설정하고 시간 1.0에 사이즈를 1.5로 설정하자. 커브 에디터의 축에 있는 숫자를 클릭하면 최대치를 바꿀 수 있는 것을 기억하자.

Rotation over Lifetime 모듈

우리는 별이 움직이는 방향으로 회전하길 원한다. 플레이어의 뒤쪽에서 파티클이 나타나는데(기본 방향은 왼쪽이다) 그렇기 때문에 왼쪽으로 회전해야 한다. 쉽게 알아 채기 위해서 회전 값을 크게 설정한다. 그림 11.6과 같이 시간 값 0.00에서 -360, 그리고 시간 값 1.0에 -720으로 설정한다.

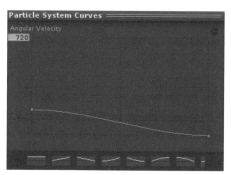

그림 11.6 Rotation over Lifetime 커브

Renderer 모듈

우리는 그림자 기능이 필요 없기 때문에 다음 2개의 설정을 모두 끄도록 하자.

- Cast Shadows: false로 설정한다.
- Receive Shdows: false로 설정한다.

불행히도 현재 파티클은 항상 왼쪽으로 움직인다. 다음 작업을 통해 반대 방향으로 움직이는 파티클도 준비하자.

1. particle_hitLeft 게임오브젝트를 복제한다.
2. 복제된 게임오브젝트의 이름을 'particle_hitRight'로 설정한다.
3. particle_hitRight 게임오브젝트의 트랜스폼 회전 값을 X : 295, Y : 90, Z : 0으로 설정한다.
4. Apply를 눌러 저장한다.

코드로 데미지 파티클 시스템 호출

지금까지 데미지 파티클을 만들어 보았고 이제 플레이어가 데미지를 입었을 때 코드에서 파티클을 활성화시켜야 하는데, 이것은 PlayerStats 스크립트를 수정하면 된다.

예제 11.1과 같이 PlayHitReaction() 함수를 수정하자.

예제 11.1 수정된 PlayerStats 스크립트

```
public ParticleSystem particleHitLeft;
public ParticleSystem particleHitRight;

void PlayHitReaction()
{
  this.isImmune = true;
  this.immunityTime = 0f;

  PlayerController playerController =
    this.gameObject.GetComponent<PlayerController>();

  if(playerController.isFacingRight == true)
  {
    this.particleHitLeft.Play();
  }
  else
  {
    this.particleHitRight.Play();
  }
}
```

스크립트는 2개의 변수를 가지고 있는데(표 11.1에 설명) 이것들을 이용해 히트 리액션 파티클을 출력할 것이다.

게임오브젝트에는 하나의 파티클 시스템이 존재할 수 있는데 방금 PlayerStats에 추가한 속성에 파티클 시스템이 부착된 게임오브젝트들을 드래그앤드롭해서 연결하면 파티클 시스템 컴포넌트만 연결된다.

표 11.1 새로운 PlayerStats 속성

변수	타입	목적
particleHitLeft	Particle System	왼쪽으로 날아가는 파티클
partcleHitRight	Particle System	오른쪽으로 날아가는 파티클

PlayHitReaction() 함수의 수정

`PlayHitReaction()` 함수에서 PlayerController 컴포넌트를 얻고 `isFacingRight`
변수 값을 이용해 방향을 체크한다. 이 방향에 기반해 파티클 시스템을 플레이하면
된다.

스크립트를 모두 수정하고 나면 저장하도록 하고 게임을 실행해보자. 플레이어
가 오른쪽 방향을 바라보고 있는 상태에서 데미지를 입으면 파티클이 왼쪽으로 날
아갈 것이고 왼쪽을 바라보고 있으면 오른쪽으로 날아갈 것이다.

파티클을 가지고 놀아 보자

우리는 슈리켄 파티클 시스템의 아주 일부분만 살펴보았음에도 불구하고 비주얼
퀄리티를 올릴 수 있었다. 여러분들이 파티클 시스템을 더 가지고 놀아 보면 더 많
은 것들을 구현할 수 있다. 예를 들어 게임을 클리어했을 때 서브이미터sub-emitter를
이용해 불꽃 놀이를 보여줄 수 있다. 또한 부모의 이미터가 죽을 때 서브이미터를
활성화시켜 아무 방향으로 파티클들이 움직이게 만들 수도 있다.

이제 외관을 다듬는 방법은 알아 보았으니 소리를 추가해보자!

> **팁**
>
> 파티클 이펙트를 사용하면서 조심해야 할 점이라면 게임의 퍼포먼스 이슈가 생길 수 있다는 점이
> 다. 많은 수의 파티클을 이용하면 게임의 프레임 레이트가 떨어지게 되는데 이때 일반적으로 사용
> 하는 규칙이 있다. 바로 원하는 파티클 효과가 있다면 최대한 적은 개수의 파티클을 사용해서 효
> 과를 만드는 것이다.

유니티의 오디오 시스템

유니티는 음악, 사운드 이펙트를 위한 꽤 강력하고 유연한 오디오 시스템을 갖추고 있는데 기본적인 시스템의 사용법은 매우 간단하다. 소리는 Audio Source를 통해 만들어 지고 Audio Listener를 통해 소리를 듣게 된다. 오디오 소스의 상대적인 리스너의 위치에 따라 소리의 크기가 결정되고 도플러 이펙트와 같은 오디오 이펙트도 적용된다.

유니티의 오디오 시스템은 Audio Reverb Zones을 이용해 리버브 효과도 적용할 수 있다. 유니티는 소리의 진동을 실제 게임 월드에 있는 지형과 계산해서 소리를 표현하진 않는다. 여러 필터들, 어떻게 소리를 변형할 것인지에 대한 정보를 제공해 소리를 표현한다. 필터를 적용해 원하는 소리가 나오게 조절할 수 있다. 예를 들어 동굴에서 들리는 소리와 같은 것을 말이다.

유니티는 다음과 같은 오디오 파일 포맷을 지원한다.

- AIFF
- MP3
- Ogg
- WAV

유니티는 음악을 위한 트랙커 모듈도 지원한다. 다음 파일 포맷들의 사용이 가능하다.

- it
- mod
- s3m
- xm

추가로 유니티는 스크립트를 이용해 마이크 사용이 가능하고 오디오 클립을 만들 수도 있다. 이 책에서는 사용하지 않지만 가능하다는 점을 알고 넘어가자.

게임 내 사운드는 실 세계를 시뮬레이션하는 것 이상이다. 사운드는 게임 월드에서 일어나는 이벤트의 피드백으로 사용 가능하다. 올바른 사운드는 애니메이션에 무게를 줄 수 있고 플레이어에게 위험을 알릴 수 있다. 또한 플레이어가 비밀 장소를 찾아낸 것도 알려 줄 수 있다. 오디오는 매우 중요하지만 간과하기 쉽다. 그렇기 때문에 프로젝트를 시작할 때부터 하나의 게임 디자인 컴포넌트로써 다뤄야 한다.

지금 우리의 게임에는 피드백이 충분하지 않지만 다음과 같이 중요한 곳에 사운드를 추가해보자.

- 플레이어 걷기 모션
- 플레이어 점프
- 플레이어가 데미지 입었을 때
- 코인 박스를 쳤을 때
- 코인을 먹었을 때

실제 작업을 하기 이전에 유니티의 오디오 시스템 컴포넌트의 속성들에 대해 알아보자.

오디오 소스 컴포넌트

유니티 씬에서 생성되는 모든 오디오들은 오디오 소스 컴포넌트Audio Source Component에서 만들어진다. 이 컴포넌트에서 제공하는 여러 속성들을 이용해 오디오 클립이 2D, 3D 공간에서 어떻게 재생되는지 결정한다.

기본 속성

다음 기본 속성은 모든 오디오 소스가 가지고 있는 오디오 소스 컴포넌트의 표준
속성이다.

- Audio Clip: 오디오 소스가 호출될 때 재생할 사운드 파일이다.
- Mute: 이 값이 true라면 음소거된다.
- Bypass Effects: 이 오디오 소스에 적용된 모든 이펙트를 무시한다.
- Bypass Listener Effects: 오디오 리스너에 적용된 모든 이펙트를 무시한다.
- Bypass Reverb Zones: 오디오 리버브 존 컴포넌트의 이펙트를 무시한다.
- Play On Awake: 오디오 소스 컴포넌트가 부착된 게임오브젝트가 활성화될 때 사운드를 플레이한다.
- Loop: 이 값이 true라면 오디오를 무한으로 반복한다.
- Priority: 사운드가 다른 사운드와 같이 재생될 때 우선순위를 설정한다. 0이 최우선순위고 255가 가장 낮은 우선순위를 갖는다.
- Volume: 볼륨을 설정한다. 값 1은 오디오를 최초로 가져올 때 원본과 같다.
- Pitch: 사운드의 피치를 결정한다. 이 값이 1이면 원본 피치 값과 같다. 값의 범위는 -3 ~ 3이다.

3D 사운드 속성

다음 속성은 오디오 클립이 3D일 때 사용된다.

- Doppler Level: 도플러 이펙트를 얼마나 적용할지 설정한다. 1이 표준 값이고 0은 아무런 효과를 적용하지 않는다.
- Volume Rolloff: 거리에 따라 사운드를 페이드시킬 때 비율을 의미한다. 높은 값의 의미는 오디오 리스너가 매우 가깝게 있어야 소리가 들리게 된다.
- Min Distance: 사운드가 최대 볼륨으로 재생되는 거리를 의미한다. 이 값이 크다면 사운드는 멀리 있어도 큰 소리로 들린다.

- Pan Level: 3D 엔진이 오디오 소스를 어떻게 사용하는지 설정한다. 이 값이 0이라면 아무런 효과가 없기 때문에 마치 2D 사운드와 같고, 1이라면 3D 사운드를 의미한다.

- Spread: 스피커 공간에서 3D 사운드의 스프레드 앵글을 설정한다. 이 값이 0이라면 모든 사운드 채널이 스피커 위치와 같이 설정되고 360은 모든 채널이 스피커의 반대쪽에 위치한다. 보통 이 값을 사용한다.

- Max Distance: 사운드의 감쇠가 멈추는 거리다. 거리가 이 값을 넘어가면 오디오는 볼륨을 유지한다.

Volume Rolloff와 같은 속성은 그림 11.7과 같이 시각적으로 보여주기도 한다.

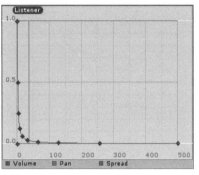

그림 11.7 Volume Rolloff 그래프

2D 사운드 속성

다음 속성들은 오디오 클립이 2D일 때 사용된다.

- Pan 2D: 어느 스피커 채널이 오디오를 담당하는지 결정한다. 이 값이 -1.0이라면 왼쪽 채널만 사용하고 1.0은 오른쪽 채널만 사용한다. 0은 두 개의 스피커의 중간에 위치한다. 모노 또는 스테레오 사운드만 팬기능을 사용할 수 있다.

오디오 리스너 컴포넌트

오디오 리스너 컴포넌트_{Audio Listener Component}는 플레이어의 가상의 '귀'를 의미한다. 모든 오디오 소스는 이 리스너 컴포넌트의 위치와 비교하고 사운드의 볼륨이나 필터를 적용할 것인지 결정한다. 기본적으로 카메라 게임오브젝트를 생성하면 오디오 리스너 컴포넌트를 가지고 있다.

오디오 리버브 존 컴포넌트

오디오 리버브 존 컴포넌트_{Audio Reverb Zone Component}는 지정된 지역에 필터를 적용해 사운드를 만들어 낸다. 사운드에 리버브와 댐핑 효과를 적용해 마치 동굴, 물속, 복도와 같은 사운드 효과를 만들어 낼 수 있다. 유니티는 이 컴포넌트를 위해 많은 프리셋을 제공한다. 우리는 이것을 사용하지는 않지만 알아 두면 좋은 기능이다.

기본 속성

오디오 리버브 존 컴포넌트에 많은 속성이 있는데, 다음 세 가지 속성이 일반적으로 사용된다.

- Min Distance: 리버브 존의 내부 반경을 의미하고 리버브 효과가 가장 강하다.
- Max Distance: 외부 반경을 의미하고 리버브 효과가 적용되기 시작하는 거리.
- Reverb Preset: 미리 제작된 프리셋을 이용해 속성 값들을 설정한다.

> **팁**
>
> 프리셋에서 설정하는 속성들에 대한 자세한 사항들은 유니티 사이트를 참고하길 적극 추천한다. http://docs.unity3d.com/ScriptReference/AudioReverbZone.html 다행스러운 것은 프리셋의 일부분만 수정해도 원하는 것을 원을 수 있을 것이다.

플레이어에 사운드 추가

플레이어에 사운드를 추가하는 방법은 매우 다양하다. 애니메이션 이벤트가 발생하거나 특정 입력이 발생했을 때 사운드를 재생할 수 있다. 우리는 이 방법을 섞어서 플레이어에 사운드를 추가해본다.

걷기 애니메이션에 사운드 추가

걷기 애니메이션을 위해서 애니메이션 이벤트가 발생하면 사운드를 발생시키는 함수를 호출해 걷기 사운드를 재생할 것이다.

우선 플레이어 게임오브젝트에 오디오 소스 컴포넌트를 다음과 같이 추가하자.

1. Player 게임오브젝트를 선택한다.

2. **Add Component** 버튼을 눌러 Audio > Audio Source를 선택한다. 오디오 클립 필드는 비워 두자.

3. 변경 사항을 저장하기 위해 **Apply**를 누르자.

4. PlayerController 스크립트를 열고 예제 11.2와 같이 코드를 작성하자.

예제 11.2 수정된 PlayerController 스크립트

```
public AudioClip footstepSounds;
private AudioSource audioSource;

void Awake()
{
  anim = this.GetComponent<Animator>();
  audioSource = this.GetComponent<AudioSource>();
}

void PlayFootstepAudio()
{
  this.audioSource.clip = footstepSounds;
  this.audioSource.Play();
}
```

두 개의 새로운 변수를 추가했다. 변수의 의미는 표 11.2와 같다.

표 11.2 새로운 PlayerController 속성

변수	타입	목적
footstepSounds	Audio Clip	플레이어가 걸으면 재생할 사운드 클립
audioSource	Audio Source	플레이어의 오디오 소스 컴포넌트를 참조하는 Private 변수

Awake( ) 함수

Awake() 함수는 플레이어 게임오브젝트의 오디오 소스 컴포넌트를 스크립트의 비공개 변수에 할당한다. 플레이어가 걸을 때 이 변수를 이용해 사운드를 재생하는데 매번 컴포넌트를 얻으면 속도가 느려질 수 있으므로 한번만 컴포넌트를 얻고 그 이후부터는 변수를 이용한다.

PlayFootstepAudio( ) 함수

이 함수에서 발자국 오디오 클립을 오디오 소스 컴포넌트에 설정하고 재생 시킨다.

> **노트**
> 11장 후반부에서 오디오 클립을 연결해 랜덤 하게 발자국 소리가 재생되게 할 것이다. 하나의 사운드가 계속해서 반복적으로 재생되면 피로감을 느낄 수 있기 때문에 여러 발자국 소리를 랜덤하게 재생시키도록 할 것이다.

스크립트를 저장하고 유니티로 돌아가자. 플레이어가 걸을 때 발자국 소리가 나오게 하기 위한 모든 작업을 끝냈다. 이제 다음을 따라 해 모든 것이 제대로 동작하게 해보자.

1. Player 게임오브젝트를 선택한다.
2. _audio 디렉토리에서 발자국 사운드 이펙트를 드래그해 PlayerController 컴포넌트의 Footstep 사운드 필드에 연결한다.

3. Animation 윈도우를 연다.

4. Player_Walk 애니메이션을 선택한다.

5. 그림 11.8과 같이 이벤트를 추가하고 PlayFootstepAudio() 함수를 호출하게 한다. 0:06, 0:15초에 이벤트를 추가해 플레이어의 발이 바닥에 닿았을 때 사운드를 재생하자.

6. 변경 사항을 저장한다.

이제 게임을 실행시킨 후 플레이어를 움직여 보자. 플레이어가 걸을 때 발자국 소리가 들릴 것이다. 약간의 사운드를 추가함으로써 캐릭터가 게임 월드에 한 부분처럼 느껴 질 것이다. 그렇지 않은가? 이제 다음으로 점프 사운드를 추가해보자.

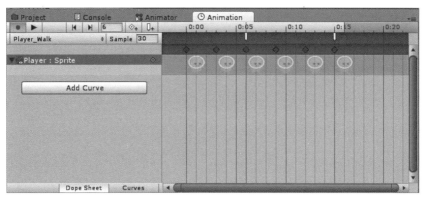

그림 11.8 Player_Walk 애니메이션의 이벤트

> **팁**
> 개발 자금이 부족하다? 인터넷에 매우 많은 오디오 파일들을 싼 가격에 파는 곳들이 많다. 물론 공짜로 제공하는 사운드들도 많다. 혹은 사운드 이펙트를 자동으로 생성하는 웹 사이트도 존재한다.

점프 이벤트에 사운드 추가

플레이어가 점프할 때도 애니메이션 이벤트를 사용해 사운드를 재생할 수 있다 하지만 점프와 같이 즉흥적인 피드백이 필요한 경우 이벤트를 사용하지 않고 스크립트를 이용해 바로 사운드를 재생시킬 수 있다. 다음 예제 11.3은 코드에서 바로 사운드를 재생한다.

예제 11.3 PlayerController 스크립트에 점프 오디오 추가하기

```
public AudioClip jumpSound;

void Update ()
{
  if(Input.GetButtonDown("Jump"))
  {
    if(isGrounded == true)
    {
      this.rigidbody2D.velocity = new Vector2(rigidbody2D.velocity.x,0);
      this.rigidbody2D.AddForce(new Vector2(0, jumpForce));
      this.anim.SetTrigger("Jump");
      this.anim.SetBool("Ground", false);
      PlayJumpAudio();
    }
    else if(isDoubleJumping == false)
    {
      isDoubleJumping = true;
      this.rigidbody2D.velocity = new Vector2(rigidbody2D.velocity.x,0);
      this.rigidbody2D.AddForce(new Vector2(0, jumpForce));
      PlayJumpAudio();
    }
  }
}

void PlayJumpAudio()
{
  AudioSource.PlayClipAtPoint(this.jumpSound, this.transform.position);
}
```

우리는 새로운 오디오 클립 변수 jumpSound를 추가했다. 이것은 플레이어가 점프할 때 사용할 오디오 소스 컴포넌트의 오디오 클립 속성이다.

PlayJumpAudio( ) 함수

이 함수는 플레이어 게임오브젝트의 위치에서 jumpSound 오디오 클립을 재생한다. 우리는 오디오 소스 컴포넌트의 오디오 클립 속성을 할당하기 보다는 PlayClipAtPoint()를 사용했는데 그 이유는 점프 사운드가 다른 사운드에 의해 멈추는 것을 원하지 않기 때문이다.

Update( ) 함수

플레이어가 점프, 더블 점프를 하면 Update() 함수에서 PlayJumpAudio() 함수를 호출한다.

이제 스크립트를 저장하고 유니티로 돌아가자. _audio 디렉토리에 있는 jump_01 오디오 클립을 드래그해 PlayerController 컴포넌트의 'Jump Sound' 프로퍼티에 연결하자. 게임을 실행해서 점프를 해보면 점프 사운드가 재생된다는 것을 확인할 수 있다.

데미지 이벤트에 사운드 추가

플레이어에 사운드를 추가하는 마지막 작업은 바로 데미지가 발생했을 때다. 우리는 데미지를 입었을 때 파티클을 이용해 피드백을 제공했었다 하지만 사운드가 없었으니 사운드를 추가해보자. 이전에 점프 사운드를 추가했을 때와 마찬가지로 코드에서 사운드를 재생해보자. PlayerController 스크립트를 열고 예제 11.4와 같이 코드를 작성하자.

```
public AudioClip damageSound;

public void PlayDamageAudio()
{
  this.audioSource.clip = damageSound;
  this.audioSource.Play();
}
```

AudioClip 타입의 새로운 변수 damageSound를 추가했다. 또한 데미지를 위한 새로운 함수 PlayDamageAudio()도 추가했다.

PlayDamageAudio( ) 함수

이 함수에서는 플레이어 오디오 소스 컴포넌트의 Audio Clip 속성을 damageSound로 할당하고 사운드를 재생 시킨다. 이 함수는 pubic으로 되어 있어 데미지가 발생했을 때 이 함수를 호출함으로써 데미지 사운드 재생이 가능하다.

스크립트를 저장하고 유니티로 돌아가자. 이제 damage_01 사운드를 PlayerController 컴포넌트의 'Damage Sound' 속성에 연결한다.

이제 PlayerStats 스크립트를 수정해 플레이어가 데미지를 입으면 PlayDamageAudio() 함수를 호출해 주어야 한다. PlayerStats 스크립트를 열고 예제 11.5와 같이 수정하자.

예제 11.5 수정된 PlayerStats 스크립트

```
void PlayHitReaction()
{
  this.isImmune = true;
  this.immunityTime = 0f;
  this.gameObject.GetComponent<Animator>().SetTrigger("Damage");

  PlayerController playerController =
    this.gameObject.GetComponent<PlayerController>();
  playerController.PlayDamageAudio();
```

```
  if(playerController.isFacingRight == true)
  {
    this.particleHitLeft.Play();
  }
  else
  {
    this.particleHitRight.Play();
  }
}

void PlayerIsDead(bool playDeathAnim)
{
  this.isDead = true;
  PlayerController controller =
    this.gameObject.GetComponent<PlayerController>();
  controller.enabled = false;
  controller.PlayDamageAudio();

  if(playDeathAnim == true)
  {
    this.rigidbody2D.velocity = new Vector2(0,0);
    this.rigidbody2D.AddForce(new Vector2(0,600));
  }

  GameObject.FindGameObjectWithTag
  ("MainCamera").GetComponent<CameraFollow>().enabled = false;
  this.gameObject.GetComponent<CircleCollider2D>().enabled = false;
}
```

PlayHitReaction( ) 함수

함수 내부에서 PlayDamageAudio() 함수를 호출하는 코드를 추가했다. 그게 전
부다!

PlayerIsDead( ) 함수

PlayerHitReaction() 함수와 비슷하게 PlayDamageAudio() 함수를 호출하는 코
드가 추가되었다. 이제 스크립트를 저장하고 유니티로 돌아가자.

게임을 실행한 후 플레이어를 적들에게 부딪혀 보면 데미지를 입을 때 부상을 당하는 사운드가 재생되게 된다.

이제 플레이어는 끝났고 수집 가능한 아이템들에 사운드 이펙트를 추가해보자.

수집 아이템에 사운드 추가

플레이어는 사운드를 모두 갖추었다. 하지만 아이템에도 사운드를 추가해보자. 특히 코인 박스를 쳤을 때와 코인을 먹을 때 사운드를 재생해보자.

코인 박스에 사운드 추가

파티클 이펙트를 활성화 시켰을 때와 마찬가지로 게임오브젝트가 활성화될 때 사운드를 재생해보자. 우리는 비활성화 버전의 코인 박스가 활성화될 때 자동으로 사운드를 재생할 것이다. 다음 작업을 따라 해보자.

1. 씬에서 boxCoin_disabled 프리팹 인스턴스를 선택한다.

2. Add Component를 누른 후 Audio > Audio Source를 선택한다.

3. _audio 디렉토리에서 coinBlock_01 사운드를 드래그해 오디오 소스 컴포넌트의 Audio Clip 속성에 연결한다.

4. Apply를 눌러 프리팹을 저장한다.

게임을 실행하면 플레이어가 코인 박스를 칠 때 사운드가 나오는 것을 확인할 수 있다.

코인 먹을 때 사운드 추가

코인은 이미 사운드를 재생할 스크립트가 충분히 작성되어 있다. 단순히 함수만 호출하면 사운드 재생이 가능하다. 물론 다음과 같이 코인 프리팹에 속성을 연결해 주어야 한다.

1. coinBronze 프리팹을 선택한다.

2. Add Component를 선택한 후 Audio ➤ Audio Source를 추가한다.

3. _audio 디렉토리에서 coinCollect_01을 드래그해 오디오 소스 컴포넌트의 Audio Clip 속성에 연결한다.

4. 다른 5개의 코인에 같은 작업을 반복해서 적용한다.

이제 사운드를 재생시키는 것은 단 한 줄이면 된다! 예제 11.6을 추가하자.

예제 11.6 수정된 CoinPickup 스크립트

```
public class CoinPickup : MonoBehaviour
{
  public int coinValue = 1;

  void OnTriggerEnter2D(Collider2D collider)
  {
    if(collider.tag == "Player")
    {
      PlayerStats stats = collider.gameObject.GetComponent<PlayerStats>();
      stats.CollectCoin(this.coinValue);
      AudioSource.PlayClipAtPoint
        (this.audio.clip, this.transform.position);
      Destroy(this.gameObject);
    }
  }
}
```

오디오 소스에서 바로 사운드를 재생할 수 있지만 게임오브젝트가 삭제되면 재생되던 사운드도 바로 멈춘다. 반면에 PlayClipAtPoint() 함수를 이용하면 오브젝트가 삭제되더라도 사운드가 지속되며 지정된 위치에서 사운드 재생도 가능하다.

> **노트**
>
> 우리가 사용한 오디오 클립은 2D다. 즉, 공간상의 위치에 영향을 받지 않는다. 하지만 3D 사운드라면 공간상 위치 값이 매우 중요하다. 단순히 사운드를 재생하는 것이라면 이 방법이 매우 값싸고 간단하기 때문에 이 방법을 사용했다.

더 돋보이게 만들기

우리의 게임에 사운드를 추가할 곳은 여전히 많지만 게임을 돋보이게 하기 위한 다른 작업을 해보자. 카메라 로직을 정리하고 죽음 처리를 좀 더 수정해보자.

카메라 로직 정리

현재 게임의 카메라는 플레이어의 움직임을 100% 따라가기 되어 있다. 플레이어의 아무리 작은 움직임이라고 하더라도 카메라는 이를 반영해 이동을 한다. 그리고 이게 바로 문제다. 카메라의 부드러운 움직임을 위해 바운딩 박스를 제공해 이 안에서 플레이어의 움직임을 반영하도록 해보자.

다행히 유니티에서 제공하는 스크립트에 이와 비슷한 로직을 하는 스크립트가 존재한다. 우리는 그것을 사용할 것이다.

1. 메인 카메라 게임오브젝트를 선택한다.
2. **Add Component**를 선택하고 **New Script**를 선택해 스크립트를 추가한다.
3. 스크립트의 이름을 'CameraFollow'라고 하고 언어는 **CSharp**으로 설정한다.
4. 프로젝트 브라우저에서 새롭게 추가된 스크립트를 선택한 후 _scrpts 폴더로 옮긴다.

5. 스크립트를 더블클릭해 MonoDevelop-Unity를 띄우고 예제 11.7과 같이 작성한다.

예제 11.7 CameraFollow 스크립트

```
public class CameraFollow : MonoBehaviour
{
  public float xMargin = 1;
  public float yMargin = 1;
  public float xSmooth = 4;
  public float ySmooth = 4;

  public Vector2 maxXAndY;
  public Vector2 minXAndY;

  private Transform player;

  void Awake ()
  {
    player = GameObject.FindGameObjectWithTag("Player").transform;
  }

  bool CheckXMargin()
  {
    return Mathf.Abs(transform.position.x - player.position.x) > xMargin;
  }

  bool CheckYMargin()
  {
    return Mathf.Abs(transform.position.y - player.position.y) > yMargin;
  }

  void FixedUpdate ()
  {
    TrackPlayer();
  }

  void TrackPlayer ()
  {
    float targetX = transform.position.x;
    float targetY = transform.position.y;
```

```
if(CheckXMargin() == true)
{
  targetX = Mathf.Lerp(transform.position.x,
    player.position.x, xSmooth * Time.deltaTime);
}

if(CheckYMargin() == true)
{
  targetY = Mathf.Lerp(transform.position.y,
    player.position.y, ySmooth * Time.deltaTime);
}

targetX = Mathf.Clamp(targetX, minXAndY.x, maxXAndY.x);
targetY = Mathf.Clamp(targetY, minXAndY.y, maxXAndY.y);
transform.position = new Vector3(targetX, targetY,
  transform.position.z);
  }
}
```

스크립트에서 사용하는 변수가 꽤 있지만 표 11.3을 참고해 의미를 파악하자.

표 11.3 CameraFollow 속성

변수	타입	목적
xMargin	Float	카메라 움직이지 않고 플레이어가 x축으로 자유롭게 움직일 수 있는 양
yMargin	Float	카메라를 움직이지 않고 플레이어가 y축으로 자유롭게 움직일 수 있는 양
xSmooth	Float	X축으로 카메라가 플레이어를 얼마나 빠르게 따라잡는지 결정한다.
ySmooth	Float	Y축으로 카메라가 플레이어를 얼마나 빠르게 따라잡는지 결정한다.
maxXAndY	Vector 2	카메라가 가질 수 있는 X, Y축의 최대값을 설정한다.
minXAndY	Vector 2	카메라가 가질 수 있는 X, Y축의 최소값을 설정한다.

Awake() 함수

이 함수는 카메라 게임오브젝트가 활성화될 때 플레이어의 트랜스폼을 얻어 온다.
트랜스폼 위치 값은 스크립트의 나머지 부분에서 계속해서 사용된다.

CheckXMargin( ) 함수

이 함수는 카메라와 플레이어의 X축 거리를 xMargin과 비교해 크다면 true를 리턴한다.

CheckYMargin( ) 함수

이 함수는 카메라와 플레이어의 Y축 거리를 yMargin과 비교해 크다면 true를 리턴한다.

> **노트**
>
> Mathf.Abs( ) 함수는 절대값을 반환하는 함수다. 즉, 언제나 양의 값을 갖는다. 예를 들어 −2와 2의 절대값은 모두 2다. Abs( ) 함수는 여백을 테스트할 때 매우 유용하게 사용된다.

FixedUpdate( ) 함수

`FixedUpdate()` 함수는 단순히 `TrackPlayer()` 함수를 호출한다. 여기서 `Update()` 함수를 사용하지 않고 `FixedUpdate()` 함수를 사용했는데 그 이유는 프레임 레이트에 독립적으로 카메라의 움직임을 부드럽게 만들기 위해서다.

TrackPlayer( ) 함수

이 함수는 단계별로 하나씩 알아보자.

1. 카메라의 현재 위치 X, Y를 저장하기 위해 변수 2개를 만들었다.

2. `CheckXMargin()`의 리턴 값이 true라면 부드러운 이동을 위해 `Mathf.Lerp()` 함수를 이용해 카메라의 새로운 X축 위치를 계산한다.

3. `CheckYMargin()`의 리턴 값이 true라면 `Mathf.Lerp()` 함수를 이용해 카메라의 새로운 Y축 위치를 계산한다.

4. 새로운 X축 값을 `Mathf.Clamp()` 함수를 이용해 주어진 최소, 최대 값 사이로 범위를 제한한다.

5. 새로운 Y축 값 역시 `Matf.Clamp()` 함수를 이용해 주어진 범위 값 사이로 제한한다.

6. 마지막으로 카메라의 위치를 범위가 제한된 새로운 위치 값으로 설정한다. 이때 Z값은 바꾸지 않고 유지한다.

`pulic`으로 선언된 값들을 수정해 원하는 느낌으로 카메라가 움직이는지 테스트해보자. 나는 다음과 같은 값을 사용했다.

- XMargin: 1
- YMargin: 1
- XSmooth: 4
- YSmooth: 4
- Max XAnd Y: 300, 15
- Min XAnd Y: -1, 0

이 스크립트는 플레이어가 돌아다닐 때 카메라를 움직여줄 뿐만 아니라 플레이어가 구덩이에 빠져 순간 이동할 때도 부드럽게 카메라를 이동시킨다.

> **노트**
>
> 지금 게임을 실행해봐도 차이점을 발견하지 못할 것이다. 왜냐하면 메인 카메라가 플레이어의 자식으로 설정되어 있기 때문이다. 카메라를 플레이어 게임오브젝트의 자식에서 벗어나 루트로 빼내도록 하자. 이제 게임을 실행하면 카메라가 제대로 동작할 것이다. 잊지 말아야 할 것은 플레이어 프리팹을 꼭 저장해야 한다는 점이다.

죽음 처리 개선

현재 게임에서 사용하고 있는 죽음 처리는 약간 부족해 보인다. 이제 그것을 개선할 차례다. 이제 카메라는 플레이어로부터 독립적으로 움직이는 데 이것을 이용해 죽음 처리도 더 재미있게 만들 수 있다.

플레이어에 적용되는 힘을 유지하지만 충돌 처리는 끔으로써 월드와 충돌하지 않게 하고 카메라가 플레이어를 더 이상 따라가지 않게 처리할 것이다. 또한 플레이어가 구덩이에 떨어졌을 때는 힘을 적용하지 않는다.

이것을 염두에 두고 PlayerStats 스크립트의 `PlayerIsDead()` 함수를 예제 11.8 과 같이 수정하자.

예제 11.8 수정된 PlayerStats 스크립트

```
public bool isDead = false;
private float deathTimeElapsed;

void Update()
{
  if(this.isImmune == true)
  {
    SpriteFlicker();
    immunityTime = immunityTime + Time.deltaTime;

    if(immunityTime >= immunityDuration)
    {
      this.isImmune = false;
      this.spriteRenderer.enabled = true;
    }
  }

  if(this.isDead == true)
  {
    this.deathTimeElapsed = this.deathTimeElapsed + Time.deltaTime;
    if(this.deathTimeElapsed >= 2.0f)
    {
      Application.LoadLevel(1);
    }
  }
}

void PlayerIsDead(bool playDeathAnim)
{
  this.isDead = true;
  PlayerController controller =
    this.gameObject.GetComponent<PlayerController>();
```

```
  controller.enabled = false;

  if(playDeathAnim == true)
  {
    this.rigidbody2D.velocity = new Vector2(0,0);
    this.rigidbody2D.AddForce(new Vector2(0,600));
  }

  GameObject.FindGameObjectWithTag
    ("MainCamera").GetComponent<CameraFollow>().enabled = false;
  this.gameObject.GetComponent<CircleCollider2D>().enabled = false;
}

public void TakeDamage(int damage, bool playHitReaction)
{
  if(this.isImmune == false && isDead == false)
  {
    this.health = this.health - damage;
    Debug.Log("Player Health: " + this.health.ToString());

    if(this.health <= 0)
    {
      PlayerIsDead(playHitReaction);
    }
    else if(playHitReaction == true)
    {
      PlayHitReaction();
    }
  }
}
```

우선 private으로 선언되었던 isDead 변수를 public으로 바꾸었는데 그 이유는 다른 스크립트가 이 변수에 접근하기 위해서다. 또한 private인 deathTimeElapsed 변수를 추가해 플레이어가 죽고 난 후에 지난 시간을 추적하도록 했다.

Update( ) 함수

플레이어가 현재 죽었는지 체크하는 로직을 추가했다. 플레이어가 죽었다면 죽은 후에 시간을 추적하기 위해 시간 변수 값을 증가시키고 이 값이 특정 값 이상이 되면 LoadLevel() 함수를 호출해 Game_Over 씬으로 바꾼다. 이것이 어떻게 동작하는지는 나중에 추가로 설명할 것이다.

PlayerIsDead( ) 함수

우리는 함수에 파라메터 playDeathAnim을 추가했는데 이 값이 true라면 플레이어가 죽을 때 힘을 적용한다. 이 값은 구덩이에 의해 죽을 때는 false를 적용한다.

스크립트는 카메라를 찾고 CameraFollow 컴포넌트를 얻어내 이것을 비활성화 시켜 플레이어가 죽었을 때 카메라 위치를 유지한다. 마지막으로 플레이어 게임오브젝트의 충돌을 비활성화시켜 게임 월드를 뚫고 지나갈 수 있게 한다.

TakeDamage( ) 함수

PlayerIsDead() 함수가 인자를 필요로 함으로 TakeDamage() 함수도 수정했다. 현재 인수 값은 playHitReaction이다. 만일 데미지 소스가 hit reaction을 호출하지 않으면 힘 역시 적용하지 않는다.

Game_Over 씬을 로드 하기 위해 어떤 번호를 로드하는지 알아야 한다. 다음과 같이 설정하자.

1. File 메뉴를 선택하고 Build Settings를 선택한다.
2. Add Current 버튼을 눌러 현재 씬을 리스트에 추가한다. 만일 리스트가 비어 있다면 번호는 0으로 설정된다.
3. Game_Over 씬을 연다.
4. Build Settings에서 Game_Over 씬을 추가한다. 이때 그림 11.9와 같이 되도록 설정하자.

5. PlayerStats 스크립트를 연다.

6. `Application.LoadLevel()` 함수가 Game_Over 씬의 번호를 인수로 전달한다.[1]

그림 11.9 씬이 추가된 빌드 세팅 메뉴

  이제 구덩이를 위해 PitTrigger 스크립트를 수정해 플레이어가 죽었을 때는 텔
레포트시키지 않도록 한다. PitTrigger 스크립트를 열고 `OnTriggerEnter2D()` 함
수를 예제 11.9와 같이 수정하자.

---

1 LoadLevel을 호출할 때 반드시 번호를 설정해야 할 필요는 없다. 씬의 이름이 Game_Over라면 단순히
  LoadLevel("Game_Over")라고 하면 번호에 상관없이 씬을 로드할 수 있다. – 옮긴이

예제 11.9 수정된 PitTrigger 스크립트

```
void OnTriggerEnter2D(Collider2D collider)
{
  if(collider.tag == "Player")
  {
    GameObject trigger = GetNearestActiveCheckpoint();

    if(trigger != null &&
      collider.gameObject.GetComponent<PlayerStats>().isDead == false)
    {
      collider.transform.position = trigger.transform.position;
    }
    else
    {
      Debug.LogError("No valid checkpoint was found!");
    }
  }
  else
  {
    Destroy(collider.gameObject);
  }
}
```

OnTriggerEnter2D( ) 함수

if 안에 있는 구문은 가장 가까운 체크 포인트를 얻고 PlayerStats 컴포넌트를 얻어 public으로 바뀐 isDead 변수의 값을 체크한다.

이제 모든 것을 저장하고 게임을 실행해 테스트해보자. 플레이어가 적에게 부딪혀 죽으면 동시에 하늘로 치솟은 후 땅바닥으로 떨어지게 된다. 플레이어가 구덩이에 떨어졌을 때는 단순히 바닥으로 계속해서 떨어진다. 두 케이스 모두 카메라는 그대로 멈춰 있다. 이것이 플레이어가 패배했다는 것을 보여주는 더 개선된 방법이다.

> **팁**
>
> 플레이어가 구덩이에 의해 죽었을 때 텔레포트된다면 인스펙터에서 컴포넌트를 보자. Contact Damage 컴포넌트가 Pit Trigger 컴포넌트보다 먼저 있어야 한다. Contact Damage 컴포넌트가 먼저 등록돼 있어야 데미지 처리를 한 후 텔레포트를 안 하도록 설정하기 때문이다.

요약

11장에서는 슈리켄 파티클 시스템이 어떤 것인지 배우고 어떻게 비주얼 퀄리티를 올릴 수 있는 배워보았다. 플레이어가 데미지를 입거나 코인 박스를 먹었을 때 이펙트를 표시해주었다.

유니티의 오디오 시스템에 대해 알아보고 어떻게 사운드 이펙트를 적용하는지 배웠다. 예를 들어 코인을 먹을 때 사운드를 재생했다. 또한 시각과 청각적 효과를 적용해 어떻게 플레이어에게 더 효과적으로 게임 경험을 제공하는지 논의했다.

마지막으로 카메라를 부드럽게 만드는 방법과 죽음 처리를 개선해 게임을 더 돋보이게 만드는 방법에 대해 배웠다.

12장, '프로젝트 구성, 최적화하기'에서는 마지막으로 알아볼 팁과 게임 최적화, 파일 처리에 대해 배워볼 것이다.

연습 문제

우리의 발자국 사운드 이펙트는 게임을 진행하면서 가장 많이 듣는 사운드일 것이다. 지속적으로 같은 사운드를 들려주면 플레이어가 금방 질려 할 것이다. 이것을 해결하기 위해 랜덤하게 발자국 사운드를 재생해보자.

1. PlayerController 스크립트를 열고 예제 11.10과 같이 수정하자.

예제 11.10 수정된 PlayerController 스크립트

```
public AudioClip[] footstepSounds;

void PlayFootstepAudio()
{
  this.audioSource.clip = footstepSounds[(Random.Range(0,
    footstepSounds.Length))];
  this.audioSource.Play();
}
```

2. Player 게임오브젝트를 선택한다.

3. Footstep 사운드 배열을 3으로 설정한다.

4. 배열의 각 요소에 다른 사운드를 할당한다.

5. 프리팹을 업데이트하고 저장하자.

6. 게임을 실행해보자! 이제 발자국 사운드가 랜덤 하게 들릴 것이다.

7. 씬과 프로젝트 파일들을 저장한다.

다음 장으로 넘어가자!

12

프로젝트 구성,
최적화하기

지금까지 잘 해 왔고 이제 거의 마무리 단계에 있다! 하지만 마지막으로 게임에 필요한 조각들을 채우기 이전에 게임을 더 부드럽고 효과적으로 돌아가게 만들어 주어야 한다.

12장에서는 게임을 위한 프로젝트를 구성하는 방법과 최적화에 대해 배운다. 지금까지 게임 프로젝트를 잘 구성해 왔으나 프로젝트 매니징에 대한 더 깊은 이해가 있으면 어떠한 프로젝트를 진행하더라도 매우 큰 도움이 될 것이다.

최적화도 빼놓을 수 없는 부분이다. 게임 애셋들의 최적화, 스크립트, 심지어는 프로젝트 브라우저도 우리의 관심 대상이다. 우리가 디자인한 게임 레벨 역시 어떻게 하면 빌드 크기를 줄일 수 있을지, 더 빠르게 동작시킬 수 있는지 배워본다. 드로우 콜을 줄이거나 충돌 최적화, 스프라이트 아틀라스를 적게 유지하는 것들이 게임을 더 최적의 상태에서 동작하게 해준다.

이제 본격적으로 알아보자!

애셋 구성

대부분의 경우 지금까지 프로젝트를 잘 관리해 왔다. 프로젝트의 루트 폴더를 애셋이라고 하는데 그 아래에 다른 애셋들을 위한 폴더를 사용해 구분했다. 그림 12.1은 지금까지 우리가 사용해 왔던 프로젝트 브라우저 폴더의 모습이다.

우리의 폴더는 이름을 사용하기 이전에 밑줄을 사용해 폴더를 구분했다. 이렇게 하면 누구나 쉽게 폴더를 구분할 수 있기 때문이다. 밑줄이 그어져 있으면 그 안에 다른 콘텐츠가 있다는 뜻이다. 예를 들어 _animations 폴더를 보면 그 안에 애니메이션이 존재한다는 것을 예상할 수 있다.

그림 12.1 우리의 프로젝트 폴더 구조

> **경고**
> 유니티에서 폴더의 이름을 설정할 때 첫 번째 글자로 밑줄을 사용하는 것은 아무런 문제가 없다. 하지만 다른 환경에서는 문제가 될 수도 있으니 다른 환경에서는 문제가 없는지 테스트해 봐야 한다.

또한 밑줄은 해당 이름이 다른 애셋을 위해서 사용하지 않는 이름이라는 걸 암시한다. 예를 들어 animations는 매우 일반적인 이름이다. 이름을 정할 때 다른 이름과 헷갈릴 수 있는 광범위한 용어는 사용하지 않아야 한다. 좋은 규칙은 일반적인 이름을 쓰지 않는 것이다. 애니메이션의 이름을 'animation1'이라고 했다면 이후에 이것이 무슨 애니메이션을 갖고 있는 애니메이션인지 기억하지 못할 것이다.

물론 이름에 번호를 붙여 가면서 사용할 수 있지만 또 다른 애니메이션에서 'animation1'과 같은 이름이 필요하다면? 이제 이름을 바꿔야 하는 문제에 봉착하게 된다. 하나 혹은 두 개의 애니메이션은 이름을 바꾸는 것이 문제 없지만 예를 들어 100개 혹은 그 이상이라면 충분히 문제가 될 수 있다.

_animations 폴더 안에 모든 애니메이션, 게임오브젝트들을 위한 애니메이터가 들어 있다. 우리는 이 두 개의 구분될 수 있는 파일들을 두 개의 폴더에 따로 넣을 수 있지만 이 경우에는 그냥 하나의 폴더에 전부 넣어 두었다. 왜냐면 이 파일들은 한 곳에 공간에 있을 때 더 이해하기가 편하기 때문인데 예를 들어 Player Animator가 Player_Idle, Player_Jump, Player_Walk 애니메이션을 사용한다는 것이 유추 가능하다.

프리팹 구성

_prefabs의 콘텐츠를 살펴보고 소리 지를 준비를 하자! 이 폴더는 보이는 것처럼 구성할 것이 없다. 모든 애셋들의 이름이 보는 바와 같지만 더 좋게 구성할 수 있는 여지는 있다.

모든 애셋들은 _sprites 폴더에서 가져왔는데 다행히 각각의 스프라이트 별로 폴더로 분리 되어 있다. _prefabs 폴더도 이와 같이 설정하자.

1. 프로젝트 브라우저에서 _prefabs 폴더에서 마우스 오른쪽 버튼을 누른 후 Create > Folder를 선택한다.

2. 새로운 폴더의 이름을 _sprites 폴더의 첫 번째와 같게 설정하자. 'enemies'와 같이 말이다.

이제 enemy 프리팹을 위한 폴더가 있다. 모든 것들을 해당 폴더로 이동시키자. 지금까지 매우 쉬운 작업이었을 것이다. 하지만 더 쉬운 방법이 있다. 이때 라벨을 사용할 수 있다. 1장, '유니티 개발 환경 구축'에서 라벨에 대해 배웠다. 지금처럼 프로젝트가 끝나기 전이 아닌 더 일찍 설명을 했어야 했지만 지금이라도 늦지 않았으니 알아보자!

라벨

라벨은 각 애셋을 구분하기 쉽게 표기할 때 사용한다. 라벨을 붙여 놓으면 애셋을 필터링하거나 폴더 내에서 쉽게 찾을 수 있다. 적 프리팹에 라벨을 모두 표기했는데 이름은 'Enemy'라고 설정했다.

프로젝트 브라우저에서 별표 모양의 아이콘 왼쪽에 있는 의류 태그 같은 모양의 아이콘을 선택하면 모든 라벨을 볼 수 있다. 라벨을 선택하면 해당 라벨이 붙어 있는 애셋만 볼 수 있다. 그림 12.2에 미리 만들어져 있는 라벨의 리스트를 확인할 수 있다.

그림 12.2 프로젝트 브라우저의 라벨 리스트

1. 라벨 리스트에서 Enemy 라벨을 마우스 왼쪽 버튼으로 선택해서 이 애셋들만 보이게 한다.
2. 첫 번째 요소를 선택한 상태에서 Shift 키를 누른 채로 가장 마지막 것을 선택해 모든 요소들을 선택한다.
3. 선택된 모든 애셋을 드래그해서 _prefabs 폴더 안에 있는 enemies 폴더에 이동시킨다.

계층

프로젝트 브라우저의 애셋들을 구성하는 방법보다 더 복잡한 씬 계층을 구성하는 마지막 단계가 하나 있다. 예를 들어 'myAsset'이 하나 있다고 가정하고 이것을 씬에 여러 개 배치하면 씬 계층 구조에 같은 이름으로 등록되어 어떤 것이 어떤 것인지 구분하기가 어렵다.

유니티는 이것을 해결하기 위한 좋은 방법이 없지만 빈 게임오브젝트를 하나 만들고 이것을 게임오브젝트들을 담고 있는 하나의 컨테이너로 이용하는 방법이 있다. 우리는 레벨 디자인을 위해 이 방법을 사용한다.

> **노트**
>
> 4장, '게임 월드 제작"에서 첫 번째 레벨을 만들 때 이 방법을 사용했다. 이것의 바탕이 되는 이론적인 내용을 더 자세히 알아보자.

1. 파일 메뉴에서 New Scene을 선택해 새로운 씬을 추가한다.

2. 프로젝트 브라우저에서 _backgrounds 폴더를 찾고 'levelDesign_background.png'을 찾아 계층 구조에 드래그앤드롭해서 이동시킨다.

3. levelDesign_background를 선택한 채로 트랜스폼 값을 X : 0, Y : 0, Z : 0으로 설정한다.

4. 인스펙터에서 Sorting Layer의 값을 Background로 설정한다.

> **팁**
>
> 우리가 사용하는 배경의 크기는 레벨의 크기와 같다. 즉, 카메라가 한 화면에 볼 수 있는 크기가 배경의 크기가 된다. 이 배경은 한 화면에 볼 수 있는 화면 크기의 가이드 라인이 된다. 또한 이것을 조각으로 나누어 계층 구조에 배치해 연속적으로 표현한다.

5. 게임오브젝트 메뉴에서 Create Empty를 선택한 후 이름을 'Screen1'으로 설정한다.

6. 그리고 트랜스폼 값은 모두 0으로 설정한다. 이렇게 하면 이것의 자식으로 설정된 모든 게임오브젝트의 위치 값이 월드 공간에서 올바르게 표현된다.

7. 프로젝트 브라우저에서 _prefabs 안에 grassMid 프리팹을 드래그해 Screen1 게임오브젝트에 드롭해 자식으로 만든다. 만일 실수로 계층 구조에 바로 이동시켜 버리면 트랜스폼 값이 올바른지 체크해야 한다.

8. grassMid 프리팹을 하나 더 선택해 Scene1 게임오브젝트로 드래그앤드롭해 하나 더 추가한다.

9. 두 번째 추가한 것의 트랜스폼 값은 X : 1.0으로 설정해 첫 번째보다 오른쪽에 위치하게 한다.

10. 이 작업을 계속해서 16개의 grassMid 게임오브젝트를 배경에 추가한다. 방금 게임을 위한 첫 번째 스크린을 제작했다.

> **팁**
>
> 우리는 스크린에 정확히 16개의 조각을 추가했다. 스크린의 넓이는 960인데 3장, '2D 스프라이트 제작'에서 게임오브젝트의 Pixels to Units 크기를 60으로 설정했기 때문에 16×60 = 960의 계산식으로 인해 정확히 스크린에 16개의 조각들이 배치된다.

이렇게 게임오브젝트들을 구성할 때 장점이 있는데, 첫 번째는 게임 레벨을 매우 쉽게 구성할 수 있었다는 점이고, 두 번째로는 다음 스크린을 만들 때 단순히 첫 번째 스크린을 복사해서 두 번째 스크린을 만들 수 있다는 점이다. 이 작업이 얼마나 효율적인지 다음 단계들을 따라 해보자.

1. 프로젝트 브라우저에서 _backgrounds 폴더의 배경이 되는 것을 하나 선택해 계층 구조에 넣는다.

2. Sorting Layer는 backgrund로 설정한다.

3. 인스펙터에서 트랜스폼의 X 값을 16으로 설정한다. 이렇게 하면 두 번째 스크린의 X 값이 정확히 두 번째 스크린의 좌표가 된다.

4. Screen1 게임오브젝트를 선택한다. 이렇게 하면 자식으로 등록된 모든 것들이 선택된다.

5. **Edit** 메뉴에서 **Duplicate**를 선택해 복제 하거나 단축키 **Ctrl + D**를 눌러 복제한다.

6. 복제된 게임오브젝트들은 계층 구조에서 똑같은 이름으로 등록되는데 복제된 게임오브젝트의 이름을 'Screen2'로 설정한다.

7. 방금 만든 두 번째 백그라운드의 트랜스폼 값을 16으로 설정 했듯이 Screen2 의 트랜스폼 값도 16으로 설정하자. 이렇게 하면 두 번째 스크린의 게임오브젝트들이 모두 16유닛 오른쪽으로 움직일 것이다. 그림 12.3이 그 모습이다.

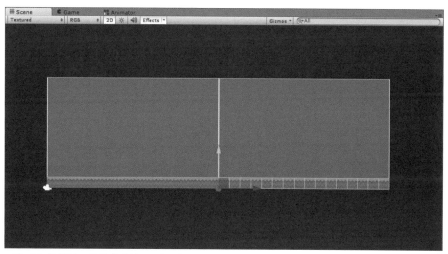

그림 12.3 씬 뷰의 그룹화된 게임오브젝트의 모습

이 방법을 이용하면 씬의 계층 구조를 관리하기가 편하다. 한 가지 결점이라면 디자인이 바뀌거나 새로운 요소가 추가되었을 경우다. 하지만 그 정도 수고에 비해 가치가 있다. 그림 12.4는 마지막 계층 구조의 모습을 보여주고 있다.

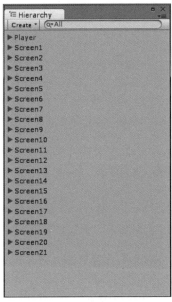

그림 12.4 정리하기 쉽게 정리된 계층 구조

　이 방법 외에 씬과 계층 구조를 깔끔하게 유지하는 다양한 방법들이 존재하는데 예를 들어 게임오브젝트들을 프리팹화시켜서 사용할 수 있다. 우리는 이 방법을 사용하지 않았는데 그 이유는 이후에 설명하겠다.

스크립트와 코드 구성

여러분의 게임 프로젝트가 커질수록 스크립트, 코드가 늘어날 것이다. 작업을 더 효율적으로 진행하기 위해 원하는 스크립트나 코드를 빠르게 찾는 것이 반드시 필요하게 될 것이다. 스크립트와 코드를 잘 구성해서 더 쉽게 프로젝트의 코드를 관리하는 방법에 대해 알아보자.

스크립트 파일 관리

어떤 파일이라도 관리하는 방법에는 두 가지가 있다. 스크립트도 예외가 아니다.

1. 폴더 구조

2. 파일 이름

당연한 이유로 이 두 가지 방법이 사용된다. 앞의 장들에서 스크립트는 일반적인 이름을 가지고 _scripts 폴더에 위치해 있다. 보시다시피 약간 복잡해보인다. 이것을 더 좋게 만들어보자.

지금까지 스크립트는 다음과 같은 분류로 나눴다.

- 플레이어 데이터와 컨트롤 스크립트
- 적 데이터와 컨트롤 스크립트
- 수집 가능한 아이템 스크립트
- 위험 요소 스크립트
- 게임 시스템 스크립트

새로운 스크립트를 위해 _script 폴더에 하위 폴더를 생성해 스크립트를 추가할 수 있다. 이것으로 필요한 스크립트를 더 빠르게 찾아낼 수 있고 또한 적당히 훑어봄으로써 어떤 위치에 어떤 스크립트들이 모여 있는지 쉽게 알 수 있다.

스크립트의 파일 이름을 바꿈으로써 스크립트가 하는 일이 무엇인지 더 알기 쉽다. 예를 들어 모든 수집 가능한 아이템에 대해 Coin이라는 접두어를 붙이거나 플레이어에 관련된 스크립트에 Player라는 접두어를 붙일 수 있다. 이렇게 언제나 무언가를 개선할 수 있다.

네이밍 스키마는 특히 애셋에 사용할 때 매우 중요한데 항상 이 점을 염두에 두고 이름을 지어야 한다. 항상 간단하게, 일관성 있게, 간단하게 서술 가능한 형태로 이름을 지어야 한다. 다른 개발자가 훑어 보는 것 만으로도 스크립트가 어떠한 일을 하는 것인지 대략적으로 알 수 있게 해야 한다.

폴더 구조나 명명 법에 대한 베스트는 존재하지 않고 우리가 여기서 설명했던 것은 추천 사항일 뿐이다. 만일 여러분 혹은 여러분의 팀이 편한 방식이 있다면 그것을 사용하자.

코드 관리

모든 코드는 함수 형태로 동작하며 이것을 관리하는 방법은 다양하다. 여기서 어수선해 보이는 코드를 깔끔하게 하는 방법과 중요한 데이터를 한 곳에 모으는 방법에 대해 알아본다.

Region 키워드

C#에는 #region, #endregion이라는 키워드가 있다. 이것을 사용하면 지정된 코드를 접을 수 있다. 가장 코드가 긴 PlayerController 스크립트에 키워드를 사용해보고 어떻게 보이는지 살펴보자. 예제 12.1과 같이 PlayerController를 수정해보자.

예제 12.1 PlayerController 스크립트에 Region 키워드 사용하기

```
public class PlayerController : MonoBehaviour
{
  #region VARIABLES
  #region PUBLIC HIDDEN VARIABLES

  [HideInInspector]
  public bool isFacingRight = true;
  [HideInInspector]
  public bool isGrounded = false;
  [HideInInspector]
  public bool isDoubleJumping = false;

  #endregion
  #region PUBLIC VARIABLES

  public float maxSpeed = 7.0f;
  public float jumpForce = 850.0f;
```

```
    public PhysicsMaterial2D jumpMaterial;

    public Transform groundCheck;
    public LayerMask groundLayers;

    public AudioClip[] footstepSounds;
    public AudioClip jumpSound;
    public AudioClip damageSound;

    #endregion
    #region PRIVATE VARIABLES

    private float groundCheckRadius = 0.2f;

    private AudioSource audioSource;
    private Animator anim;

    private float deathTimeElapsed;

    #endregion
    #endregion

    #region INHERENT METHODS [Awake, Update, FixedUpdate]

    void Awake()
    {
      // 예제
    }

    void Update ()
    {
      // 예제
    }

    void FixedUpdate()
    {
      // 예제
    }

    #endregion
    #region UTILITY METHODS [Flip]
```

```
void Flip()
{
  // 예제
}

#endregion
#region AUDIO METHODS [PlayFootstepAudio, PlayJumpAudio, PlayDamageAudio]

void PlayFootstepAudio()
{
  // 예제
}

void PlayJumpAudio()
{
  // 예제
}

public void PlayDamageAudio()
{
  // 예제
}

#endregion
}
```

우리는 이제 접을 수 있는 코드를 가지게 되었다.

- public, private 변수들을 위한 지역을 설정하고 인스펙터에 보이게 하는 것들
  과 인스펙터에 변수를 노출시키지 않게 하는 지역을 사용했다.
- 모든 유니티 게임오브젝트의 상속된 함수들을 위해 지역을 설정했다.
- 스크립트에 필요한 몇 가지 유틸리티 함수들을 위해 유틸리티 지역을 설정했다.
- 플레이어 오디오와 관련된 함수들을 위해 지역을 설정했다.

지역을 사용해 지정된 코드를 접을 수 있고 이것을 이용해 코드를 더 보기 쉽게 만들었다. 그림 12.5를 보자. 지역은 함수의 내부에서도 사용할 수 있기 때문에 코드를 접었을 때 더 보기 쉽다면 지역을 사용하자.

팁

개인적으로 선호하는 것은 지역을 사용할 때 함수 이름을 지역에 적는 것이다. 이렇게 하면 지역으로 접힌 부분을 펼치지 않고도 함수 명을 볼 수 있기 때문이다. 이것의 단점이라면 함수의 이름이 바뀌었을 때 지역으로 설정하는 코드도 바뀌어야 한다는 점이다.

```
3
4   public class PlayerController : MonoBehaviour
5   {
6       #region VARIABLES
7       PUBLIC HIDDEN VARIABLES
18      PUBLIC VARIABLES
32      PRIVATE VARIABLES
42      #endregion
43
44      INHERENT METHODS [Awake, Update, FixedUpdate]
114     UTILITY METHODS [Flip]
124     #region AUDIO METHODS [PlayFootstepAudio, PlayJumpAudio,
125
126     void PlayFootstepAudio()
127     {
128         this.audioSource.clip = footstepSounds[(Random.Range(
129         this.audioSource.Play();
130     }
131
132     void PlayJumpAudio()
133     {
134         AudioSource.PlayClipAtPoint(this.jumpSound, this.tran
135     }
136
137     public void PlayDamageAudio()
138     {
139         this.audioSource.clip = damageSound;
140         this.audioSource.Play();
141     }
142     #endregion
143 }
144
```

그림 12.5 PlayerController 스크립트의 부분 적으로 접힌 코드

코드에서 상수 사용하기

상수constant는 변수와는 다르게 바뀌지 않는 데이터를 말한다. 상수에 한번 값이 설정되고 나면 그 이후에는 이 값을 변경할 수 없다. 다음과 같은 값에 상수를 사용한다.

- 플레이어 최대 스피드
- 플레이어 점프 힘
- 바닥 체크를 위한 반지름 값
- Animator 이름들
- Input의 이름들

우리는 이 값들을 위해 Constants 스크립트를 제작하고 이 값들을 사용하는 곳들에서 참조하게 만들 것이다. 이렇게 상수 값을 사용하면 코드 작성 시 발생하는 오타도 줄일 수 있으며 이 값이 바뀌어서 로직이 원하지 않게 동작하는 경우도 막을 수 있다. 입력 값의 경우는 입력 값을 사용하는 모든 스크립트에서 바뀐 입력 값 스트링을 바꾸기 위해 코드를 수정하지 않아도 된다.

> **팁**
> 플레이어의 스피드, 점프의 힘의 값을 고정해 이 상수 값이 제대로 동작하는지 알아볼 것이다. 이 상수 값이 아직 정확하지 않았다고 판단된다면 개발 중에는 public 변수로 두어서 변경이 쉽게 하자. 상수 값으로 바꾼 후에는 이것을 다시 변수로 바꾸는 것이 쉽지 않다. 값이 변경되지 않는 만큼 보안에는 좋지만 보통 유연함은 떨어진다.

새로운 스크립트를 만들어보자.

1. 프로젝트 뷰에서 _scripts 폴더를 찾자.
2. 새로운 C# 스크립트를 생성하고 이름은 'Constants'로 하자.
3. 새롭게 만들어진 스크립트를 열자.

이전 스크립트와는 다르게 이것은 게임오브젝트의 컴포넌트로 존재하는 것이 아니다. 이것은 외부 스크립트로써 MonoBehaviour 클래스를 상속하지도 않는다. 예제 12.2와 같이 코드를 작성하자.

예제 12.2 Constants 스크립트

```
public class Constants
{
  #region PLAYER MOVEMENT VALUES

  public const float playerMaxSpeed = 7;
  public const float playerJumpForce = 850;
  public const float playerGroundCheckRadius = 0.2f;

  #endregion
  #region ANIMATOR VARIABLE NAMES

  public const string animSpeed = "Speed";
  public const string animJump = "Jump";
  public const string animDie = "Die";
  public const string animDamage = "Damage";

  #endregion
  #region INPUT NAMES

  public const string inputMove = "Horizontal";
  public const string inputJump = "Jump";

  #endregion
}
```

이후에 수정이 필요한 모든 값 들은 인스펙터가 아니라 스크립트 자체에서 수정되어야 한다. 이제 PlayerController 스크립트에서 이 상수 값을 사용하도록 코드를 예제 12.3과 같이 수정해 주어야 한다.

> **팁**
>
> 프로그래밍 언어 중에서 상수 값 사용을 지원하지 않는 언어가 있는데 예를 들어 자바 스크립트가 그렇다. 이때 변수의 이름을 모두 대문자로 표기함으로써 상수 값이라는 의미를 내포할 수 있다. 즉 inputMove를 INPUT_MOVE로 적을 수 있다.

```
public class Constants
{
  #region PUBLIC VARIABLES
  public float maxSpeed = Constants.playerMaxSpeed;
  public float jumpForce = Constants.playerJumpForce;
  public PhysicsMaterial2D jumpMaterial;

  public Transform groundCheck;
  public LayerMask groundLayers;

  public AudioClip[] footstepSounds;
  public AudioClip jumpSound;
  public AudioClip damageSound;

  #endregion
  #region PRIVATE VARIABLES

  private float groundCheckRadius = Constants.playerGroundCheckRadius;

  private AudioSource audioSource;
  private Animator anim;
  private float deathTimeElapsed;
  #endregion
  #endregion

  #region INHERENT METHODS [Awake, Update, FixedUpdate]

  void Awake()
  {
    anim = this.GetComponent<Animator>();
    audioSource = this.GetComponent<AudioSource>();
  }

  void Update ()
  {
    if(Input.GetButtonDown(Constants.inputJump))
    {
      if(isGrounded == true)
      {
        this.rigidbody2D.velocity = new Vector2(rigidbody2D.velocity.x,0);
```

```
            this.rigidbody2D.AddForce(new Vector2(0, jumpForce));

            this.anim.SetTrigger(Constants.animJump);
            PlayJumpAudio();
        }
        else if(isDoubleJumping == false)
        {
            isDoubleJumping = true;
            this.rigidbody2D.velocity = new Vector2(rigidbody2D.velocity.x,0);
            this.rigidbody2D.AddForce(new Vector2(0, jumpForce));
            PlayJumpAudio();
        }
    }
}


void FixedUpdate()
{
    isGrounded = Physics2D.OverlapCircle
        (groundCheck.position, groundCheckRadius, groundLayers);
    PhysicsMaterial2D material =
        this.gameObject.GetComponent<CircleCollider2D>().sharedMaterial;

    if(isGrounded == true)
    {
        this.isDoubleJumping = false;
    }

    if(isGrounded == true && material == this.jumpMaterial)
    {
        CircleCollider2D collision =
            this.gameObject.GetComponent<CircleCollider2D>();
        collision.sharedMaterial = null;
        collision.enabled = false;
        collision.enabled = true;
    }
    else if(isGrounded == false &&
        this.gameObject.GetComponent<CircleCollider2D>().sharedMaterial == null)
    {
        CircleCollider2D collision =
            this.gameObject.GetComponent<CircleCollider2D>();
        collision.sharedMaterial = this.jumpMaterial;
```

```
    collision.enabled = false;
    collision.enabled = true;
  }
  try
  {
    float move = Input.GetAxis(Constants.inputMove);
    this.rigidbody2D.velocity = new Vector2
      (move * maxSpeed, rigidbody2D.velocity.y);
    this.anim.SetFloat(Constants.animSpeed, Mathf.Abs(move));

    if((move > 0.0f && isFacingRight == false)
      || (move < 0.0f && isFacingRight == true))
    {
      Flip ();
    }
  }
  catch(UnityException error)
  {
    Debug.LogError(error.ToString());
  }
  }
}
```

방금 변수로 사용했던 것을 Constants 스크립트의 상수 값을 사용하게 코드를 수정했다. 비슷하게 Input, Animator의 이름들도 Constants 스크립트의 상수 값을 이용하도록 바꾸었다. 게임을 실행하면 코드를 바꾸기 이전과 완전히 똑같이 동작할 것이다.

문자열을 바꾼다거나 플레이어의 최대 스피드를 바꾸면 스크립트 여러 곳을 바꿀 필요 없이 한 곳에서만 그 값을 수정하면 된다. 바로 Constants 스크립트다. 이것으로 코드를 수정할 때 많은 시간을 절약할 수 있다.

코드에서 약자 사용하기

5장, '기본 이동, 플레이어 컨트롤'에서 새로운 사용자를 위해 문법적으로 이해하기 쉽게 스크립트 코드를 작성해 왔다. 하지만 코드를 작성하는 데 있어 점점 익숙해 지면 약자를 사용하는 것을 권유하고 싶다. 이것은 게임 개발에 있어 표준이기도 하고 계속해서 알아 감에 따라 적은 코드를 작성해 같은 동작을 하는 코드를 작성할 수 있게 된다. 효과적으로 업무를 수행하는 프로그래머가 되는데 매우 중요한 스킬이다.[1]

코드 관리하는 데 필요한 추가적인 생각들

스크립트가 커질수록 Update(), FixedUpdate() 함수들의 내용이 매우 커질 수 있다. 이 함수들의 세부 내용은 작은 단위의 다른 함수로 만들 수 있다. PlayerController 스크립트의 플레이어 입력 처리를 하는 것은 Input Controller에서 처리할 수 있다. 함수의 핵심 내용을 분류해서 관리하면 코드를 더 오랫동안 유지보수가 가능하다.

최적화

게임 개발에 있어 최적화는 필수적인 요소이며 사실 더 일찍 알아봤어야 했다. 최적화는 프로젝트를 진행하면서 지속적으로 생각해야 하는 요소인데 프로젝트 막바지에 최적화를 시도하려고 하면 초기부터 최적화를 신경 써서 개발하는 것보다 몇 배는 더 힘든 작업이 된다.

좋은 최적화는 여러분의 게임을 더 빠르게 실행 가능하게 해줄 수 있는데 대부분의 경우처럼 복잡하지 않은 물건들이 고장 나는 경우도 없고 문제도 발생하지 않는다. 게임을 만드는 것도 똑같다. 즐거운 경험을 주기 위해 게임 플레이를 건드리지 않고 최적화를 해야 한다.

최적화는 프로젝트의 모든 영역에 존재한다. 아트 애셋부터 스크립트까지 게임을 만드는데 쓰이는 모든 곳에서 최적화가 필요하다. 유니티, 게임 디자인에 익숙

---

1   나도 프로그래밍을 오래 해왔고, 지금도 현업에서 프로그래머로 일하고 있다. 저자는 약자 사용을 권유하지만 나는 권유하고 싶지 않다. 서술 형태의 변수명을 사용하는 것이 약자에 비해 시간이 오래 걸리지 않으며 약자로 이뤄진 변수명이나 함수명을 이해하는 것은 다른 사람이 코드를 읽을 때 고통을 수반하기 때문이다. – 옮긴이

해 질수록 최적화의 눈이 길러 진다. 그렇게 되면 프로젝트 시작부터 최적화 요소를 적용해 더 효과적으로 만들 수 있게 된다.

프리팹

게임오브젝트를 프리팹화시켜서 게임을 만드는 것은 프로젝트를 관리하는 데 매우 유용한 방법이다. 하지만 최적화 문제도 있다. 왜냐면 프리팹은 게임오브젝트의 재사용을 위해 추가적으로 데이터가 더 필요하기 때문이다. 프리팹은 또한 실시간으로 생성되는 데 이 의미는 실제로 게임에 추가되기 전까지 그려지지도 않고 사용되지도 않는다. 그렇기 때문에 실제로 사용하기 전까지는 어떠한 드로우 콜도 추가적으로 발생하지 않는다.

물리

물리 엔진을 적용하는 것은 CPU, GPU를 추가적으로 사용한다. 게임에서 물리 기능을 사용하면 언제, 어떻게, 그리고 왜 그 기능을 사용하는지 생각해 보아야 한다. 적은 개수의 리지드바디와 물리 시뮬레이션은 많이 사용하는 것보다 언제나 좋은 결과를 얻는다. 물론 이것들을 최적화하는 방법도 있다.

시간 매니저

시간 매니저를 이용해 물리 계산을 체크하는 횟수를 결정하는 Time Scale을 설정할 수 있다. Edit > Project Settings > Time을 선택해 시간 매니저의 값들을 볼 수 있다. 그림 12.6은 시간 매니저의 설정 값들이다.

> **노트**
>
> 시간 매니저는 물리 시뮬레이션과 FixedUpdate()를 관리한다. 고성능의 물리 시뮬레이션을 위해 값을 설정하면 게임의 프레임이 떨어질 수 있으니 게임을 개발할 때 염두에 두자.

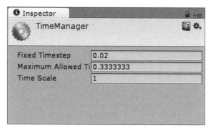

그림 12.6 시간 매니저 설정

- Fixed Timestep: 프레임당 얼마나 자주 물리 계산을 할 것인지 결정한다. 작은 값이 더 많은 물리 계산을 한다.

- Maximum Allowed Timestep: 프레임당 물리 계산을 할 때 최대로 할당된 시간을 의미한다. FixedUpdate() 함수가 지정된 시간보다 더 오랜 시간이 걸릴 경우 물리 계산을 건너 뛰어 프레임 레이트에 영향을 받지 않게 한다.

- Time Scale: 게임의 시간을 관리한다. 값 1은 실시간으로 1초를 의미한다.

지금 만드는 작은 게임에는 기본 값만으로도 충분하다. FixedUpdate() 함수도 많이 호출되지 않기 때문에 별 문제는 없다. 하지만 유니티에 이런 기능이 있는 것을 알아두면 다음 게임에 적용할 일이 있을지도 모른다.

물리 오브젝트의 개수

씬에서 사용하는 리지드바디와 충돌체들은 물리 계산을 필요로 하기 때문에 퍼포먼스와 프레임 레이트에 영향을 준다. 당연한 이야기지만 충돌할 가능성이 없는 것들은 물리 계산을 할 필요가 없기 때문에 물리 오브젝트의 개수를 잘 신경 써서 디자인 해야 한다.

> **노트**
>
> 정적인 충돌체는 움직임이 없기 때문에 물리 계산이 훨씬 간단하다. 물리 엔진은 정적인 충돌체를 위해 데이터를 따로 관리하는데, 게임오브젝트를 스태틱으로 만들려면 인스펙터에 있는 게임오브젝트 이름의 오른쪽에 'Static'이라는 플래그를 설정해 주어야 한다.

리지드바디 속성

리지드바디 컴포넌트는 몇 가지 안 되는 속성들을 가지고 있지만 CPU를 느려 지게 만드는 것들이 있다. 7장, '플레이어 물리, 충돌체 설정'에서 이 부분에 대해 조금 알아봤는데, 이 값들을 수정해봄으로써 어떤 결과가 나타나는지 확인해보자.

- Interpolate: 물리 계산을 하는 동안 어떻게 오브젝트가 움직이는지 결정한다. 보간이 없는 움직임일 경우 빠르게 움직이지만 애니메이션이 보기 좋지 않을 것이다.
- Sleeping Mode: 게임오브젝트가 생성되거나 충돌이 발생했을 때 게임오브젝트의 충돌을 계산한다. 절전 모드를 설정해 물리 엔진이 언제 다시 충돌을 체크할지 결정한다.
- Collision Detection: 물리 엔진이 어떻게 충돌을 처리할 것인지 결정한다. Discrete 은 적게 충돌을 처리하므로 충돌을 놓치는 경우가 있을 수 있다.

드로우 콜

드로우 콜은 그래픽 엔진이 수행해야 하는 함수 호출을 의미한다. 유니티는 모든 게임오브젝트를 한꺼번에 배칭하지 못하기 때문에 각각 드로우 콜이 발생한다. 적은 드로우 콜은 당연히 더 빠른 실행 결과를 얻는다. 모바일 게임의 경우 보통 드로우 콜 20이 적당하다.

스프라이트

우리는 2D 스프라이트를 많이 사용하기 때문에 드로우 콜이 많이 발생한다. 스프라이트가 각각 드로우 콜을 호출하면 프레임에 매우 많은 악영향을 끼친다. 다행히도 스프라이트 아틀라스를 사용해 여러 스프라이트를 하나의 스프라이트 시트에 저장할 수 있고, 이것을 사용하면 하나의 드로우 콜로 여러 게임오브젝트를 그릴 수 있다.

스프라이트 역시 'Static'으로 설정해 배치가 가능하다. 스태틱으로 설정되면 이것을 보장하며 모든 리소스를 사용하고 있다는 것을 확인할 수 있다.

스프라이트는 또한 소팅이 어떻게 설정되느냐에 따라 드로우 콜이 영향 받는다. Sorting Layer와 Order in Layer 속성 값은 어떻게 드로우 콜이 동작하는지 영향을 준다.

Sorting Layer는 Layer Manager에 설정된 순서대로 스프라이트를 그린다. 이것을 이용해 지정된 스프라이트를 앞쪽에 그릴지 뒤쪽에 그릴지 결정할 수 있다. 이것은 매우 유용한데 배경을 플레이어의 뒤쪽, 전경 부분을 플레이어의 앞쪽에 그릴 수 있도록 해준다.

그래픽스 API는 맨 아래 부분의 레이어부터 그리는데 게임오브젝트가 다른 레이어에 있으면 따로 그려진다. 스프라이트가 같은 레이어에 있으면 같은 스프라이트 아틀라스를 사용하도록 만들자. Sorting Layer는 같은 스프라이트 아틀라스를 사용하면 드로우 콜을 발생하지 않는다.

> **노트**
>
> 레이어의 순서는 드로우 콜의 개수에 영향을 주지 않는다. Sorting Layer는 우선순위를 가지고 있으며 이것을 기반으로 스프라이트를 그린다. 이것은 Order in Layer가 체크된 후에 실행된다. 순서는 아틀라스 시트를 바탕으로 어떤 것이 먼저 그릴지 설정한다. 스프라이트를 사용할 때 같은 스프라이트 아틀라스와 Sorting Layer를 잊지 말자.

재질

재질은 드로우 콜을 줄일 수 있는 방법 중 하나로 사용된다. 그래픽스 API가 재질별로 각각 독립적인 셰이딩 속성을 가지고 있기 때문에, 이것을 그리기 위해 드로우 콜이 증가하게 된다. 재질은 3D 오브젝트와 연관성이 많은데 2D 게임오브젝트라고 하더라도 어느 정도는 연관이 있다. 오브젝트별로 다른 재질을 사용해 특별히 원하는 비주얼 퀄리티를 만들어 낼 수 있는데 기억해야 할 사실은 이 모든 것들이 비용이 든다는 점이다. 스프라이트를 배칭한다고 하더라도 다른 재질을 사용하면 드로우 콜이 추가적으로 늘어나게 된다.

삼각형 개수

게임에서 등장하는 모든 것들은 삼각형으로 그려진다. 복잡한 폴리곤이라고 하더라도 많은 삼각형의 모음으로 폴리곤을 구성한다. 2D 게임도 내부적으로는 2개의 삼각형으로 이뤄진다.

폴리곤은 드로우 콜보다는 CPU에 영향을 미친다. 그렇기 때문에 폴리곤의 개수를 합리적인 수준에서 결정해야 한다. 폴리곤 개수는 플랫폼마다 천차만별이기 때문에 인터넷 검색을 통해 합리적인 수치 값을 얻도록 하자.

충돌체도 폴리곤 개수에 영향을 준다. 충돌체를 사용할 때는 매시 자체를 사용하는 것보다 기본 충돌체를 사용하자. 그림 12.7을 보면 매시 충돌체와 기본 충돌체(원, 사각형)를 사용한 비교 그림이 있다. 두 경우 모두 충분히 충돌 검사 수행이 가능하며 거의 대부분의 경우 단순히 사각형 충돌체만 이용해도 충분하다.

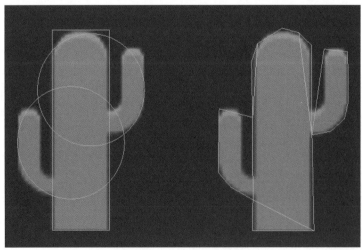

그림 12.7 3개의 기본 충돌체를 이용한 것과 폴리곤 충돌체를 이용한 경우. 폴리곤 충돌체는 더 정교한 반면에 더 많은 연산을 필요로 한다.

배칭

마지막으로 애셋 배칭을 이용해 드로우 콜의 개수를 조절하기 위한 방법이 있다.

배칭batching은 애셋을 모아서 하나로 묶고 한번의 드로우 콜로 오브젝트를 그리는 방법이다. 같은 스프라이트 아틀라스를 사용하는 스프라이트를 하나로 묶고 같은 재질, Sorting Layer를 사용하면 유니티가 이것을 배칭하여 하나의 드로우 콜로 오브젝트를 그려낼 수 있다. 이론적으로 모든 2D 스프라이트를 하나의 아틀라스에 넣고 같은 Sorting Layer를 가지고 있다면 우리는 단 한번의 드로우 콜로 스프라이트를 그려 낼 수 있다. 와~ 대단하지 않나?!

우리는 지금까지 충돌체를 최적화하고 배칭을 통해 드로우 콜을 줄이는 방법들에 대해 알아 보았다. 우리가 지금까지 배운 것들은 2D 게임을 개발할 때 많은 도움이 될 것이다. 하지만 유니티에는 다른 방법들이 더 많다.

유니티의 프로 버전은 더 많은 도구와 좋은 퍼포먼스를 제공한다. 매시 베이킹, 텍스처 베이킹과 같은 것들 말이다. 유니티 문서와 웹을 활용 하자. 유니티 포럼에는 드로우 콜을 줄이기 위한 수천 가지의 글들이 존재한다. 행운을 빈다!

렌더링 통계 윈도우

렌더링 통계 윈도우(그림 12.8 참고)를 보면 최적화, 프레임 레이트의 개선 상황 등을 눈으로 확인할 수 있다. 이 기능은 유니티 공짜 버전에서도 사용할 수 있으며 매우 유용하게 사용된다. 게임이 실행 중에도 눈으로 보면서 리소스가 해제 되는 것들을 확인할 수 있다. Game View에서 Render Statistics를 선택해 켤 수 있다.

그림 12.8 우리의 게임을 렌더링 통계 윈도우로 볼 수 있다.

- FPS: 초당 프레임을 볼 수 있다. 이것은 초 당 몇 개의 프레임을 그려 내고 있는 지 의미한다. 높은 FPS는 더 부드러운 화면을 제공한다. 최소한 30 FPS 혹은 그 이상을 목표로 게임을 제작해야 한다.
- Draw Calls: 배칭이 일어난 후 GPU가 실행한 드로우 콜의 개수를 표시한다.
- Saved by batching: 배칭으로 인해 감소된 드로우 콜의 개수를 표시한다.
- Tris / Verts: 씬에 그려 낸 삼각형과 정점의 개수를 표시한다.
- Used Textures: 사용된 텍스처의 개수와 크기를 표시한다.
- Render Texture: 그래픽스 엔진에서 그려 낸 텍스처의 개수를 표시한다. 이것들 은 실시간으로 처리되는데 물, 홀로그램, 비디오 모니터와 같은 것들이 그렇다.
- Screen: 게임 화면의 크기와 메모리 사용량을 표시한다.
- VRAM usage: 비디오 램의 평균 사용량을 표시한다. 그리고 그래픽 카드의 VRAM의 남은 용량을 표시한다.
- VBO Total: 버텍스 버퍼 오브젝트, 그래픽 카드에 전달된 매시 오브젝트의 개수 를 표시한다.
- Shadow Casters: 캐스트 셰도우된 게임오브젝트들의 개수를 표시한다. 보통은 씬에 있는 조명의 개수다.
- Visible Skinned Meshes: 씬에 존재하는 스킨드 게임오브젝트의 개수다.
- Animations: 씬에 있는 애니메이션의 개수다.

요약

12장에서 프로젝트를 구성하는 방법과 여러 최적화 기법들을 알아봤다. 우리는 폴더를 살펴보고 계층 구조를 깔끔하게 하는 방법을 배웠다. 또한 레이어, 라벨을 이용해 애셋을 효과적으로 정리하기도 했다. 우리는 프리팹을 활용해 어떻게 효과적으로 사용하는지 배웠다.

스크립트 코드를 더 간단하고, 관리하기 쉽고, 읽기 쉽게 만드는 몇 가지 방법을 배웠고, 이로 인해 CPU가 더 가볍게 동작하게 만들 수 있게 했다.

마지막으로 우리의 게임을 최적화시켜 계산을 줄이는 방법에 대해 알아봤다. 스프라이트 아틀라스를 이용해 드로우 콜을 줄이고 간단한 충돌체를 사용해 물리 연산을 간단히 했다.

13장에서는 우리의 게임에 마지막 요소인 메뉴를 추가해볼 것이다. Game_Win, Game_Over를 추가하고, 전 세계 게이머들을 위해 게임을 출시하는 방법에 대해 알아 볼 것이다. 그럼 다음 장으로 가보자!

연습 문제

우리의 씬은 삼각형 개수, 드로우 콜을 줄이기 위한 최적화가 필요하다. Screen1 그룹과 게임오브젝트들을 살펴보자. 그리고 앞서 알아본 최적화 기법을 적용할 만한 것을 찾아 적용해보자.

1. 스프라이트에 붙어 있는 충돌체를 없애고 박스 충돌체보다 더 간단한 변 충돌체(Edge Collider)를 사용해보자.

2. 드로우 콜이 발생하는 곳을 찾아 최적화할 수 있는 방법을 생각해보자. Sorting Layer가 문제일까?

3. 씬을 살펴보고 개선할 지점을 찾아보자. 기억할 것은 Game View에서 렌더링 통계 윈도우를 사용하면 더 쉽게 찾을 수 있다는 점이다.

13

모든 것을 합치기

이제 거의 마지막이다. 게임을 만들어 냈다! 우리의 영웅 캐릭터는 애니메이션도 있고 물리, 스크립트, 게다가 더블 점프까지 있다! 화면을 돌아다니는 적, 플랫폼, 동적인 다리까지!

또한 GUI를 갖추고 정보를 표시하고 있다. 휴! 매우 많은 일이 필요했지만 지금까지 잘 따라왔고 2D 게임을 보유하게 됐다.

이제 우리의 게임을 위한 마지막 손질을 할 차례다. 우리는 트리거를 추가해 게임을 클리어하면 게임을 끝내는 것을 만들 것이다. 다음으로 플레이어가 죽으면 레벨을 재시작하는 것을 만들 것이다. 게임 레벨들에 스크립트를 추가할 것인데 게임 클리어 시나리오를 위해 레벨의 처음부터 끝까지 이 스크립트를 실행할 것이다.

마지막으로 게임을 위해 필요한 것들이 무엇인지 알아볼 것이다. 플랫폼별로 게임을 빌드하는 과정을 알아본다. 게임을 빌드하고 유니티 웹 플레이어로 배포할 것이다. 모든 어려운 작업이 끝나면 자신만의 게임을 만들어서 자랑하고 싶지 않을까?

그럼 집에서 이 게임을 해보자!

레벨 묶기

플레이어가 죽었을 때 게임 오버 스크린을 보여주는 것은 있지만 플레이어가 레벨을 클리어했다면? 혹은 플레이어가 레벨을 클리어했다는 것을 어떻게 알 수 있을까? 이것을 위해 다음과 같은 몇 가지 기능이 필요하다.

- 승리 트리거를 레벨에 추가한다.
- 게임을 클리어한 후 다음 레벨을 로딩한다.
- 게임 오버 후 레벨을 다시 시작한다.
- 게임을 이긴 후 게임을 다시 시작한다.

승리 트리거 프리팹 준비

플레이어가 레벨을 클리어하고 다음 레벨로 가기 위해 트리거를 만들어야 한다. 이것은 플레이어가 보기에 한눈에도 목표 지점처럼 보여야 한다. 그럼 다음 레벨을 위한 깃발을 만들어보자.

1. 빈 게임오브젝트를 만들고 이름은 'triggerVictory'로 설정한다.
2. Add Component를 선택한 후 Rendering ➤ Sprite Renderer를 선택한다.
3. Sprite 속성을 flagBlue로 설정한다.
4. Add Component를 선택한 후 Physics 2D ➤ Box Collider 2D를 선택한다.
5. "Is Trigger" 속성 값을 true로 설정한다.
6. Box Collider 2D의 크기를 X : 1, Y : 1로 설정한다.
7. Box Collider 2D의 Center 값을 X : 0, Y : 0으로 설정한다.

위의 단계를 끝내면 그림 13.1과 같을 것이다.

트리거는 다른 체크 포인트와는 다르게 플래그의 크기와 같게 설정한다. 이렇게 설정하면 플레이어가 점프를 해 깃발을 넘어 다닐 수 있다. 물론 체크 포인트와 마찬가지로 크기를 설정해 플레이어가 넘어갈 수 없게 만들 수도 있다. 모두 여러분이 게임 디자인을 어떻게 하느냐에 따라 달렸다. 원하는 대로 설정하자.

> **팁**
>
> 적 캐릭터에 적용한 것과 같이 간단한 깃발 애니메이션을 추가해보자. 이렇게 하면 배경에서 깃발이 눈에 뜨일 것이다.

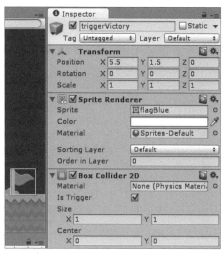

그림 13.1 triggerVictory 게임오브젝트

플레이어를 다른 레벨로 이동시키는 스크립트를 작성하기 이전에 Constants 스크립트에 새로운 값을 추가해야 한다. 예제 13.1과 같다.

예제 13.1 Constants 스크립트의 새로운 값

```
public class Constants
{
  #region PLAYER PREFS

  public const string PREF_COINS = "Coins";
  public const string PREF_CURRENT_LEVEL = "CurrentLevel";

  #endregion
```

```
#region SCENE NUMBERS

public const int SCENE_LEVEL_1 = 6;
public const int SCENE_LEVEL_2 = 2;
public const int SCENE_LEVEL_3 = 3;
public const int SCENE_GAME_OVER = 1;
public const int SCENE_GAME_WIN = 4;
public const int SCENE_TITLE = 5;

#endregion
}
```

우리가 새롭게 추가한 상수 값은 PlayerPrefabs 클래스에서 변수의 이름을 뜻한다. 이것에 대한 내용은 추후에 다시 설명할 것이다. 숫자 ID 값들은 빌드 세팅의 씬 번호이다.

- **PREF_COINS**: PlayerPrefs에서 지금까지 모은 코인의 변수 이름
- **PREF_CURRENT_LEVEL**: PlayerPrefs의 현재 플레이어가 있는 레벨의 이름
- **SCENE_LEVEL_1**: 빌드 설정에서 첫 번째 레벨의 씬 번호
- **SCENE_LEVEL_2**: 두 번째 레벨의 씬 번호
- **SCENE_LEVEL_3**: 세 번째 레벨의 씬 번호
- **SCENE_GAME_OVER**: Game_Over 씬의 번호
- **SCENE_GAME_WIN**: Game_Win 씬의 번호
- **SCENE_TITLE**: Title_Screen의 씬 번호

> **노트**
>
> 상수 값은 예제에 나와 있는 것과 다를 수 있다. 빌드 설정에 나와 있는 번호와 매칭시켜서 상수 값을 설정하자. 빌드 설정에서는 씬을 추가하면 사용 가능한 다음 정수 값으로 ID가 설정된다. 씬을 로드할 때 이름으로 로드하는 것도 가능하다. 편한 방법으로 사용하자.

이 새로운 씬 ID 상수 값들은 매우 유용하게 사용된다. 특히 필요에 따라서 씬을 섞거나 할 때 유용하다. 코드에서 숫자를 이용하는 것보다 상수 값을 이용해 씬을 로드할 것이다.

승리 트리거 스크립트 만들기

상수 값도 준비되었고, 이제 플레이어가 트리거하면 레벨을 끝내는 컴포넌트를 만들어 볼 것이다.

1. triggerVictory 게임오브젝트를 선택한다.

2. **Add Component**를 선택한 후 **New Script**를 선택한다.

3. 스크립트의 이름을 'VictoryTrigger'로 설정한 후 언어는 **CSharp**으로 설정한다.

4. triggerVictory 게임오브젝트를 드래그해 _prefabs 폴더에 넣어 프리팹화시킨다.

5. 프로젝트 브라우저에서 방금 만든 스크립트를 선택한 후 _scripts 폴더로 이동시킨다(혹시 이 스크립트를 위해 다른 서브폴더를 만들었다면 그곳으로 이동시켜도 된다).

6. 스크립트를 더블클릭해 MonoDevelop-Unity를 띄운다.

일정 시간 동안 기다렸다가 다음 씬을 로드한다. 다음 레벨로 가기 전에 지금까지 플레이어가 모은 코인을 저장해 놓는다. 이렇게 하면 다음 레벨에서도 코인을 유지할 수 있다.

> **노트**
>
> 레벨 간 이동을 하면 플레이어 게임오브젝트가 완전히 사라졌다가 다시 생성된다. 그렇기 때문에 모든 레벨에 플레이어 게임오브젝트가 있는 것이다. 새로 생성된 플레이어지만 이전 플레이어와 같게 만들기 위해 특정 데이터를 필요로 한다.

새로 생성된 스크립트를 예제 13.2와 같이 작성하자.

예제 13.2 VictoryTrigger 스크립트

```
public class VictoryTrigger : MonoBehaviour
{
  public int sceneToLoad;
  public float delay = 1;

  private float timeElapsed;
  private bool isTriggered;

  void Update ()
  {
    if(isTriggered == true)
    {
      timeElapsed = timeElapsed + Time.deltaTime;
    }

     if (timeElapsed >= delay)
    {
      Application.LoadLevel(sceneToLoad);
    }
  }

  void OnTriggerEnter2D(Collider2D collider)
  {
    if(collider.tag == "Player")
    {
      timeElapsed = 0;
      isTriggered = true;

      collider.GetComponent<PlayerController>().enabled = false;
      collider.rigidbody2D.velocity = new Vector2(0,0);
      collider.GetComponent<Animator>().SetFloat(Constants.animSpeed, 0);
      PlayerPrefs.SetInt(Constants.PREF_COINS,
        collider.GetComponent<PlayerStats>().coinsCollected);
    }
  }
}
```

스크립트에서 사용하는 변수들에 대해 알아보자.

- sceneToLoad: 빌드 세팅에서 설정되어 있는 로드 되어야 할 씬의 번호
- delay: 다음 씬까지 기다려야 할 시간(초 단위)이다. 이 시간 동안 이펙트를 보여 준다거나 사운드를 재생할 수 있다.
- timeElapsed: 플레이어가 트리거에 부딪힌 다음 지난 시간을 초 단위로 가지고 있다.
- isTriggered: 플레이어에 의해 트리거가 실행 되었는지 아닌지 추적한다.

OnTriggerEnter2D( ) 함수

오브젝트가 트리거 볼륨에 들어오면 먼저 오브젝트가 플레이어인지 아닌지 검사한다. 당연한 이야기지만 적 캐릭터가 게임을 끝내거나 하는 걸 원하지 않기 때문이다. 당연히 아니죠? 물론 이렇게 하는 게 흥미로운 게임 플레이를 만들 수 있을지도 모른다. 가령 플레이어가 적 캐릭터를 움직이게 해서 만들어지는 게임 플레이 같은 것 말이다. 하지만 현재 게임에서는 생각하지 않도록 하자.

플레이어가 트리거를 동작시키면 우리는 timeElapsed 값을 0으로 초기화시킨다. 그리고 isTriggered 변수 값을 true로 설정한다. 이 값들은 Update() 함수에서 사용된다. 우리는 또한 PlayerController 컴포넌트를 비활성화시킨 후 속도도 모두 0으로 초기화시킨다. Animator 컴포넌트의 스피드도 0으로 설정한다. 이렇게 하면 플레이어 게임오브젝트를 움직이지 않게 할 수 있다.

마지막으로 PlayerPrefs 클래스를 얻고 플레이어가 지금까지 모은 코인을 저장한다. PlayerPrefs는 이렇게 데이터를 저장하고 이후에 사용하기 위해 만들어진 클래스다. 복잡한 자료 구조를 사용하지 않고 데이터를 저장하고 사용하기에 충분하기 때문에 이 클래스를 사용했다.

> **노트**
>
> PlayerPrefs 클래스에 관한 더 자세한 사항은 http://docs.unity3d.com/ScriptReference/PlayerPrefs.html을 참고하자.

Update() 함수

isTriggered 변수가 true가 되면 이 함수에서 지난 시간을 체크한다. 이 시간 동안 게임은 sceneToLoad의 번호를 이용해 씬을 로드한다.

스크립트를 저장하고 게임을 실행해보자. 플레이어가 깃발을 터치하면 다음 레벨로 이동할 것이다. 하지만 코인이 0으로 초기화된다. 코인을 저장하긴 했지만 그 값을 복구하지 않았기 때문이다. 이제 이것을 올바르게 처리하자.

코인 값 복구하기

플레이어 코인 값을 PlayerPrefs로부터 복구하려면 PlayerStats 스크립트를 수정해 주어야 한다. 예제 13.3과 같이 코드를 수정하자.

예제 13.3 PlayerStats 스크립트

```
public class PlayerStats : MonoBehaviour
{
  void Start()
  {
    spriteRenderer = this.gameObject.GetComponent<SpriteRenderer>();
    if(Application.loadedLevel != Constants.SCENE_LEVEL_1)
    {
      coinsCollected = PlayerPrefs.GetInt(Constants.PREF_COINS);
    }
    PlayerPrefs.SetInt(Constants.PREF_CURRENT_LEVEL,
      Application.loadedLevel);
  }
}
```

Start() 함수

Start() 함수에서 로드된 레벨이 게임의 첫 번째 레벨인지 아닌지 체크한다. 첫 번째 레벨이라면 아무것도 일어나지 않지만 그것이 아니라면 coinsCollected에 PlayerPrefs에 저장된 코인 값을 가지고 온다. 이것을 체크하지 않으면 게임이 실행됐을 때 마지막에 저장된 코인으로 설정된다.

현재 로드된 레벨의 ID를 PlayerPrefs에 저장해서 게임을 재시작 했을 때 현재 레벨부터 다시 시작할 수 있게 한다.

스크립트를 저장하고 게임을 실행해보자. 이제 레벨이 바뀌어도 코인이 제대로 나타나는 것을 확인할 수 있다. 물론 게임을 처음부터 다시 시작했을 때는 0으로 초기화 된다.

인트로 스크린 사용하기

10장, '메뉴 제작과 인터페이스 다루기'에서 스플래시 스크린과 타이틀 스크린을 만들었다. 하지만 이것들은 지금까지 사용하고 있지 않았는데 이제 빌드 세팅에서 씬을 추가해 사용해보자. 11장, '게임오브젝트에 이펙트 적용'에서 빌드 설정을 열어 씬을 추가하는 방법을 배웠다. 혹시 몰라서 다시 그 단계를 적어 보았다.

1. File 메뉴를 연다.
2. Build Settings를 선택한다.
3. 단축키 Ctrl +Shift + B를 눌러도 된다.

이제 그림 13.2와 같이 Build Settings 윈도우를 열어 놓았을 것이다. 리스트의 가장 위쪽에 있는 씬은 번호가 0번으로 되어 있다. 이것은 게임이 시작되면 가장 처음으로 화면에 로드되는 씬이다. 스플래시 스크린이 먼저 화면에 보이려면 스플래시 스크린의 씬을 리스트의 가장 위쪽에 넣어야 한다. 다음 단계를 따라 해보자.

1. Splash_Screen 씬을 연다.
2. 빌드 세팅 윈도우를 연다.
3. Add Current 버튼을 클릭한다.
4. Splash_Screen을 드래그해서 리스트의 가장 위쪽으로 올린다. 그래서 씬의 번호가 0번으로 설정되게 한다.

5. Title_Screen 씬을 연다.

6. Add Current 버튼을 클릭한다.

그림 13.2 Build Settings 윈도우

이제 스플래시 스크린이 올바른 씬 번호를 가지고 있다. 게임을 실행하면 가장 먼저 이 씬이 화면에 나타날 것이다. 씬 번호가 이리저리 바꿨다면 아마 Constants 스크립트의 씬 번호를 바꿔야 할지도 모른다.

스플래시 스크린은 타이틀 스크린과 연결해야 하는데, 마찬가지로 타이틀 스크린도 게임의 첫 번째 레벨과 연결해야 한다. 다행히 이 작업을 위해 필요한 준비물은 갖춰져 있다. SplashScreenDelayed 스크립트를 열어 예제 13.4와 같이 수정하자.

```
public class SplashScreenDelayed : MonoBehaviour
{
  public float delayTime = 5f;

  void Start()
  {
    StartCoroutine("Delay");
  }

  IEnumerator Delay()
  {
    yield return new WaitForSeconds(delayTime);
    Application.LoadLevel(Constants.SCENE_TITLE);
    Debug.Log("Time's Up!");
  }

  void Update()
  {
    if (Input.anyKeyDown)
    {
      Application.LoadLevel(Constants.SCENE_TITLE);
      Debug.Log("A key or mouse click has been detected");
    }
  }
}
```

Application.LoadLevel()를 Update(), Delay() 함수에서 호출했다. 이것
은 Title_Screen 씬을 로드한다. 이제 첫 번째 레벨을 연결하도록 해야 하는데
TitleScreenScript 스크립트를 열고 예제 13.5와 같이 코드를 수정하자.

```
void Update()
{
  if (Input.anyKeyDown)
  {
    Application.LoadLevel(Constants.SCENE_LEVEL_1);
  }
}
```

Title_Screen 씬은 플레이어가 키를 누르면 첫 번째 레벨을 로드한다. 우리의 프로젝트는 점점 실제 게임 같아지고 있지만 여전히 중요한 무언가가 부족해 보이는데 그걸 추가해보자.

승리, 실패: 게임 재시작

Game Over와 Game Win 시나리오를 위한 씬을 만들었다. 하지만 플레이어가 게임을 재시작할 수 있도록 해야 한다. Game Over는 플레이어가 레벨을 다시 시작할 수 있도록 기능을 제공해야 하며 게임을 승리했을 때는 게임 재시작, 종료를 할 수 있도록 해야 한다.

그 어느 것도 현재는 제공하고 있지 않는다. 이제 코드를 작성해 이것이 올바르게 동작하도록 만들어보자.

게임 오버에서 게임으로 되돌아가기

플레이어가 죽게 되면 보통 게임 오버 스크린을 보여주고 우리도 별다른 차이점이 없다. 게임에서 재시도하거나 리로딩하는 옵션을 제공한다면 이 씬을 간단하게 유지하길 원할 것이다. 플레이어가 이 화면에서 머무르는 시간이 길면 길수록 게임을 다시 플레이하게 만들기가 어려워진다. 그렇다면 플레이어를 바로 게임으로 되돌아가게 만들어보자.

1. Game_Over 씬을 연다.

2. GameOverScript 스크립트를 찾는다.

3. 스크립트를 열어 MonoDevelop-Unity를 띄운다.

예제 13.6과 같이 코드를 수정하자.

예제 13.6 GameOverScript 스크립트

```
public class GameOverScript : MonoBehaviour
{
  public GUISkin Skin;
  public float gapSize = 20f;

  void OnGUI()
  {
    GUI.skin = Skin;
    GUILayout.BeginArea (new Rect ((Screen.height / 2) - Screen.height /
      4,(Screen.width / 2) - Screen.width / 4,
      Screen.height, Screen.width));

    GUILayout.BeginVertical();
    GUILayout.Label( "Game Over" );
    GUILayout.Space( gapSize );

    if(GUILayout.Button ("Retry!"))
    {
      Application.LoadLevel(PlayerPrefs.GetInt(Constants.PREF_CURRENT_LEVEL));
    }
    GUILayout.Space( gapSize );

    if(GUILayout.Button("Restart!"))
    {
      Application.LoadLevel(Constants.SCENE_LEVEL_1);
    }

    GUILayout.Space( gapSize );
#if UNITY_STANDALONE
    if(GUILayout.Button("Quit!"))
    {
      Application.Quit();
```

```
    }
#endif

    GUILayout.EndVertical();
    GUILayout.EndArea ();
  }
}
```

OnGUI( ) 함수

플레이어가 죽었을 때 레벨을 다시 플레이하면 `PlayerPrefs` 변수에 저장되어 있던 씬을 다시 로드해야 한다. 그리고 플레이어의 코인은 레벨을 처음으로 도전했을 때의 코인 값으로 다시 되돌아간다.

플레이어가 게임을 재시작하면 명시적으로 첫 레벨을 로드하고 게임을 종료하면 애플리케이션을 종료시킨다.

이미 알다시피 게임을 종료하는 것은 약간 다른 스크립트 처리가 필요하다. 웹 플레이어 버전의 게임은 종료 버튼을 필요로 하지 않는다. 왜냐면 그냥 웹 브라우저를 닫기만 하면 되기 때문이다. `#if UNITY_STANDALONE` 코드를 이용하면 게임이 독립 애플리케이션으로 빌드되었을 때만 특정 코드가 실행되게 만들 수 있다. 이렇게 하면 버튼을 원하지 않는 플랫폼에서 화면에 나오지 않게 할 수 있다.

> **노트**
> 유니티의 플레이 모드에서 종료는 실제로 애플리케이션을 종료 하진 않는다.

게임 클리어에서 다시 시작하기

플레이어가 게임을 클리어한 다음에는 무엇을 해야 할까? 우리의 경우 재시작 혹은 게임 종료를 제공한다. 어떻게 Game_Over 씬을 처리하는지 알아보자.

1. Game_Win 씬을 연다.

2. GameWinScript 스크립트를 찾는다.

3. 스크립트를 열어 MonoDevelop-Unity를 띄운다.

스크립트를 예제 13.7과 같이 작성한다.

예제 13.7 수정된 GameWinScript 스크립트

```
public class GameWinScript : MonoBehaviour
{
  public GUISkin Skin;
  public float gapSize = 20f;

  void OnGUI()
  {

    GUI.skin = Skin;

    GUILayout.BeginArea (new Rect ((Screen.height / 2) - Screen.height /
      4,(Screen.width / 2) - Screen.width / 4,
       Screen.height, Screen.width));

    GUILayout.BeginVertical();
    GUILayout.Label( "You Won!" );
    GUILayout.Space( gapSize );

    if(GUILayout.Button ("Restart Game"))
    {
      Application.LoadLevel(Constants.SCENE_LEVEL_1);
    }

    GUILayout.Space( gapSize );

#if UNITY_STANDALONE
    if(GUILayout.Button("Quit!"))
    {
      Application.Quit();
    }
#endif
```

```
        GUILayout.EndVertical();
        GUILayout.EndArea ();
    }
}
```

OnGUI( ) 함수

플레이어가 게임을 재시작하면 우리는 게임의 첫 번째 레벨을 다시 로드하고 종료를 선택하면 애플리케이션을 종료시킨다. 이전 스크립트와 같이 Quit 버튼은 `#if UNITY_STANDALONE`으로 감싸고 있어 다른 플랫폼에서는 보여 지지 않게 한다. 모두 완성했다!

이제 스크립트를 저장하고 게임을 테스트해보자.

게임 빌드, 배포하기

우리는 지금까지 모든 시간을 들여 게임을 개발해 왔다. 하지만 여전히 질문 하나가 존재한다. "게임을 다른 사람에게 어떻게 보여주지?" 다행히 유니티는 모든 애셋, 스크립트 코드를 실행 가능한 파일로 만들어 준다. (이 과정을 빌드라고 한다.) 이렇게 만들어진 파일을 서버나 다른 곳에 복사해서 실행 가능하게 한다. (이것을 배포라고 한다.) 유니티에서 배포 가능한 플랫폼의 개수는 매우 다양하다. PC/Mac/Linux을 포함해 콘솔 기계, 모바일 운영 체제도 지원한다.

빌드 세팅을 열어 자세히 살펴보면 아래쪽에 작은 모양의 아이콘들이 존재한다. 이것들을 선택하면 원하는 플랫폼을 결정할 수 있다. 이것을 선택하고 Build 또는 Build And Run 버튼을 누르면 배포 가능한 파일을 얻는다. 우선 옵션을 살펴보자.

- **Switch Platform**: 플랫폼 리스트에서 배포할 플랫폼을 선택할 수 있다.
- **Player Settings**: 특정 플랫폼에 관련된 설정 가능한 여러 옵션들을 인스펙터에서

볼 수 있다. 해상도, 아이콘, 스플래시 스크린과 같은 것들을 설정할 수 있다. 그림 13.3을 참고하자.

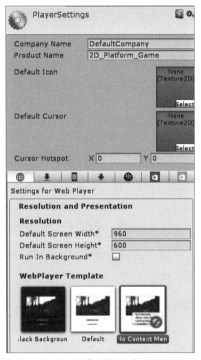

그림 13.3 여러 플랫폼을 위한 플레이어 세팅의 모습

- Build: 현재 선택된 플랫폼을 빌드 한다.

- Build Add Run: 현재 선택된 플랫폼을 빌드하고 바로 실행 한다.

- Add Current: 현재 씬을 빌드 리스트에 추가한다. 그리고 씬 번호를 설정한다.

> **노트**
>
> 유니티 표준 버전으로도 많은 빌드 옵션이 있지만 유니티의 추가적인 라이선스 구입을 통해 빌드할 수 있는 옵션이 더 있다. 또는 특정 플랫폼을 위해 하드웨어가 필요한 경우도 있다.

보시다시피 빌드 세팅 윈도우에는 선택된 플랫폼에 따라 매우 다양한 옵션들이 있다. 우리는 우리가 제작한 게임을 위해 웹 플레이어Web Player 플랫폼을 선택할 것이다. 물론 컴퓨터 사용자를 위해 PC, Mac, Linux도 가능하다.

웹 플레이어를 위한 빌드 세팅

다음은 웹 플레이어 빌드의 기본 속성이다.

- **Streamed:** 이 값이 `true`라면 웹 플레이어의 콘텐츠가 한번에 로드 되지 않고 스트리밍 된다.
- **Offline Deployment:** 이 값이 `true`라면 웹 플레이어가 어떠한 온라인 리소스도 사용하지 않는다.
- **Development Build:** 이 값이 `true`라면 자동 연결 프로파일러Autoconnect Profiler와 스크립트 디버깅Script Debugging 옵션이 사용 가능해진다.
- **Autoconnect Profiler(Unity 프로 버전만 사용 가능하다):** 이 값이 `true`라면 프로파일러 기능을 사용할 수 있다. 게임이 실행될 때 유용한 정보를 얻을 수 있다.
- **Script Debugging:** 이 값이 `true`라면 디버깅 옵션. 예를 들어 MonoDevelop-Unity가 게임 프로세스에 부착되어 디버깅 기능을 수행할 수 있다.

PC, 맥, 리눅스 스탠드 얼론 빌드 세팅

다음은 스탠드 얼론 빌드의 속성이다.

- **Target Platform:** 어떤 OS를 사용할지 선택한다.
- **Architecture:** 32비트(x86), 64비트(x86_64)를 선택할 수 있다.
- **Development Build:** 이 값이 `true`라면 자동 연결 프로파일러와 스크립트 디버깅 옵션을 사용 가능하다.
- **Autoconnect Profiler(Unity 프로 버전만 사용 가능하다):** 이 값이 `true`라면 프로파일러 기능을 사용할 수 있다. 게임이 실행될 때 유용한 정보를 얻을 수 있다.

- **Script Debugging:** 이 값이 `true`라면 디버깅 옵션이다. 예를 들어 MonoDevelop-Unity이 게임 프로세스에 부착되어 디버깅 기능을 수행할 수 있다.

크로스플랫폼 플레이어 세팅

다음 세팅은 플랫폼간 공유되는 정보다. 플레이어 세팅 버튼을 누르면 인스펙터에 다음과 같은 항목이 나타난다.

- **Company Name:** 회사의 이름. Preferences 파일의 위치는 이 회사 이름을 기준으로 한다.
- **Product Name:** 게임의 타이틀이며 게임이 실행될 때 메뉴바의 이름이기도 하다. 이 값도 Preferences 파일의 위치를 결정하는 데 사용된다.
- **Default Icon:** 모든 플랫폼에서 게임이 실행될 때 보여줄 기본 아이콘이다.
- **Default Cursor:** 애플리케이션의 기본 커서다.
- **Cursor Hotspot:** 클릭한 지점을 타겟으로 하기 위한 마우스 포인터의 핫스팟을 설정한다. 기본 커서의 왼쪽 상단을 기준으로 픽셀 값으로 측정된다.

웹 플레이어의 플레이어 세팅

마지막으로 유니티 웹 플레이어를 빌드할 때 사용 가능한 플레이어 세팅을 알아보자.

해상도와 프리젠테이션

- **Resolution:** 브라우저 윈도우의 게임 스크린의 넓이, 높이를 결정한다.
- **Run In Background:** 이 값이 `true`라면 게임은 윈도우가 포커스를 가지고 있지 않아도 계속해서 동작한다.
- **Web Player Template:** 빌드 시간에 만들어지는 기본 웹 페이지다. 게임 윈도우는 이 페이지 안에 임베딩된다.

그밖의 설정

- **Rendering Path:** 기본적으로 사용할 렌더링 타입을 설정한다. 디퍼드 라이팅 Deferred Lighting은 매우 많은 라이트를 표현해야 할 경우 가장 좋은 결과를 얻는다. 하지만 유니티 프로 버전이 필요하다. 포워드 렌더링Forward Rendering은 픽셀 라이팅과 실시간 그림자가 가능한 쉐이더 기반의 렌더링 옵션이다. 버텍스 릿Vertex Lit 렌더링은 가장 낮은 비주얼 퀄리티를 표현한다. 실시간 그림자도 불가능하다. 이 옵션은 옛날 기계 혹은 모바일에서 프로그램을 돌려야 할 때 사용한다.

- **Use Direct3D 11:** 이 값이 `true`라면 렌더링을 위해 다이렉트3D 11을 사용한다. 여러분의 그래픽 카드가 다이렉트3D 11을 지원하지 않으면 아무것도 하지 않는다.

- **Static Batching(유니티 프로 버전만 지원):** 이 값이 `true`라면 같은 크기이면서 움직이지 않는 경우 혹은 재질을 공유하는 경우 드로우 콜을 줄일 수 있다. 이것은 다이나믹 배칭Dynamic Batcing보다 더 작은 프로세싱 파워를 사용하면서 효과적으로 동작한다. 'Static' 속성을 체크해 놓아야 스태틱 배칭을 한다.

- **Dynamic Batching:** 이 값이 `true`라면 움직이는 오브젝트 중에서 같은 재질을 사용하거나 드로우 콜을 같이 할 수 있는 경우에 자동으로 배칭이 된다. 이것은 유니티 내부적으로 자동으로 수행되며 이것을 위해 특별히 설정할 것은 없다.

- **GPU Skinning(유니티 프로 버전만 지원):** 이 값이 `true`라면 스키닝을 위해 CPU를 사용하지 않고 GPU를 사용한다. 이 기능은 다이렉트X 11을 사용할 수 있는 플랫폼에서만 지원한다.

- **First Streamed Level:** 여러분이 웹 플레이어에서 스트리밍 가능하게 배포할 경우 로드되는 첫 번째 레벨의 인덱스다.

- Scripting Define Symbols: 이것들은 사용자 정의 컴파일 옵션들이다. 자세한 사항은 유니티 사이트를 참고하길 바란다.

- API Compatibility Level: 다른 소프트웨어 라이브러리들과 어떻게 호환되는지 컨트롤한다. 낮은 호환성은 파일 크기를 작게 유지한다.

- Optimize Mesh Data: 이 값이 true라면 매시에 있는 데이터 중에 사용되지 않는 경우 삭제 된다. 예를 들어 셰이더에서 탄젠트 벡터를 사용하지 않는 경우 매시의 탄젠트 데이터는 삭제된다. 이것을 사용하면 게임 크기, 실행이 더 최적화돼 동작한다.

우리가 설정할 것들

지금까지 알아본 것들이 매우 많은데 걱정하지 말자. 우리의 게임에 필요한 설정들은 몇 가지 되지 않는다. 우리가 만든 게임은 웹 플레이어에서 동작할 것인데 다음 단계를 따라 해서 설정 값들을 설정해보자.

1. Build Settings 윈도우를 열자.

2. 웹 플레이어 플랫폼이 선택되었는지 확인하자. 선택되지 않으면 플랫폼을 바꾸자.

3. 기본적으로 체크되어 있는 것들이 있는지 확인하자.

4. Player Settings 버튼을 선택한다.

5. Resolution and Presentation 설정을 확장시켜 더 많은 정보를 보자.

6. 기본 스크린 넓이는 960으로 설정한다.

7. 스크린의 높이는 600으로 설정한다. 이것으로 웹 플레이어의 스크린 크기를 결정할 수 있다.

8. 카메라의 배경 컬러를 검정색이나 비슷한 컬러를 사용하고 있을 경우 웹 플레이어의 기본 템플릿을 사용하고 만일 밝은 컬러를 사용할 경우에는 검정색 배

경 템플릿을 선택한다. 색상 대비에 따라 플레이어가 웹 페이지의 외곽을 쉽게 구분할 수 있다.

우리는 게임 아이콘이나 스플래시 이미지를 설정할 수 없고 실제로 필요하지도 않다. 그 의미는 다 끝났다는 것이다! 이제 우리의 게임은 빌드를 할 준비가 되었다.

웹 플레이어를 위한 게임 빌드

기능들이 올바르게 동작하는지 테스트하기 위해 다음 단계들을 따라 해 게임을 빌드하고 실행해보자.

1. Build Settings 윈도우에서 Build And Run 버튼을 클릭한다.
2. 빌드된 게임이 위치할 경로를 설정한다. 이 경로는 프로젝트의 애셋 폴더에 있을 필요가 없고 어디든 원하는 폴더를 설정하면 된다.
3. 유니티 웹 플레이어가 게임을 실행하기 위한 브라우저 퍼미션을 설정한다.
4. 웹 브라우저에서 게임을 실행한다.

이게 전부다! 우리가 만든 게임이 웹 브라우저에서 실행된다. 꽤 멋지지 않나?

게임을 웹에 올리기

게임을 웹에 올린다는 것은 다른 사람이 접근이 가능한 웹 공간이 있어야 한다는 것이다. 웹 플레이어 게임의 경우 웹 서버에 우리의 게임을 올려 놓고 URL을 통해 다른 사람이 우리의 게임을 즐긴다. 웹 서버를 구축하는 것은 이 책의 범위를 벗어난다. 하지만 웹 호스팅 서비스를 제공하는 곳이 많다.

이런 경우 할 수 있는 것은 게임을 위한 폴더를 설정하고 그곳에 게임을 올리는 것뿐이다.

배포 후 처리

게임을 배포한 이후라도 끝난 것이 아니다. 어떠한 게임도 완벽하지 않다. 게임 플레이어들이 전혀 예상하지 못한 버그를 찾아낼 것이고 고쳐야 한다. 어떤 사람들의 경우에는 여러분이 직접 도와서 기술적인 이슈를 해결해야 할 수도 있다. 제작한 게임을 다른 사람에게 플레이시키는 것은 게임 개발의 시작일 뿐이다. 더불어 배포후 처리가 잘되는 게임인 경우 게임이 오랫동안 플레이 가능하게 해준다.

게임의 버그 혹은 기술적인 문제를 해결하기 위한 이메일 주소를 따로 구분해서 사용하는 것을 고려해보자. 포럼의 경우 직접 모든 문제를 해결하지 않아도 되기 때문에 배포 후 처리의 좋은 예다.

게임의 추가 콘텐츠를 제공할 계획이 있는 경우 메일링 리스트, 소셜 미디어 계정, 뉴스를 위한 웹 사이트를 만들 것을 생각해보자. 이것들을 활용해 플레이어에게 지속적으로 게임에 대한 관심을 줄 수 있다.

앞으로 나아가기

우리의 게임 개발은 끝났지만 (게임 개발에 끝이 없다는 것을 생각하면) 아직도 개선할 점이 매우 많다. 우리는 유니티를 이용해 2D 플랫포머 게임을 개발했지만 다른 게임 장르의 게임을 개발하는 것도 고려해보자. 알다시피 유니티는 3D도 지원하고 완전히 다른 차원의 게임 개발이 가능하다!

고려할 만한 개선점

여전히 우리의 게임에는 개선할 점이 많다. 여기 내가 생각하는 게임의 개선할 점을 나열해보았다.

- 체크 포인트를 위해 깃발 스프라이트를 사용하자. 그리고 컬러를 바꿔보자.
- 체크 포인트가 활성화되면 깃발을 위로 올라가게 만들어보자.
- 승리 트리거가 활성화되면 불꽃 같은 효과가 나타나게 만들어보자.
- 승리 트리거에 오디오를 넣어보자.
- 승리 트리거에 페이드 아웃 효과를 넣어보자.
- 더 다양한 적 타입을 추가해보자!
- 더 다양한 위험 요소를 추가해보자!
- 레벨에 제한 시간 기능을 추가해보자.
- 레벨간 이동시에 코인뿐만 아니라 체력도 이전 가능하게 해서 더 어렵게 만들어보자.
- 게임을 클리어했을 때 게임 점수를 이어 가게 만들어 최대 스코어 경쟁을 할 수 있도록 해보자.

게임을 더 돋보이게 만드는 아이디어가 몇 가지 있을 것이다. 약간의 추가 작업으로 게임을 지금보다 더 돋보이게 만들 수 있다. 게임을 만들다보면 외관상 버그처럼 보이는 부분들이나 에러들이 있을 것이다. 왜냐하면 이런 것들은 게임 개발 중에 있기 때문인데 게임을 완성하려면 이런 것들이 있어서는 안 된다. 자기 자신에게 질문을 해보자. "이런 문제점을 가지고 완성된 타이틀이라고 할 수 있을까?"

마음에 들 때까지 게임을 수정하는 것은 영원히 끝나지 않을 것이다. 개발 시간이 있을 것이고 적당히 밸런스를 유지해서 게임을 수정해야 한다. 스케줄에 맞게 어느 정도까지 게임을 수정할 것인지 설정해서 개발을 진행해야 한다. 그리고 가끔가다 기능을 제거함으로써 게임이 더 괜찮아지는 경우도 있다. 이것들은 글로 배우기는 사실 어렵다. 직접 경험해보는 날이 올 것이다.

유료화 모델

유료화 모델은 불쾌하면서도 끝없는 토끼 굴과 같지만 여러분이 미래에도 지속적으로 게임을 만들려면 여러분이 만든 게임으로 돈을 벌어야 한다. 어떤 사람에게는 게임 개발이 비지니스라는 것이 불쾌하게 보일지 모르겠지만 간단한 사실은 여러분이 게임 개발을 직업으로써 하고 있다면 게임 개발 비지니스에 있다는 뜻이다.

일반적인 구매 모델

유료화 모델은 매우 많은데, 그 중에서 가장 일반적인 구매 모델을 알아보자.

- **한번에 구매**Pay once: 한번에 구매를 하는 방법은 게임과 이것의 콘텐츠를 모두 한번에 지불하는 방법이다. 보통 게임을 즐기기 전에 돈을 지불하고 게임을 구매하게 된다. 혹은 게임 플레이를 위해 일부분만 공짜로 플레이하고 나머지 부분에 대해서 돈을 지불해서 모든 콘텐츠를 즐기게 된다. 가끔씩 이 모델은 DLCDownloadable content라고도 하며 확장팩 이라고도 한다. 초기에 게임을 구매하기 위해 필요한 돈만큼 진입 장벽이 존재한다.

- **구독**Subscription: 이것은 보통 MMORPGMassively multiplayer online role-playing game 장르의 게임이 이 유료화 모델을 사용한다. 보통 한 달 동안 플레이하기 위해 돈을 지불하며 초기 게임 진입 시에 초기 비용이 더 있는 경우도 있다.

- **공짜**Free to play: 이것은 F2P 모델이라고도 부르며 공짜로 게임을 즐길 수가 있다. 게임을 확장하거나 추가 기능을 사용하기 위해 게임 내부 유료 결제를 제공한다. F2P 게임을 더 쉽게 플레이하기 위해 아이템이나 장비를 제공한다(이것은 보통 '이기기 위해 돈을 지불하기'라고 알려져 있다). 혹은 아이템을 플레이어의 기호에 맞게 외형을 바꾼다거나하는 기능을 제공한다. F2P는 공짜로 플레이할 수 있기 때문에 진입 장벽이 없다.

올바른 유료화 모델을 선택하는 전략

올바른 유료화 모델을 선택하는 전략은 논문 수준의 주제이지만 간단하게 나마 알아보자. 여러분의 게임을 위해 유료화 모델을 선택하려면 고려해야 할 요소들이 꽤 많다. 다음을 참고해보자.

- **한번에 구매**: 하나의 번들 패키지로 제공할 때 베스트인가? 추가 콘텐츠의 용량이 매우 큰가? 그렇다면 한번에 구매 모델이 좋을 것이다. 여러분의 게임이 작은 분량으로 나뉠 수 없다면 특히 그렇다. 여러분의 게임의 맵이 매우 잘 구조화되어 있다면 (레벨이 스토리에 타이트하게 붙어 있지 않다면) 게임의 맵을 DLC와 같은 추가 콘텐츠로 제공 가능하다.

- **구독**: 여러분의 게임을 제공하기 위해 일정하게 들어가는 비용이 있는가? 예를 들어 서버 호스팅 같은? 게임의 패치, 업데이트를 자주 제공하는가? 실제로 구독 모델은 최선의 선택이 아닐 수 있다 하지만 여러분의 선택이다. 요새는 이 구독 모델의 게임을 즐기지 않는 추세며, 최근에는 유명한 유틸리티 소프트웨어들이 이 유료화 모델을 사용하고 있다.

- **공짜**: 여러분의 게임을 여러 파트로 작게 나눌 수 있는가? 그렇다면 작게 나뉘어진 부분을 나누어서 팔 수 있고 F2P 모델을 적용할 수 있다. 만일 여러분의 게임에 경쟁 요소가 있다면 '이기기 위해 돈 지불하기' 방법을 사용할 수 있다. 만일 여러분의 게임에 캐릭터가 있고 커스터마이즈 가능하다면 허영심을 부추길 수 있다. 게임에서 제공되는 맵이 여러 파트로 나뉘어 져 있다면 해당 부분들을 한번에 구매 하기에서처럼 DLC로 제공 가능하다.

> **노트**
>
> 다운로드 가능한 콘텐츠를 게임이 릴리스된 날에 출시 하는 것(다른 말로 'Day 1 DLC'라고도 한다)은 보통 매우 나쁜 평판을 얻는다. 왜냐하면 게이머들은 코어 게임을 출시하고 나머지를 단순히 돈 받기 위해 따로 출시한다고 생각하기 때문이다. 하지만 현실은 코어 게임을 개발하고 DVD를 찍는 동안(흔히 이를 골드를 찍는다고 한다)에, 그리고 릴리스하기 전에 콘텐츠를 추가했을 때다. 하지만 여전히 게이머들로 나쁜 평판을 받을 것이다.

유료화 모델을 선택할 때 여러분이 만들고 있는 게임만 생각하지 말고 게이머들도 생각해야 한다. 게이머들이 게임을 한번에 구매하고 싶은지? 구매를 후회하고 있는 가? 여전히 좋은 게임들이 잘못된 유료화 모델을 선택해 실패로 가는 경우가 있다.

> **팁**
> 만일 '이기기 위해 돈 지불하기' 방법을 F2P 모델을 적용하려면 인 게임 내에서 제공하는 기능을 이용해 해당 아이템을 얻을 수 있도록 게임 디자인하는 것을 추천한다. 기다리는 걸 싫어하는 사람 혹은 돈을 지불해서 해당 아이템을 더 쉽게 얻고자 하는 사람이 있는 반면에 시간을 들여 게임을 즐기는 사람과 차이가 너무 많아서는 안 된다.

만약 우리 게임이…?

우리가 만든 게임을 앞서 살펴본 유료화 모델을 선택했을 때 어떻게 해야 하는지 알아보자.

한번에 구매

- 플레이어는 게임을 구매하면 모든 애셋이 들어가 있는 게임을 갖는다(모든 레벨, 적, 기타).
- 게임의 가격은 게임의 크기와 플랫폼에 기반해서 결정해야 한다. 게임의 반복 플레이 횟수가 작은 게임인 경우 작은 가격을 설정하는 것이 좋다.
- 만일 우리가 게임의 점수, 시간을 저장하는 리더 보드를 제공한다면 게임의 가격이 더 올라갈 것이고 스피드 런, 성취를 위한 게임 기능을 추가할 것이다.

구독

구독 모드는 우리의 게임에 맞지는 않는다. 하지만 연구의 한 예로써 구독 모델을 적용해보자!

- 우리는 구독 모델을 위해 더 많은 콘텐츠와 패치 업데이트를 계획해야 한다. 모든 2주에 한번씩 업데이트를 한다.
- 온라인 리더 보드 기능을 갖춰 지속적으로 사용자들끼리 경쟁하도록 만든다.
- 언락이 가능한 콘텐츠를 제공해야 한다. 예를 들어 캐릭터의 외형을 변경해 다른 사람들에게 게임의 진행 상황을 보여줄 수 있는 기능을 제공한다.

F2P Free to Play

- 게임의 첫 레벨은 공짜로 다운로드해 플레이 가능하게 한다.
- 추가 레벨은 팩 형태로 다운로드한다. 예를 들어 '물리 도전 팩', '하드 코어 팩' 같은 레벨을 제공한다.
- '이기기 위해 돈을 지불하기'와 같은 것을 이용하고 싶다면 플레이어가 더 많은 체력을 구매할 수 있게 한다. 물론 나는 이것을 추천하지 않는다.
- 단순히 캐릭터의 외형만을 변경하는 구매 가능한 아이템을 제공한다. 중요한 것은 외형만 변경 된다는 점이다.
- 플레이어의 외형, 점수, 시간을 저장하는 온라인 리더 보드를 제공한다. 리더 보드에 캐릭터의 외형이 나타나면 구매 욕구를 높일 수 있다.

보다시피 유료화를 위한 다양한 방법이 있다. 게임, 게이머, 플랫폼에 따라 유료화 모델을 잘 선택해야 한다.

마지막으로

지금까지 이 책을 따라 하면서 성취한 것을 살펴보자.

아무것도 없는 상태에서 플랫포머 게임을 위한 위험 요소, 레벨, 적, 도전 거리들을 만들었다. 플레이어 캐릭터를 만들고 애니메이션, 오디오를 추가해 생명을 불어넣어 주었다. 외형을 더 돋보이게 만드는 방법을 배우고 웹에 올려서 플레이 가능하게 했다.

지금까지 잘 따라왔다. 스스로 만족해도 될 것이다. 대부분의 사람들은 게임을 완성하길 어려워한다. 우리가 만든 게임은 간단하지만 코어 게임 플레이 기능 만으로도 게임에 재미를 줄 수 있다. 바람이 있다면 여러분이 이 작업을 계속해서 더 재미있는 것을 만드는 것이다.

많은 시간을 보내면서 도움이 되었던 어드바이스를 여러분에게 전하고자 한다.

- 언제나 여러분이 만들 수 있는 작은 것부터 시작하라. 이것으로 관리 가능하며 지치지 않게 할 것이다.

- 작은, 완성된 프로젝트가 미완성된 프로젝트보다 더 많은 것을 깨닫게 해준다. 프로젝트가 멋지지 않은 것은 중요하지 않다.

- 복잡성, 간단함은 상호 베타적이지 않다. 좋은 시스템을 갖춘 퍼즐 게임은 복잡해 보이지만 보통 간단한 코어 기능으로 이뤄져 있다. 간단한 코어가 이해 가능하고 접근 가능하다.

- 기회가 될 때마다 게임을 테스트하자. 이때 여러분이 의도 한대로 게임을 플레이하지 않도록 하자. 게임을 테스트할 때 게임을 오동작시키려고 목표를 삼자.

- 다른 사람이 게임하는 것을 지켜보자. 의도하지 않은 방향으로 플레이하는지 유심 있게 살펴보자.

- 플레이 테스터로부터 피드백을 받을 때 문제점만을 보지 말고 문제의 원인을 찾아서 해결하자.

- 자신이 하는 일을 사랑하자. 하지만 절대로 눈이 멀어서는 안 된다. 열정을 가지고 두려움을 떨쳐내자. 무언가를 다시 변경하거나, 다시 작업해야 하는 것을 두려워하지 말자. 만든 것을 완전히 다 버려야 하더라도 게임을 더 좋게 한다면 행하라.

게임 개발은 기회의 바다이고, 단지 표면을 살짝 건드렸을 뿐이다. 숨을 쉬고 깊은 곳으로 뛰어들자. 게임 개발 커뮤니티에 가입할 시간도 없다. 마지막 하고 싶은 말은 이렇다.

"배에 타신 것을 환영 합니다!"

14

UGUI

유니티 버전 4.6 혹은 그 이상의 버전의 유니티는 새로운 기능인 UGUI를 사용할 수 있다. 이것은 이전보다 더 복잡하고 인터렉션이 많은 인터페이스를 개발하기 쉽게 해준다. 새로운 도구는 기존에 코드로 UI를 구성하지 않고 눈으로 보면서 UI의 모든 레이아웃을 설정할 수 있다.

UGUI는 여전히 기존의 유니티의 네이티브 GUI의 룰을 비슷하게 따르고 있다. 요소들이 어떻게 배치되는지 레이아웃을 설정할 때 CSS 방식을 따른다. 크게 바뀐 점은 인터페이스의 크기가 변경될 때 실시간으로 인터페이스의 요소들을 처리한다는 점이다. 변경된 크기에 따라 코드를 작성할 필요가 없다.

UGUI는 OnGUI 타입의 컨트롤과 비슷한데 이미지, 텍스트, 스크롤 바, 버튼들이 그렇다. 추가적으로 마스크, 그림자, 아웃 라인 이펙트를 지원한다. 그럼 이제 UGUI를 어떻게 사용하는지 속성들은 어떠한 것들이 있는지 알아보자.

UGUI 컴포넌트

이전에 설명한 바와 같이 UGUI는 여전히 네이티브 OnGUI 시스템, 표준 웹 CSS 스타일과 같다. 그 뜻은 'Layering'을 통해 UI를 구성할 수 있다는 것이다. 배경, 이미지, 슬라이더, 버튼과 같은 여러 컴포넌트들을 조합해서 복잡한 인터페이스 구성이 가능하다. UGUI와 이전 GUI와 크게 다른 점은 컴포넌트와 스크립트다. 그림 14.1과 같이 UGUI 게임오브젝트로 시작한다.

그림 14.1 새로운 UGUI 게임오브젝트

- **Panel:** 패널은 이미지 컴포넌트와 앵커, 바운드를 이용해 부모 게임오브젝트에 매치된다.
- **Button:** UGUI는 네이티브 GUI 스타일과 같이 동작한다. 버튼은 위치, 크기를 이용해 외형을 표현한다. UGUI 버튼 컴포넌트의 좋은 점은 버튼의 각기 다른 상태를 볼 수 있다는 점이다. 예를 들어 마우스가 버튼의 위쪽에 있을 때 컬러를 변경한다거나 하는 것을 매우 쉽게 할 수 있다.
- **Text:** 텍스트 컴포넌트는 네이티브 GUI 텍스트 컨트롤과 동일하게 동작한다. 인스펙터를 통해 폰트를 바꿀 수 있고 색상, 크기를 바꿀 수 있다.
- **Image:** 이미지 컴포넌트는 스프라이트 애셋을 설정할 수 있다. 또한 크기, 엘리어싱 설정이 가능하다.

- **RawImage**: RawImage는 이미지 컴포넌트와 같지만 스프라이트를 사용하지 않고 텍스처 애셋을 사용한다. 하지만 크기와 엘리어싱 설정을 할 수 없고 2D 스케일링만 가능하다.

- **Slider**: 슬라이더는 슬라이더의 배경, 슬라이더, 핸들을 위해 여러 이미지 컴포넌트를 사용해서 구성된다. 이것들은 모두 슬라이더 UI를 위한 자식 오브젝트다. 메인 슬라이더 오브젝트는 버튼과 같이 동작하는데 각기 다른 상태를 위해 설정 값을 설정할 수 있다.

- **Scrollbar**: 스크롤 바는 슬라이더 컴포넌트와 비슷하다. 스크롤 바는 슬라이더 핸들과 함께 슬라이더 구역을 사용한다. 다른 점이라면 fill 요소가 없다. 웹 페이지 타입의 스크롤링을 이용할 때 이것을 사용하면 된다.

- **Toggle**: 토글은 체크박스 UI와 같이 on, off의 상태를 갖는다. 보통 무기를 장착하거나 장착을 해제할 때 사용하거나 옵션을 켜거나 끌 때 사용한다. 토글은 두 개의 이미지 컴포넌트를 사용하는데 하나는 배경을 위해 나머지 하나는 토글 이미지를 위해 사용한다. 여기에 텍스트 UI 컴포넌트도 사용되는데 라벨을 표시하기 위해서 사용한다.

- **InputField**: 입력 필드는 값 혹은 텍스트를 입력하기 위해 사용한다. 입력 필드를 위해 하나의 컴포넌트를 사용한다. 입력 필드는 사용자로부터 이름을 받거나 값을 입력 받을 때 주로 사용된다.

- **Canvas**: UI 시스템의 기본 요소로 사용된다. UI 컴포넌트들의 스크린 공간, 크기를 결정한다. 레이캐스팅을 이용해 인터렉션, 렌더링을 담당한다.

- **Event System**: 이벤트 시스템은 GUI의 컨트롤러와 같다. 여러분이 사용하고 있는 모든 컨트롤을 관리한다. 이후에 이벤트 시스템에 대해 더 자세히 알아본다.

예제 인터페이스 만들기

어떻게 인터페이스를 만들 수 있는지 예제 인터페이스를 만들어보자. 이 예제는 2D 플랫포머 프로젝트와는 완전히 별개의 프로젝트다. 하지만 UGUI 사용법을 알고 나면 게임에 적용하는 것은 각자의 몫이다! 그럼 예제를 위해 새로운 씬을 만들어보자.

> **노트**
> 유니티 4.6 혹은 그 이후 버전을 사용하고 있다고 가정한다.

1. 단축키 Ctrl + N을 눌러 새로운 씬을 만든다.
2. GameObject 메뉴에서 UI > Canvas를 선택해 새로운 캔버스 게임오브젝트를 만든다.
3. Render Mode를 Screen Space Camera로 설정한다.
4. Render Camera 속성에서 타깃 아이콘을 선택해 Main Camera를 선택한다. 이것으로 Canvas를 카메라의 화면 비율에 맞추게 된다.

다음을 진행하기 전에 Canvas 컴포넌트가 정확히 어떤 것이고 어떻게 사용할 수 있는지 먼저 알아보자.

Canvas 컴포넌트

캔버스 컴포넌트 GUI를 화면에 보여주기 위해 3개의 메인 기능이 있다. 첫 번째는 이것이 부모 오브젝트로서 동작한다는 점이다. 캔버스에 연결되어 있는 컨트롤들의 레이아웃 설정이 가능하다. 캔버스 컴포넌트는 반드시 렌더 GUI 디스플레이에 부착되어 있어야 하는데 이것은 실제로 존재하는 캔버스와 같다. 이것이 없다면 아무것도 화면에 나타나지 않는다.

두 번째로 캔버스 컴포넌트가 GUI 디스플레이를 3D 공간에서 다룬다는 점이다. 캔버스의 렌더 모드가 몇 가지 옵션을 제공하고 있는데 GUI가 카메라에 오버레이 되는지, 월드 공간에 배치되는지, 게임 월드에 존재하는지 설정할 수 있다. 이것에 대해 더 자세히 알아 볼 것이다.

마지막으로 캔버스 컴포넌트가 GUI 이벤트를 받을 것인지 아닌지 결정한다. 예를 들어 버튼이 눌러진다거나 하는 것들 말이다. 이것은 이벤트 시스템에서 더 자세히 알아 본다. 그림 14.2에 기본 캔버스 컴포넌트의 모습이 나타나 있다.

그림 14.2 캔버스 게임오브젝트와 기본 속성

렌더 모드

렌더 모드는 게임 뷰에서 GUI가 어떻게 보일지 결정한다. 인터페이스 스타일과 필요성에 따라서 캔버스의 속성을 결정한다.

- Screen Space Overlay: 캔버스는 메인 카메라에 부착된다. 3칭 뷰의 슈터 게임처럼 지속적으로 플레이어의 정보를 표시하는 것이 좋은 예다.
- Screen Space Camera: ScreenSpace Overlay와 비슷하게 사용된다. 하지만 이것은 캔버스 오브젝트를 화면에 표시하기 위해 두 번째 카메라를 사용한다. 우리의 초기 GUI 설정은 네이티브 GUI의 방법과 비슷하게 설정했다.
- World Space: 이 스타일은 캔버스와 GUI를 3D 공간에서 사용한다. 이것의 좋은 예는 여러분이 텍스트나 비주얼 요소를 플레이어에게 보여줄 때 3D 공간의 어느 한 지점에서 표시할 때다. 3D 캐릭터의 위쪽에 나타나는 대화상자와 같은 것이 그렇다.
- Pixel Perfect: 이 값이 true로 설정되면 유니티는 GUI 요소들을 가장 픽셀에 맞게 렌더링한다. 어떤 경우에는 UI가 매우 날카롭거나 튀어 보일 수 있다.

- **Receives Events:** 이 값이 체크되어 있으면 캔버스가(예를 들어 버튼) 액션에 상호작용 가능해진다. 기본적으로 메인 카메라를 이용해 GUI가 상호작용하게 만든다.

이제 캔버스가 있으므로 배경 이미지를 추가해보자. 이것은 이미지 컴포넌트를 필요로 한다.

1. 캔버스 게임오브젝트를 선택하고 Component > UI > Image를 선택해 이미지 컴포넌트를 추가한다.
2. 프로젝트 브라우저에서 Chapter14_projectFiles 폴더에 있는 UGUI_bgExample 이미지를 선택한다.
3. 이미지를 드래그앤드롭해서 이미지 컴포넌트의 Source Image로 설정한다.
4. 이미지 타입을 simple로 설정하고 Preserve Aspect를 체크한다.

그림 14.3에서 외곽선 그래픽을 볼 수 있다.

그림 14.3 이미지 그래픽 UI의 초기 모습

UI 외곽이 생겼다. 이제 미니맵을 추가해보자. 사용자가 잡고 움직일 수 있는 상호작용 가능한 맵이 될 것이다. 기본적으로 맵 그림이 실제 맵이 보여질 화면보다 크고, 제대로 동작하게 하려면 몇 가지 설정이 필요하다. 대부분의 게임에는 플레이어가 어디에 있는지 혹은 무언가를 어디에서 얻어야 하는지 정보를 표시하는 미니맵이 있다.

우리는 다른 이미지를 적용해야 하는데 이번에는 새로운 게임오브젝트를 이용하기로 하자.

1. 캔버스 게임오브젝트가 선택된 상태에서 GameObject > UI > Image를 선택해 새로운 게임오브젝트를 추가한다. 이미지는 자동으로 캔버스의 자식으로 설정된다.

2. 이미지 게임오브젝트의 이름을 'Mask'로 설정한다.

3. 인스펙터에서 Image Source를 UGUI_masExample로 설정한다.

이미지가 설정되면 이제 Rect Transform 값을 설정해야 한다. Rect Transform은 GUI 요소들의 부모 게임오브젝트와의 관계를 포함해 위치를 설정한다. 우리의 경우 카메라가 된다. UI에 마스크를 추가하기 이전에 Rect Transform에 대해 좀 더 알아보자.

Rect Transform

Rect Transform은 UGUI 시스템의 메인 컴포넌트다. 모든 게임오브젝트에 Transform 컴포넌트가 있는 것처럼 모든 UGUI의 오브젝트에는 Rect Transform이 있다.

Rect_Rectangular(직사각형의) Transform은 UI 요소의 크기와 위치를 표현한다. 3D 공간이라고 하더라도 모든 UI 요소는 2D다. 그렇기 때문에 사각형 값으로 위치와 크기를 표현할 수 있다. 그림 14.4는 캔버스 게임오브젝트의 Rect Transform의 모습이다.

> **노트**
> 기본적으로 모든 UGUI 컴포넌트는 Rect Transform을 가지고 있다. 보통의 3D 게임오브젝트를 UI 요소의 자식으로 만들 수 있지만 자식으로 만듦과 동시에 Transform이 Rect Transform으로 변한다.

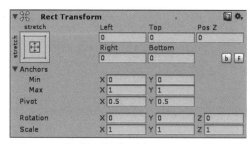

그림 14.4 2D 위치를 표현하는 Rect Transform

스크린 공간

Rect Transform은 UI 게임오브젝트를 화면에 보이기 위한 속성 값을 가지고 있으며 많은 것들이 여기에 영향을 받는다. Rect Transform의 가장 중요한 것은 부모와의 위치 관계인데 스크린 공간이 카메라에 연관되어 있다면 게임오브젝트들이 여기에 기반해서 위치, 크기가 결정된다. UI 게임오브젝트가 월드 공간World Space이라면 월드 공간의 위치를 표현하기 위해 X, Y, Z를 사용하고 UI 스프라이트의 크기도 직접 설정해야 한다. 그림 14.5를 보면 월드 공간에서 Rect Transform의 속성 값을 볼 수 있다. Left, Top 속성 값이 Pos X, Pos Y로 바뀐 것을 알 수 있으며 Riht, Bottom도 Width, Height로 바뀌었다.

> **노트**
>
> Rect Transform에 여전히 Z값이 나타나 있지만 Screen Space Screen, Screen Space Camera 를 사용하는 경우에 아무런 의미가 없다. 회전, 스케일도 있지만 게임오브젝트가 어떠한 스크린 공간을 사용하느냐에 따라서 다르다.

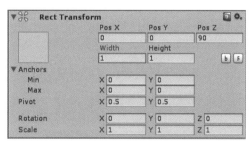

그림 14.5 월드 공간에서의 Rect Transform의 모습

앵커

앵커Anchor는 UI 요소의 크기, 위치, 경계선을 설정하는 데 사용된다. 이전에 알아본 바와 같이 카메라가 캔버스 게임오브젝트를 조정하고 카메라가 Rect Transform의 위치 값을 결정한다. 여러분이 새로운 UI 게임오브젝트(예를 들면 이미지, 버튼과 같은)를 추가하면 앵커가 부모의 오브젝트에 의존한다.

앵커는 부모 오브젝트의 바운드를 이용해 앵커를 설정하고 UI 요소의 위치 값을 제한한다. GUI가 움직이거나 크기가 변경되면 UI 요소가 어디에 위치하거나 어떻게 크기가 변경되어야 하는지 앵커에 의해 결정된다. 이것은 여러분이 다양한 플랫폼의 게임을 개발할 때 매우 유용하게 사용될 수 있다. 스크린 크기에 따라 UI를 다시 만들지 않아도 되기 때문이다.

그림 14.5와 같이 앵커는 포지션을 위해 최소, 최대 값을 사용하는데 각각의 앵커는 작은 외곽선만 있는 삼각형으로 표현된다.

피벗$_{Pivot}$ 값은 UI 요소의 중심을 결정한다. 범위는 0~1 값이다. 앵커 포지션이 설정되고 나면 피벗 값 X, Y를 이용해 위치가 결정된다. 이제 우리의 Mask 게임오브젝트를 배치하고 앵커를 설정해보자.

1. Mask 게임오브젝트를 선택한다.

2. 위치 값 X, Y, Z를 모두 0으로 설정한다. Width, Height는 각각 100으로 설정한다.

3. 인스펙터에서 Rect Transform의 Anchor Min X를 0.641, Y를 0.15로 설정한다.

4. Anchor Max X, Y는 각각 0.875, 0.83으로 설정한다.

유니티는 앵커를 쉽게 사용하기 위해 프리셋을 제공하는데 그림 14.6과 같이 단순히 프리셋을 클릭하기만 하면 이용할 수 있다.

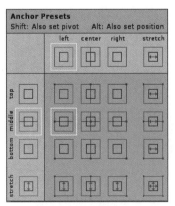

그림 14.6 앵커 프리셋 윈도우

UI Rect 도구

유니티가 새로운 UI 도구를 제공하기 때문에 새로운 UI Rect 도구 역시 제공한다. 이것은 유니티 인터페이스의 왼쪽 상단에 위치하고 있다. 그림 14.7과 같이 툴바에서 찾아볼 수 있다.

UI Transform 도구를 선택한 후 Mask 게임오브젝트를 선택하고 나면 변을 따라 4개의 점이 나타나는데, 이것을 이용해서 이미지 컴포넌트를 움직이거나 크기를 조절할 수 있다.

그림 14.7 새로운 Rect Tool이 강조된 트랜스폼 툴바의 모습

> **팁**
>
> UI Transform 도구는 스프라이트 게임오브젝트와 같이 사용된다. 구석에 있는 점 하나를 선택해 이동하거나 크기를 조절할 수 있고, 구석의 바깥쪽에서 클릭앤드래그를 하면 이미지를 회전할 수 있다. 크기를 조절할 때 Shift 키를 누르면 넓이, 높이를 균등하게 조절할 수 있다.

앵커를 이용해 이미지를 움직이고 스케일링할 수 있다. 유니티는 앵커가 UI 요소를 둘러쌓을 수 있게 하는데 UI 요소가 해당 앵커의 구석에 달라 붙게 만들 수 있다.

1. Mask 이미지를 선택한다.

2. UI Transform 도구를 선택한다.

3. 이미지의 구석에 있는 지점을 드래그해서 앵커의 구석에 달라 붙게 만든다.

4. 이미지 컴포넌트의 모든 지점을 앵커의 각각의 구석에 달라 붙게 만든다.

마스크 추가

Mask 게임오브젝트를 선택하고 Component > UI > Mask를 선택해 컴포넌트를 추가하자. 이것으로 마스크 컴포넌트를 게임오브젝트에 추가한다.

이제 우리의 마스크가 제대로 설정되었다. 미니맵을 만들기 위해 이미지를 설정해보자.

1. Mask 게임오브젝트를 선택한다.

2. GameObject 메뉴에서 UI를 선택한 후 Image 게임오브젝트를 추가한다.

3. 계층 구조에서 새로운 Image GameObject를 선택한다.

4. Image를 miniMap으로 이름을 변경한다.

5. 이것을 Mask 게임오브젝트로 드래그앤드롭하여 자식으로 만든다.

이벤트 시스템, 이벤트 트리거

우리가 캔버스 게임오브젝트를 만들었을 때 이벤트 시스템도 자동으로 씬에 추가된 것을 확인할 수 있다. 유니티는 UI가 기본적으로 상호작용이 있을 것이라고 생각하기 때문에 이벤트 시스템을 자동으로 등록한다. 물론 UI를 제대로 사용하려면 우리도 스크립트를 작성해야 하지만 간단히 테스트하기에는 충분하다. 그림 14.8을 보면 기본적으로 만들어진 이벤트 시스템을 확인할 수 있다.

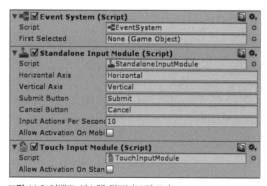

그림 14.8 이벤트 시스템 컴포넌트의 모습

이벤트 시스템

이벤트 시스템 스크립트에 변수가 하나 있는데 First Selected이다. 이것은 씬이 처음으로 실행됐을 때 자동으로 선택되는 오브젝트를 뜻한다. 예를 들어 메뉴가 화면에 나타났을 때 기본적으로 선택된 메뉴 아이템이 있을 것이다. 이것을 First Selected로 설정하면 된다. 각각의 씬에서 이벤트 시스템을 하나씩 가지고 있는데 First Selected를 설정해 놓으면 메뉴가 더 빨리 실행될 것이다.

스탠드 얼론 입력 모듈

스탠드 얼론 입력 스크립트는 게임이 배포 되었을 때 기본적으로 사용할 액션들을 가지고 있다. 이것은 입력 매니저Input Manager이 가지고 있는 기본 값과 같다.

터치 입력 모듈

터치 입력 스크립트는 터치를 사용하는 디바이스를 위해 사용된다. Allow Activation on Standalone을 체크하면 유니티에게 터치 파라메터를 사용한다고 알린다.

요약

우리는 지금까지 UGUI의 새로운 기능과 관련 컴포넌트들에 대해 알아보았다. 텍스트를 동반한 간단한 옵션 메뉴를 만들어보았고 버튼, 이미지를 추가해 보았다. 또한 마스크 기능을 이용해서 미니맵을 구현하기도 했다.

새로운 UGUI의 컴포넌트와 앵커 시스템을 더 자세히 알아보고 더 복잡한 인터페이스를 만들어보자. 유티에서 제공하는 튜토리얼, 포럼의 리소스를 활용해보자. 우리가 제공한 것이 가치가 있길 바라며, 게임을 만드는 데 있어 초석이 되기를 바란다.

행운을 빌고 좋은 경험을 쌓길 바란다!

부록

자바스크립트 코드 예제

자바 스크립트 코드를 사용하는 사람들을 위해 우리가 만들었던 프로젝트의 소스를 자바 스크립트로 제공한다. C#와 자바 스크립트의 차이점은 얼마 되지 않는다. 모든 주석이 작성된 예제는 웹 사이트를 참고하길 바란다.

informit.com/title/9780321957726에 등록하여 애셋, 예제, 비디오 튜토리얼을 얻길 바란다.

Player 스크립트

플레이어의 움직임을 컨트롤하는 스크립트 최종 버전이다. 체력, 코인과 같은 값들을 추적한다.

- 예제 A.1: PlayerController 스크립트
- 예제 A.2: PlayerStats 스크립트

```
#pragma strict
private var Constants : Constants = new Constants();

@HideInInspector
public var isFacingRight : boolean = true;
@HideInInspector
public var isGrounded : boolean = false;
@HideInInspector
public var isDoubleJumping : boolean = false;

public var maxSpeed : float = Constants.playerMaxSpeed;
public var jumpForce : float = Constants.playerJumpForce;
public var jumpMaterial : PhysicsMaterial2D;

public var groundCheck : Transform;
public var groundLayers : LayerMask;

public var footstepSounds : AudioClip[];
public var jumpSound : AudioClip;
public var damageSound : AudioClip;

private var groundCheckRadius : float = Constants.playerGroundCheckRadius;
private var audioSource : AudioSource;
private var anim : Animator;
private var deathTimeElapsed : float;

function Start()
{
  anim = this.GetComponent(Animator);
  audioSource = this.GetComponent(AudioSource);
}

function Update ()
{
  if(Input.GetButtonDown(Constants.inputJump))
  {
    if(isGrounded == true)
    {
      this.rigidbody2D.velocity = new Vector2(rigidbody2D.velocity.x,0);
```

```
      this.rigidbody2D.AddForce(new Vector2(0, jumpForce));

      this.anim.SetTrigger(Constants.animJump);
      PlayJumpAudio();
    }
    else if(isDoubleJumping == false)
    {
      isDoubleJumping = true;

      this.rigidbody2D.velocity = new Vector2(rigidbody2D.velocity.x,0);
      this.rigidbody2D.AddForce(new Vector2(0, jumpForce));
      PlayJumpAudio();
    }
  }
}

function FixedUpdate()
{
  isGrounded = Physics2D.OverlapCircle
    (groundCheck.position, groundCheckRadius, groundLayers);

  var material : PhysicsMaterial2D =
    this.gameObject.GetComponent(CircleCollider2D).sharedMaterial;
  var collision : CircleCollider2D;

  if(isGrounded == true)
  {
    this.isDoubleJumping = false;
  }

  if(isGrounded == true && material == this.jumpMaterial)
  {
    collision = this.gameObject.GetComponent(CircleCollider2D);
    collision.sharedMaterial = null;
    collision.enabled = false;
    collision.enabled = true;
  }
  else if(isGrounded == false &&
    this.gameObject.GetComponent(CircleCollider2D).sharedMaterial == null)
  {
    collision = this.gameObject.GetComponent(CircleCollider2D);
    collision.sharedMaterial = this.jumpMaterial;
```

```
      collision.enabled = false;
      collision.enabled = true;
    }
    try
    {
      var move : float = Input.GetAxis(Constants.inputMove);
        this.rigidbody2D.velocity = new Vector2
        (move * maxSpeed, rigidbody2D.velocity.y);
      this.anim.SetFloat(Constants.animSpeed, Mathf.Abs(move));

      if((move > 0.0f && isFacingRight == false)
        || (move < 0.0f && isFacingRight == true))
      {
        Flip ();
      }
    }
    catch(error : UnityException)
    {
      Debug.LogError(error.ToString());
    }
}

function Flip()
{
  isFacingRight = !isFacingRight;
  var playerScale : Vector3 = transform.localScale;
  playerScale.x = playerScale.x * -1;
  transform.localScale = playerScale;
}

function PlayFootstepAudio()
{
  this.audioSource.clip = footstepSounds[(Random.Range(0,
    footstepSounds.Length))];
  this.audioSource.Play();
}

function PlayJumpAudio()
{
  AudioSource.PlayClipAtPoint(this.jumpSound, this.transform.position);
}
```

```
public function PlayDamageAudio()
{
  this.audioSource.clip = damageSound;
  this.audioSource.Play();
}
```

예제 A.2 PlayerStats 스크립트

```
#pragma strict

private var Constants : Constants = new Constants();

public var health : int = 6;
public var coinsCollected : int = 0;
public var isImmune : boolean = false;
public var immunityDuration : float = 1.5f;

private var immunityTime : float = 0f;
private var flickerDuration : float = 0.1f;
private var flickerTime : float = 0f;
private var spriteRenderer : SpriteRenderer;

public var isDead : boolean = false;
public var particleHitLeft : ParticleSystem;
public var particleHitRight : ParticleSystem;

private var HUDCamera : GameObject;
private var HUDSprite: GameObject;
private var deathTimeElapsed : float;

function Start ()
{
  spriteRenderer = this.gameObject.GetComponent(SpriteRenderer);
  if(Application.loadedLevel != Constants.SCENE_LEVEL_1)
  {
    coinsCollected = PlayerPrefs.GetInt(Constants.PREF_COINS);
  }
  PlayerPrefs.SetInt(Constants.PREF_CURRENT_LEVEL,
    Application.loadedLevel);
  HUDCamera = GameObject.FindGameObjectWithTag("HUDCamera");
  HUDSprite = GameObject.FindGameObjectWithTag("HUDSprite");
```

```
    }

function Update ()
{
  if(this.isImmune == true)
  {
    SpriteFlicker();
    immunityTime = immunityTime + Time.deltaTime;
    if(immunityTime >= immunityDuration)
    {
      this.isImmune = false;
      this.spriteRenderer.enabled = true;
    }
  }

  if(this.isDead == true)
  {
    this.deathTimeElapsed = this.deathTimeElapsed + Time.deltaTime;
    if(this.deathTimeElapsed >= 2.0f)
    {
      Application.LoadLevel(Constants.SCENE_GAME_OVER);
    }
  }
}

public function CollectCoin(coinValue : int)
{
  this.coinsCollected = this.coinsCollected + coinValue;
  this.HUDSprite.GetComponent(CoinCounter).value = this.coinsCollected;
}

public function TakeDamage(damage : int, playHitReaction : boolean)
{
  if(this.isImmune == false && isDead == false)
  {
    this.health = this.health - damage;
    Debug.Log("Player Health: " + this.health.ToString());
    this.HUDCamera.GetComponent(GUIGame).UpdateHealth(this.health);

    if(this.health <= 0)
    {
      PlayerIsDead(playHitReaction);
```

```
      }
      else if(playHitReaction == true)
      {
        PlayHitReaction();
      }
    }
  }

function PlayHitReaction()
{
  this.isImmune = true;
  this.immunityTime = 0f;
  this.gameObject.GetComponent(Animator).SetTrigger(Constants.animDamage);

  var playerController : PlayerController =
    this.gameObject.GetComponent(PlayerController);
  playerController.PlayDamageAudio();

  if(playerController.isFacingRight == true)
  {
    this.particleHitLeft.Play();
  }
  else
  {
    this.particleHitRight.Play();
  }
}

function SpriteFlicker()
{
  if(this.flickerTime < this.flickerDuration)
  {
    this.flickerTime = this.flickerTime + Time.deltaTime;
  }
  else if (this.flickerTime >= this.flickerDuration)
  {
    spriteRenderer.enabled = !(spriteRenderer.enabled);
    this.flickerTime = 0;
  }
}

function PlayerIsDead(playDeathAnim : boolean)
```

```
{
  this.isDead = true;
  this.gameObject.GetComponent(Animator).SetTrigger(Constants.animDamage);
  var controller : PlayerController =
    this.gameObject.GetComponent(PlayerController);
  controller.enabled = false;
  controller.PlayDamageAudio();

  if(playDeathAnim == true)
  {
    this.rigidbody2D.velocity = new Vector2(0,0);
    this.rigidbody2D.AddForce(new Vector2(0,600));
  }
  GameObject.FindGameObjectWithTag("MainCamera").GetComponent
    (CameraFollow).enabled = false;
    this.gameObject.GetComponent(CircleCollider2D).enabled = false;
}
```

Collectible 스크립트

게임의 코인을 관리하기 위한 스크립트, 코인의 생성, 수집, 코인 박스를 활성화하는 스크립트다.

- 예제 A.3: CoinBox 스크립트
- 예제 A.4: CoinPickup 스크립트
- 예제 A.5: CoinSpawner 스크립트

예제 A.3 CoinBox 스크립트

```
#pragma strict
public var poppedStatePrefab : GameObject;

function OnTriggerEnter2D(collider : Collider2D)
{
  var heading : Vector3 = this.transform.position -
    collider.gameObject.transform.position;
  var distance : float = heading.magnitude;
```

```
  var direction : Vector3 = heading / distance;

  if((direction.x < 0.1 && direction.x > -1.1) && (direction.y < 1.1
    && direction.y > 0.4) && collider.tag == "Player")
  {
    CoinPop();
  }
}


function CoinPop()
{
  poppedStatePrefab.SetActive(true);
  this.gameObject.SetActive(false);
}
```

예제 A.4 CoinPickup 스크립트

```
#pragma strict
public var coinValue : int = 1;

function OnTriggerEnter2D(collider : Collider2D)
{
  if(collider.tag == "Player")
  {

    var stats : PlayerStats =
      collider.gameObject.GetComponent(PlayerStats);
    stats.CollectCoin(this.coinValue);
    Destroy(this.gameObject);
  }
}
```

예제 A.5 CoinSpawner 스크립트

```
#pragma strict
public var coinSpawnPoint : GameObject;
public var coinPrefabs : Transform[];

function Start()
{
  this.SpawnCoin();
}
```

```
function SpawnCoin()
{
  var random : int = Random.Range(0, coinPrefabs.Length);
  var coin = Instantiate(coinPrefabs[(Random.Range(0,
    coinPrefabs.Length))], coinSpawnPoint.transform.position,
    coinSpawnPoint.transform.rotation);
  coin.rigidbody2D.AddForce(new Vector2((Random.Range(-120, 120)), 700));
}
```

Enemy 스크립트

게임의 적을 조정하는 완성된 버전의 스크립트다. 참고할 것은 여기에서는 FlightPoints 스크립트를 포함하고 있지 않다는 점이다. 그것은 A.11 '게임 시스템 스크립트'에서 다룰 것이다.

- **예제 A.6:** EnemyController 스크립트
- **예제 A.7:** EnemySlime 스크립트
- **예제 A.8:** FlyController 스크립트

예제 A.6 EnemyController 스크립트

```
#pragma strict
@HideInInspector
public var isFacingRight : boolean = false;
public var maxSpeed : float = 1.5f;

public function Flip()
{
  isFacingRight = !isFacingRight;
  var enemyScale : Vector3 = this.transform.localScale;
  enemyScale.x = enemyScale.x * -1;
  this.transform.localScale = enemyScale;
}
```

```
#pragma strict
class EnemySlime extends EnemyController
{
  function FixedUpdate()
  {
    if(this.isFacingRight == true)
    {
      this.rigidbody2D.velocity = new Vector2
        (maxSpeed, this.rigidbody2D.velocity.y);
    }
    else
    {
      this.rigidbody2D.velocity = new Vector2
        (maxSpeed * -1, this.rigidbody2D.velocity.y);
    }
  }

  function OnTriggerEnter2D(collider : Collider2D)
  {
    if(collider.tag == "Wall")
    {
      Flip ();
    }
    else if (collider.tag == "Enemy")
    {
      var controller : EnemyController =
        collider.gameObject.GetComponent(EnemyController);
      controller.Flip();
      Flip ();
    }
  }
}
```

예제 A.8 FlyController 스크립트

```
#pragma strict
class FlyController extends EnemyController
{

}
```

게임 시스템 스크립트

게임 시스템 스크립트에서는 게임의 코어 시스템에 관련된 스크립트를 다루고 있다. 카메라, 비행 경로, 그리고 트리거에 관련된 스크립트들이 있다.

- 예제 A.9: CameraFollow 스크립트
- 예제 A.10: CheckpointTrigger 스크립트
- 예제 A.11: FlightPoints 스크립트
- 예제 A.12: SpawnTrigger 스크립트
- 예제 A.13: VictoryTrigger 스크립트

예제 A.9 CameraFollow 스크립트

```
#pragma strict
public var xMargin : float = .01f;
public var yMargin : float = .01f;
public var xSmooth : float = 8f;
public var ySmooth : float = 8f;
public var maxXAndY : Vector2;
public var minXAndY : Vector2;

private var player : Transform;

function Awake ()
{
  player = GameObject.FindGameObjectWithTag("Player").transform;
}

function CheckXMargin()
{
  return Mathf.Abs(transform.position.x - player.position.x) > xMargin;
}

function CheckYMargin()
{
  return Mathf.Abs(transform.position.y - player.position.y) > yMargin;
}

function FixedUpdate ()
```

```
{
  TrackPlayer();
}

function TrackPlayer ()
{
  var targetX : float = transform.position.x;
  var targetY : float = transform.position.y;

  if(CheckXMargin())
  {
    targetX = Mathf.Lerp(transform.position.x, player.position.x,
      xSmooth * Time.deltaTime);
  }

  if(CheckYMargin())
  {
    targetY = Mathf.Lerp(transform.position.y, player.position.y,
      ySmooth * Time.deltaTime);
  }

  targetX = Mathf.Clamp(targetX, minXAndY.x, maxXAndY.x);
  targetY = Mathf.Clamp(targetY, minXAndY.y, maxXAndY.y);
  transform.position = new Vector3(targetX, targetY, transform.position.z);
}
```

예제 A.10 CheckpointTrigger 스크립트

```
#pragma strict
public var isTriggered : boolean;

function OnTriggerEnter2D(collider : Collider2D)
{
  if(collider.gameObject.tag == "Player")
  {
    isTriggered = true;
  }
}
```

```
#pragma strict
public var waypointA : GameObject;
public var waypointB : GameObject;
public var speed : float = 1;
public var shouldChangeFacing : boolean = false;
private var directionAB : boolean = true;

function FixedUpdate()
{
  if(this.transform.position == waypointA.transform.position
    && directionAB == false || this.transform.position ==
    waypointB.transform.position && directionAB == true)
  {
    directionAB = !directionAB;
    if(this.shouldChangeFacing == true)
    {
      this.gameObject.GetComponent(EnemyController).Flip();
    }
  }

  if(directionAB == true)
  {
    this.transform.position = Vector3.MoveTowards
      (this.transform.position, waypointB.transform.position,
      speed * Time.fixedDeltaTime );
  }
  else
  {
    this.transform.position = Vector3.MoveTowards
      (this.transform.position, waypointA.transform.position,
      speed * Time.fixedDeltaTime );
  }
}
```

예제 A.12 SpawnTrigger 스크립트

```
#pragma strict
public var gameObjects : GameObject[];
public var isTriggered : boolean = false;
```

446

```
function OnTriggerEnter2D(collider : Collider2D)
{
  if(collider.tag == "Player" && this.isTriggered == false)
  {
    this.isTriggered = true;
    for(var gameObject : GameObject in gameObjects)
    {
      gameObject.SetActive(true);
    }
  }
}
```

예제 A.13 VictoryTrigger 스크립트

```
#pragma strict
var Constants : Constants;

public var sceneToLoad : int;
public var delay : float = 1;

private var timeElapsed : float;
private var isTriggered : boolean;

function Start()
{
  Constants = new Constants();
}

function Update ()
{
  if(isTriggered == true)
  {
    timeElapsed = timeElapsed + Time.deltaTime;
  }
  if (timeElapsed >= delay)
  {
    Application.LoadLevel(sceneToLoad);
  }
}

function OnTriggerEnter2D(collider : Collider2D)
```

```
{
  if(collider.tag == "Player")
  {
    timeElapsed = 0;
    isTriggered = true;

    collider.GetComponent(PlayerController).enabled = false;
    collider.rigidbody2D.velocity = new Vector2(0,0);
    collider.GetComponent(Animator).SetFloat(Constants.animSpeed, 0);

    PlayerPrefs.SetInt(Constants.PREF_COINS,
      collider.GetComponent(PlayerStats).coinsCollected);
  }
}
```

GUI 스크립트

게임의 GUI를 담당하는 스크립트이다. 예를 들어 게임 내 체력 바, 코인의 개수 등을 GUI 표현하며 게임의 메뉴와 타이틀 스크린도 담당한다.

- 예제 A.14: CoinCounter 스크립트
- 예제 A.15: GameOverScript 스크립트
- 예제 A.16: GameWinScript 스크립트
- 예제 A.17: GUIGame 스크립트
- 예제 A.18: SplashScreenDelayed 스크립트
- 예제 A.19: TitleScreenScript 스크립트

예제 A.14 CoinCounter 스크립트

```
#pragma strict
public var spriteDigits : Sprite[];
public var value : int = 0;
public var spacing : float = 0.4f;
```

```
private var displayValue : int = -1;

function Update ()
{
  if (displayValue != value)
  {
    var digits : String = value.ToString();
    var renderers = GetComponentsInChildren(SpriteRenderer);
    var numRenderers : int = renderers.Length;

    if(numRenderers < digits.Length)
    {
      while(numRenderers < digits.Length)
      {
        var spr : GameObject = new GameObject();
        spr.AddComponent(SpriteRenderer);
        spr.transform.parent = this.transform;
        spr.transform.localPosition = new Vector3
          (numRenderers * spacing, 0, 0);
        spr.layer = 5;
        numRenderers = numRenderers + 1;
      }
      renderers = GetComponentsInChildren(SpriteRenderer);
    }
    else if(numRenderers > digits.Length)
    {
      while(numRenderers > digits.Length)
      {
        (renderers[numRenderers-1] as SpriteRenderer).sprite = null;
        numRenderers = numRenderers - 1;
      }
    }

    var rendererIndex : int = 0;
    for(var digit : char in digits)
    {
      var spriteIndex : int = int.Parse(digit.ToString());
      (renderers[rendererIndex] as SpriteRenderer).sprite =
        spriteDigits[spriteIndex];
      rendererIndex++;
    }
    displayValue = value;
```

```
    }
}
```

```
#pragma strict
var Constants : Constants;;

public var Skin : GUISkin;
public var gapSize : float = 20f;

function Start()
{
  Constants = new Constants();
}

function OnGUI()
{
  GUI.skin = Skin;
  GUILayout.BeginArea (new Rect ((Screen.height / 2)
    - Screen.height / 4,(Screen.width / 2) - Screen.width / 4,
    Screen.height, Screen.width));

  GUILayout.BeginVertical();
  GUILayout.Label( "Game Over" );
  GUILayout.Space( gapSize );
  if(GUILayout.Button ("Retry!"))
  {
    Application.LoadLevel(PlayerPrefs.GetInt(Constants.PREF_CURRENT_LEVEL));
  }
  GUILayout.Space( gapSize );
  if(GUILayout.Button("Restart!"))
  {
    Application.LoadLevel(Constants.SCENE_LEVEL_1);
  }
  GUILayout.Space( gapSize );

#if UNITY_STANDALONE
  if(GUILayout.Button("Quit!"))
  {
    Application.Quit();
```

```
  }
#endif

  GUILayout.EndVertical();
  GUILayout.EndArea ();
}
```

예제 A.16 GameWinScript 스크립트

```
#pragma strict
var Constants : Constants;

public var Skin : GUISkin;
public var gapSize : float = 20f;

function Start()
{
  Constants = new Constants();
}

function OnGUI()
{
  GUI.skin = Skin;
  GUILayout.BeginArea (new Rect ((Screen.height / 2)
    - Screen.height / 4,(Screen.width / 2) - Screen.width / 4,
    Screen.height, Screen.width));
  GUILayout.BeginVertical();
  GUILayout.Label( "You Won!" );
  GUILayout.Space( gapSize );
  if(GUILayout.Button ("Restart Game"))
  {
    Application.LoadLevel(Constants.SCENE_LEVEL_1);
  }

  GUILayout.Space( gapSize );

#if UNITY_STANDALONE
  if(GUILayout.Button("Quit!"))
  {
    Application.Quit();
  }
```

```
#endif
  GUILayout.EndVertical();
  GUILayout.EndArea ();
}
```

```
#pragma strict
public var heart1 : GameObject;
public var heart2 : GameObject;
public var heart3 : GameObject;
public var heartFull : Sprite;
public var heartHalf : Sprite;
public var heartEmpty : Sprite;

public function UpdateHealth(health : int)
{
  switch(health)
  {
    case 0:
      heart1.GetComponent(SpriteRenderer).sprite = this.heartEmpty;
      heart2.GetComponent(SpriteRenderer).sprite = this.heartEmpty;
      heart3.GetComponent(SpriteRenderer).sprite = this.heartEmpty;
      break;
    case 1:
      heart1.GetComponent(SpriteRenderer).sprite = this.heartHalf;
      heart2.GetComponent(SpriteRenderer).sprite = this.heartEmpty;
      heart3.GetComponent(SpriteRenderer).sprite = this.heartEmpty;
      break;
    case 2:
      heart1.GetComponent(SpriteRenderer).sprite = this.heartFull;
      heart2.GetComponent(SpriteRenderer).sprite = this.heartEmpty;
      heart3.GetComponent(SpriteRenderer).sprite = this.heartEmpty;
      break;
    case 3:
      heart1.GetComponent(SpriteRenderer).sprite = this.heartFull;
      heart2.GetComponent(SpriteRenderer).sprite = this.heartHalf;
      heart3.GetComponent(SpriteRenderer).sprite = this.heartEmpty;
      break;
    case 4:
      heart1.GetComponent(SpriteRenderer).sprite = this.heartFull;
      heart2.GetComponent(SpriteRenderer).sprite = this.heartFull;
```

```
        heart3.GetComponent(SpriteRenderer).sprite = this.heartEmpty;
        break;
    case 5:
        heart1.GetComponent(SpriteRenderer).sprite = this.heartFull;
        heart2.GetComponent(SpriteRenderer).sprite = this.heartFull;
        heart3.GetComponent(SpriteRenderer).sprite = this.heartHalf;
        break;
    case 6:
        heart1.GetComponent(SpriteRenderer).sprite = this.heartFull;
        heart2.GetComponent(SpriteRenderer).sprite = this.heartFull;
        heart3.GetComponent(SpriteRenderer).sprite = this.heartFull;
        break;
    }
}
```

예제 A.18 SplashScreenDelayed 스크립트

```
#pragma strict
var Constants : Constants;
public var delayTime : float = 5f;

function Start()
{
  Constants = new Constants();
  StartCoroutine("Delay");
}

function Delay()
{
  yield WaitForSeconds(delayTime);
  Application.LoadLevel(Constants.SCENE_TITLE);
}

function Update()
{
  if (Input.anyKeyDown)
  {
    Application.LoadLevel(Constants.SCENE_TITLE);
  }
}
```

```
#pragma strict
var Constants : Constants;
public var Skin : GUISkin;

function Start()
{
  Constants = new Constants();
}

function Update()
{
  if (Input.anyKeyDown)
  {
    Application.LoadLevel(Constants.SCENE_LEVEL_1);
  }
}

function OnGUI()
{
  GUI.skin = Skin;
  GUILayout.BeginArea (new Rect (300, 480, Screen.width, Screen.height));
  GUILayout.BeginVertical();
  GUILayout.Label("Press Any Key To Begin", GUILayout.ExpandWidth(true));
  GUILayout.EndVertical();
  GUILayout.EndArea ();
}
```

위험 요소 스크립트

이 스크립트들은 게임 내 위험 요소들을 담당한다.

- 예제 A.20: ContactDamage 스크립트
- 예제 A.21: PitTrigger 스크립트

예제 A.20 ContactDamage 스크립트

```
#pragma strict
public var damage : int = 1;
public var playHitReaction : boolean = false;

function OnTriggerEnter2D(collider : Collider2D)
{
  if(collider.tag == "Player")
  {
    var stats : PlayerStats =
      collider.gameObject.GetComponent(PlayerStats);
    stats.TakeDamage(this.damage, this.playHitReaction);
  }
}
```

예제 A.21 PitTrigger 스크립트

```
#pragma strict
function OnTriggerEnter2D(collider : Collider2D)
{
  if(collider.tag == "Player")
  {
    if(collider.GetComponent(PlayerStats).health > 0)
    {
      var trigger : GameObject = GetNearestActiveCheckpoint();

      if(trigger != null)
      {
        collider.transform.position = trigger.transform.position;
      }
      else
      {
        Debug.LogError("No valid checkpoint was found!");
      }
    }
  }
  else
  {
    Destroy(collider.gameObject);
  }
}
```

```
function GetNearestActiveCheckpoint()
{
  var checkpoints : GameObject[] =
    GameObject.FindGameObjectsWithTag("Checkpoint");
  var nearestCheckpoint : GameObject = null;
  var shortestDistance : float = Mathf.Infinity;

  for(var checkpoint : GameObject in checkpoints)
  {
    var checkpointPosition : Vector3 = checkpoint.transform.position;
    var distance : float =
      (checkpointPosition - transform.position).sqrMagnitude;
    var trigger : CheckpointTrigger =
      checkpoint.GetComponent(CheckpointTrigger);

    if(distance < shortestDistance && trigger.isTriggered == true)
    {
      nearestCheckpoint = checkpoint;
      shortestDistance = distance;
    }
  }
  return nearestCheckpoint;
}
```

시스템 스크립트

게임 내 상수 값들을 관리하는 상수 스크립트다.

예제 A.22 Constants 스크립트

```
#pragma public class Constants
{
  // PLAYER PREFS
  public var PREF_COINS : String = "Coins";
  public var PREF_CURRENT_LEVEL : String = "CurrentLevel";

  // SCENE NUMBERS
  public var SCENE_LEVEL_1 : int = 6;
```

```
        public var SCENE_LEVEL_2 : int = 2;
        public var SCENE_LEVEL_3 : int = 3;
        public var SCENE_GAME_OVER : int = 1;
        public var SCENE_GAME_WIN : int = 4;
        public var SCENE_TITLE : int = 5;

        // PLAYER MOVEMENT VALUES
        public var playerMaxSpeed : float = 7.0;
        public var playerJumpForce : float = 850.0;
        public var playerGroundCheckRadius : float = 0.2f;

        public var animSpeed : String = "Speed";
        public var animJump : String = "Jump";
        public var animDie : String = "Die";
        public var animDamage : String = "Damage";

        // INPUT NAMES
        public var inputMove : String = "Horizontal";
        public var inputJump : String = "Jump";
}
```

노트

자바 스크립트는 C#과 같은 상수라는 컨셉이 존재하지 않는다. 즉, 위의 값들은 런타임에 계산되므로 사용에 유의 하자.

찾아보기

기호

#endregion 370
#region 370

숫자

2D 물리 197
2D 사운드 337
2D 애니메이션 163
2D 작업 88
3D 사운드 336
3D 애니메이션 163
3D 좌표계 88
3D 포맷 68
6DoF 195

ㄱ

강체 199
걷기 애니메이션 175
게임 오버 스크린 302
게임오브젝트 75
게임 월드 103
게임 플레이 215
고정 레이아웃 297
구덩이 트리거 볼륨 222
그래프 에디터 172
그리드 스내핑 120
그리드 슬라이싱 96
기즈모 57

ㄴ

난이도 곡선 288
네이티브 GUI 293
노드 트리 워크플로우 182

ㄷ

다각형 충돌체 203
다이어제틱 292
대기 175
데미지 트리거 259
도프 시트 174
드로우 콜 382
등거리법 109
디버깅 148

ㄹ

라벨 364
레벨 디자인 101 103
레이어 순서 116
렌더링 통계 385
렌더 모드 423
로드맵 105
리버브 효과 334
리스폰 218
리스폰 시스템 222
리지드바디 262, 382

ㅁ

메타 292
모노디벨롭 135
모서리 충돌체 202
무적 기능 264
물리 193, 380
물리적 속성 205

ㅂ

박스 충돌체 202
벡터 수학 227
보간 172
브레이크 포인트 153
비다이어제틱 292

ㅅ

사용자 패키지 73
상속 249
상수 374
수동 슬라이싱 95
수집품 227
슈리켄 파티클 시스템 317
스냅 세팅 120
스크립트 애니메이션 166
스페이셜 292
스포닝 시스템 284
스폰 트리거 284
스프라이트 87, 382
스프라이트 빌드 90
스프라이트 에디터 94
스프라이트 패커 98
스프라이트 패킹 97
스플레시 스크린 298
시간 매니저 380
씬 기즈모 109
씬 설정 104

ㅇ

애니메이션 상태 179
애니메이션 생성 167
애니메이션에 레이어 183
애니메이션 윈도우 170
애니메이션 이벤트 179
애니메이션 임포트 167
애니메이션 컴포넌트 168
애니메이션 클립 169
애니메이터 컨트롤러 180
애니메이터 컴포넌트 181
애셋 67
애셋 생성 70
애셋 임포트 69
어도비 포토샵 100
에러 처리 148
오디오 리버브 존 338
오디오 리스너 338
오디오 소스 컴포넌트 335
오디오 시스템 334
오디오 파일 포맷 334
오브젝트 조작 112
움직이는 플랫폼 272
원근법 109
원 충돌체 202
웨이포인트 273
웹 플레이어 34
유니티 32
유니티3D 코딩 130
유니티 IDE 135
유니티 인터페이스 44
유니티 패키지 73
유료화 모델 413
인공지능 247
인풋 매니저 145
일반 물리 198
임포트 패키지 72

ㅈ

자동 레이아웃 297
자동 슬라이싱 95
자바스크립트 130
재질 383
전이 189
점프 조작 132
제로 베이스 238
중력 194
질량 194

ㅊ

체크 포인트 217
최상 경로 222
최적화 379
추적 카메라 144
충돌 처리 255
충돌체 193, 201
측면 이동 139

ㅋ

캐릭터 가속도 132
컴포넌트 80
코루틴 267
코인 박스 232
콘스트레인트 207
키프레임 173

ㅌ

타이틀 스크린 300
탄젠트 173
텍스처 패커 99
트랜스폼 애니메이션 164
트랜스폼 툴 56, 112
트랜스폼 핸들 57

트리거 216
트리거 볼륨 216

ㅍ

파라메터 184
파일 포맷 68
파티클 318
파티클 시스템 318, 319
파티클 시스템 커브 322
파티클 이펙트 318
패키지 37
패킹 태그 98
퍼포먼스 이슈 333
폴더 구조화 40
프레임 애니메이션 165
프로젝트 위자드 36
프로퍼티 138
프리팹 83, 380
플래시 100
플랫포밍 272
플레이어 방향 140
플레이어 상태 추적 242
플레이어 죽음 270
플레이어 컨트롤 129
플레이어 컨트롤러 185
피봇 포인트 57
피직스 메터리얼 205

ㅎ

회전 113, 196

A

Anchor 427
Animation Component 181
Animation Layer 183

Animator Controller   180

Animator 윈도우   182

Any State   190

Assets   49

Audio Listener   334

Audio Listener Component   338

Audio Reverb Zone Component   338

Audio Reverb Zones   334

Audio Source   334

Awake( )   340

B

Boo   130

Box Collider 2D   217

Bump 애니메이션   240

C

C#   130

Canvas 컴포넌트   422

Cast Shadows   326

Checkpoint 컴포넌트   218

Coin Box   235

CoinPickup   229

CoinPop( )   236

CoinSpawner   237

collider.tag   219

Color over Lifetime   330

Component   52, 80

constant   374

Constraints   207

Critical path   222

D

Debug.Log( )   152

diegetic   292

Dope Sheet   174

E

Edit   47

Emission 모듈   325

EnemyController   249

F

File   45

FixedUpdate( )   253, 275

FlightPoints   281

FlyController   281

G

GameObject   50

Game 뷰   63

GetComponent   244

GetNearestActiveCheckpoint( )   226

Grid Slicing   96

GUI 레이아웃   296

GUI 스킨   294

GUI 스타일   294

GUI 컨트롤   294

GUI 클래스   296

GUI 텍스처   298

GUI 텍스트   297

H

Hierarchy   59

HUD(Head-up display)   291

I

Inspector   60

M

Mathf.Abs( )   351

MonoDevelop   135

O

OnTriggerEnter2D( ) 216, 236, 253, 261, 287
OnTriggerExit2D( ) 216
OnTriggerStay2D( ) 216
Order in Layer 116

P

Physics Materials 205
Pit Trigger 224
PlayerStats 242
PlayFootstepAudio( ) 340
PlayHitReaction( ) 267
Prefabs 83
Project 브라우저 61

R

Receive Shadows 326
Rect Transform 426
Region 키워드 370
Renderer 모듈 326, 331
Render Statistics 385
Rigidbody 262
Rotation over Lifetime 331

S

Scene Gizmo 109
Scene 뷰 62
Shape 모듈 325, 330
Shuriken Particle System 317
Size over Lifetime 330
Size over Lifetime 모듈 326
Sorting Layer 115, 383

SpawnCoin( ) 238
Spawning 284
SpawnTrigger 285
SpriteFlicker( ) 269
Sprite Packer 98
Sprite Packing 97
Start( ) 238, 269
State Machine 184

T

TakeDamage( ) 259, 266
Texture Packer 99
this 230
Time Scale 380
Transitions 189
Trigger2D 함수 216
Try-Catch-Finally 149

U

UGUI 컴포넌트 420
UI 디자인 291

W

Waypoint 273
Window 53

Z

Z-Depth 114, 196
Zero base 238

에이콘출판의 기틀을 마련하신 故 정완재 선생님 (1935-2004)

유니티 2D 플랫포머 게임 개발

인디 게임 개발의 꽃

인 쇄 | 2015년 7월 22일
발 행 | 2015년 7월 30일

지은이 | 매튜 존슨 · 제임스 헨리
옮긴이 | 문 기 영

펴낸이 | 권 성 준
엮은이 | 김 희 정
　　　　 이 순 옥
　　　　 오 원 영
표지 디자인 | 한국어판_이승미
본문 디자인 | 박 진 희

인 쇄 | (주)갑우문화사
용 지 | 신승지류유통(주)

에이콘출판주식회사
경기도 의왕시 계원대학로 38 (내손동 757-3) (437-836)
전화 02-2653-7600, 팩스 02-2653-0433
www.acornpub.co.kr / editor@acornpub.co.kr

이 도서의 국립중앙도서관 출판시도서목록(CIP)은 서지정보유통지원시스템 홈페이지(http://seoji.nl.go.kr)와
국가자료공동목록시스템(http://www.nl.go.kr/kolisnet)에서 이용하실 수 있습니다.(CIP제어번호: CIP2015019865)

책값은 뒤표지에 있습니다.